Série História das Nações

História Concisa do México

SÉRIE HISTÓRIA DAS NAÇÕES

A Edipro traz para o Brasil uma seleção de títulos da Série *História Concisa*, originalmente produzida pela Editora Cambridge, na Inglaterra, e publicada entre os renomados títulos acadêmicos e profissionais que compõem o seu vasto catálogo.

"Esta série de 'breves histórias' ilustradas, cada qual dedicada a um país selecionado, foi pensada para servir de livro-texto para estudantes universitários e do ensino médio, bem como uma introdução histórica para leitores em geral, viajantes e membros da comunidade executiva."

Cada exemplar da série – aqui intitulada *História das Nações* – constitui-se num compêndio da evolução histórica de um povo. De leitura fácil e rápida, mas que, apesar de não conter mais que o essencial, apresenta uma imagem global do percurso histórico a que se propõe a aclarar.

Os Editores

O livro é a porta que se abre para a realização do homem.

Jair Lot Vieira

BRIAN R. HAMNETT

Série História das Nações

História Concisa
do México

Tradução de Daniel Moreira Miranda
Formado em Letras (Grego antigo e Sânscrito) pela USP
e em Direito pela Universidade Mackenzie

HISTÓRIA CONCISA DO MÉXICO

BRIAN R. HAMNETT

TRADUÇÃO: Daniel Moreira Miranda

1ª Edição 2016

© Brian R. Hamnett 1999, 2006
Syndicate of the Press of the University of Cambridge, England
A Concise History of Mexico – Second Edition
© Cambridge University Press, 1999, 2006
This publication is in copyright. Subject to statutory exception and to the provisions of relevant collective licensing agreements, no reproduction of any part may take place without the written permission of Cambridge University Press.

© desta tradução: *Edipro Edições Profissionais Ltda.* – *CNPJ nº 47.640.982/0001-40*

Todos os direitos reservados. Nenhuma parte deste livro poderá ser reproduzida ou transmitida de qualquer forma ou por quaisquer meios, eletrônicos ou mecânicos, incluindo fotocópia, gravação ou qualquer sistema de armazenamento e recuperação de informações, sem permissão por escrito do Editor.

Editores: Jair Lot Vieira e Maíra Lot Vieira Micales
Coordenação editorial: Fernanda Godoy Tarcinalli
Editoração: Alexandre Rudyard Benevides
Revisão: Francimeire Leme Coelho
Diagramação e Arte: Karine Moreto Massoca

Dados Internacionais de Catalogação na Publicação (CIP)
(Câmara Brasileira do Livro, SP, Brasil)

Hamnett, Brian R.
    História concisa do México / Brian R. Hamnett ; tradução de Daniel Moreira Miranda. – São Paulo : Edipro, 2016. (Série História das Nações)
    Título original: A Concise History of Mexico.
    ISBN 978-85-7283-944-0
    1. México - História I. Título. II. Série.

15-05823   CDD-972

Índice para catálogo sistemático:
1. México : História : 972

EDITORA AFILIADA

São Paulo: Fone (11) 3107-4788 • Fax (11) 3107-0061
Bauru: Fone (14) 3234-4121 • Fax (14) 3234-4122
www.edipro.com.br

Dionisio alegaba que él no era antiyanqui... por más que no hubíese niño nacido en México que no supiera que los gringos, en el siglo XIX, nos despojaron de la mitad de nuestro territorio, California, Utah Nevada, Colorado, Arizona, Nuevo México y Texas. La generosidad de México, acostumbraba decir Dionisio, es que no guardaba rencor por ese terrible despojo, aunque sí memoria. En cambio, los gringos ni se acordaban de esa guerra, ni sabían que era injusta. Dionisio los llamaba "Estados Unidos de Amnesia"... El hecho es que si los gringos nos chingaron en 1848 con su "destino manifesto", ahora México les daría una sopa de su propio chocolate, reconquistándolos con mexicanísimas baterís linguísticas, raciales y culinarias.

Dionísio dizia não ser anti-ianque... mesmo que não houvesse criança no México que não soubesse que os gringos, no século XIX, tinham tomado metade do território nacional – Califórnia, Utah, Nevada, Colorado, Arizona, Novo México e Texas. A generosidade natural do México, Dionísio costumava dizer, fazia que o país não guardasse rancor: contudo, isso não significava que ele tinha esquecido. Os gringos, no entanto, nem mesmo lembravam-se dessa guerra, muito menos sabiam que era injusta. Dionísio chamava aquele país de "Estados Unidos da Amnésia"... O fato é que, se os gringos nos prejudicaram em 1848 com seu "destino manifesto", agora o México lhes ofereceria um pouco do seu próprio remédio, reconquistando os territórios perdidos da forma mais mexicana de todas – a língua espanhola, a identidade racial e a gastronomia nacional.

Carlos Fuentes,
La frontera cristalina [*A fronteira de cristal*]
(México, 1995)

Sumário

Lista de imagens e mapas   13

Cronologia   17

Prefácio à segunda edição   23

Prefácio à primeira edição   25

Capítulo 1 • México em perspectiva   29

Nacionalismo e território   31

A vida com os Estados Unidos   34

A fronteira   38

Tráfico de drogas   41

O México indígena   45

Capítulo 2 • O período pré-colombiano   51

Os olmecas   53

Monte Albán e as culturas zapotecas de Oaxaca   57

Os maias   60

Teotihuacan   64

O Norte   68

Tempo de dificuldades (750-950)   69

Os toltecas   70

Os maias pós-clássicos   72

Os zapotecas e mixtecas da Era pós-clássica   73

México Central 76

Os astecas 77

Os astecas dos dias atuais 84

Capítulo 3 • A incursão europeia (1519-1620) 87

O impacto da queda de Tenochtitlán 88

A imposição do cristianismo 93

As instituições indígenas e os encomenderos *espanhóis* 97

A presença hispânica e a sobrevivência dos índios 101

Aquisição de terras hispânicas 104

Avanço e recuo territorial 106

Capítulo 4 • Nova Espanha (1620-1770): colonialismo espanhol e sociedade americana 109

A Espanha e o Império: comerciantes, financiadores e mercados 109

O setor minerador 112

Economias provinciais e redes comerciais 115

A consolidação da propriedade hispânica 117

Comunidades indígenas 119

Cultura barroca da Nova Espanha 120

O culto da Virgem 130

Os expostos Norte e Extremo Norte 132

Os processos políticos 136

Capítulo 5 • Desestabilização e fragmentação (1770-1867) 141

Parte I • O auge e o colapso da Nova Espanha (1770-1821) 144

Economia em expansão ou desenvolvimento distorcido? 144

Os contrastes sociais e econômicos do final do período colonial da Nova Espanha 145

A Espanha metropolitana e a reorganização imperial 148

Comerciantes, mercados e indústrias 151

Os contínuos problemas do Norte e do Extremo Norte 153

Crise religiosa e percepções populares 157

Os vários níveis de aprofundamento da crise 160

A tentativa revolucionária e a Insurgência da década de 1810 161

A experiência constitucional espanhola 166

A derrubada final do Estado colonial (1820-1821) 169

**Parte II • Os fracassos e os sucessos
de um novo Estado soberano (1821-1867)** 171

Autonomia, Império e separatismo 171

A busca mexicana por uma solução constitucional viável 172

Finanças e economia 175

A Guerra com os Estados Unidos (1846-1848)
e a perda do Extremo Norte mexicano 178

A persistência da agitação social 185

O período da Reforma (1855-1876)
e a ascensão de Benito Juárez 187

A Intervenção (1862-1867) 194

Capítulo 6 • Reconstrução (1867-1940) 203

**Parte I • A República Liberal:
constitucionalismo ou governo pessoal (1867-1911)?** 206

A expansão da economia 207

Poder territorial e o mundo rural 214

Questões e interpretações 217

Práticas políticas no governo de Porfirio Díaz 220

A construção de um governo pessoal (1884-1911) 224

O aprofundamento da questão sucessória 228

**Parte II • O sistema revolucionário:
poder estatal ou democratização (1911-1940)?** 232

O impacto da Revolução 232

A luta pelo poder durante a Revolução 239

A Constituição de 1917 245

México, um grande produtor de petróleo (1910-1925) 247

O governo dos chefes (1920-1934) 250

O conflito religioso 255

10 | HISTÓRIA CONCISA DO MÉXICO

A construção do partido revolucionário 257

Nacionalismo, Lázaro Cárdenas
e a Revolução durante a década de 1930 260

A reorganização do partido oficial
e as eleições presidenciais de 1940 267

Capítulo 7 • O partido monopolista (1940-2000) 273

**Parte I • O "Milagre mexicano"
e o controle político (1940-1970) 275**

O apogeu do partido monopolista (1940-1968) 275

Os pontos fortes e fracos da expansão 278

O equilíbrio inquieto:
nacionalismo econômico e a iniciativa privada 279

"Desenvolvimento estabilizado" (1954-1971) 281

O setor agrícola: crescimento e problemas 286

Eleições, oposição e descontentamento crescente 288

O caminho da desilusão 290

Parte II • Crise econômica e divisões políticas (1970-2000) 296

O caminho para o desastre: a economia entre 1970 e 1982 296

O declínio político 297

O "boom" do petróleo de 1977-1981 300

A tarefa da recuperação 302

O "neoliberalismo" e as respostas pós-crise 307

O retorno da Igreja Católica como oponente político 310

O desafio político e a questão da durabilidade do regime 312

A questão de Chiapas e o problema indígena 318

Os últimos anos do governo de Zedillo 320

Capítulo 8 • O governo de Fox (2000-2006) 327

A economia 327

O lugar do México no mundo 330

Narcóticos 335

A Igreja Católica 337

Problemas e avanços políticos 340

Capítulo 9 • Evolução cultural desde a Independência 347

Literatura mexicana: temas e métodos 348

O cinema mexicano 368

Comentários finais 379

Bibliografia 383

Índice remissivo 391

Lista de imagens e mapas

Imagens

1. Visita da secretária das Relações Exteriores ao muro fronteiriço em Tijuana (na administração de Ernesto Zedillo, 1994-2000), Rosário Green. — 40

2. Prisão Federal de Segurança Máxima de Almoloya de Juárez (estado do México) perto de Toluca. — 44

3. Mercado local de Tlacolula, Oaxaca. — 47

4. Escultura olmeca do Museu de Antropologia de Jalapa, Veracruz. — 54

5. Pirâmide zapoteca no Monte Albán, Vale de Oaxaca. — 58

6. Pirâmide maia de Uxmal, Yucatán. — 63

7. La Quemada, fortaleza e centro comercial, Zacatecas. — 69

8. Pirâmide maia-tolteca de Chichén Itzá, Yucatán. — 73

9. Mural de Diego Rivera, "La gran Tenochtitlán" (1945). — 81

10. Hernán Cortés e La Malinche. — 89

11. Retrato do Imperador Carlos V por Ticiano. — 90

12. Detalhe da pintura de Cristóbal de Villalpando da Praça Central da Cidade do México. — 123

13. "La Dolorosa" por Cristóbal de Villalpando. — 125

14. Estudo de Miguel Cabrera, "A Virgem de Guadalupe com os três Juans". — 127

15. Retrato de Sóror Juana Inês de la Cruz por Juan de Miranda. — 128

16. Basílica da Virgem da Solidão, Oaxaca. — 131

17. Mapa feito por Humboldt do Vice-Reino da Nova Espanha (detalhe). — 142

14 | HISTÓRIA CONCISA DO MÉXICO

18. Padre Miguel Hidalgo.	156
19. Visão geral da cidade de Valladolid de Michoacán (atual Morelia).	158
20. Padre José Maria Morelos.	165
21. General Antonio López de Santa Anna.	170
22. Entrada das Forças Armadas dos Estados Unidos na Cidade do México, 14 de setembro de 1847.	174
23. Benito Juárez.	188
24. (a) O imperador Maximiliano em vestes imperiais. (b) A imperatriz Carlota em vestes imperiais.	198
25. A execução de Maximiliano, 19 de junho de 1867 (detalhe).	201
26. José Maria Velasco, "O vulcão de Citlaltépetl" ("El Pico de Orizaba").	209
27. Fábrica da Companhia de Fundição de Ferro e Aço de Monterrey, 1903.	212
28. Porfirio Díaz em seu auge.	223
29. Mural de Diego Rivera, "Sonho de uma Tarde Dominical na Alameda Central" (1947).	227
30. Coreto da época porfiriana em Guadalajara (1908).	234
31. Francisco I. Madero com líderes revolucionários, abril de 1911.	235
32. Soldados federais em campanha contra os revolucionários em 1910-1911.	236
33. Venustiano Carranza.	237
34. Pancho Villa e sua esposa.	240
35. Villa e Zapata no Palácio Nacional, Cidade do México.	242
36. Soldados zapatistas, durante o café da manhã na "Casa dos azulejos" de Sanborn, Cidade do México.	243
37. Álvaro Obregón com Plutarco Elias Calles e Adolfo de la Huerta.	251
38. Plutarco Elias Calles e sua segunda esposa.	252
39. Lázaro Cárdenas com o presidente Manuel Ávila Camacho e Calles.	259
40. Biblioteca da Universidade Nacional (UNAM), Cidade do México.	276
41. Presidente Gustavo Díaz Ordaz com os generais no Dia do Exército, 1969.	295
42. Cuauhtémoc Cárdenas toma posse como prefeito da Cidade do México em 1997.	313
43. Tensão em Agua Tinta, Chiapas, em 1998.	317
44. A Bolsa de Valores da Cidade do México.	321

45. Manifestação em Oaxaca, 1998.   323

46. Manifestação a favor de Fox em Zacatecas, 1999.   329

47. Novo santuário dos mártires de Cristera em *Altos de Jalisco*.   338

48. Litografia do Mercado San Roldán.   349

49. Xilogravuras de temas revolucionários da *Taller de Gráfica Popular*.   356
(a) "A Revolução triunfará".
(b) "A captura de Zapata".

50. "Since you went away" ["Desde que você foi embora"], fotografia por   364
Mariana Yampolsky (1980).

51. Detalhe do mural "Dualidade" de Rufino Tamayo.   365

52. Pôsteres de filmes mexicanos da época clássica.   370
(a) *Maria Candelaria* (1943).
(b) *La Bandida* (1948).

MAPAS

1. México moderno na virada do milênio.   30

2. O mundo Maia, baseado nos mapas de *Past Worlds: The Times Atlas*   61
of Archaeology [Atlas de Arqueologia: mundos do passado] (Times
Books, 1991).

3. Traçado urbano de Teotihuacan baseado no mapa em *Past Worlds: The*   66
Times Atlas of Archaeology (Times Books, 1991).

4. O mundo tolteca-asteca de *Past Worlds: The Times Atlas of Archaeology*   78
(Times Books, 1991).

5. Vice-Reino da Nova Espanha em 1810.   167

6. Perdas territoriais, 1836-1853.   179

CRONOLOGIA

A.C.		
	2250-1400	Aldeias agrícolas na zona da Costa do Golfo de Tabasco.
	1500-950	Início do período formativo "olmeca".
	1200-300	Florescimento da cultura "olmeca".
	1400-850	Culturas Tierras Largas e San José Mogote no Vale de Oaxaca.
	500-100	Final do período pré-clássico no Vale do México.
	300-100	Cuicuilco, maior centro no Vale do México.

D.C.		
	100-600	Auge do desenvolvimento de Monte Albán, em Oaxaca central.
	300-900	Período clássico no Vale do México (Teotihuacan, 150 a.C.-c. 700 d.C.); Vale de Oaxaca; Planície maia: 320-790 d.C. Yaxchilán (Chiapas), 615-721 d.C. Palenque (Chiapas) no auge, 850-925 d.C. Uxmal (Yucatán central) no auge; El Tajín (Veracruz), 100-1100 d.C.
	500-800	La Quemada (Zacatecas) no auge.
	600-900	Culturas Mixtecas do oeste de Oaxaca.
	750-950	"Tempo de dificuldades" no México Central.
	800-1170	Período tolteca.
	950-1250	Pirâmide maia-tolteca de Chichén Itzá (norte de Yucatán).
	1250-1450	Confederação de Mayapan (norte de Yucatán).
	1160-1522	Reinos Mixtecas no oeste e sul de Oaxaca; mais tarde, culturas zapotecas.
	1250-1400	Rivalidades militares no México Central.
	1418-1515	Posição-chave de Texcoco.
	1428-1519	Expansão imperial asteca: 1428, Tríplice Aliança de Tenochtitlán, Tlatelolco e Tlacopan.

1502-1520	Moctezuma II.
1519	Hernán Cortés e a expedição espanhola chegam na costa de Veracruz.
1521	Queda de Tenochtitlán, a aliança entre índios e espanhóis. Início do domínio espanhol a partir da Cidade do México.
1524	Chegada dos primeiros franciscanos.
1531	Visões de Juan Diego da Virgem de Guadalupe.
1535	Antônio de Mendoza, primeiro vice-rei da Nova Espanha, até 1550.
1572	Chegada dos jesuítas.
1592	Vice-rei Luís de Velasco, o Jovem, estabelece o Tribunal da Justiça Indígena.
1598	Morte de Filipe II.
1615-1635	Auge da produção zacateca de prata.
Década de 1620	População indígena diminui para aproximadamente 1,2 milhão.
c. 1635-c. 1675	Contração da economia mineradora na Nova Espanha.
Décadas de 1640-1750	Fraqueza das metrópoles nas Américas.
1647	Inquisição impõe censura aos trabalhos científicos.
c. 1649-1714	Cristóbal de Villalpando: décadas de 1680 e 1690, auge da pintura barroca da Nova Espanha.
1651-1695	Sóror Juana Inês de la Cruz: poesia e teatro barroco.
1695-1768	Miguel Cabrera: pintura barroca tardia.
Décadas de 1670-1790	Recuperação e florescimento da mineração de prata na Nova Espanha.
1700	Extinção da dinastia dos Habsburgos na Espanha. Reinado de Filipe V, o primeiro do ramo Bourbon espanhol: 1701-1715, Guerra de Sucessão Espanhola.
1759	Reinado de Carlos III.
1767	Expulsão dos jesuítas.
1776	Estabelecimento do Comando Geral das Províncias Interiores do Norte.
1789	Liberalização do comércio entre os portos peninsulares da Espanha e da Nova Espanha.
1808	Colapso da monarquia Bourbon espanhola.
1808-1814	Guerra Peninsular, após a invasão napoleônica na Espanha e em Portugal: Cortes espanholas e o primeiro sistema constitucional na Espanha e no Império, 1810-1814.

1810	16 de setembro, início da Insurreição Mexicana pela Independência, liderada por Miguel Hidalgo, padre da paróquia de Dolores (Guanajuato).
1811	17 de janeiro, derrota de Hidalgo e das forças insurgentes de Allende em Puente de Calderón, próximo a Guadalajara.
1811-1815	Padre José Maria Morelos lidera a Insurgência.
1812	Constituição de Cádiz, publicada na Espanha.
1813	As Cortes espanholas abolem a Inquisição.
1814	Maio, restauração do absolutismo por Fernando VII e anulação da Constituição.
1814	Outubro, Constituição mexicana rebelde de Apatzingán.
1815	Execução de Morelos. Vicente Guerrero, principal líder rebelde, 1815-1821.
1816	José Fernández de Lizardi, *El periquillo sarniento* (*O periquito sarnento*).
1820	A rebelião militar na Espanha restaura a Constituição de 1812 e termina com o primeiro governo absolutista de Fernando VII. Segundo período constitucional na Espanha, 1820-1823.
1821	24 de fevereiro, o Plano de Iguala entre Iturbide e Guerrero, que por fim leva à entrada de Iturbide na Cidade do México, em 21 de setembro, e a primeira fase da Independência do México. Fim do vice-reinado da Nova Espanha.
1822-1823	Primeiro Império mexicano.
1824	Primeira Constituição Federal. Primeira República Federal, 1824-1835.
1836	Secessão do Texas e seu estabelecimento como uma República independente.
1846	Abril, eclosão da guerra entre os Estados Unidos e o México sobre a questão da anexação do Texas aos Estados Unidos.
1846	Agosto, restabelecimento do federalismo. Segunda República Federal, 1846-1853.
1846-1852	Lucas Alamán, *Historia de México* (5 v.).
1847-1848	14 de setembro de 1847 – 12 de junho de 1848, as Forças Armadas norte-americanas ocupam a Cidade do México.
1848	Fevereiro, Tratado de Guadalupe Hidalgo: México perde a Alta Califórnia e o Novo México para os Estados Unidos.
1854	Março, Revolução de Ayutla, que arrasa Santa Anna, em agosto de 1855.
1855-1876	Período da Reforma Liberal.
1857	Fevereiro, segunda Constituição Federal.

1857	Julho, Leis reformadoras.
1858-1861	Janeiro de 1858 – janeiro de 1861, Guerra Civil da Reforma.
1858-1872	Benito Juárez, presidente.
1861-1862	Dezembro de 1861 – abril de 1862, Intervenção Tripartite da Grã-Bretanha, Espanha e França.
1861	Abril – fevereiro de 1867, Intervenção francesa.
1863-1867	Segundo Império Mexicano: abril de 1864, chegada de Maximiliano e Carlota.
1867	19 de junho, execução de Maximiliano e dos generais conservadores Miramón e Mejía em Querétaro.
1867-1876	República restaurada.
1876-1877	Rebelião de Tuxtepec e ascensão do general Porfirio Díaz ao poder.
1880	Sistema ferroviário mexicano ligado aos Estados Unidos através de El Paso (Texas).
1884-1911	Governo pessoal de Díaz – sete reeleições.
1889-1991	Manuel Payno, *Los bandidos de Río Frío*.
1893-1911	Limantour, ministro das Finanças.
1897	José Maria Velasco (1840-1912) pinta "O Pico de Orizaba".
1903	Federico Gamboa, *Santa*.
1906-1912	*Ateneo de la Juventud*.
1907	Recessão.
1910-1925	México, um grande produtor de petróleo.
1910-1911	Primeira fase da Revolução Mexicana derruba Díaz e garante a eleição de Francisco I Madero.
1913	Fevereiro, assassinato de Madero e do vice-presidente Pino Suárez.
1913-1916	Segunda fase da Revolução Mexicana: sucesso de Carranza e Obregón; derrota e marginalização de Villa e Zapata.
1915	Mariano Azuela, *Los de abajo* (*Os inferiores*).
1917	Terceira Constituição Federal (em vigor até hoje).
Décadas de 1920-1940	Principal período da pintura muralista em edifícios públicos por Diego Rivera (1886-1957), José Clemente Orozco (1883-1949) e David Alfaro Siqueiros (1896-1974).
1924-1934	Supremacia (*Maximato*) de Calles.
1925	José Vasconcelos, *La raza cósmica* (*A raça cósmica*).
1926-1929	Rebelião Cristera.
1929	Derrota eleitoral de Vasconcelos.

1929	Martín Luís Guzmán, *La sombra del caudillo* (*A sombra do caudilho*).
1929-1933	Impacto da Grande Depressão.
1934-1940	Lázaro Cárdenas, presidente.
1938	18 de março, nacionalização da indústria do petróleo.
Décadas de 1940 e final da década de 1960	Expansão econômica: predomínio do México urbano.
1946	Os partidos políticos anteriores, PNR (1929-1938) e o PRM (1938-1946), transformados no PRI, que deteve o poder até 2000.
1947	Agustín Yáñez, publicação de *Al filo del agua* [Na beira da tempestade].
1950	Octavio Paz, *El laberinto de la soledad* (*O labirinto da solidão*).
1953	Juan Rulfo, *El llano en llamas* (*Chão em chamas*).
1955	Juan Rulfo, *Pedro Páramo*.
1958	Carlos Fuentes, *La región más transparente* (*A região mais transparente*).
1962	Carlos Fuentes, *La muerte de Artemio Cruz* (*A morte de Artemio Cruz*).
1968	Repressão dos movimentos de protestos na Cidade do México às vésperas dos Jogos Olímpicos.
Décadas de 1970-1990	Dificuldades econômicas, apesar do "boom" do petróleo de 1977-1981.
1975	Carlos Fuentes, *Terra Nostra*.
1982	Início da longa crise da dívida.
1987	Fernando del Paso, *Noticias del Imperio* (*Notícias do Império*).
1991	Morte do pintor Rufino Tamayo (n. 1899).
1993	Fevereiro, restabelecimento das relações diplomáticas entre o México e a Santa Sé, rompida em 1867. Cinco visitas do papa João Paulo II, 1979-2002.
1994	1º de janeiro, início do Tratado Norte-Americano de Livre Comércio (NAFTA). Revolta neozapatista em Chiapas.
2000	Julho, derrota eleitoral do PRI e vitória do candidato da oposição, Vicente Fox.
2006	Julho, Eleição Presidencial.*

---

* A edição original desta obra, publicada em 2006, encerrava esta cronologia com a presidência de Vicente Fox. Em 2006, foi eleito Felipe Calderón, pelo PAN; em 2012, pelo PRI, elegeu-se Enrique Peña Nieto, que governará o país até 2018. (N.E.)

Prefácio à segunda edição

Desde a publicação da primeira edição, os estudos sobre o México continuaram a se expandir, como pode-se ver claramente pelas adições na bibliografia. O México entrou em uma nova fase de sua história quando, nas eleições presidenciais de julho de 2000, o eleitorado votou pela saída do *Partido Revolucionário Institucional* (PRI). Os mexicanos perguntaram a si mesmos em 2000 se seu país finalmente havia se tornado uma democracia real, na qual partidos de oposição ganham força nacional e as instituições do federalismo funcionam eficazmente. As grandes expectativas por uma Presidência reformista desapareceram gradualmente nos anos subsequentes em meio a acusações de retórica vazia, promessas não cumpridas e confusão política. Incluí uma breve análise da Presidência de Fox de 2000-2006 em um novo Capítulo 8. Sou historiador e não "cientista político", dessa forma não faço previsões sobre os resultados das próximas eleições ou sobre o futuro do país.[*]

Esta segunda edição mantém a estrutura, a periodização e os temas da primeira. No entanto, alterei algumas seções, especialmente no Capítulo 2, à luz de novas leituras, e corrigi um erro fatal do Capítulo 4, que nunca deveria ter sido impresso. Ao mesmo tempo, eu removi vários comentários sobre os acontecimentos do final da década de 1990 do Capítulo 7, que pareciam ser importantes naquele momento, mas não agora. Em retrospecto, a primeira edição parecia estar demasiadamente inclinada à análise econômica e política. Assim, procurei corrigir o equilíbrio, incluindo a discussão em um novo Capítulo 9, que trata de aspectos importantes da vida cultural mexicana, particularmente da literatura e do

---

[*] Ver nota do editor, na *Cronologia*, p. 21. (N.E.)

cinema. Essas duas áreas tiveram um considerável impacto na comunidade internacional. O capítulo também responde ao comentário recebido de que o México passou a despertar a atenção por causa de sua literatura contemporânea e seu cinema.

Os jornais mexicanos podem ser lidos na Internet. O *Latin American Newsletters: Latin American Regional Report – México e Nafta*, publicado mensalmente em Londres, fornece informações detalhadas para os leitores de língua inglesa.

Estou particularmente grato ao Professor Valerie Fraser – do Departamento de História e Teoria da Arte da Universidade de Essex e curador da Coleção de Arte Latino-americana da Universidade de Essex – pela assistência na seleção de três imagens da coleção como novas ilustrações para esta edição. Da mesma forma, preciso agradecer ao Dr. Roderick McCrorie – do Departamento de Matemática da Universidade de Essex – por permitir a utilização de sua coleção privada de litografias mexicanas. Recebi ajuda em relação à tecnologia de transmissão de imagens de Belinda Waterman, secretária do Departamento de História.

Prefácio à primeira edição

A Pesquisa sobre o México é um tópico interessante e de rápido desenvolvimento. As perspectivas estão em constante mudança. O México, com uma população de aproximadamente 95 milhões, faz parte do subcontinente norte-americano. Desde o início do século XVI, ele faz parte do mundo Atlântico que resultou da expansão europeia. Antes desse período, o México também fazia parte de um mundo pré-colombiano desconhecido para os europeus. Por isso, o país tem um padrão multiétnico e multicultural complexo que continua a causar impactos nos acontecimentos contemporâneos. No entanto, aqueles que se interessam pelo México descobrem rapidamente que há poucos textos dirigidos aos novatos. Ao mesmo tempo, aqueles que tenham retornado de sua primeira visita ao país, buscarão, normalmente em vão, por um livro que lhes permitam analisar o que viram com alguma coerência temática.

Minha primeira visita ao México foi em janeiro de 1966. Na época eu era estudante-pesquisador. Passei grande parte de minha própria história lá. Desde aquela época, o próprio país mudou de forma irreconhecível em alguns aspectos. No entanto, ao mesmo tempo, particularmente nas províncias, aldeias, costumes e suposições gerais, grande parte da perspectiva tradicional, para o bem ou para o mal, mantém-se idêntica.

Ao abordar a história do México, como fiz inicialmente, a partir das perspectivas geográficas do Centro e do Sul, as zonas centrais da civilização mesoamericana, destaco a importância da herança profundamente enraizada do passado indígena da América. Minha conscientização da importância da época pré-colombiana tem aumentado ao longo dos anos, particularmente porque a região de meus estudos originais foi Oaxaca, o centro das culturas zapoteca e Mixteca, um estado que ainda possui maioria indígena. O tema de minha especialização foi o final do período colonial. Minha primeira viagem ao México foi feita por via marítima a partir de Cádiz, após um longo período de pesquisas no Arquivo das Índias em Sevilha. Naveguei em um navio espanhol de 6.000 toneladas. Foram duas semanas e meia para chegar a Veracruz, passando pela Venezuela, por Porto Rico e pela República Dominicana. Após atravessar os turbulentos ventos de janeiro no Golfo do México, certamente não me senti como um conquistador ao chegar em solo mexicano. No entanto, eu havia chegado no México para estudar seu período colonial, e assim precisava tomar decisões ousadas quanto à forma de fazer isso. Nas cidades e vilas do núcleo central do México, de Zacatecas (onde o Norte começa) até Oaxaca, no Sul, podemos notar imediatamente a riqueza de uma cultura colonial que deixava de ser europeia e transformava-se em americana. Cidades como Puebla, Tlaxcala, Querétaro, Guanajuato, Morelia (futura Valladolid), San Luis Potosí, Zacatecas e a própria capital apresentam uma riqueza arquitetônica e artística comparável às cidades europeias do mesmo período. Assim começou a minha experiência como "mexicanista". No entanto, muitas outras tendências surgiram desde então, sendo a mais recente o aprofundamento do interesse pelo Norte. Os leitores encontrarão o Norte e o "Extremo Norte" (atualmente descrito nos Estados Unidos como "Sudoeste americano") abundantemente presentes nas páginas seguintes.

Este livro adota vários posicionamentos importantes. Ele não se inicia em 1821, com a Independência do México do Império espanhol. Ele não supõe que, numa perspectiva histórica, o México deva ser definido como uma entidade política truncada, surgida após o período que vai de 1836 a 1853, quando os Estados Unidos adquiriram metade do território reclamado pelo México. A abordagem é temática e cronológica, talvez alusiva, ao invés de totalmente inclusiva. O livro tem início com uma visão do México atual e algumas sugestões sobre como ele veio a ser o que é. Depois disso, voltaremos para o período pré-colombiano, isto é, para o verdadeiro início histórico, e seguiremos em frente a partir daí, por meio da combinação de temas e da cronologia. A periodização adotada corresponde mais às reinterpretações contemporâneas da história do México do que às abordagens tradicionais.

Mesmo tentando utilizar a periodização revisada, precisei fazer várias concessões. Originalmente, pretendia superar as divisões historiográficas tradicionais conhecidas como Independência (1810-1821) e Revolução (1910-1940) em uma periodização mais radical, a saber, "Desestabilização e Fragmentação, 1770-1867"; "Reconstrução, 1867-1940"; e "o Partido Monopolista, 1940-2000". No entanto, descobri ainda que as linhas divisórias de 1810 e 1910 não podem e não devem ser evitadas. Ao mesmo tempo, fiz concessões ao incluir esses momentos decisivos mais tradicionais dentro do contexto de minha visão original mais ampla. Pareceu-me também que o colapso da Intervenção Francesa e do Segundo Império de Maximiliano em 1867 representam um importante momento decisivo do século XIX. Esses eventos marcaram o fim das tentativas europeias para recuperar o controle do México e garantiram a sobrevivência de um Estado soberano que havia emergido da guerra contra os Estados Unidos (1846-1848). Da mesma forma, 1940 e 1970 funcionaram como subsequentes pontos de chegada e de partida. O primeiro iniciou o período de consolidação das mudanças revolucionárias e ofereceu um ponto de partida simbólico para três décadas de expansão econômica e estabilidade política; o último abriu o caminho para três décadas de divisão política e transformações econômicas. Essas linhas de demarcação estão, naturalmente, sujeitas a crítica e revisão. Espero que a questão da periodização ocupe parte do atual debate histórico sobre a interpretação da história mexicana (e latino-americana).

Colegas e amigos no México e em outros países contribuíram para este livro, às vezes sem perceber. Muitas conversas gratificantes ajudaram a dar-lhe forma. A Dra. Josefina Zoraída Vázquez (*El Colegio de Mexico*) tem sido uma fonte contínua de incentivo e apoio em muitos dos meus projetos recentes, e sempre uma crítica e debatedora estimulante. O Prof. Brian Connaughton (UAM – Iztapalapa) também tem ajudado muito na investigação dos problemas e das questões da história mexicana do período colonial tardio e do século XIX, não somente como resultado de seus seminários oferecidos na UAM, mas também nas conversas que tínhamos em nossos costumeiros cafés da manhã de três horas, na Cidade do México, as quais abrangiam toda a dinâmica da cultura mexicana. O Dr. Bernardo García Martínez (*El Colegio de Mexico*), autor de uma história concisa alternativa do México, fez que eu repensasse a dinâmica do Norte em uma conversa memorável que, em março de 1996, tivemos em um restaurante galego na Cidade do México e, assim, contribuiu decisivamente para a mudança de minhas perspectivas. O Prof. Paul Vanderwood (Universidade de San Diego) tem sido uma fonte de ideias e um bom crítico por mais de duas décadas; no início de janeiro de 1998, ofereceu-me sua hospitalidade em San Diego, em uma fase crucial de reavaliação e elaboração do texto. As bibliotecas do Instituto José Maria Luis Mora e o Centro de Estudos de História do México (CONDUMEX) ofereceram locais agradáveis de estudo. Agradeço aos alunos e colegas da Universidade Estadual de Nova York, em Stony Brook, da Universidade de Strathclyde e da Universidade de Essex, que ajudaram a refinar as ideias e as interpretações oferecidas aqui. Estou particularmente grato a Xavier Guzmán Urbiola e Carlos Silva Cázares, da Cidade do México, por sua ajuda na seleção de imagens e mapas que representam uma parte importante deste trabalho.

capítulo 1

MÉXICO EM PERSPECTIVA

Mesmo que o México seja parte do "Novo Mundo" na nomenclatura europeia, na realidade, grande parte do território da atual República é parte de um mundo muito antigo, desconhecido para os europeus antes do final do século XV. O passado pré-colombiano deve ser compreendido ao tentar explicar o México colonial e contemporâneo. Precisamos examinar a forma com que uma civilização mexicana distinta se manifestou através do tempo. A abrangência cronológica e temática explica a estrutura e a abordagem. O principal objetivo é apresentar os temas e as questões mais importantes. Os detalhes podem ser encontrados em muitas obras específicas. O México contemporâneo possui um sistema político aparentemente estável, capacidade de mobilização das bases, tendências centrífugas, crenças variadas e práticas locais distintas.

Os limites territoriais modernos distorcem as unidades culturais do mundo pré-colombiano. A dimensão geográfica da civilização maia, por exemplo, incluía áreas que, no período colonial, tornariam-se os territórios do Sudeste do Vice-Reino da Nova Espanha (a saber, Yucatán) e os territórios principais do Reino da Guatemala. Mesmo que alguns sítios arqueológicos – como Bonampak, Palenque e Yaxchilán – estejam no estado de Chiapas e outros – como Uxmal e Chichén Itzá – estejam em Yucatán (dois estados da República mexicana), mas os sítios maias do período clássico, como Tikal, Uaxactún e Copán estão nas repúblicas da Guatemala e Honduras, respectivamente. Atualmente, o conhecimento da civilização maia está espalhado pela Mesoamérica nos museus das capitais dos estados contemporâneos, mesmo que estas cidades, particularmente a Cidade do México, não tenham feito parte do florescimento original desta

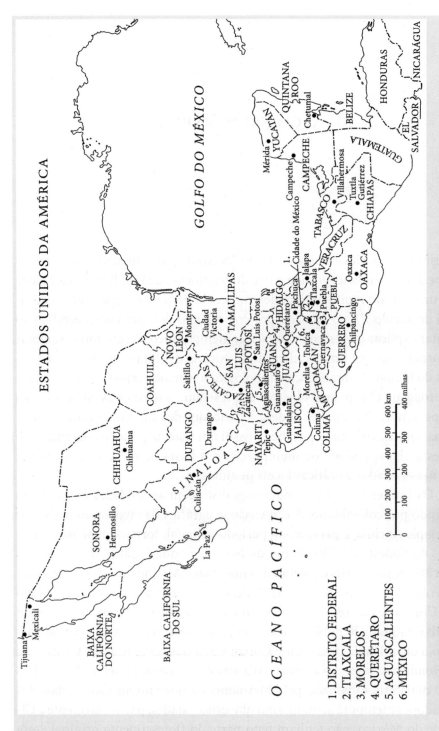

MAPA 1. México moderno na virada do milênio.

civilização. Nesse sentido, a herança maia foi apropriada pelos estados nacionais com o objetivo de reforçar sua identidade histórica e legitimidade. Como em muitos outros casos, o desaparecido mundo maia foi trazido de volta à vida para servir a um propósito político contemporâneo.

Há dois processos centrais desde o colapso do mundo pré-colombiano: a criação de um vice-reinado colonial espanhol a partir das existentes unidades políticas e étnicas indígenas e o desenvolvimento de um Estado-nação mexicano moderno a partir do antigo vice-reinado. Podemos perceber imediatamente que em ambos os processos as descontinuidades e continuidades conviviam lado a lado. As descontinuidades e diferenças radicais entre o México contemporâneo e os períodos pré-colombiano e colonial nos obrigam a não escrever a história de forma invertida a partir dos dias atuais.

A geografia e o ambiente ajudam a explicar a evolução econômica e política do México através da perspectiva histórica. A diversidade étnica e linguística, combinada com as disparidades regionais e locais, moldaram a sociedade mexicana e definiram sua cultura distinta. Uma série de contrastes óbvios vêm imediatamente à mente: a modernidade, o dinamismo e a abertura do Norte, as misturas étnicas e culturais da zona central, desde Zacatecas, San Luis Potosí até Oaxaca e do mundo maia em Yucatán e Chiapas. O federalismo, adotado pela primeira vez em 1824, refletia essa diversidade e dava vida institucional às relações em mudança entre as regiões e o centro, bem como entre as próprias regiões. Durante grande parte do século XX, no entanto, o federalismo permaneceu letra morta.

NACIONALISMO E TERRITÓRIO

Os fabricantes da Independência viam seu país como o Estado sucessor não só do vice-reinado Espanhol colonial da Nova Espanha, mas também do Império Asteca, originalmente estabelecido em 1325 em Tenochtitlán, no centro do Lago Texcoco. Para os nacionalistas mexicanos dos séculos XIX e XX, a herança asteca tornou-se fundamental para qualquer compreensão da nação. Ela distinguia o México de outras sociedades hispano-americanas, bem como dos Estados Unidos. Ao mesmo tempo, o argumento de que o México existia como uma nação antes da conquista espanhola, em 1521, prejudicou não apenas a legitimidade do governo espanhol, mas também ofereceu uma plataforma de resistência à Intervenção francesa de 1862-1867. O presidente liberal Benito Juárez (1806-1872), embora originário de uma família zapoteca do estado sulista de Oaxaca, identificava-se com Cuauhtémoc, o último imperador asteca, que resistiu a Hernán

Cortés até ser morto por ele. Os liberais vitoriosos do período da Reforma (1855-1876) retrataram a execução do arquiduque Maximiliano de Habsburgo, que presidiu o Segundo Império mexicano (1864-1867), como a recuperação do Império Asteca, a reafirmação da Independência e o meio de consolidar as instituições republicanas. Maximiliano era um Habsburgo descendente de Carlos V, em cujo nome Cortés havia derrubado o Império Asteca.

A Revolução de 1910-1940 reafirmou o simbolismo do nacionalismo republicano mexicano, construindo um aspecto essencial da ideologia do partido governante monopolista desde sua primeira Constituição, o Partido Nacional Revolucionário (PNR), em 1929. O mito asteca foi levado para além de sua base territorial original e passou a englobar toda a República. O neoastecismo, surgido no século XVIII, foi responsável por parte da ideologia do Estado contemporâneo. Na verdade, Octavio Paz (1914-1998), premiado com o Nobel de Literatura em 1990, argumentou que a pirâmide asteca era o paradigma do Estado de partido monopolista, forte característica da história do México no século XX.

O México moderno, no entanto, não é e nunca foi a continuidade das unidades políticas perdedoras, governadas no momento da chegada de Cortés por Moctezuma II e seus predecessores. Efetivamente, os limites setentrionais do estado asteca mal chegavam até a atual San Juan del Río, a qual fica a duas horas de carro ao norte da Cidade do México. Esta linha não retrata, no entanto, os limites setentrionais da cultura estabelecida, pois o território da cultura tarasca no estado de Michoacán e os principados do território do atual Jalisco central estavam além do controle asteca. Além disso, os sítios de La Quemada e Altavista, no atual estado de Zacatecas, fornecem evidências de culturas sedentárias em Tuitlán, no coração do território que mais tarde estaria sob controle nômade.

Quando os conquistadores espanhóis estabeleceram sua capital sobre as ruínas de Tenochtitlán, eles dificilmente poderiam ter imaginado que em algumas décadas o governo hispânico avançaria ainda mais para o norte aos territórios não subjugados até então. Da mesma forma, não havia como prever a tenacidade da resistência empregada durante todo o restante do século. No rescaldo da conquista, os espanhóis fundaram várias cidades caracteristicamente hispânicas no centro dos assentamentos indígenas. Puebla de los Angeles (1531) e Guadalajara (1542) são os principais exemplos. Essas cidades tornaram-se centros de expansão da cultura hispânica entre a população indígena sobrevivente. No entanto, o México contemporâneo também desenvolveu-se a partir do impulso original do século XVI para o norte; Guadalajara em si estava em uma posição avançada no Centro-Oeste.

O Vice-Reino da Nova Espanha, instituído em 1535, foi uma entidade política espanhola sobreposta aos Estados indígenas pré-existentes e povos subjugados. Até seu colapso em 1821, ele manteve-se subordinado ao governo metropolitano da Espanha. A descoberta de depósitos de prata no Centro-Norte e Norte demandava uma expansão militar para além do Rio Lerma e a rápida consolidação do governo hispânico. Dessa forma, a expansão para o norte tornou-se um elemento dinâmico da história da Nova Espanha desde o início da experiência colonial. O Norte garantiu que a Nova Espanha tornaria-se muito mais do que a aglomeração de diferentes organizações políticas indígenas governadas pela Espanha.

O Norte e o Extremo Norte do México (este último refere-se ao território além do Rio Bravo del Norte ou Rio Grande, agora nos Estados Unidos) mantiveram-se apenas vagamente ligados ao centro político na Cidade do México. Uma série de unidades administrativas, em geral sob um comandante militar, tentou definir o controle espanhol. Embora fossem chamados de reinos – por exemplo, a Nova Galiza (capital: Guadalajara), Nova Vizcaya (Durango) e Novo León (Monterrey) – formavam parte do vice-reinado até a organização do Comando Geral das Províncias Interiores, em 1776. As incertezas da fronteira setentrional e a relutância da Cidade do México, em oferecer um financiamento eficaz para resolver o problema militar com os grupos indígenas não pacificados, frustravam continuamente a consolidação territorial. Após 1821, a Nova Espanha legou este problema contínuo ao Estado soberano mexicano. Como veremos no CAPÍTULO 5, as décadas de deterioração das finanças do governo do final do período colonial legou ao México independente um problema de endividamento. Os empréstimos externos e a recessão comercial agravaram o problema. As divisões políticas internas minaram quaisquer tentativas de aplicar uma política coerente em relação aos territórios do Extremo Norte. Em 1835, com o início da crise da secessão do Texas, o México não estava em posição de afirmar sua soberania com êxito em face à resistência dos colonos anglo-saxões.

O México tornou-se independente da metrópole espanhola em 1821, não como uma República, mas como o Império Mexicano, uma monarquia que se estendia, pelo menos nominalmente, do Panamá ao sul até o Óregon ao norte. Sua capital, Cidade do México, manteve-se como a maior cidade das Américas e provavelmente a mais arquiteturalmente distinta daquela época. O peso mexicano de prata ou dólar manteve-se como uma das principais moedas do mundo: o dólar americano tinha o peso como base e as duas moedas mantiveram a paridade até meados do século XIX. O Império chinês, com sua recorrente falta de prata, utilizou o peso como seu principal meio de troca até a virada do século. Em 1821, ainda não estava claro que o Império mexicano perderia grande parte do seu território e que, depois de 1848, seria superado e cada vez mais tolhido pelos Estados Unidos.

Em um período de divisões internas, a derrota na Guerra contra os Estados Unidos (1846-1848) resultou no desenho de uma fronteira internacional conforme reclamada anteriormente como parte da América do Norte hispânica. Após 1846, os mexicanos que habitavam os territórios que passaram para os Estados Unidos transformavam-se normalmente em cidadãos de segunda classe no mesmo local de seu antigo país: extirpados de suas terras ou confinados em "barrios", eles enfrentaram várias formas de discriminação. A partir dessa experiência, surgiu o Movimento Chicano da década de 1960 que se expressou de formas culturais e políticas. Mesmo assolado por suas próprias ambiguidades históricas, o movimento Chicano procurou reafirmar a autenticidade e a dignidade da experiência mexicana (e sua ligação com o México) dentro dos Estados Unidos. Ao mesmo tempo, as migrações mexicanas (e de outros latino-americanos) para as cidades dos Estados Unidos alteraram suas características e, por fim, sua vida política. Chicago, a segunda maior cidade polaca do mundo, adquiriu nas últimas décadas um significativo caráter mexicano, estendendo a órbita hispânica para além dos territórios tradicionais.

A VIDA COM OS ESTADOS UNIDOS

México e Estados Unidos foram produtos da mesma época histórica, o Iluminismo e a Revolução durante o período de 1776 a 1826. Ambos tornaram-se Estados soberanos como resultado de movimentos revolucionários que derrubaram os regimes coloniais europeus. Por que eles são tão diferentes e por que seu relacionamento tomou o curso atual? No México ocorreram poderosas influências contrárias ao Iluminismo, às revoluções do Atlântico e ao liberalismo do século XIX, a saber, a herança da conquista espanhola, o absolutismo hispânico e a contrarreforma. Nenhuma delas dispunha-se a um governo formado por consulta e consentimento. Embora tanto o México quanto os Estados Unidos tenham adotado o fede-

CAPÍTULO 1 – MÉXICO EM PERSPECTIVA | 35

ralismo, o estudo comparativo de como ele funcionava permanece em sua infância. A questão de por que o federalismo desintegrou-se no México entre 1835 e 1836, apenas uma década e meia após sua Independência, ainda gera polêmicas.

Para o México, a inevitável relação com os Estados Unidos tem sido o elemento predominante de sua política externa desde a guerra do Texas de 1836. Para os mexicanos, o Tratado de Guadalupe Hidalgo (1848), que confirmou a perda do Extremo Norte, continua a ser um evento significativo. Ele confirmou a mudança no equilíbrio do poder no continente norte-americano a favor dos Estados Unidos. Por outro lado, as perspectivas dos Estados Unidos não são as dos latino-americanos em geral, nem dos mexicanos em particular. Para os Estados Unidos, o resto do continente americano é, na melhor das hipóteses e em grande parte, um espetáculo menor e, na pior, um incômodo. Como potência mundial do século XX, o foco principal da política externa dos Estados Unidos sempre foi, por um lado, a Europa Ocidental e Central e, por outro, a bacia do Pacífico Norte (Japão e China). Os assuntos em relação ao Mediterrâneo, Oriente Médio e Sudeste Asiático formam uma esfera secundária, mas necessária. Isso não nega a importância da atenção esporádica dos Estados Unidos às questões do Caribe ou da América Latina, mas serve para afirmar sua natureza terciária. Tendo em vista a localização dos Estados Unidos, este livro não constituí o meio apropriado para debater se essas prioridades políticas estão corretas. Elas ajudam a explicar, porém, por que as relações entre os Estados Unidos e o México – dois países que compartilham a mais longa fronteira comum da América Latina – permaneceram tão repletas de mal-entendidos durante todo o período de 1836 até o presente.

Do ponto de vista dos Estados Unidos, o México parece ser subdesenvolvido, potencialmente instável e até mesmo um possível risco à segurança. A primazia dos sentimentos negativos continua a ser uma característica marcante da percepção dos Estados Unidos em relação ao México, a qual não diminuiu, mas parece ter aumentado ainda mais durante a década de 1990, por causa da atenção midiática ao tráfico de drogas, aos abusos dos direitos humanos e à corrupção generalizada. O fracasso em erradicar esses problemas faz com que o México pareça culpado na visão da opinião pública dos Estados Unidos. A percepção mexicana sobre os Estados Unidos tende a ser igualmente ou ainda mais negativa. A perda do Extremo Norte é o ponto de partida que foi reexaminado em detalhes numa série de conferências na Cidade do México e nas capitais regionais ao longo de 1997-1998, o 150º aniversário da derrota. "O que deu errado?", era a pergunta. Nos Estados Unidos, o aniversário, ainda ofuscado pelo impacto de sua própria Guerra Civil (1861-1865), passou quase em branco.

No México, qualquer discussão sobre os direitos de trânsito dos Estados Unidos por todo o território mexicano do Tratado McLane-Ocampo de 1859 reabre os nacionalismos rivais, herdados de liberais e conservadores de meados do século XIX. Dois desembarques das forças dos Estados Unidos em Veracruz, em 1847 e em 1914, são geralmente comemorados no México como uma condenação nacionalista à traição dos Estados Unidos e à violação da soberania nacional. A profunda suspeita, frequentemente justa, caracterizaram a maioria das relações entre México e Estados Unidos no decorrer do século XX até o estabelecimento do Tratado Norte-Americano de Livre Comércio [NAFTA] em 1992. No entanto, a evolução política e econômica durante as décadas de 1980 e 1990 enfatizaram a interdependência dos dois países que possuem uma fronteira comum de 3.000 km. Mesmo assim, o significado do Nafta ainda permanece incerto, especialmente se levarmos em conta o desenvolvimento desigual dos três Estados participantes e de suas diferentes percepções do propósito do tratado de livre comércio. Uma vez que o Tratado envolvia grandes concessões por parte do estado mexicano ao capital privado dos Estados Unidos, surgiram no México fortes advertências sobre suas terríveis consequências sociais. Tais pressentimentos pareceram mais reais com a eclosão da rebelião de Chiapas em janeiro de 1994, que, mais uma vez, lançou luz às antigas reivindicações indígenas.

O Nafta resultou de uma iniciativa mexicana, respondida pelo governo dos Estados Unidos. Os motivos mexicanos eram políticos e econômicos, refletindo circunstâncias internas e objetivos externos. Nesse sentido, o governo mexicano aprofundava os Estados Unidos cada vez mais nos assuntos mexicanos, enquanto esperava, ao mesmo tempo, obter ganhos para o México no mercado dos Estados Unidos. Qualquer análise das relações entre os dois países precisa reconhecer não somente as interpretações americanas a respeito das condições mexicanas, a falta de compreensão da língua e suscetibilidades locais, mas também a capacidade manipuladora do México. Como "lidar com os americanos" constitui parte essencial das relações exteriores mexicanas.

Fundamentalmente, o relacionamento entre México e Estados Unidos envolve as disparidades de riqueza e poder. Essas disparidades são o cerne da questão. México e Estados Unidos, apesar das semelhanças e similaridades, operam em mundos diferentes. O contexto internacional e suas referências são completamente diferentes. Pior ainda, um país não leva o outro a sério. O México está obcecado consigo mesmo. Poucos jornais ou revistas do México cobrem ampla e profundamente os assuntos internacionais, muito menos qualquer análise informativa sobre os acontecimentos dos Estados Unidos, exceto talvez quando o comportamento do mercado de ações de Nova York está em causa. É certo o comentário de Enrique Krauze, dizendo que o México é, simbolicamente, uma ilha. Existem pouquíssimos institutos de estudos estadunidenses no México, e poucos historiadores especializados na história dos Estados Unidos. O Centro de Investigações sobre a América do Norte, com base na UNAM na Cidade do México, que também lida com o Canadá, como seu nome implica, é uma notável exceção.

Embora o México e os Estados Unidos ainda não tenham conseguido chegar a um relacionamento satisfatório após dois séculos, nem tudo neste "relacionamento especial" norte-americano é um desastre. Os presidentes dos Estados Unidos reuniram-se mais vezes com suas contrapartes mexicanas do que com quaisquer outros chefes de Estado; existem reuniões anuais entre os governadores dos estados fronteiriços dos Estados Unidos e México. Para o presidente dos Estados Unidos, isso envolve inevitavelmente uma certa proporção internacional. Em novembro de 1997, por exemplo, a visita do presidente Ernesto Zedillo à Casa Branca ocorreu após o encontro com o presidente chinês, Jiang Zemin (que posteriormente visitou o México). As duas visitas destacam as diferentes dimensões entre China e México, em termos de seu posicionamento nas considerações de política externa dos Estados Unidos. Além disso, as três décadas de dificuldades econômicas mexicanas iniciadas em 1970 desequilibraram muito a posição do país em termos do equilíbrio de importância dos Estados Unidos. Questões como a fronteira e o tráfico de drogas, inevitavelmente, foram temas discutidos entre Zedillo e o presidente Bill Clinton.

Ao contrário dos Estados Unidos, o México não é uma potência mundial e não possui uma força militar importante. A autocontemplação mexicana remove efetivamente qualquer possibilidade de o país exercer influência nos assuntos globais. Mesmo que o México tenha uma cultura forte e resiliente, ele compartilha com a maior parte da América Latina uma incapacidade para projetar-se de forma importante na cena política mundial. Nesse sentido, a América Latina representa um fator ausente, uma área enorme em termos de território e população, mas sem influência no

38 | HISTÓRIA CONCISA DO MÉXICO

curso dos acontecimentos. Dada a relação com os Estados Unidos, a imagem do México é normalmente aquela projetada pelos Estados Unidos para o resto do mundo. Assim, a imagem não costuma ser favorável.

A FRONTEIRA

A presença mexicana "ao norte da fronteira" ajuda a explicar melhor o difícil relacionamento entre México e Estados Unidos. A questão da fronteira, como é vista dentro dos Estados Unidos, continua a ser um problema não resolvido entre os dois países. Mesmo assim, a fronteira permanece mais política do que cultural, pois o "Sudoeste americano" nunca conseguiu substituir inteiramente o Extremo Norte mexicano. Pelo contrário, o crescente impacto mexicano em seus antigos territórios como o Texas, o Arizona e a Califórnia é evidente para quem mora ou viaja para lá. Uma recuperação lenta e persistente da "Mex-América" continua ocorrendo apesar das políticas de 1848. Algumas pessoas chegam a retratar isso como uma "Reconquista". Por gerações, as famílias do norte do México relacionam-se entre a "fronteira" e o trânsito tem sido constante por um motivo ou outro. Para muitas famílias mexicanas da fronteira (independentemente de qual lado) a travessia é apenas uma mera formalidade pela qual precisam submeter-se sempre que precisam se encontrar. Carlos Fuentes (n. 1928) em *La frontera de Cristal* [*A fronteira de cristal*] (México, 1996) retratou diretamente esta experiência em dez contos que formam um tipo de romance. Os romances de fronteira recentes do autor norte-americano Cormac McCarthy, tais como *All the pretty horses* [*Todos os belos cavalos*] (Nova York, 1992), oferecem uma perspectiva texana distinta em relação à experiência da fronteira.

A fronteira em si, apesar da discussão em curso sobre os imigrantes ilegais, é mais uma encruzilhada que uma fronteira. A sequência de cidades gêmeas – Calexico-Mexicali, Nogales (Arizona)-Nogales (Sonora), Douglas-Agua Prieta, El Paso-Cidade Juarez, Eagle Pass-Piedras Negras, Laredo (Texas)-Novo Laredo (Tamaulipas), McAllen-Reynosa, Brownsville-Matamoros – evidencia as dimensões envolvidas. A vida em Monterrey (Novo León) não é radicalmente diferente da vida em San Antonio (Texas), e certamente muito mais semelhante a ela do que às culturas predominantes no México Central. Mesmo assim, existem algumas distinções marcantes na fronteira e além dela. San Diego, Califórnia, 14 milhas da fronteira mexicana, continua a ser uma cidade característica dos Estados Unidos, orientada mais para o resto dos Estados Unidos do que para o

CAPÍTULO 1 – MÉXICO EM PERSPECTIVA | 39

sul, para o México, tudo isso apesar da grande presença mexicana em sua vizinhança e apesar da retórica de cooperação urbana com Tijuana.

Os estudos sobre imigração costumam avaliar a entrada de europeus nos Estados Unidos, Argentina, Uruguai ou Brasil, mas normalmente negligenciam a migração de latino-americanos nos Estados Unidos. Embora muitos desses imigrantes desejem a cidadania estadunidense e os benefícios da vida material dos Estados Unidos, a cultura latino-americana é suficientemente forte para resistir à absorção pela cultura de língua inglesa prevalecente; além disso, os imigrantes, em sua maioria, não estão dispostos a perder sua identidade distinta. Nesse sentido, no final do século XX, o reforço da presença histórica latino-americana já existente no território controlado pelos Estados Unidos levantou a questão da integração cultural e linguística. Juntamente com a "questão de fronteira" mexicana, há a questão do estatuto da língua espanhola nos Estados Unidos em relação ao (no momento) estatuto oficial de idioma único da língua inglesa. Essa última questão ultrapassa a questão da fronteira mexicana, pois ela também envolve, no mínimo, a presença de cubanos, porto-riquenhos e centro-americanos nos Estados Unidos. Os mexicanos, tendo em vista sua própria herança cultural e a contiguidade da República mexicana, constituem o grupo mais forte de "não integráveis" dentro dos Estados Unidos.

A migração inicial foi o resultado das políticas porfirianas de terras durante a Revolução da década de 1910. Grande parte da migração transfronteiriça de meados do século, teve origem com o programa americano "bracero" de 1942-1964, que introduziu o conceito de "wet-back"* na cultura popular da Califórnia e do Texas. O fracasso das políticas de reforma agrária, ocorridas no rescaldo da Revolução, levou à recriação de "ramificações" das cidades mexicanas dentro das próprias cidades dos Estados Unidos. A reimplantação das comunidades de Jalisco, Michoacán ou Oaxaca, por exemplo, assemelham-se ao transplante das comunidades dissidentes de Essex e Suffolk no século XVII, que contribuíram muito para o estabelecimento da Nova Inglaterra, mesmo que os estadunidenses não as vejam pela mesma perspectiva. Em janeiro de 1998, Jalisco era considerado o estado com o maior número de migrantes: 1,5 milhão de

---

* Em inglês, "costas-suadas" é o termo utilizado para as pessoas que atravessam a fronteira entre o México e os Estados Unidos. "O termo surgiu porque as pessoas atravessavam o Rio Grande sem utilizar uma ponte. Hoje, o termo é utilizado para referir-se a qualquer pessoa que venha do México de forma ilegal." (BUSTAMANTE, Jorge A. The "Wetback" as Deviant: An Application of Labeling Theory. *American Journal of Sociology*, v. 77, n. 4, p. 706-18, jan. 1972). (N.T.)

pessoas originárias de lá viviam nos Estados Unidos, particularmente na Califórnia, Chicago e Washington, D.C. Os migrantes enviavam cerca de US$ 800 milhões para a economia de Jalisco.

A Lei de Reforma e Controle da Imigração de 1986, considerada no México como uma resposta à independência do governo mexicano sobre questões da América Central, parecia ignorar as relações de dependência de importantes setores da economia dos Estados Unidos com o trabalho mexicano. O primeiro governo de Clinton, iniciado em 1993, tentou mais uma vez no ano seguinte conter a imigração mexicana ao aumentar o número de patrulhas e construir mais muros e barreiras, mas quatro anos

IMAGEM 1. Visita da secretária das Relações Exteriores, Rosário Green, ao muro fronteiriço em Tijuana, em 9 de dezembro de 1998. Durante a visita, a Secretária comentou que a fronteira internacional entre os Estados Unidos e o México parecia uma barreira entre dois países inimigos. Ela afirmou que, até aquele momento, o México não havia conseguido persuadir os Estados Unidos a adotar uma política humanitária, em vez de manter a situação atual em que potenciais migrantes colocam suas vidas em risco ao tentar atravessar a fronteira à noite. A Secretária inspecionou o muro de metal construído pelas autoridades norte-americanas, a qual começa no monte El Mirador, corta a praia de Tijuana e segue mar adentro por 50 metros a fim de evitar que os mexicanos nadem até o território dos Estados Unidos. A imprensa mexicana chamou a atenção para a construção de uma rodovia no lado norte-americano, projetada para reforçar as respostas da patrulha da fronteira à imigração clandestina. De acordo com a Coalizão de Defesa do Migrante Mexicano em San Diego, Califórnia, 141 "indocumentados" morreram principalmente por hipotermia e afogamento nas tentativas de derrotar a patrulha de fronteira, a qual, em setembro de 1998, matou a tiros dois possíveis migrantes na área de Tijuana.

Rosário Green, autora de uma obra publicada em 1976 que examina a dívida externa do México de 1940 a 1973, é uma antiga senadora e vice-ministra das Relações Exteriores, além disso, ela foi, em 1989, embaixadora na República Federal da Alemanha.

depois, não havia como saber se o programa havia sido um sucesso ou não. O financiamento para controle de fronteira aumentou de US$ 374 milhões para US$ 631 milhões entre 1994 e 1997. A operação linha dura [*hard-line*] está em vigor ao longo da fronteira sul dos Estados Unidos desde 1995.

Na "questão de fronteira", os Estados Unidos se encontra em seu momento mais vulnerável. Essa sociedade formada por imigrantes provenientes de outros continentes vem tentando fechar a fronteira com um dos seus dois vizinhos norte-americanos, mas não com o outro. A incongruência da situação – a tentativa de criação de um Muro de Berlim norte--americano, quando o original Europeu já havia sido desmoronado – teve repercussões em vários níveis. Ele destoa de toda a história da América do Norte, uma sociedade de imigrantes; e, expõe, novamente, o fracasso dos Estados Unidos para compreender até mesmo os fatos mais básicos sobre o México.

A imigração tornou-se uma questão política entre os partidos nas eleições dos Estados Unidos e, dessa forma, o resultado dessa vantagem partidária de curto prazo costuma prejudicar as relações entre o México e os Estados Unidos. O tópico raramente recebe qualquer tratamento racional, ainda mais na mídia dos Estados Unidos. O governo dos Estados Unidos investe enormes somas de recursos nas restrições fronteiriças, mas, em vez disso, o diálogo entre os estados de fronteira poderia ser uma maneira melhor para resolver-se o problema. Nacionalmente, as perspectivas do México e dos Estados Unidos sobre a questão da imigração são radicalmente diferentes: o México vê a imigração para os Estados Unidos (independentemente de ser legal ou não) como uma libertação econômica e social necessária; os Estados Unidos veem a imigração ilegal como uma ameaça à qualidade de vida e violação da soberania nacional. O nacionalismo tanto dos Estados Unidos quanto do México criou obstáculos periódicos para qualquer forma de resolução amigável da questão. Os padrões de vida extremamente diferentes entre as duas sociedades constituem o cerne da questão.

Tráfico de drogas

Uma questão predominante entre o México (e outros países da América Latina) e os Estados Unidos continua a ser o tráfico de drogas. A penetração de *narcotraficantes* nos sistemas de segurança, jurídico e governamental dos países latino-americanos tem causado consternação aos comentaristas. Mesmo assim, a principal explicação para o problema não reside na

América Latina, mas nos Estados Unidos. No início de novembro de 1997, um relatório do governo dos Estados Unidos estimou que os americanos gastaram, em 1995, US$ 57,3 milhões com a compra de drogas ilícitas. Desse montante, US$ 38 milhões foram gastos em cocaína e mais de US$ 9,6 milhões em heroína. O mesmo relatório afirmou que três quartos da produção mundial de cocaína era destinada para os Estados Unidos. Esses números ajudam a colocar a situação da América Latina em perspectiva. No início de 1998, o Diretor do FBI alegou perante a Comissão de Inteligência do Senado que as atividades dos cartéis mexicanos de drogas constituíam a principal ameaça criminosa aos Estados Unidos. O Diretor da CIA concordou com a alegação, argumentando que as divisões dentro da máfia permitiram que os cartéis mexicanos obtivessem o controle do tráfico internacional. O FBI identificou sete grandes organizações mexicanas que controlavam a distribuição e apontou o cartel de Tijuana como o mais perigoso, adicionando seu suposto líder na lista de "procurados". A política controversa do governo de classificar publicamente as fontes de risco de drogas levou a uma forte oposição de sua contraparte mexicana.

Uma estratégia antidrogas conjunta entre México e Estados Unidos tem se mostrado difícil de implementar. Não obstante, a Agência Americana de Combate às Drogas (DEA) opera dentro do México em cooperação com os serviços de segurança, mas o problema do abastecimento em resposta à demanda continua inabalável e afeta as relações entre os dois países. Uma reportagem jornalística de dezembro de 1998 sugeriu que, somente na Baixa Califórnia, pelo menos 400 pistas clandestinas de pouso eram utilizadas pelo tráfico em áreas isoladas. As áreas mais remotas do México tornaram-se áreas de cultivo da maconha, ou ofereciam corredores aéreos para que os cartéis colombianos desembarcassem a cocaína destinada ao mercado dos Estados Unidos por meio de canais mexicanos. Na Floresta de Lacandona, em Chiapas, tais áreas de pouso promovem esse comércio clandestino, responsável por cerca de 60% da cocaína que chega nos Estados Unidos. As propostas orçamentárias dos Estados Unidos para o ano fiscal de 1999 incluíram o valor relativamente baixo de US$ 13 milhões para as medidas contra o tráfico de drogas dentro México. De um orçamento federal de US$ 173 bilhões, o pacote entregue ao Congresso em 2 de fevereiro de 1998 relacionava o total de US$ 17 bilhões para as operações antidrogas.

O problema mais grave surgido no México durante a década de 1980 e 1990 talvez tenha sido a extensão da penetração dos cartéis de drogas nos processos políticos, nas forças armadas e nos serviços de segurança. O caso mais conhecido envolveu uma série de atividades duvidosas realizadas por Raul Salinas de Gortari, irmão de ex-presidente Carlos Salinas Gortari (1988-1994). Salinas foi preso em 28 de fevereiro de 1995, por seu suposto envolvimento no assassinato do ex-presidente do Partido Revolucionário Institucional (PRI), José Francisco Ruiz Massieu, na tarde de setembro de 1994 e, após, foi confinado à Prisão Federal de segurança máxima de Almoloya. No final de 1997, o governo suíço revelou suspeitas de "lavagem" de mais de US$ 100 milhões por Salinas, sendo que o valor bloqueado desde 1995 havia sido supostamente adquirido por meio do tráfico de drogas. Exilado na Irlanda, Carlos Salinas, em novembro de 1998, afirmou desconhecer todos os negócios de seu irmão mais velho. O general Jesus Gutiérrez Rebollo, chefe das operações antidrogas, foi preso em 18 de fevereiro de 1997, pela possível proteção dada a um dos principais cartéis. Gutiérrez, condenado por estar acumulando armas de calibre pesado, estava aparentemente colaborando com a eliminação de rivais. Em março de 1998, ele foi condenado a 13 anos de prisão.

Os jornais normalmente publicam suspeitas das participações de figuras políticas, como governadores de estado, em negócios relacionados às drogas. Em 23 de janeiro de 1998, por exemplo, o Procuradoria Geral da República ordenou a prisão de Flávio Romero de Velasco, governador de Jalisco de 1977-1983 e três vezes deputado federal adjunto de Chapala, alegando que ele havia mantido contato com *narcotraficantes* identificados, enquanto ocupava o cargo e posteriormente. Naquele momento, o governo de Romero, por meio da "Operación Condor" havia conseguido expulsar os *narcos* que estavam entrincheirados no estado de Sinaloa; mas, como resultado, eles realocaram-se em Jalisco. Embora tenha sido considerado por alguns como o possível presidente do PRI em 1995, a Comissão Executiva Nacional do partido expulsou-o depois de sua prisão e confinamento em Almoloya, a fim de garantir uma imagem pública mais limpa. Os supostos contatos de Romero eram Rigoberto Gaxiola Medina e Jorge Alberto Abrego Reyna (também conhecido por Gabriel Pineda Castro), procurados por fraude. Acredita-se que o primeiro tenha transferido dinheiro das Ilhas Cayman ao México, usando-o em contas fictícias para lavar dinheiro. A pedido do governo mexicano, o DEA prendeu Reyna em Fênix, Arizona, no final de janeiro de 1998, ao tentar retirar 1 milhão

IMAGEM 2. Prisão Federal de Segurança Máxima de Almoloya de Juárez (estado do México) próximo a Toluca. O irmão do ex-presidente Carlos Salinas de Gortari, Raul Salinas, foi enviado à prisão de Almoloya, em 1995, e permaneceu ali até ser inocentado da acusação de assassinato em 2005, embora ainda corra contra ele a acusação de enriquecimento ilícito. Mario Aburto, o provável assassino do candidato presidencial do PRI, Luis Donaldo Colosio, em Tijuana, em março de 1994, também está na mesma prisão.

de dólares de um banco de hotel. A PGR também estava investigando a relação entre o governador de Quintana Roo, Mario Villanueva Madrid, com o cartel de Cidade Juarez, que supostamente operava nesse estado e recebia cocaína da Colômbia.

No início de abril de 1998, esperava-se que a presença no México de Barry McCaffrey, o "czar antidrogas" dos Estados Unidos, como a imprensa o denominou, resultasse em mais uma iniciativa conjunta da campanha de ambos os governos para acabar com o poder dos *narcotraficantes*. Esse problema, que passou para o primeiro plano desde a década de 1970, é um dos problemas mais graves enfrentados pelo México atual. A recrudescência da "questão indígena", ligada a problemas sociais e econômicos mais amplos, apresenta outro problema aparentemente insolúvel.

O México indígena

O mundo pré-colombiano, que examinaremos em breve, apresentou aos invasores europeus do início do século XVI o problema de compreender as sociedades americanas das quais eles não tinham qualquer concepção anterior. Embora o mundo "indígena" tenha mudado radicalmente após o impacto da conquista, colonização e legislação, a presença indígena no México contemporâneo permanece real e penetrante. Na década de 1990, todos que liam jornais ou assistiam o noticiário da televisão não tinham como concluir algo, senão que o México contemporâneo enfrentava um "problema indígena". Embora seja difícil calcular com precisão a extensão do componente populacional descrito como "indígena", algumas estimativas falam em aproximadamente 10 milhões e argumentam que sua taxa anual de crescimento é superior à média nacional de 2%. Já que o termo "índio" no México contemporâneo (particularmente nas áreas urbanas) refere-se mais à posição social do que ao caráter étnico, a base de tais cálculos permanece incerta. O uso primário de um idioma indígena – estima-se que existam 56 grupos linguísticos – é frequentemente o critério de inclusão. Em Chiapas, por exemplo, a população descrita como "indígena" representa aproximadamente 1 milhão de pessoas entre as 3,5 milhões do estado. Desse 1 milhão, cerca de um terço não fala espanhol.

A questão indígena no México atual é um fenômeno tanto urbano quanto rural. As migrações internas ocorridas durante as últimas décadas têm sido motivadas por condições adversas na terra – erosão do solo, fornecimento inadequado de água, políticas de reforma agrária, falta de crédito, os abusos dos proprietários das terras e a dominação por chefes locais ou *caciques* e seus homens armados. Isto tem agravado os problemas de superpopulação nas áreas metropolitanas, sobretudo na Cidade do México, com suas grandes áreas de favelas e saneamento inadequado.

A ebulição contemporânea do estado de Oaxaca e a complexa história pré-colonial que veremos no próximo capítulo fornecem um grande exemplo de mobilização indígena. Embora a capital do estado normalmente apresente uma fachada enganosa da tranquilidade da época colonial, a cidade e o campo são ambos locais de constante ebulição sobre questões como o controle da terra e da água, a dominação das comunidades locais pelos chefes armados, às vezes ligados ao estado, bem como sobre os processos políticos nacionais, as condições de trabalho, a sindicalização não oficial e a autonomia das instituições municipais. As frequentes mobilizações em grande escala dos professores das escolas rurais e dos grupos de camponeses locais mantiveram a política de Oaxaca em ponto de ebulição nas últimas décadas. A luta pela supremacia política nas aldeias e cidades indígenas oferecem, da mesma forma, uma fonte constante de agitações. Os conflitos violentos na zona sul do istmo de Juchitán e Tehuantepec desde o final da década de 1960, demonstram claramente a intensidade dessas questões. Surgiram muitos conflitos paralelos em outras áreas e momentos, as últimas tendo ocorrido nos estados de Veracruz, Puebla, Tlaxcala e Guerrero. Durante a década de 1970, o Exército mexicano sufocou uma insurreição em Guerrero, liderada por Lucio Cabañas, a qual tentou conectar as questões distritais a ideologias políticas mais amplas por meio de uma organização militar. Esse modelo apresentou-se como um paradigma para a entrada do EZLN ("Exército Zapatista de Libertação Nacional") na questão indígena de Chiapas após 1983. Os guerrilheiros originaram-se das "Forças de Liberação Nacional" (FLN), fundada em Monterrey, em agosto de 1969, no rescaldo da repressão do governo aos protestos estudantis ocorridos na Cidade do México no ano anterior.

Os próximos capítulos fazem referência a vários fatores que alteraram o equilíbrio demográfico e cultural no México desde o início do século XVI, todos em detrimento da população indígena. Esses fatores levantam a seguinte questão: se, no rescaldo da conquista espanhola, a população indígena foi destruída, então por que há um problema indígena no México contemporâneo? Várias respostas vêm rapidamente à mente: a política colonial espanhola nunca teve a intenção de eliminar a população indígena, mas ofereceu proteção em relação às consequências desastrosas da conquista; a lei colonial reconstituiu e salvaguardou (sempre que possível) as

IMAGEM 3. Mercado local de Tlacolula, Oaxaca. O México "indígena" sempre foi caracterizado por redes de mercados, algumas especializadas em produtos locais, como os têxteis de Teotitlan del Valle, a cerâmica verde vitrificada de Atzompa ou a cerâmica negra de San Bartolo Coyotepec, todas as três aldeias pertencentes ao Vale de Oaxaca. O mercado de Tlacolula, uma das cidades principais do Vale, existiu durante o período colonial e, provavelmente, tem origem pré-colombiana. Esse também foi um mercado importante para as aldeias da serra. Os mercados periódicos são geralmente conhecidos pelo termo em idioma náuatle, *tianguis*, enquanto os mercados fixos receberam o nome em espanhol, *mercado*. Os mercados urbanos, cobertos e descobertos, proliferaram para além da Cidade do México.

instituições das comunidades indígenas, incluindo a posse de terras; os governos fracos do século XIX, em grande parte, não conseguiram transformar os camponeses indígenas em pequenos produtores individuais; a tradição neoindigenista da Revolução Mexicana fez pressão para que a posse de terras das comunidades fossem restabelecidas e ofereceu crédito aos agricultores. Acima de tudo, há o fator da recuperação da população indígena no final do século XVII em diante. Assim, devemos acrescentar um outro fator, somente explorado recentemente na literatura histórica: a reconstituição da identidade da comunidade indígena em relação aos impactos causados pelas mudanças políticas impostas nacionalmente e às províncias no final do século XVIII. Argumenta-se que tal fato tornou-se mais acentuado em resposta ao movimento de reformas liberais de meados do século XIX.

Recentemente, a discussão sobre a questão indígena contemporânea trouxe um grande problema: a autonomia política das áreas indígenas. Essa

48 | HISTÓRIA CONCISA DO MÉXICO

posição rejeita explicitamente a tradição liberal do século XIX e a tradição revolucionária constitucional do século XX. Por essa razão, ela tornou-se uma questão altamente controversa na década de 1990. A demanda pela formação de territórios autônomos no âmbito do Estado-nação contradiz essa tradição de forma radical. A construção do estado liberal buscava eliminar a herança corporativa da época colonial espanhola e, assim, estabelecer uma nação mexicana homogênea.

As Constituições de 1824, 1857 e 1917 viam a garantia das liberdades individuais e a criação de um sistema federal como a melhor proteção jurídica para os "cidadãos" de uma República moderna. No outono de 1997, por outro lado, um porta-voz das comunidades dos índios otomí do estado de Querétaro queixou-se que a Constituição de 1917, produto de uma grande mobilização popular durante a revolução, não continha disposições para as comunidades indígenas como tais.

A Constituição de 1917, em parte herdeira da tradição liberal do século XIX, mas em outros aspectos uma resposta às pressões sociais em relação à propriedade de terras e aos trabalhadores urbanos, assumia a existência de uma nação mexicana, em vez de uma série de comunidades etnolinguísticas distintas, cada uma delas tentando salvaguardar sua identidade. A controvérsia surgida em 1992, sobre os 500 anos da "Descoberta" das Américas por Cristóvão Colombo, envolveu a questão da subordinação das culturas indígenas aos europeus. A continuação deste processo levou os grupos indígenas a rejeitarem algo que, na terminologia negativa da década de 1990, é descrito como "ocidentalização".

Os grupos indígenas contemporâneos referem-se à legislação de meados do século XIX como um fracasso. Sua crítica ao movimento de reforma repousa no argumento de que as tentativas liberais de transformar os camponeses indígenas das comunidades em pequenos proprietários resultaram na perda de terras e aprofundou a privação social. O foco da crítica voltou-se para o "neoliberalismo", uma política econômica implementada pelo governo do México desde meados da década de 1980, particularmente durante a Presidência de Salinas. Em 1992, a revisão do artigo 27 da Constituição de 1917 efetuada por Salinas procurou reduzir, por razões econômicas, o elemento comunitário das unidades agrárias reconstituídas, que surgiu, em grande parte, da legislação revolucionária durante a década de 1930. A mobilização indígena durante a década de 1990 não originou-se, no entanto, exclusivamente a partir da hostilidade em relação às consequências, reais ou imaginárias, do "neoliberalismo". As ten-

CAPÍTULO 1 – MÉXICO EM PERSPECTIVA | 49

dências de longo e curto prazo no âmbito da economia como um todo – nacional e globalmente – teve profundas repercussões sociais e políticas. A recessão do setor de produção de café de Chiapas, por exemplo, restringiu as oportunidades dos trabalhadores migrantes de áreas predominantemente indígenas da Serra Central em um momento de crescimento populacional e, além disso, aprofundou as tensões sociais.

A questão indígena, que o México compartilha – embora de maneiras muito diferentes – com a Guatemala, Equador, Peru e Bolívia, diferencia-o de sociedades como Argentina ou Venezuela, em que a presença indígena ou foi erradicada ou marginalizada no país. A recrudescência das demandas políticas dos índios pode ser percebida desde o Canadá até o Chile e, não com menor importância, nos Estados Unidos e México. A presença indígena distingue o México (e as culturas indo-americanas) da Europa: não são apenas sociedades europeias simplesmente transportadas para outro continente, mas complexas misturas (e conflitos) de muitas culturas com origens históricas remotas.

Em contraste com os Estados Unidos e a Argentina, o México nunca foi um país de imigração em grande escala. Isso, por si só, ajuda a explicar o impacto contínuo do mundo pré-colombiano e da forte presença indígena nos séculos XIX e XX. É correto dizer que o México recebeu imigrantes, mas mais como operários (como os chineses, no final do período de Díaz) ou grupos específicos, como os exilados republicanos espanhóis dos anos 1930. Nada disso, no entanto, alterou a estrutura da população ou a cultura predominante.

capítulo 2

O PERÍODO PRÉ-COLOMBIANO

Durante a Era glacial, caçadores migrantes em busca de animais podem ter cruzado a ponte terrestre que ligava o continente americano à Ásia, o atual estreito de Bering, há 12 mil anos. Embora esta pareça ser a explicação preferencial para o povoamento das Américas, ainda existem controvérsias sobre a proveniência dos migrantes e a data de sua chegada. No final do período glacial, a terra era menos capaz de sustentar grandes populações, em busca de alimentos. Com a extinção dos mastodontes, caçados em torno de 8000 a.C., os caçadores precisavam encontrar um novo equilíbrio entre suas necessidades nutricionais e o potencial de produção de alimentos de seu ambiente. No entanto, durante milhares de anos, antes de o cultivo do milho tornar-se a base da economia, o forrageamento (busca e exploração de recursos alimentares) e a agricultura coexistiram. A domesticação das plantas requeria chuvas regulares ou a proximidade da água doce. Da mesma forma, a necessidade de ferramentas levou ao desenvolvimento de rotas de comércio, especialmente entre o planalto (fontes de obsidiana, o principal instrumento de corte) e as planícies tropicais, com sua diversidade de gêneros alimentícios.

A agricultura desenvolveu-se na Mesoamérica provavelmente entre 5500 e 3500 a.C., bem depois da Síria e da Mesopotâmia, onde o cultivo do trigo começou por volta de 9000-8000 a.C., respectivamente, e no Vale do Indo, onde o cultivo de cevada começou aproximadamente em 7000 a.C. Na Bacia Central do México, existiu uma sociedade pré-cerâmica, uma mistura de povos sedentários e semissedentários, possivelmente por volta de 4000 a.C., a qual alimentava-se de animais e vegetais das extensas margens do lago do Vale do México. A uma altitude de 2.200 metros, o clima temperado e a água abundante deste *altiplano* criado pela atividade vulcânica ofereceriam a base para a vida sedentária. Até agora, no entanto, as primeiras aldeias permanentes conhecidas de agricultores que cultivavam milho datam de 2250-1400 a.C. na tropical Tabasco, na região sul da costa do Golfo. Pequenas aldeias com dietas variadas e que utilizavam ferramentas de obsidiana – um vidro vulcânico negro – e de basalto cresceram nos diques dos rios. San Lorenzo (1500-1350 a.C.) foi o principal centro.

O núcleo da cultura olmeca encontra-se nas áreas dos rios Papaloapan, Coatzacoalcos e Tonalá. No início do período formativo (1500-900 a.C.), as áreas urbanas, com muitos edifícios especializados e estratificação social, emergiram de uma sociedade agrícola anteriormente igualitária. As esculturas tinham significados rituais e simbólicos, retirados da sociedade agrícola e artesanal local. Embora fossem mais naturalistas que abstratos, eles frequentemente retratavam um estado espiritual, ao invés de uma condição física específica; eram construídos por artesãos qualificados, espiritualmente preparados para a tarefa, em jade, jadeíte (silicato de sódio e alumínio) ou serpentina (minerais de filossilicato hidratado de magnésio e ferro) extremamente polidas. Até o momento, os arqueólogos identificaram 17 assentamentos permanentes como os primeiros centros de população no complexo arqueológico de Tierras Largas, nordeste do Monte Albán, no Vale de Oaxaca, durante o período de 1400-1150 a.C. e na área de San José Mogote (1150-850 a.C.) no Rio Atoyac, parte nordeste do Vale no Distrito de Etla. Em ambos os centros foram encontradas muitas cerâmicas. San José, o ponto focal de uma rede de 18 a 20 aldeias, mostra evidências de uma sociedade mais estratificada e de comércio inter-regional. Os símbolos olmecas aparecem no uso decorativo da serpente de fogo e do jaguar-homem.

No período de 900-500 a.C. a população no Planalto Central aumentou rapidamente e surgiram aldeias maiores e mais numerosas, apesar do declínio contínuo do nível do lago do Vale do México. As elites começaram a surgir e cresceu o número de chefaturas locais, fazendo que as alianças se tornassem necessárias. Ao mesmo tempo, as redes de intercâmbio aumentaram. No final do período pré-clássico (500-100 a.C.), surgiram centros urbanos conforme a população concentrava-se em torno de aldeias centrais com edifícios públicos, incluindo as pirâmides. Houve maior deflorestação e passou-se a utilizar a irrigação mais amplamente para tornar a agricultura mais produtiva. As condições agrícolas favoráveis na margem do lago sul favoreceram a ascensão de Cuicuilco, o qual tornou-se o maior centro em 300 a.C. e abrangia cerca de 400 habitantes, sustentando uma população de aproximadamente 20 mil indivíduos. Esse centro tinha uma pirâmide incrustada de pedras e de base circular com 27 metros de altura e 80 metros de diâmetro. Grandes canais de irrigação e outras 11 pirâmides foram descobertas abaixo da lava depositada pela atividade vulcânica que destruiu o local por volta do ano 100 a.C. Cuicuilco pode ter sido a primeira cidade-estado da Mesoamérica, embora outras, tais como Tlapacoya e Cholula, também existissem na mesma época no México Central.

Durante o período clássico (300-900 d.C.) houve um grande florescimento cultural por toda a Mesoamérica – no Vale de Oaxaca, em Teotihuacan, nos distritos maias das planícies e na costa do Golfo, a saber, em El Tajín, Veracruz, que foi ocupado de 100-1100 d.C. As redes comerciais continuaram a expandir-se, ligando as áreas do planalto às planícies e à costa, ambas partindo do México Ocidental através dos vales centrais até a costa do Golfo e para o sul ao longo do Rio Papaloapan até as selvas de Petén (no Planalto da Guatemala) e nas zonas costeiras do Pacífico desde Chiapas até El Salvador.

Os olmecas

Há um contínuo debate sobre se a cultura olmeca – a qual floresceu entre 1200 a.C. e 300 a.C. nas planícies do Golfo – representa a base das culturas que mais tarde desenvolveram-se em diferentes direções geográficas, ou se era simplesmente uma cultura paralela às outras que floresceram simultaneamente. Embora os olmecas, aparentemente, não tenham formado um grande império, sua organização política, sistema religioso, comércio de longa distância, Astronomia e calendário chegaram a níveis sofisticados. Seu grupo linguístico era provavelmente o Mixe-Zoqueano, relacionado às línguas maias. Embora as influências olmecas possam ser encontradas em toda a Mesoamérica central e meridional, não existem evidências de algum controle político além de sua área de base no Golfo. A cultura olmeca floresceu em diferentes locais por um período de 600 anos, desde c. 1200 a.C., de acordo com a datação estabelecida pelos testes de rádio-carbono realizada em meados da década de 1950. Os olmecas parecem ter sido os primeiros a construir grandes sítios cerimoniais. Seu nome é um tanto impróprio, baseia-se em uma palavra asteca posterior

IMAGEM 4. Escultura olmeca do Museu de Antropologia de Jalapa, Veracruz (foto do autor). Descoberta em 1945 no sítio de San Lorenzo, no Distrito de Texistepec, ao sul do estado de Veracruz, sudoeste de Minatitlán, essa e outras cabeças de basalto datam de 1200-1000 (a.C.). San Lorenzo, um monte artificial com uma plataforma gigantesca, é um dos mais antigos sítios olmecas.

que indicava a zona sul do Golfo – Olman (terra da borracha) – e foi utilizada pela primeira vez em 1927. Tendo desaparecido por mais de dois milênios, as evidências da cultura olmeca começaram a reemergir lentamente dos pântanos e florestas em que haviam sido afundadas. Em 1862, a primeira cabeça gigante olmeca foi descoberta no Distrito de San Andrés Tuxtla de Veracruz. Machados e figuras de jade surgiram mais tarde. Então, em 1925, Frans Blom e Oliver La Fage fizeram outras descobertas decisivas no Lago Catemaco, formado pelas erupções do vulcão Pajapan (Sierra de los Tuxtlas). As cabeças foram esculpidas a partir de pedras de basalto cuspidas pelos vulcões em erupção: um nascimento ardente do centro da terra. O transporte dessas pedras imensas por terra e pelo rio desde as Montanhas de Tuxtla e a posterior transformação das mesmas em formas rituais demonstra o poder dos olmecas e sua relação com as fontes sobrenaturais.

Os reis-xamãs, que emergiam da elite, interpretavam o cosmos, a criação e o ciclo da vida humana. Tendo em vista que os sítios cerimoniais precisavam ser organizados por meio de uma grande força de trabalho, tornou-se necessário a existência de um organismo estatal, o qual surgiu na forma de chefaturas que controlavam territórios limitados. Os principais locais foram San Lorenzo e La Venta, que floresceram entre 1200-900 a.C. e 900-600 a.C., respectivamente. Entre 1964 e 1967, Michael D. Coe trabalhou no primeiro sítio arqueológico: San Lorenzo consistia em um montículo artificial de cerca de 1.200 metros de comprimento com muitos monumentos erigidos acima dos pântanos. O local era a ligação entre uma série de pequenas aldeias e santuários, que iam além de sua circunferência. Alfonso Caso e Ignácio Bernal (diretor do Instituto Nacional de Antropologia e História (INAH), entre 1968 e 1971) trabalharam em sítios olmecas durante grande parte da década de 1960; Bernal sugeriu a existência de ligações linguísticas com a cultura zapoteca inicial do Vale de Oaxaca. Apesar de ter sido analisado em 1938 a 1939, antes de La Venta e San Lorenzo, Três Zapotes foi, em termos cronológicos, o último sítio olmeca importante.

O sistema de crenças olmecas apontavam para um cosmos no qual todos os elementos e as criaturas estavam infundidas por um poder espiritual. Essa energia dava impulso ao universo. A arte olmeca funcionava como a expressão desse poder. Os humanos procuravam os meios de acessar esse poder espiritual por meio da disciplina, do jejum, da meditação e da mutilação sob a forma de sangramentos. Tentavam acessar, por exemplo, os espíritos dos animais, tais como o poder da onça-pintada, a fim de transcender a consciência humana, muitas vezes por meio de drogas alucinógenas, tais como a aspiração de pós rituais. Muitas vezes, as esculturas retratam os xamãs no processo de incorporação do espírito do jaguar. Esse processo de transformação explica o uso generalizado de máscaras, frequentemente esculpidas em jade, que combinavam as características do jaguar e humanas para transmitir um estado de êxtase espiritual. Expressões faciais contorcidas retratavam a tensão da passagem de uma realidade para outra. O jaguar possuía um significado especial, pois era visto como uma criatura que vive na selva, nada e caça durante o dia ou pela noite, participando ao mesmo tempo, desse modo, da terra, da água, do ar, da luz e da escuridão. A águia americana pode ser vista como o jaguar do céu. A pirâmide de La Venta, símbolo de Pajapan, atingia a esfera celeste e, assim, tinha acesso aos céus. A terra e o céu estavam ligados por divindades especiais, que combinavam aspectos de ambos. A escultura olmeca retratava jaguares voadores com um passageiro humano, ou jaguares alados que carregavam a terra em suas costas. Nas árvores da selva vivia a serpente venenosa Bothrops asper (nauyaca, no México), que tinha uma testa de crista: ela combinava as propriedades da terra e do céu, pois atacava de cima e não de baixo e, por fim, acabou sendo simbolizada como a serpente dos céus, a precursora da Serpente Emplumada de Teotihuacan, com os atributos da chuva e do vento.

Praticamente todas as culturas mesoamericanas davam grande significado religiosos a um jogo ritual de bola com campos especialmente construídos nos sítios monumentais. Desde os tempos dos olmecas, no mínimo, o sacrifício humano que acompanhava o jogo ritual de bola estava possivelmente associado ao deus da chuva e a um componente de fomentação da chuva, fosse sob a forma de seres sobrenaturais, devorando seres humanos ou como xamãs que representavam seres sagrados por meio do transe ritual. A fomentação da chuva também estava associada com o transporte de feixes de plumas ou serpentes vivas, que simbolizavam a serpente dos céus.

Desde 1985, multiplicaram-se as descobertas sobre os olmecas. Mesmo assim, as questões básicas colocadas pelos antropólogos permanecem em grande parte sem resposta: quando as culturas do Golfo adotaram a agricultura de subsistência? Como o crescimento demográfico influenciou a diversificação social? Qual era a relação entre os menores e os maiores centros? Qual a influência da datação e localização? Como o controle de recursos afetava o estatuto social? Qual a natureza da religião e como seu estilo refletia isso? Que relações os olmecas tiveram com os outros povos da Mesoamérica? Eles foram os primeiros? Por que a sua civilização entrou em colapso? Os olmecas ofereceram um importante legado para as culturas mesoamericanas posteriores: a crença de que o sacrifício, as austeridades e a meditação poderiam trazer um estado espiritual superior; que é possível entrar em contato com uma realidade existente além do mundo físico e humano; que os sítios cerimoniais refletem a aprovação sobrenatural às culturas terrenas; que a humanidade não só existe juntamente com os poderes cósmicos e divindades, mas também partilha identidades com eles; e o desenvolvimento de uma complexidade religiosa fundada na chuva e na fertilidade agrícola. As divindades Chac (maias), Cocijo (zapotecas) e Tlaloc (toltecas) parecem ser todas derivadas do deus olmeca da chuva.

A base econômica da civilização olmeca reside na extrema fertilidade das zonas fluviais da bacia do Golfo, que permitiam a produção de duas colheitas anuais de milho e ofereciam animais e peixes. A oferta de alimentos disponíveis foi capaz de sustentar uma grande população. Grande parte da reputação futura dos olmecas entre os povos da Mesoamérica talvez derive de seu sucesso agrícola. A grande influência da cultura olmeca sugere a possibilidade do compartilhamento de sua cosmologia, estilo artístico, simbolismo e rituais em toda a Mesoamérica, levando em consideração as diferenças regionais e linguísticas, durante todo o período entre 900-500 a.C.

Monte Albán
e as culturas zapotecas de Oaxaca

A cultura do Monte Albán dominou Oaxaca por mil anos desde sua primeira fase (ou Monte Albán Ia) entre 500-400 a.C. A fase imediatamente anterior foi a fase Rosário (700-500 a.C.) no Distrito de Huitzo, da qual emergiu a cerâmica, arte, arquitetura e construções do Monte Albán I.

O crescimento da população e a pressão sobre os recursos podem ter exigido uma força de trabalho mais concentrada, com maior direcionamento social, a fim de garantir a oferta de alimentos. De tal forma, a reordenação econômica e política que fosse além do agregado familiar camponês demonstra uma necessidade básica em um período histórico específico. A concentração da propriedade de terras no Vale poderia explicar a crescente diferenciação social e o surgimento de uma elite governante com uma base agrária. Entre 400-200 a.C., o Monte Albán passou por seu principal período de desenvolvimento estatal e surgem provas concludentes do surgimento de um estado entre 200 a.C.-100 d.C. (Monte Albán II). Desse modo, esse processo foi lento, cobrindo uns 300 anos, após o qual chegou ao seu desenvolvimento máximo entre 100-600 d.C. Já em Monte Albán II, a escrita hieroglífica em duas colunas atesta a existência de um estado zapoteca anterior à fundação de Teotihuacan no México Central ou à cidade maia de Tikal. O estado zapoteca, um centro urbano que existiu centenas de anos antes do período "clássico" (Monte Albán IIIa e IIIb), atingiu nesses séculos o auge de seu poder em termos de construção, expressão religiosa, estratificação social e governo. A população total, sustentada pelo sistema agrícola do Vale e pelo recebimento de tributos, chegou a ser provavelmente constituída por 15 a 30 mil habitantes.

Monte Albán, uma construção fortificada no topo de uma montanha de 400 metros, com vista para os três setores do Vale de Oaxaca, consiste em uma concentração de templos com escadas situadas em torno de uma praça retangular, onde aconteciam os rituais públicos. Os governantes zapotecas geralmente passavam por um ano de instrução religiosa antes de assumir o cargo. Os governantes mortos tornavam-se intermediários entre as forças vivas e sobrenaturais em ação no universo. No Monte Albán, a hierarquia gradual das residências correspondia ao *status* dos seus ocupantes. A casta profissional dominante e a camada superior da cidade, cerca de 2% a 4% de seus habitantes, viviam em palácios de pedra ou tijolo. Casavam-se com os indivíduos de sua própria casta ou com nobres de outras regiões. Os túmulos de Monte Albán destinavam-se aos governantes e membros da nobreza e continham urnas funerárias extraordinariamente bem trabalhadas com a forma de rostos humanos vivos, mas às vezes utilizavam máscaras rituais. O culto aos antepassados, aparentemente, era uma parte importante da expressão religiosa zapoteca.

O jogo de bola também assumiu grande importância na cultura zapoteca. Foram encontrados cerca de 40 campos do jogo de bola no Vale de Oaxaca, embora a maioria não tenha sido nem escavada, nem datada. As quadras escavadas parecem ter sido construídas em Monte Albán II. Elas continuaram a ser construídas posteriormente, conforme pode ser

IMAGEM 5. Pirâmide zapoteca (marcada com a letra L por Alfonso Caso) no Monte Albán, Vale de Oaxaca (foto do autor). O sítio contém várias pirâmides construídas ao redor da Praça central, sob os auspícios dos governantes locais e uma "acrópole" ao norte. Sua forma característica remonta provavelmente ao período principal, Monte Albán IIIa e IIIb (350-700 d.C.). A população no local possivelmente atingiu um pico de 24 mil no período IIIb; a população do Vale de Oaxaca ultrapassou 100 mil pessoas distribuídas em 1.075 comunidades conhecidas. A maioria habitava o subvale de Tlacolula. Os túmulos de Monte Albán, dentre os quais o mais notável é a tumba 104, contêm murais e urnas fúnebres, moldadas com distintas características humanas e colocadas em nichos.

atestado pelo campo do jogo de bola existente no Monte Albán IV, em Dainzú, no Vale de Tlacolula, construídas em 900-1000. Os jogadores usavam máscaras de proteção, luvas e joelheiras, e as bolas eram feitas de látex. O significado do jogo ainda permanece obscuro. Parece ter sido sancionado oficialmente talvez como um tipo de ritual político concebido para determinar implicitamente o resultado, com a sanção divina, das disputas entre as comunidades. Tais disputas talvez girassem em torno do uso de terra ou da água.

A visão tradicional era que os olmecas haviam estimulado o Monte Albán I e que Teotihuacan havia influenciado o Monte Albán III. Desde os tempos dos primeiros trabalhos de Bernal no Monte Albán, durante o início da década de 1940, essa visão foi modificada, pois desde as décadas de 1970 e 1980, passou-se a salientar a natureza autóctone do desenvolvimento da civilização zapoteca. A diferença entre Monte Albán e Teotihuacan é que este último não era um centro comercial, pois, em Oaxaca, os artesãos que sustentavam o complexo urbano e o comércio entre os mercados viviam nas aldeias da base do Vale. A cidade expandiu-se muito além de seus muros anteriores durante o período clássico. A extensão territorial máxima do poder de Monte Albán aconteceu no período II entre 100 a.C.-100 d.C. Neste momento havia quatro zonas periféricas, que agiam como núcleos de defesa, expansão e como influências culturais: no Rio Ejutla e no Vale de Miahuatlán, situados diretamente no caminho sul até o Oceano Pacífico, em Nejapa no caminho para as lagoas de Tehuantepec e na região de Cañada (cidade de Cuicatlán), um vale tropical a 500 a 700 metros acima do nível do mar, que produzia algodão e frutas, geralmente por meio de irrigação. Esta última zona tinha uma importância estratégica vital para Monte Albán, pois ela controlava o acesso do Vale de Tehuacán para Oaxaca, isto é, as rotas que vinham diretamente do Vale do México. Por essa razão, os zapotecas construíram uma poderosa fortaleza de Quiotepec com vista para a margem de Cañada e para o Vale de Tehuacán. Com efeito, Quiotepec marcava a expansão mais setentrional do estado de Monte Albán. Parece que os governantes do estado zapoteca tentavam controlar a passagem através de Oaxaca a partir das principais rotas de acesso do Vale do México para o Oceano Pacífico e para o istmo de Tehuantepec.

Depois do ano 500, no entanto, o crescimento dos centros provinciais fundados levou ao afrouxamento da autoridade e da autonomia crescente do Monte Albán. No entanto, Joyce Marcus e Kent Flannery descrevem o

60 | HISTÓRIA CONCISA DO MÉXICO

período entre 350-700, que corresponde ao Monte Albán IIIa (até 550) e IIIb como "a idade de ouro da civilização zapoteca".

OS MAIAS

Exceto por algumas obras de frades franciscanos, o conhecimento da civilização Maia praticamente desapareceu após a conquista espanhola. No entanto, a publicação do livro de John Lloyd Stephens em 1839-1842 com descrições das cidades arruinadas e ilustrações feitas por Frederick Catherwood, despertou um novo interesse. Eles viajaram juntos pelas florestas tropicais de Chiapas, pelas selvas guatemaltecas de Petén e pelas savanas de Yucatán. Suas descobertas despertaram a consciência para a cultura maia em um período já fascinado com a redescoberta do antigo Egito, onde os registros escritos datavam de 3000 a.C. O fato de Jean-François Champollion ter decifrado os hieróglifos egípcios em 1822 por meio das escritas paralelas entalhadas na Pedra de Roseta apontava para a importância de uma interpretação semelhante da escrita maia. Stephens e Catherwood chamaram atenção para os glifos esculpidos em placas eretas de pedra ou estelas, encontradas no centro ou em escadarias dos sítios arqueológicos. No entanto, na época, ninguém sabia se os sítios eram centros cerimoniais ou conglomerados urbanos, ou se os glifos representavam ideias religiosas. A primeira tentativa de transcrição de glifo começou entre os anos de 1864 e 1882, embora evidentemente a chave para compreender a escrita maia havia sido perdida.

Embora a escrita minoica, conhecida como Linear B, tenha sido decifrada durante a década de 1950, os glifos maias mantiveram-se como objetos de disputa considerável na década seguinte, quando alegou-se que eles contavam a história das cidades maias. Esse entendimento fez com que fosse possível reconstruir a história dinástica dos governantes de Tikal desde o ano 292 até 869. Somente após 1973, houve avanço nesta área, quando percebeu-se que os glifos representavam uma linguagem falada cuja ordem das palavras era fixa, o que tornou possível a identificação de verbos e substantivos, sintaxe e sons. Dessa forma, as inscrições maias, que tinham deixado os estudiosos perplexos por tanto tempo, tornaram-se textos, revelando a história das elites de certos estados. Uma história perdida foi recuperada da pedra, do barro, do jade, de ossos ou conchas em que ela havia sido registrada. A redescoberta da língua realçou ainda mais a coerência cultural do mundo maia durante um período de mil anos.

Durante o período pré-clássico (1500 a.C.-200 d.C.), os povos maias desenvolveram a agricultura e construíram aldeias. Os leitos dos pântanos

CAPÍTULO 2 – O PERÍODO PRÉ-COLOMBIANO | 61

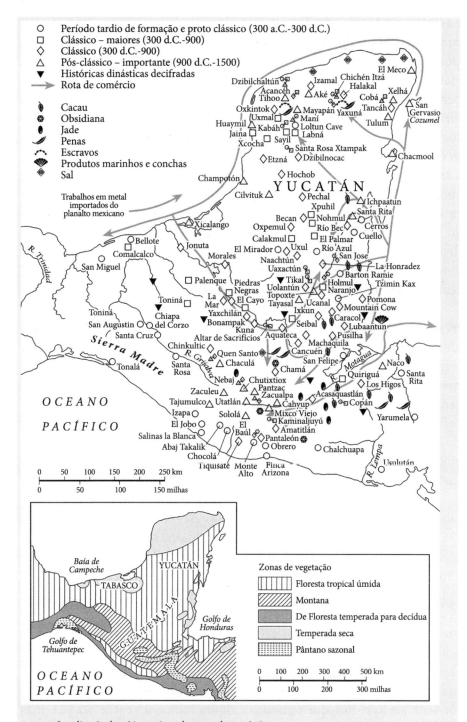

MAPA 2. Localização dos sítios maias e das rotas de comércio.

62 | HISTÓRIA CONCISA DO MÉXICO

e as margens dos rios das florestas da planície ofereceram materiais férteis para produtos de alto rendimento, como o milho, o cacau e o algodão. Os rios Hondo, Usumacinta e Grijalva ofereciam acesso ao mar por canoa. Havia assentamentos agrícolas em Tikal, a qual se tornaria o maior sítio do período clássico em El Petén por volta de 600 d.C., seus principais templos foram construídos entre 300-800 d.C. Houve uma maior estratificação social durante o período pré-clássico médio entre 900-300 a.c., momento em que as influências olmecas estavam em seu auge. Oportunamente, a tradicional família estendida, a aldeia, o xamã e o patriarca passaram a apoiar o surgimento da realeza, uma instituição com precedentes culturais na Mesoamérica. Uma divisão mais clara da riqueza mantinha o cargo real e uma casta de nobres que se relacionavam com os reis em graus diversos de intimidade. O rei que, em termos religiosos, simbolizava a árvore da vida, continha a energia necessária para a comunhão com a outra realidade dos deuses e entidades supra-humanas.

O período clássico maia, entre os anos 250 e 900, pode ser dividido em três categorias: Inicial (250-600); Tardio (600-800); e Terminal (800-900). Uma vez que não há manuscritos sobreviventes daquela época, as estelas tornaram-se as principais fontes históricas. O ano decifrado a partir das primeiras estelas é de 199 a.C. Desde o período clássico inicial, uma próspera rede comercial de longa distância ligava as planícies maias aos planaltos da Guatemala e ao Sudeste mexicano. Os cultos e estilos arquitetônicos do México Central surgem em cidades maias, como o culto a Tlaloc, por exemplo, em Tikal. Os calendários maia e do México Central tinham semelhanças notáveis.

Yaxchilán (na margem do Rio Usumacinta, em Chiapas) e Uxmal (abaixo dos Montes Puuc, em Yucatán), floresceram nos séculos VIII e IX. De acordo com os textos hieroglíficos esculpidos nas pedras sobre a história de seus senhores, Yaxchilán floresceu durante o período entre 320-790, mas declinou ao longo anos 790-810. Uxmal alcançou seu auge entre 850-925, mas foi abandonada logo depois. Esse centro continha grandes edifícios com decorações habilmente trabalhadas. Os sítios de Puuc representam uma extensão dos estilos do período clássico tardio entre os anos 700-900. A história dinástica escrita de Palenque, localizada na floresta tropical de Chiapas, começou em 431. A cidade alcançou sua máxima influência no governo de Pacal, o Grande (615-683), Chan-Bahlum II (684-702), e Kan-Xul, que reinou em algum momento entre 702-721, mas o poder dos reis de Palenque foi finalmente enfraquecido no final do

IMAGEM 6. Pirâmide maia em Uxmal (foto do autor). Uxmal, fundada no final do século X nos Montes Puuc de Yucatán, ao sul de Mérida, consiste em seis grupos principais de edifícios, dos quais a grande pirâmide é a construção mais alta. Foram dados nomes a vários edifícios – o Palácio do Governador, a Casa das Tartarugas e assim por diante. O estilo de Uxmal é distinto de Chichén Itzá e carece das características do México Central. O sítio alcançou seu auge entre 850-925 (d.C.).

64 | HISTÓRIA CONCISA DO MÉXICO

século VIII. A história escrita e a construção de pirâmides e templos confirmam a legitimidade dinástica das partes mais profundas da história e cosmologia dos maias. As tábuas em que Bahlum-Chan escreveu sua discussão detalhada sobre a realeza vieram à tona novamente em 1841, quando Stephens e Catherwood publicaram seus *Incidents of Travel in Central America, Chiapas, and Yucatán* [*Incidentes da viagem na América Central, Chiapas e Yucatán*], mas eles não conseguiram decifrar os glifos que encontraram. O túmulo de Pacal não foi encontrado dentro do Templo das Inscrições até 1949.

Assim como no caso dos olmecas, os rituais dos maias desejavam capturar as energias sagradas. O sangramento estava no centro desses rituais religiosos. Juntamente com o sacrifício humano limitado, ele acompanhava a morte e o sepultamento dos reis. Dessa forma, o rei xamã, seja por meio de pequenas gotas de sangue ou por maiores fluxos da língua ou do pênis, conseguia ver a outra realidade das energias sagradas que existem além do universo material e humano, conseguia também fazer a comunhão com as divindades e os antepassados. As lâminas afiadas de obsidiana faziam os cortes precisos para estes fins rituais.

A exaltação da realeza dinástica e a propiciação ritual dos deuses não salvaram os maias do colapso da vida urbana e da alta civilização após o século VIII. De Palenque a Copán, assim que a realeza entrou em colapso, os grandes monumentos foram abandonados a favor de um retorno à vida camponesa em faixas da floresta. Em 910, parece não ter havido mais nenhuma construção de pirâmides-templos nas planícies do Sul. O fracasso das cidades-estados governadas por dinastias reais levou ao abandono geral da alfabetização da elite política como o principal meio de compreensão do cosmos. A civilização maia, no entanto, não chegou ao fim, mas ressurgiu no norte nas planícies de Yucatán a partir do século IX.

TEOTIHUACAN

A influência histórica predominante no México Central foi Teotihuacan, um centro urbano e religioso que, no seu auge, continha uma população de mais de 100 mil habitantes, sustentada pelo sistema agrícola do Vale do México. Teotihuacan, que floresceu durante oito séculos desde *c.* 150 a.C. até entre 650-750 d.C., influenciou fortemente as civilizações náuatles posteriores dos toltecas e astecas. O sítio, cerca de 50 km a leste da Cidade do México, cobria cerca de 2.000 hectares. Apenas uma pequena área foi escavada até o momento. Acredita-se que existiam aproximadamente 20 pirâmides. Teotihuacan foi uma cidade funcional e não, como acreditava-se anteriormente, simplesmente um local cerimonial. As Pirâmides do Sol e da Lua e o templo de Quetzalcóatl estavam ligadas por uma longa via que ia do norte para o sul. Em *c.* 500, Teotihuacan tornou-se o centro religioso e metropolitano da Mesoamérica, o modelo para a capital tolteca mais modesta, Tollán (Tula, 65 km ao norte da Cidade do México) e posteriormente a Tenochtitlán dos astecas. Ao contrário de Monte Albán, Teotihuacan foi construída sobre uma planta ortogonal. A maioria dos habitantes da cidade vivia em cerca de 2 mil construções divididas em uma multiplicidade de apartamentos. As oficinas mostram a natureza comercial do assentamento, juntamente com a sua finalidade religiosa.

O nome Teotihuacan foi uma atribuição asteca e significa "Local dos Deuses". Na verdade, não sabemos o nome original da cidade, sua história cronológica ou os nomes de seus governantes, nem mesmo a língua ali falada. O náuatle parece ter sido falado na cidade apenas após o ano 500. Até o momento, não há registros de textos escritos ou glifos associados a eles, diferente dos maias ou zapotecas. De fato, a única escrita encontrada até hoje foi no local chamado bairro Oaxaca, para diplomatas zapotecas residentes ou comerciantes. Como resultado, temos pouco conhecimento do tipo de governo que funcionava em Teotihuacan. Parece não ter existido um culto dinástico oficial como havia entre os maias; isso sugere, para alguns arqueólogos, que a cidade talvez fosse governada por uma oligarquia.

Teotihuacan foi o primeiro grande estado do México Central. Desde o século I a.C., a população (até 90 mil) concentrou-se na cidade, em vez da zona rural circundante. Na maior parte do período de Teotihuacan, o Vale do México não tinha qualquer outra grande concentração populacional. A cidade exercia forte controle sobre a bacia mexicana e mantinha provavelmente domínio sobre os territórios contíguos ao Vale. Ela tinha contato direto com as terras baixas do Golfo, mas provavelmente não exercia controle político ou monopólio comercial sobre elas. Até agora não temos provas suficientes para explicar a concentração da população na cidade; a razão pode ser o incentivo de um grande mito religioso. Em Teotihuacan, um importante tema religioso era a água e a vida associada a ela. Quando foi escavada em 1917 a 1920, a cidadela revelou a existência de uma pirâmide da Serpente Emplumada, a qual foi identificada por Manuel Gamio, o então diretor de Antropologia, como Quetzalcóatl e o deus da chuva, Tlaloc, que alternavam-se a cada seis níveis em ambos os lados dos degraus da pirâmide. O culto da Serpente Emplumada originou-se

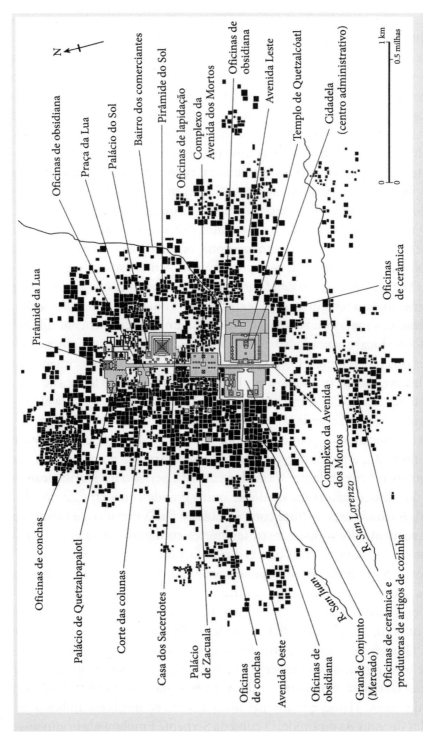

MAPA 3. Traçado urbano de Teotihuacan. A 6ª maior cidade do mundo em 500 a.C., Teotihuacan cobria uma área consideravelmente maior que o Monte Albán e dominava a Mesoamérica. Construída em um plano urbano ortogonal, a cidade cobria 20 km².

efetivamente em Teotihuacan, onde os símbolos do Deus estão proliferados nas pedras e em murais.

O culto a Quetzalcóatl (Serpente Emplumada), era o culto de maior adesão na Mesoamérica, talvez tenha surgido da noção de uma divindade associada ao cultivo do milho, o alimento básico. A luta entre os senhores das trevas e os gêmeos celestes iniciou-se no momento em que a semente foi plantada na escuridão da terra. O crescimento da planta forçou os senhores das trevas a reconhecer seu ciclo anual e devolvê-lo à luz do dia. Nesse sentido, a terra tornou-se um útero fértil e a criação triunfou sobre a morte. O deus do milho, retratado na cidade maia de Copán como um belo jovem, fornecia alimento para a raça humana. Havia uma clara inter-relação entre a cosmologia e o mundo mítico, por um lado, e o mundo natural e a experiência humana em sociedade, por outro. Quetzalcóatl surgiu dessa confluência.

A Serpente Emplumada representava a união dos poderes celestiais e terrenos, era o símbolo da fertilidade e da regeneração, da dualidade entre espírito e matéria. Em termos mitológicos, Quetzalcóatl foi concebida milagrosamente durante a Idade do Quarto Sol (a quarta idade cósmica) por Chimalman sem nenhum contato sexual com qualquer forma masculina. Segundo uma das versões, ela engoliu uma pedra preciosa e, assim, concebeu um filho.

Depois de paz e prosperidade material consideráveis, uma crise interna parece ter provocado a queda da cidade quando ela estava no auge de sua influência. A explicação permanece obscura. Talvez o sistema de governo e a liderança política tenham entrado em decadência e o ritual apoiado pelo Estado estivesse sob ataque. Em algum momento, os principais templos – anteriormente cobertos por elaboradas decorações – e muitas casas na área central foram destruídos pelo fogo. No início do século VIII, Teotihuacan deixou de ser uma grande unidade urbana. O abandono da cidade legou ruínas decadentes e varridas pelo vento aos mil e duzentos anos seguintes. Em tempos modernos, o sítio, então em processo de recuperação, recebeu a visita de D. H. Lawrence; sua primeira visita ao México ocorreu em março de 1923. Lawrence considerou o sítio arqueológico de Teotihuacan mais impressionante do que as ruínas da antiga Roma ou de Pompeia e, em seu romance, *A Serpente Emplumada* (1926), escreveu que, no México, Quetzalcóatl estava mais vivo do que as igrejas hispânicas. Gamio, que deu vida a este universo desaparecido, tornou-se o modelo para Don Ramón na novela, o líder revolucionário que desejava substituir o

68 | HISTÓRIA CONCISA DO MÉXICO

cristianismo em favor do renascimento da antiga religião e, assim, trazer Quetzalcóatl para as vidas das pessoas comuns.

O NORTE

Em resposta ao crescimento demográfico, a vida sedentária começou por volta de 500 a.C., em Durango. Assim, por volta de 500 d.C., desenvolveu-se a cultura Chachihuita em torno do sítio de Alta Vista, na região Centro-Sul do atual estado. Entre 200-300 d.C., a região Centro-Norte da atual República, desde a região do Bajío e até os estados de Durango, Zacatecas e San Luis Potosí, já era habitada por grupos sedentários ligados às culturas mais meridionais. Do século VI ao IX, a cultura Chalchihuita floresceu nos vales de San Antonio e Colorado, na região Oeste do estado de Zacatecas. A irrigação e um comércio estendido foram responsáveis pela longa duração destes sítios. Centenas de sítios pré-colombianos de mineração datados entre 500-900 d.C. foram encontrados em toda esta região. Essas descobertas sugerem que a mineração não foi uma inovação colonial, mas era elemento importante da vida econômica da região. Havia uma ampla rede comercial ligando as culturas de Durango e de Zacatecas, no ponto médio até as áreas setentrionais do novo México e ao sul até o Vale do México, a qual foi responsável pela importância dessas áreas como entrepostos comerciais. Teotihuacan exerceu uma enorme influência sobre elas. Turquesa, serpentina e cobre possuíam demanda na cidade grande e vinham do Novo México através desta rota. As minas locais ofereciam outros bens. De certa forma, as estradas pré-colombianas de transporte de turquesa e cobre que atravessavam o norte anteciparam a futura estrada da prata da época colonial espanhola.

A cultura Chalchihuita atingiu o seu apogeu em La Quemada, na região Sul do estado de Zacatecas entre 500-800 d.C., quando a construção de edifícios religiosos e civis era realizada no topo de uma imponente colina à beira de uma série de outras colinas. O Salão das Colunas, a Pirâmide e a Campo do Jogo de Bola são todos desse período de influência máxima. Adams e Macleod apontam para o desenvolvimento da metalurgia de cobre no Noroeste e Oeste do México por volta de 800 d.C., sugerindo que os avanços tecnológicos continuavam a acontecer. Em 1200 a 1300, essas regiões já produziam ligas de estanho e prata.

Em meados do século VIII, o colapso de Teotihuacan pode tê-la excluído do centro e deixado-a exposta às tribos nômades, conhecidas genericamente como chichimecas. Até seu colapso no século XII, a ascensão

IMAGEM 7. La Quemada em perfil, a partir da estrada que chega a ela (fotografia do autor, de agosto de 1999).

da cultura tolteca em Tollán (Tula) durante o século X aponta para uma reocupação parcial dessas áreas. Após o século XII, chichimecas de diferentes tipos dominaram o território ao norte do Rio Lerma, a qual nem mesmo os astecas conseguiram adentrar.

Tempo de dificuldades (750-950)

Durante o século VIII, as principais unidades políticas que levaram séculos para serem construídas declinaram, entraram em colapso ou foram derrubadas. Monte Albán declinou durante o período de instabilidade de toda a Mesoamérica entre 600-900 d.C. Apesar de seus edifícios públicos terem ficado em ruínas, a cidade em si nunca foi abandonada. A explicação para esse declínio talvez seja a competição por recursos entre a cidade e as aldeias da base do Vale. O rápido crescimento populacional do Vale teria resultado em disputas por terras e, possivelmente, em conflito com as necessidades da cidade. A escassez de alimentos dos frequentes anos secos, quando as chuvas esperadas não ocorriam, teriam pressionado bastante as instituições administrativas da cidade. Além disso, o declínio de Teotihuacan por volta de 700-750 d.C. removeu um rival do centro do poder, contra o qual os zapotecas buscavam preservar sua independência e identidade. Já não havia mais a necessidade de tal concentração populacional no Vale de Oaxaca. A autoridade dispersou-se por vários centros menores no período subsequente.

No México Central, bandos itinerantes e armados perambulavam pela zona rural. Vários estados menores e mais periféricos ganharam importância, como El Tajín (Veracruz), Cacaxtla (Tlaxcala) e Xochicalco no atual estado mexicano de Morelos. Xochicalco floresceu entre 600 e 900 como um estado de tempos de guerra, situado em uma posição forte e defensável, apesar disso ele, por fim, seria derrubado por meio da violência. Além do campo do jogo de bola, a proeminência do culto da Serpente Emplumada estava evidente em sua pirâmide principal.

Ainda não existem explicações indisputáveis a respeito do colapso, durante o século IX, dos grandes centros maias do período clássico nas planícies do Sul. Provavelmente, uma combinação de fatores favoreceu o abandono dos centros urbanos. As rivalidades militares e os conflitos internos entre reis e nobres sejam talvez a causa principal. Durante o mesmo período, o impacto do crescimento populacional aos sistemas agrícolas delicados e complexos foram agravados pelos numerosos combates entre as cidades-estados rivais. As pressões externas e os conflitos internos minaram a eficácia do governo central, necessária para a coordenação de esforços na luta contra o ambiente florestal. O colapso de Teotihuacan também pode ter afetado as condições nas terras Maias, afrouxando o controle sobre territórios de fronteira entre as principais zonas culturais. Grupos semicivilizados, como o chontal de idioma maia da zona sul do Golfo da atual Tabasco, estabeleceram o controle das rotas comerciais nesse período.

OS TOLTECAS

Tula estava localizada em um ambiente mais difícil do que o de Teotihuacan, além disso, sua área de controle não era tão próspera nem tão extensa. A migração a partir de áreas do norte do México foi provavelmente responsável pelo aumento da população nesta área antes mesmo do declínio de Teotihuacan e da chegada dos povos falantes do idioma náuatle. Durante o período tolteca (800-1170), o comércio com o Noroeste continuou ininterrupto pelo menos nos primeiros séculos. O mito de Quetzalcóatl tornou-se elaborado em termos políticos e transformou-se parte da luta pelo poder dentro da cidade de Tollán. Na história de Tollán, Quetzalcóatl confundiu-se com uma figura humana, Ce Ácatl Topiltzin, o fundador da cidade ou seu último governante (ou ambos), o qual recebeu o nome de Quetzalcóatl. Nessa versão, Ce Ácatl teria nascido em Tepoztlán (Morelos), aproximadamente em 940, e havia chegado em Tollán no ano de 968, sendo expulso em 987. O pai do Quetzalcóatl humano era o semideus Mixcóatl, a Nuvem-Serpente – o primeiro a estabelecer o poder tolteca. A geminação entre homem e deus tornou-se uma característica da religião e da política de toltecas e astecas. Tollán adotou os mitos de Teotihuacan como parte de sua própria legitimação, nesse momento, o culto de Quetzalcóatl atinge o seu auge. A luta política interna, que pode ter envolvido o desafio oferecido pela casta guerreira secular aos defensores do governo sacerdotal, resultou na derrubada do culto de Quetzalcóatl, interpretado metaforicamente como o voo do deus para o exílio.

A casta guerreira – simbolizada pelo triunfo do senhor da vida e da morte, Tezcatlipoca, seu patrono – saiu vitoriosa. A predominância de Tezcatlipoca levou à prevalência dos sacrifícios humanos na religião mesoamericana, atingindo seu clímax durante o período asteca. De acordo com o mito, Tezcatlipoca foi a fonte da destruição de Quetzalcóatl: ele trouxe-lhe a deusa da prostituição, Xochiquetzal, com quem teve relações sexuais e sujeitou-se, desse modo, à punição da morte pelo fogo. O coração do Deus, no entanto, elevou-se por entre as chamas e ascendeu aos céus para tornar-se a estrela da manhã ou o planeta Vênus. Quetzalcóatl, no entanto, ainda era um criador e antes de sua ascensão ao céu, ele precisou primeiro descer ao inferno. Ele o fez na companhia de seu duplo ou gêmeo, o cão, Xólotl, a fim de obter do senhor do submundo os ossos daqueles que tinham morrido durante a quarta idade cósmica. Com os ossos, ele criaria uma nova raça humana para a Era do Quinto Sol, que, em termos históricos, correspondia à idade dos povos náuatles. Quetzalcóatl era, então, a divindade mesoamericana mais associada à humanidade e, a partir da perspectiva dos náuatles, com a história da humanidade. Enrique Florescano argumenta que as diversas formas divinas associadas ao Deus fundiram-se em uma única personalidade nos anos 900-1000. Durante o período tolteca, o deus do milho transformou-se em Quetzalcóatl.

Os chichimecas destruíram Tollán, deixando-a perigosamente exposta às fronteiras nômades por volta de 1170. Esse evento histórico foi posteriormente interpretado por meio dos mitos de Quetzalcóatl e Tezcatlipoca. A luta entre os deuses simbolizava o conflito entre Topiltzin e seu inimigo, Huemac, ambos foram identificados com os próprios deuses. A luta também ocorreu em outras grandes cidades da época, Culhuacan e Cholula. A expulsão de Quetzalcóatl da cidade de Tollán, de acordo com a tradição histórica, levou à fusão das influências toltecas e maias na civilização de

Chichén Itzá, onde o culto floresceu novamente. Cholula havia sido especificamente fundada por Quetzalcóatl, seu maior templo foi dedicado a esse deus manifestado como Ehécatl, o Senhor dos Ventos.

Os maias pós-clássicos

A fase conhecida como tolteca-maia (*c.* 950-1250) de Chichén Itzá seguiu-se ao colapso das culturas clássicas de Uxmal, Bonampak, Palenque, Tikal e Copán e, pela primeira vez, resultou no período de predomínio de Yucatán na Mesoamérica durante o século XI. A natureza precisa da relação com o México Central, particularmente com Tula, permanece obscura. Atualmente, parece que Tula dependia de Chichén Itzá, e não o contrário. O culto à Quetzalcóatl, conhecido em Chichén Itzá como Kukulcan, era celebrado na pirâmide mais alta, onde o pôr do sol do equinócio lança sua sombra sobre o corpo de uma serpente alinhada com os degraus do norte e unem as cabeças que estão esculpidas em sua base.

O contexto topográfico da savana de Yucatán diferia radicalmente das culturas florestais de períodos anteriores e favorecia um maior contato comercial e religioso com as culturas de fora. Não havia fronteiras culturais entre a floresta maia e os novos Estados que surgiram nas zonas de savana. Em Yucatán, a água vinha de poços subterrâneos, conhecidos como *cenotes*, nos quais virgens eram sacrificadas nos períodos de dificuldades a fim de apaziguar os deuses. Diferentes circunstâncias históricas complementavam as condições geográficas. As culturas de Yucatán no século X foram o produto do tempo de dificuldades. Os fracassos políticos das culturas anteriores incentivaram novas tentativas de definir a base da organização social e a regência. A predominância de Chichén Itzá, que claramente não era apenas uma cidade-estado como aquelas do período clássico, mas o núcleo de um sistema imperial, baseava-se em uma estrutura de alianças que anteciparam o estilo asteca de expansão durante o século XV. A cidade surgiu inicialmente desse período de problemas, mas sua cronologia ainda é imprecisa, pois os governantes, ao contrário de seus antecessores dos sítios de floresta, não utilizaram estelas e hieróglifos para gravar sua história. Em parte, por este motivo, não sabemos quanto tempo os governantes de Chichén Itzá levaram para estabelecer sua supremacia no norte de Yucatán, muito menos em outros lugares. O Templo dos Guerreiros, que pode ter sido construído em comemoração à sua vitória, parece ter sido erigido entre 850-950 d.C.

As pinturas em vaso e afrescos retratavam as cenas de batalhas, a vida na corte e os rituais em várias cidades maias. A nova cidade imperial

IMAGEM 8. Pirâmide maia-tolteca de Chichén Itzá. Os espanhóis chamaram esta pirâmide de "El Castillo" [O castelo]. Este era o templo de Kukulcan (Quetzalcóatl) localizado no precinto cerimonial. Chichén Itzá, no sudeste de Mérida, era um sítio do período clássico tardio com fortes influências toltecas em seus estilos e práticas religiosas, embora tenha sido originalmente fundado pelo povo Itzá no início do século VI. A cidade foi reocupada em 987. As influências maia-toltecas estão também evidentes no Templo dos Guerreiros. Uma parede de crânios (*tzompantil*) ficava ao lado do campo do jogo de bola. A cidade floresceu no século XIII e seu colapso ocorreu em 1441.

caracterizava-se pela guerra bem-sucedida, o comércio florescente e uma nobreza sofisticada. Os nobres parecem ter compartilhado maior autoridade com seus reis do que os maias dos estados das florestas. A origem e a identidade desses grupos governantes, no entanto, permanecem em grande parte inexplicadas.

Um tipo de confederação, dominada pela família Cocom, parece ter governado o último dos grandes Estados do período maia pós-clássico, e Mayapan, no período entre 1250-1450. A cidade copiou as estruturas arquitetônicas de Chichén Itzá, mas possuía um muro de defesa, assim como Tulum, a cidade da costa leste. Embora a Península, durante os séculos XIV e XV, fosse caracterizada por uma série de pequenos Estados – que logo enfrentariam a ameaça asteca vinda do oeste – a cultura maia ainda formava uma unidade.

OS ZAPOTECAS E MIXTECAS DA ERA PÓS-CLÁSSICA
Durante a fase conhecida como Monte Albán IV (700-1000) surgiram em Oaxaca centros menores após o declínio de Monte Albán, tais como Lam-

74 | HISTÓRIA CONCISA DO MÉXICO

bityeco, situado a 2 km a oeste da atual Tlacolula no setor oriental do vale. Outros locais, como Zaachila, Mitla e Cuilapan, surgiram no período entre 600-900. O mais antigo assentamento em Mitla, situado à beira de um rio, ocorreu por volta de 1200 a.C., e expandiu rapidamente até o período de Monte Albán II, aproximadamente no século I d.C. Mitla, um centro urbano nucleado com importantes edifícios religiosos e civis e uma área residencial suburbana, era apoiada por regiões agrícolas circundantes. Da mesma forma que Yagul, Mitla ganhou destaque no período de Monte Albán V (1000-1500). A maioria dessas cidades menores cresceu a partir de sítios anteriores, que antecediam até mesmo ao Monte Albán, e já eram sítios cerimoniais durante os períodos II e IIa do Monte Albán. No entanto, elas floresceram ao mesmo tempo em que o grande centro urbano da montanha declinava. Foram construídos templos sobre montes-pirâmides e uma casta dominante, que desejava estabelecer redes matrimoniais, fixou residência em edifícios de pedra.

Ao mesmo tempo, surgiram outros centros em todo o oeste montanhoso de Oaxaca, na região Mixteca Alta. Eles eram normalmente formados por chefaturas menores conhecidas como *cacicados*. Assim como os sítios dos vales, seus antecedentes são antigos. Eles eram pequenos Estados governados por uma nobreza local, com títulos de terra herdados, que muitas vezes controlava diretamente o trabalho agrícola. A região Mixteca era formada por vales de grande altitude, com um clima mais frio do que o Vale de Oaxaca. Embora não houvesse nada na região Mixteca comparável em tamanho ou desenvolvimento cultural à San José Mogote, muito menos ao Monte Albán, Yucuita, no Vale de Nochixtlán, tornou-se o principal centro urbano, rodeado por muitos assentamentos menores. Contemporâneas ao Monte Albán do período clássico, Yucuñudahui, no mesmo Vale, também representava um grande centro estratificado com edifícios públicos para funções religiosas e cívicas, e dependente de um interior rural integrado. A região Mixteca atravessa a rota entre os vales do México e Oaxaca e, por esse motivo, a cultura Mixteca sentiu a influência de toltecas e zapotecas, mas manteve suas próprias características e idiomas. As chefaturas mixtecas eram sustentadas por meio da mobilização eficaz da mão para o trabalho agrícola em terraços de milho, bem como para a guerra.

Durante o período do deslocamento, entre os anos 600-900, surgiram centros urbanos na Mixteca Baixa, uma série de vales semitropicais de 1.000 a 2.000 metros acima do nível do mar, situada na fronteira entre

CAPÍTULO 2 – O PERÍODO PRÉ-COLOMBIANO | 75

Puebla e Oaxaca. Após a queda de Tula, os centros mixtecas ressurgiram com um estilo mais desenvolvido da década de 1160. Além disso, os reis mixtecas reforçaram sua legitimidade ao dizerem possuir ascendência tolteca. Anteciparam, nisso, a posterior prática asteca no Vale do México. A primeira regência mixteca, estabelecida possivelmente nos moldes de Tula, foi o estado de Tilantongo em Mixteca Alta a partir de 1030. Os mixtecas, um povo guerreiro da montanha, expandiram-se em direção à costa do Pacífico. O governante de Tilantongo aproveitou-se da existência de uma colônia mixteca naquela área para estabelecer mais um estado em Tututepec, subordinando os chatinos e os zapotecas do sul que viviam entre Miahuatlán e a costa. A região tornou-se o foco da dominância mixteca na zona costeira ocidental de Oaxaca, conhecida como Mixteca de la Costa, até ser destruída em 1522, pela conquista espanhola por meio de trapaças e brutalidade. Com a morte de Tututepec, último governante mixteca, Hernán Cortés concedeu a administração do local ao seu segundo em comando, Pedro de Alvarado.

O rico Reino de Yanhuitlán surgiu no período pós-clássico com base em comunidades de súditos camponeses do Vale de Nochixtlán. Na véspera da conquista espanhola, ele era o maior dos *cacicados* de Nochixtlán e controlada por 25 outros assentamentos, incluindo Yucuita que tinha sido o centro da era clássica. Os senhorios mixtecas davam proteção aos trabalhadores camponeses que, em troca, pagavam tributos a eles, trabalhavam ou atuavam como soldados. Os caciques mixtecas consolidavam sua posição por meio de alianças matrimoniais, inclusive com os zapotecas do Vale de Oaxaca. Este processo introduziu gradualmente um elemento mixteca ao Vale, incluindo uma colônia no Distrito de Cuilapan. Por volta de 1280, Cuilapan parece ter tido falantes do idioma mixteca em meio a sua população local, bem como mais imigrantes em finais do século XV e início do XVI.

O principal centro político do Vale de Oaxaca na época de Monte Albán V foi o Reino de Zaachila. A evidência disponível sugere que a dinastia governante surgiu no final do século XIV ou início do século XV, seu primeiro governante morreu em 1415. Com o seu quarto governante, Cosijoeza (1487-1529), os zapotecas de Zaachila expandiram seu comércio e sua autoridade política até o istmo e Tehuantepec, que, como consequência, passou a ser considerada uma segunda capital zapoteca. Ao empurrar o povo huave para as estreitas faixas costeiras ao redor das lagoas de Tehuantepec, os zapotecas ganharam o controle dos depósitos de

76 | HISTÓRIA CONCISA DO MÉXICO

sal do istmo, um produto que já era considerado valioso no comércio regional da época. O filho de Cosijoeza, Cosijopii (n. 1502), tornou-se o governante de Tehuantepec com a idade de 16 anos até sua morte em 1563, mesmo estando subordinado à hegemonia espanhola após 1521 e tendo sido cristianizado em 1527.

MÉXICO CENTRAL

Mesmo antes da queda de Tollán, grandes grupos vindos do Norte mudaram-se para o Vale do México, possivelmente como resultado da mudança climática, e formaram comunidades multiétnicas. Essas comunidades lançaram as bases para um novo sistema de cidade-estado: no final do século XIII, cerca de 50 pequenas unidades urbanas, semiautônomas e com seus próprios centros religiosos, ocupavam territórios delimitados no Vale. Elas permaneceram intactas durante a hegemonia do período asteca (ou, mais corretamente, período mexica) e sobreviveram à conquista espanhola do período colonial. Cada um desses Estados derivava sua legitimidade da ascendência tolteca.

Embora o sistema de estado tribal ainda fosse frágil, durante o século após 1250, as rivalidades militares entre as cidades-estados intensificaram-se. O povo mexica ainda era apenas um grupo menor e dependente de Estados mais poderosos até aproximadamente 1400.

A urbanização acelerada no Vale do México exigia um complexo sistema agrícola para sustentar sua população, especialmente porque nenhuma das principais cidades era autossuficiente. A irrigação e a agricultura em terraços nas costas montanhosas intensificaram a produção. Os pântanos na borda do lago foram drenados para formar "canteiros flutuantes" (*chinampas*) para o cultivo de mais alimentos. Não havia nem veículos com rodas nem animais de tração na Mesoamérica. Nesse sentido, a população crescente do México Central enfrentava enormes obstáculos ecológicos e tecnológicos para o aumento na oferta de alimentos. As *chinampas* eram parte (mas apenas uma parte) da solução. Fertilizadas pela lama do leito do lago, elas ofereciam colheitas por todo o ano. No auge do poder de Tenochtitlán, em torno de 1500, elas cobriram cerca de 9.000 hectares, permitindo a existência até mesmo de piscinas e canais. Tendo em vista que as *chinampas* requeriam um nível constante de água, foram construídos diques, aquedutos e canais, particularmente a partir do segundo quarto do século XV, para regulá-las e separar as águas doces das salgadas. A localização de Tenochtitlán diferenciou a natureza da cidade de qualquer outra estabelecida na Mesoamérica, especialmente porque a ausência de um interior agrícola direto requeria a subordinação das cidades circundantes e de seus perímetros rurais.

No final do século XV, pelo menos uma dúzia de cidades tinham mais de 10 mil habitantes, sendo que a capital asteca, Tenochtitlán, passava de 150 mil habitantes na época. Outras cidades, como Texcoco, governada pelos reis-poetas, Nezahualcóyotl (1418-1472) e Nezahualpilli (1472-1515), localizavam-se ao longo da margem do lago. Texcoco desempenhou um papel central ao ajudar os espanhóis a derrubarem Tenochtitlán em 1520 a 1521. Se pudéssemos recompor a história da política mesoamericana do século XV, entenderíamos mais claramente como a conquista espanhola foi possível. O deslocamento de alianças e rivalidades entre os Estados indígenas nos ofereceria um norte.

Os astecas

A maioria dos Estados do vale adotou o governo por um *tlatoani* ou figura nobre principal. Os astecas adotaram esse sistema a partir da década de 1370, mas apenas depois de 1426 o controle do mesmo passou a fazer parte de uma dinastia. O direito divino e o governo hereditário ofereceram os meios políticos para a expansão imperial do período entre 1428 e 1519. Os governantes astecas legitimavam sua posição ao identificarem-se com os toltecas, cujos sucessores eles alegavam ter ocorrido por meio dos matrimônios com a dinastia de Culhuacan.

De acordo com a tradição asteca, Xólotl, dessa vez como a estrela vespertina, guiou a jornada do povo náuatle a partir de seu lar ancestral em Aztlán até a terra prometida no México Central. Os astecas substituíram efetivamente Quetzalcóatl por Huitzilopochtli, o deus da guerra, de quem eram discípulos distintos. Dessa forma, eles afastaram-se significativamente da tradição de Tollán, da qual apropriaram-se, mas mantiveram Tlaloc dentro da tradição de Teotihuacan. Em todos os lugares em que sua supremacia era reconhecida, os astecas impuseram Huitzilopochtli dentre os deuses criadores.

Uma elite educada de "nobres" (*pipiltin*) estava no ápice da sociedade asteca: funcionavam como guardiões do conhecimento e da tradição histórica. Os *pipiltin* eram educados em uma escola especial para os nobres na tradição oral e pictórica da escrita em glifos, escreviam em papel feito da planta agave, de pele ou de lona. Entre os astecas e outros povos da Mesoamérica, a tradição oral foi um poderoso meio de transmissão do conhecimento. Um grupo profissional de comerciantes (*pochtecas*), alguns deles realizavam transações comerciais muito além das fronteiras dos territórios

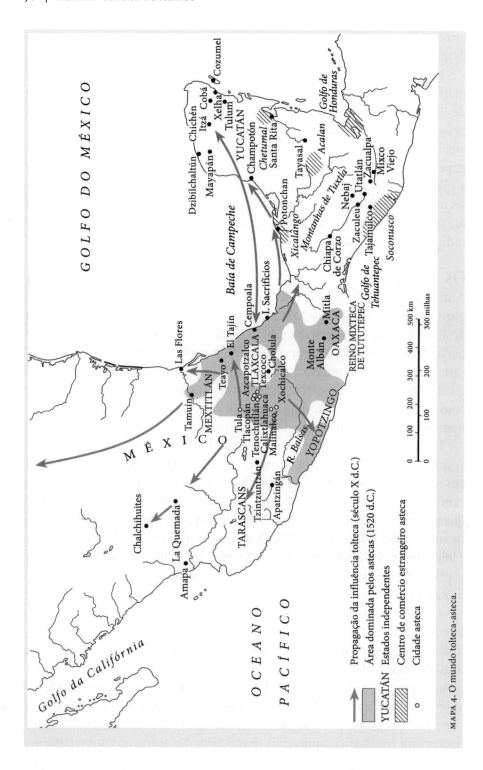

MAPA 4. O mundo tolteca-asteca.

subordinados aos astecas, era uma parte extremamente importante da hegemonia de Tenochtitlán. Os comerciantes de Estados menores, mas aliados, tais como Texcoco, eram proibidos de realizar transações comerciais além dos limites do Império.

Tenochtitlán, fundada em 1325, surgiu a partir de uma ilha na parte ocidental do Lago Texcoco, o maior de um sistema formado por cinco lagos no Vale do México. Os dois lagos mais ao norte estavam localizados na parte mais seca do Vale, já os dois lagos do sul, Xochimilco e Chalco, estavam nas zonas agrícolas mais férteis. Três longas estradas, datadas do reinado de Itzcoatl (1427-1440), ligavam a cidade ao continente em Tepeyac no norte, Tlacopan (Tacuba) no oeste e Iztapalapa e Coyoacán ao sul. Tendo em vista que a evaporação excedia as precipitações, os lagos foram diminuindo de forma gradual. Como resultado, os lagos do norte tornaram-se inacessíveis por canoa durante a estação seca de outubro a maio. Tenochtitlán, com uma população máxima estimada em 200 mil habitantes, consideravelmente maior do que a população de Sevilha na época, dependia do transporte eficiente de canoa ou a pé. O sistema profissional de transporte efetuado por *tlamemes*, um grupo hereditário formado provavelmente pelos sem-terra, diminuiu sua eficácia devido às limitações humanas em relação ao peso e à distância. Os lagos, no entanto, ofereciam a Tenochtitlán a vantagem de poder efetuar seus transportes por canoa à beira dos lagos. As concentrações urbanas surgiram ou mudaram-se para a beira dos lagos como parte desse sistema de abastecimento. As canoas eram quarenta vezes mais eficientes do que seres humanos individuais com respeito, não a sua velocidade, mas à quantidade de seus carregamentos.

A prática política asteca baseava-se em sua influência dominante, não no controle territorial. Foi um império mais hegemônico que territorial e, como tal, enfrentou várias revoltas dos Estados subordinados que tentavam afastar suas obrigações tributárias. Os astecas não possuíam um exército permanente e oneroso; por essa razão, seu "Império" não dependia da centralização política, mas da subordinação de uma série de Estados-clientes, cada um deles governado por um *tlatoani* local, que mantinham a supremacia asteca dentro de suas próprias esferas. O Império asteca não costumava exigir a modificação das estruturas políticas existentes, permitindo que o exército priorizasse a expansão. A guerra, em qualquer caso, seguia o ciclo agrícola, ou seja, ocorria após a colheita, em outubro, e antes da estação chuvosa, no final de maio. As autoridades de Tenochtitlán recebiam tributos de todos os Estados-clientes. O não pagamento tornava-se em um pretexto para a guerra. De tal forma, os astecas foram capazes de dominar grandes extensões territoriais em toda a Mesoamérica central e meridional.

As campanhas astecas dentro do Vale do México começaram no último quarto do século XIV, com incursões nos atuais estados de Puebla e Morelos. Durante a primeira metade do século XV, a penetração asteca chegou até Tula no Norte, Tulancingo no Nordeste e, no Sudoeste, até a atual estado de Guerrero. No governo de Itzcóatl, os astecas passaram a ser uma potência militar. Moctezuma I (1440-1469) fez com que a presença asteca fosse sentida em Puebla, na costa do Golfo e em Oaxaca, ao norte. Axayácatl (1469-1481) empurrou-a em direção ao oeste e nordeste até Tuxpan, na costa do Golfo.

O poder asteca inicial repousava sobre a Tríplice Aliança de Tenochtitlán, Tlatelolco e Tlacopan, formada em 1428, uma liga de cidades que recebia tributos e que dominava o Vale do México e territórios contíguos. Os territórios subordinados eram obrigados a pagar as despesas de transporte das mercadorias a Tenochtitlán. Se uma cidade resistisse à subordinação, os valores dos tributos eram duplicados. Os dois componentes básicos da autoridade de Tenochtitlán eram o recebimento de tributos e a introdução de deuses Astecas no panteão local. A tributação, com efeito, complementava o intricado sistema de mercado herdado do longo passado mesoamericano. A expansão asteca seguia as rotas de comércio e, por sua vez, os *pochtecas* (comerciantes) seguiam os soldados. Isso representa a busca da subsistência econômica por meios políticos e militares. A expansão através de zonas agrícolas levou à subordinação econômica de cidades-Estados menos poderosas do Vale do México, que deixaram de ser centros de manufatura de seu entorno rural e passaram a funcionar como fornecedores primários da grande metrópole. As habilidades artesanais, além disso, estavam cada vez mais centralizadas em Tenochtitlán, em parte devido a maior entrada de matérias-primas por meio do comércio de longa distância dos *pochtecas*. Tenochtitlán tornou-se o principal centro de manufatura e distribuição.

Considerações políticas complementavam a expansão econômica asteca. Essencialmente, a tática era evitar a guerra por meio de intimidação ou conflitos de baixa intensidade. A logística normalmente inibia as grandes mobilizações. Em vez disso, os astecas preferiam demonstrações de poder que objetivavam induzir a submissão voluntária. Dessa forma, eles afirmaram a sua supremacia. Quando essa tática fracassava ou quando os Estados subordinados se rebelavam, os astecas, como um aviso, lançavam

CAPÍTULO 2 – O PERÍODO PRÉ-COLOMBIANO | 81

IMAGEM 9. Mural de Diego Rivera, "La gran Tenochtitlán" (1945). Rivera (1886-1957) e outros muralistas de sua geração, como José Clemente Orozco (1883-1949) e David Alfaro Siqueiros (1896-1974), aliaram-se à esquerda revolucionária e rejeitavam o período colonial e o capitalismo. Eles projetaram um nacionalismo mexicano radical e reformularam a história nesse sentido. Rivera, em particular, afirmava a existência de uma continuidade entre a cultura asteca e o México pós-revolucionário. Esta seção faz parte de uma série de grandes murais nas escadarias do Palácio Nacional na Cidade do México. Rivera também retratou a Conquista em um mural do Palácio de Cortés em Cuernavaca (Morelos).

as "Guerras Floridas" para manter os rivais na defensiva. Desde meados do século XV, essas guerras parecem ter envolvido a captura de um grande número de guerreiros para o sacrifício aos principais deuses de Tenochtitlán. A interpretação dessas guerras ainda é um tema disputado. No entanto, o Estado asteca do período tardio desenvolveu uma preocupação crescente com os sacrifícios humanos em larga escala como um meio de apaziguar os deuses, de cuja boa vontade dependiam os ciclos agrícolas. As implicações políticas disso ainda não estão claras, mas sugerem uma profunda consciência da base precária do Império por parte de seus governantes e, talvez, ao mesmo tempo o reconhecimento de que a base material de toda a estrutura estava sujeita a flutuações meteorológicas imprevisíveis. A cosmologia da Mesoamérica herdada pelos astecas destinava-se a afastar os desastres enviados aos seres humanos por fontes não terrenas.

O elo mais fraco do sistema asteca continuava a ser os poderes não pacificados, particularmente Tlaxcala, que havia feito alianças com Huejotzingo, Cholula e com o Reino tarasco de Michoacán, a noroeste dos vales centrais. Este último conseguiu manter-se sob os reis Cazonci do final do século XV até as primeiras duas décadas do século XVI. As autoridades de Tenochtitlán mantiveram guarnições de soldados nas fronteiras expostas e nas áreas de lealdade incerta, como o Vale de Oaxaca. Embora alguns colonos residissem em áreas subordinadas, os reis astecas nunca minaram os governantes locais que se mantinham leais. Uma série de Estados-tampão, que pagavam tributos em forma de trabalhadores e serviço militar, eram mantidos na periferia imperial.

Os astecas nunca conseguiram controlar Oaxaca totalmente, apesar das muitas campanhas na região e a consequente imposição de tributos. O processo de subordinação do Vale do México seria concluído pelos conquistadores espanhóis após 1520. O principal objetivo dos astecas era controlar a rota direta a partir do Vale do México, através da região Mixteca e do Vale de Oaxaca até o istmo e daí para Soconusco, uma das principais zonas produtoras de cacau. Moctezuma I realizou campanhas em Puebla central, Veracruz e, dessa forma, na região Mixteca, tomando a fortaleza mixteca de Coixtlahuaca em 1478. Ahuizotl (1486-1502) forçou em direção ao Vale de Oaxaca e daí até o istmo em 1496 a 1498. A ascensão do poder asteca e suas terríveis implicações levaram a uma série de alianças *ad hoc* entre governantes mixtecas e zapotecas para repelir o povo mexica por completo ou pelo menos atenuar seu impacto. No início, a aliança entre as chefaturas zaachila e mixteca mantiveram os astecas fora do Vale, obrigando-os a

CAPÍTULO 2 – O PERÍODO PRÉ-COLOMBIANO | **83**

usar a rota litorânea do Pacífico até Soconusco. As torres de vigia zapotecas em Cañada de Cuicatlán vigiavam os movimentos de astecas e mixtecas. As guarnições de Huitzo e próximas de Cuilapan reforçavam a posição de Zaachila, enquanto, ao mesmo tempo, constituía uma potencial ameaça a ela. A aliança conseguiu afastar a primeira campanha asteca a Huitzo em 1486, mas os zapotecas, incapazes de mantê-los afastados definitivamente, fizeram um acordo unilateral com eles e passaram a permitir a passagem militar por todo o Vale. Perto do centro do Vale, os astecas estabeleceram um assentamento em Huaxyacac, que, no período colonial espanhol, formaria a base da cidade hispânica Antequera de Oaxaca.

Em 1495, a aliança zapotecas-mixteca foi renovada para combater outra ameaça no Vale do México. Essa nova tentativa asteca para controlar as rotas para o istmo fracassou após um longo cerco para tomar a fortaleza zapoteca de Guiengola, situada a 1.000 metros acima do Rio Tehuantepec. Guiengola, no entanto, era mais do que apenas uma fortaleza: ela originou-se possivelmente como um centro administrativo e religioso na era pós-clássica com duas pirâmides e outras oitenta estruturas em imitação ao Monte Albán e sempre esteve associada à dinastia real de Zaachila. Novamente, no entanto, as zapotecas chegaram a um acordo com os astecas por meio do qual Cosijoeza casou-se com a filha de Ahuizotl em 1496, associando os dois regentes em uma aliança matrimonial. No entanto, a expansão asteca para o sul e as imposições tributárias mantiveram-se sob Moctezuma II (1502-1520). A presença asteca em Oaxaca resultou no aparecimento de assentamentos náuatles e nomes de lugares ao lado de zapotecas, mixtecas e outros grupos étnicos da região. Assim, na véspera da invasão espanhola, Oaxaca representava um conjunto multiétnico de povos em diferentes estágios de desenvolvimento.

As alianças dentro da Mesoamérica fizeram com que a conquista espanhola fosse possível. A conquista não aconteceria sem elas. Os Estados americanos rivais tentaram tirar vantagem da presença do pequeno e bem armado grupo de castelhanos que lutavam em busca de seus próprios objetivos tradicionais. Dessa forma, o sistema de alianças construído pelos governantes de Tenochtitlán foi subvertido e, finalmente, desintegrado, isolando a metrópole asteca política e materialmente. A varíola, trazida pelos europeus, chegou à cidade pela primeira vez em 1520, mesmo antes do estabelecimento do governo colonial. Os espanhóis trouxeram com eles os três presentes da Europa medieval: as tradições culturais de sua época, a religião cristã e as doenças epidêmicas. Os três teriam um efeito drástico sobre os americanos. Os europeus justificaram sua intervenção em sua moralidade e civilização superiores. Centraram-se no abuso asteca da prática religiosa, tradicionalmente limitada, do sacrifício humano como sua principal justificativa para destruir o sistema cosmológico desenvolvido na Mesoamérica durante milhares de anos. As atrocidades espanholas, no entanto, foram surpreendentes. O massacre realizado por Hernán Cortés em Cholula, no outono de 1519, deixou aproximadamente 3 mil mortos e o massacre de fiéis em Tenochtitlán efetuado por Pedro de Alvarado, no verão de 1520, deu início a uma guerra em grande escala entre os astecas e os invasores. Nos séculos XV e XVI, a Mesoamérica passou por duas catástrofes das quais levou séculos para recuperar-se (se é que recuperou-se): a hegemonia dos astecas e a incursão europeia.

Os astecas dos dias atuais

A tentativa asteca de concentrar poder e riqueza em Tenochtitlán por meio de uma rede de subordinações prenunciava a centralização da autoridade dos vice-reis espanhóis da cidade que a sucedeu. Em muitos aspectos, o foco na Cidade do México durante o período colonial teve consequências de maior alcance do que no período asteca, tecnologicamente menos avançado. Embora tenha existido certas continuidades entre os períodos colonial e asteca, suas culturas políticas permaneceram amplamente diferentes. Mesmo assim, Octavio Paz em *El laberinto de la soledad* [*O labirinto da solidão*] (México, 1950) e *Posdata* [Post-scriptum] (1970) defendeu a continuidade entre o *tlatoani* asteca, o vice-rei colonial espanhol e o presidente mexicano moderno – na prática, o sucessor de Moctezuma. A estrutura piramidal do poder é característica do autoritarismo de todos os três sistemas. As culturas pré-colombianas mitificaram a situação humana e as estruturas de poder político e religioso. Para Paz, a cultura política do México moderno mitificou a Presidência e o partido monopolista, o PRI, de maneira semelhante. Por esse motivo, ele concluiu que a emancipação mexicana, iniciada com a Guerra da Independência, em 1810, permanece incompleta. No julgamento de Paz, o México, em vez de aceitar que a derrubada do governo colonial espanhol tenha completado o processo de emancipação, deveria terminar o processo emancipando-se dos astecas, cujo poder ele considerava uma usurpação. Tal ponto de vista contrariava o princípio básico do nacionalismo mexicano do século XX, a saber, que a República moderna é o estado sucessor do Império asteca.

A rejeição da tradição hispânica levou o partido dominante a glorificar os astecas, no rescaldo da Revolução Mexicana de 1910. Reafirmando o centralismo dos sistemas anteriores (apesar da natureza ostensivamente federal da Constituição de 1917), o regime baseado na Cidade do México retratava cada vez mais os astecas como o cume da experiência pré-colombiana. O Império asteca tornou-se, deste modo, o precursor e a expectativa do estado mexicano contemporâneo. Essa perspectiva recebeu sua expressão máxima no Museu Nacional de Antropologia e História, uma coleção de antiguidades financiada pelo Estado operado sob os auspícios do INAH, fundado em 1939 no final de um período de intenso nacionalismo radical. O Museu Nacional incorpora exposições de todas as culturas pré-colombianas, que são organizadas em uma ordem cronológica que atinge seu apogeu com Tenochtitlán. Paz descreveu o edifício não como um museu, mas como um espelho. As escavações posteriores do Grande Templo Asteca, após a demolição de edifícios coloniais, localizado no canto nordeste da praça central, entre o Palácio Nacional (construído no local do Palácio de Moctezuma) e a Catedral, o mundo de Tenochtitlán começou mais uma vez a levantar-se da terra e assumir uma nova vida sob os auspícios do Estado dominado pelo PRI.

O Museu Nacional, tão magnífico em sua forma contemporânea e localização a ponto de poder ser descrito como uma das maravilhas do mundo moderno, tem uma história própria. A fascinação colonial inicial com as culturas pré-colombianas acabou levando à declaração americana da autenticidade da experiência histórica do continente em oposição à ignorância e reprovação europeias. Desde o final do século XVIII, a defesa, ou ainda a propagação, da ideia do período pré-colombiano como a "história antiga" das Américas, em pé de igualdade com a Antiguidade egípcia, da Mesopotâmia e do Mar Egeu, ficou associada ao patriotismo americano. O "neoastecismo" infiltrou-se no Iluminismo mexicano e na ideologia do movimento de Independência. Em 1813, por exemplo, separatistas mexicanos chamaram seu novo país de "República de Anáhuac", o nome asteca de seu território principal. A Independência, em 1821, trouxe o nome "Império mexicano" para o novo Estado, apesar de os mexicas terem controlado apenas uma parte do vasto território e terem enfrentado rebeliões daqueles que eles subordinavam e oposição daqueles que permaneciam livres. Em 1825, o governo mexicano criou por lei um Museu Nacional dentro do qual as antiguidades pré-colombianas poderiam ser reunidas para exposição. De tal forma, os criadores da nova nação mexicana iniciaram a apropriação do passado pré-hispânico como parte de seu processo de "forjar a nação", em ambos os sentidos do termo.

capítulo 3

A INCURSÃO EUROPEIA
(1519-1620)

A hegemonia asteca no México Central e no Sul durante o século XV já havia feito com que a população se acostumasse com a subordinação, a assimilação e as estratégias de sobrevivência. A dominação moderna do vale central originou-se na era pré-colombiana. Os adversários indígenas dos astecas aliaram-se aos conquistadores espanhóis, a fim de derrubar Tenochtitlán. Por um tempo, eles fizeram uso da chegada fortuita dos estrangeiros na luta pelo poder interno dentro da Mesoamérica. De tal forma, eles acreditavam que poderiam restaurar um mundo livre da dominação asteca. Os objetivos e métodos espanhóis, no entanto, garantiram que os verdadeiros beneficiários da destruição de Tenochtitlán não seriam os próprios índios, e que o período pós-conquista não seria de reivindicação, mas de aprofundamento da servidão. A intenção dos espanhóis era tomar a posição da elite asteca e governar seus territórios conquistados de forma substancialmente semelhante, mas com uma base religiosa diferente. Eles mesmos não conseguiram prever o impacto dramático que a conquista causaria nas décadas seguintes.

Os espanhóis que chegaram na Mesoamérica haviam passado por duas conquistas anteriores, a do Reino muçulmano de Granada e das ilhas do Caribe, as duas após 1492. Embora mal sabendo o que encontrariam no continente americano, eles chegaram com um conjunto de pressupostos sobre territórios conquistados de diferentes religiões. Eles chegaram em uma época de comprovada proeza militar castelhana, demonstrada nas campanhas italianas do "Gran Capitán" Gonzalo Fernández de Córdoba contra os franceses durante as décadas de 1490-1500. Ao mesmo tempo, Castela e Aragão, seu reino oriental associado, foram profundamente envolvidas nas lutas de poder da órbita do Mediterrâneo e da Europa Ocidental. O envolvimento italiano garantiu a mistura entre as influências intelectuais e artísticas do Renascimento e a herança moçárabe da Península Ibérica. A partir de 1516, a elas seriam adicionadas as influências flamengas, como resultado da conexão dinástica dos Habsburgos.

O IMPACTO DA QUEDA DE TENOCHTITLÁN

A destruição da hegemonia asteca foi o resultado de uma série de lutas intensas, envolvendo o uso da artilharia e da potência naval espanholas. Os detalhes são bem conhecidos pela narrativa posterior de Bernal Díaz del Castillo (1495-c. 1583), cujo título, *A Verdadeira História da Conquista da Nova Espanha* (escrito na Guatemala em 1568, mas publicado pela primeira vez em 1632), deveria despertar suspeitas imediatas ao leitor, especialmente porque o autor começou a obra aos 70 anos de idade. Estudos recentes de Ross Hassig e Hugh Thomas enfatizaram a complexa situação política e militar em que Hernán Cortés (Extremadura, 1485-1547) inseriu seu grupo bruto de cerca de 600 homens. Cortés, chegou em Hispaniola (atual República Dominicana) em 1504 e (em 1519) conseguiu estabelecer uma posição no continente americano após duas tentativas fracassadas dos espanhóis em 1517 e 1518. Cortés aproveitou-se das rivalidades políticas dos povos mesoamericanos. Os agrupamentos políticos da América, após terem se recuperado do choque inicial do encontro, também desejavam explorar a presença de um grupo bem armado de estrangeiros para a suas próprias causas. O surgimento de um grupo de não americanos no México Central expôs repentinamente a natureza precária da hegemonia de Tenochtitlán e convidou a oposição a unir-se contra ela. A presença espanhola inclinou, pela primeira vez desde o século XIV, o equilíbrio da balança política contra Tenochtitlán.

Cortés representava mais o *condottiere* da virada do século do que o servo real. Ele comportava-se mais como um ator independente de um novo palco político recentemente encontrado. Pelo estilo, ele poderia ter sido um expoente do exercício do poder e dos métodos de regência descritos por Nicolau Maquiavel em *O Príncipe** (1513). Mesmo assim, Cortés não estabeleceu um território conquistado e independente sob seu próprio domínio pessoal, mas manteve-se leal a Carlos V, o Imperador Habsburgo que também era rei da Espanha (1516-1556) e de seus territórios europeus associados. Os inimigos de Cortés na Espanha retratavam-no como um

---

* Obra publicada em *Clássicos Edipro*. (N.E.)

IMAGEM 10. Hernán Cortés e La Malinche (detalhe). A gravura fazia parte do *Lienzo de Tlaxcala*, pintado em tecido de algodão ou linho, em torno de 1550. Assim como códices ou manuscritos pintados e dobrados, os *lienzos* (lenços) registravam os acontecimentos em imagens bem delimitadas. Os códices são provavelmente de 500 (a.C.) no Monte Albán e 300 (d.C.) na região maia. Sobreviveram apenas três códices pré-hispânicos. O detalhe acima é de um dos três *Lienzo de Tlaxcala* originais, supostamente enviado ao imperador Carlos V por volta de 1550, juntamente com uma delegação tlaxcalteca. Não sabemos se as gravuras originais sobreviveram. No *lienzo*, Tlaxcala mostra sua utilidade na destruição do poder de Tenochtitlán por Cortés.

aventureiro, ambicioso, indigno de confiança e tentavam arruiná-lo. As Cinco Cartas escritas por Cortés para Carlos V tentavam explicar sua posição e provar sua lealdade. Em 1528-1530, ele foi pessoalmente até a Espanha. Foi recebido na corte de Toledo pelo imperador que, não obstante, o nomeou marquês do Vale de Oaxaca, ao invés de Governador da Nova Espanha. Cortés finalmente retornou à Espanha em 1540, cinco anos após a criação bem-sucedida do cargo de vice-rei na Cidade do México, a antiga Tenochtitlán. Em 1547, ele morreu na miséria e pobreza, arruinado por litigações.

Cortés conseguiu garantir a assistência de uma indígena cativa, Malintzin, que falava a língua náuatl, o idioma do Império asteca. Malintzin, conhecida pelos espanhóis na época como Doña Marina, tornou-se a figura simbólica mexicana de "La Malinche", que, acusada de associação,

IMAGEM 11. *Retrato do Imperador Carlos V*, pintado por Ticiano (1548). Ticiano (1488/1490-1576) pintou este retrato (atualmente na Bayerische Staatsgemäldesammlung, Munique) do monarca sentado, exausto e desiludido em sua visita a Augsburgo. Esta imagem é mais realista do que o "Retrato de Carlos V a cavalo", pintado no mesmo ano (atualmente no Museu do Prado, Madri). Ticiano encontrou o imperador em 1529, em Parma, depois em Bolonha, no ano de 1533, e novamente em Augsburgo, em 1550. O retrato de Ticiano "Filipe II em armadura" (1551) também está no Museu do Prado.

CAPÍTULO 3 – A INCURSÃO EUROPEIA (1519-1620) | 91

entregou o mundo indígena aos conquistadores europeus. Ela desempenhou um papel crucial nas relações entre Cortés com Moctezuma. De seu nome vem a palavra para uma ação desacreditada, "malinchismo", que significa a traição da integridade mexicana e dos valores a favor de estrangeiros. O "Malinchismo" (ou "entreguismo") despertou uma intensa oposição, e "La Malinche" representa um dos símbolos fundamentais da cultura popular mexicana.

A vantagem estratégica de Cortés era ter chegado em Tenochtitlán, em um momento de fraqueza política do regime que a governava. Ao mesmo tempo, os poderes rivais e subordinados fervilhavam de ressentimento contra o governo asteca e buscavam por uma oportunidade de contra-ataque. Embora a hegemonia da cidade estivesse ostensivamente em seu auge, os erros táticos de Moctezuma ofereceram a oportunidade para um ataque rápido contra a autoridade do chefe de Estado asteca. A tomada de Tenochtitlán exigiria ainda um enorme esforço, pois os métodos de guerra dos astecas apresentavam grandes dificuldades aos espanhóis. Em primeiro lugar, as estradas com largura de 7 metros que ligavam a cidade às margens do lago podiam ser bloqueadas para fins defensivos. Isso e sua estreiteza neutralizavam a vantagem da guerra cavalariça dos espanhóis; os astecas demonstravam grande habilidade com o arco; as lâminas de suas lanças com pontas de pedra cortavam melhor que o aço espanhol; os dardos lançados penetravam as armaduras e matavam; as pedras de seus estilingues também infligiram danos aos espanhóis. Como resultado da resistência contínua, embora prejudicada pelo impacto precoce das doenças europeias, os espanhóis e seus aliados tiveram que conquistar cada uma das ruas da capital asteca.

Parece provável que a destruição espanhola de Tenochtitlán tenha ocorrido quando a população do Vale do México já havia atingido o limite da capacidade de sustento da terra. Com uma maior densidade populacional do que a da Espanha metropolitana, o Vale continha provavelmente cerca de 1,5 milhão de habitantes numa população total estimada em 25 milhões para toda a zona entre San Luis Potosí e o istmo de Tehuantepec. As culturas pré-hispânicas tinham explorado a terra intensamente, geralmente com a ajuda de algum método de irrigação, a fim de maximizar a produção de cereais. Esse delicado sistema ecológico foi destruído durante a conquista, pois a cultura hispânica era, em grande parte, baseada na pecuária, uma ocupação inteiramente desconhecida na América pré-colombiana. Os espanhóis não foram ao México com objetivos humanitários de sustentar o sistema de cereais de uma população completamente estranha, mas em termos gerais, para reproduzir na Mesoamérica o padrão de vida com o qual estavam acostumados em Castela. A partir da perspectiva deles, a população indígena cumpriria um papel secundário neste processo, eles eram os instrumentos físicos para a manutenção da dominação hispânica.

Embora a queda de Tenochtitlán tenha sido um evento rápido e definitivo, isto não significava que o domínio espanhol da Mesoamérica (muito menos no Extremo Norte) seria um processo rápido. A cooperação indígena na destruição do poder asteca fez com que Cortés e seu bando precisassem levar em consideração os interesses de seus aliados. A maneira com que os Estados indígenas trouxeram o espanhol para dentro de seus próprios conflitos políticos significava que este último deveria aprender a sobreviver em um enorme território cujas características eram eminentemente nativo-americanas. A Mesoamérica não se tornou automaticamente hispânica no rescaldo do colapso do Império de Moctezuma II. O declínio da população indígena ajudou, em última análise, no processo de hispanização, mas os europeus ainda eram minoria.

Inicialmente, os espanhóis esperavam substituir a classe dominante asteca e administrar seus territórios da Mesoamérica praticamente da mesma maneira. Já que a população de espanhóis era pequena, eles mal conseguiam impor uma ordem completamente diferente à população indígena. A colonização hispânica inicial, então, consistia em apenas algumas medidas fragmentadas destinadas a acostumar os habitantes americanos a uma casta governante estrangeira e a acomodar os conquistadores e colonizadores ao novo ambiente. A consequência insuspeita da incursão europeia foi a devastação da população americana. Sherburne Cook e Woodrow Borah estimaram, em 1971, que houve uma diminuição de 95% da população, deixando uma população indígena de cerca 1,2 milhão de pessoas na década de 1620. Embora a primeira das grandes epidemias do século XVI tenha surgido em 1520-1521, antes dos espanhóis e seus aliados indígenas terem tomado Tenochtitlán, a população indígena começou seu rápido declínio durante a epidemia de 1545-1548, pois seu nível havia caído, em 1548, para 6,3 milhões e novamente mais tarde em 1576-1581. Entre 1568 e 1591, a população diminuiu de 2,64 milhões para 1,37 milhão. Nesse sentido, as intenções originais dos espanhóis perderam sentido. A magnitude desse colapso populacional ainda precisa ser digerida, independentemente dos números preferidos. Há poucos paralelos na história da humanidade. No final do século XVI, novas realidades – derivadas do sistema colonial e do avanço territorial do poder hispânico para o norte, além das fronteiras do Império asteca – alteraram profundamente a natureza da Mesoamérica.

A imposição do cristianismo

A intenção espanhola era de que a religião católica se tornasse a religião exclusiva de seus domínios recém-adquiridos. Durante o reinado da Rainha Isabel (1479-1504), o catolicismo espanhol havia passado por uma reforma completa, o qual reafirmava a doutrina medieval, mas endurecia a disciplina e a prática. A autoridade estatal, reforçada pelo recém-introduzido Santo Ofício da Inquisição depois de 1480, complementou o poder da Igreja. Um episcopado fortalecido, intimamente ligado à Coroa, tomou a liderança da Igreja reformada junto com as ordens mendicantes.

Na Nova Espanha, as respostas dos índios ao aparecimento do cristianismo diferem amplamente e de acordo com cada geração. Os frades franciscanos começaram seu trabalho em meados da década de 1520, e ele foi continuado pelo primeiro bispo do México, frade Juan de Zumárraga, durante a década de 1530. Dentre os doze primeiros – "os apóstolos", como eram chamados – estava o frei Toribio de Motolinía, que tomou parte na fundação da cidade hispânica de Puebla de los Angeles em 1531, adjacentes a Cholula, a grande cidade e local sagrado de Quetzalcóatl. Motolinía fundou o convento de Atlixco, ao sul da cidade, e tornou-se guardião do convento Tlaxcala. Ele aprendeu o idioma náuatle e tentou disseminar o conhecimento dos povos pré-colombianos por meio de sua *Historia de los indios de la Nueva España*, publicado em 1541.

A interpretação histórica do impacto do cristianismo sobre a população americana tem variado consideravelmente nas últimas décadas desde a publicação do livro de Robert Ricard, *La conquête spirituelle du Mexique* [A Conquista Espiritual do México] em 1933. A ênfase passou dos próprios frades e da noção de uma igreja conquistadora para um sutil processo de aculturação. A população americana ajustou-se aos aspectos do cristianismo que estavam em conformidade com sua própria visão do cosmos e acomodaram-se à realidade política da sobreposição de um novo poder religioso apoiado pela autoridade do Estado colonial. Para o clero cristão, as religiões indígenas, claramente diferentes do Islã que tinham encontrado em Granada e no norte da África, representavam o "paganismo". Ao mesmo tempo, elas constituem aos olhos dos frades uma forma de experiência religiosa autêntica, mas que havia sido capturada pelos poderes demoníacos. O processo de evangelização não resultou em um ataque em grande escala à crença indígena, mas em uma tentativa de conduzi-la por caminhos cristãos. Os cultos hispânicos dos Santos e as muitas e variadas formas da Virgem Maria, produto do sincretismo anterior de cultos "pagãos" da Europa e uma reação consciente ao monoteísmo exclusivo do Islã, funcionou como uma primeira adaptação das devoções indígenas existentes. Isso, no entanto, significava mais do que apenas a mudança de nomes, uma vez que ao incorporar-se no mundo do catolicismo romano, a América indígena foi sendo incluída gradualmente a um poder religioso universal, cujo foco estava muito distante do mundo americano e havia surgido de uma tradição histórica completamente diferente.

Serge Gruzinski em *La conquête de l'imaginaire* [*A colonização do imaginário*] (1988) retratou a lenta adaptação ao cristianismo como um processo de "ocidentalização". A incorporação do mundo americano à cultura da Europa ocidental realizou-se por meio da eliminação gradual da tradição oral e pictórica das culturas indígenas e da adoção do alfabeto. Durante várias décadas a continuação da tradição pictográfica, juntamente com a cultura literária hispânica tornou possível a comunicação das crenças religiosas e histórias americanas aos europeus que lutavam com sua própria incompreensão. Ao mesmo tempo, estudiosos e frades europeus introduziram os conceitos do período final da renascença no mundo americano. De tal forma, a herança europeia das antigas Grécia e Roma entrou nas Américas – retratadas como o "novo mundo" – juntamente com o cristianismo que a havia suplantado no "velho mundo". Os europeus rejeitaram os conceitos indígenas de um tempo cíclico e substituíram-nos pela ideia da história como um processo linear.

A população americana sobrevivente aprendeu não somente a adaptar-se à nova ordem espiritual, mas também a apropriar-se dela quando convinha a suas próprias finalidades. O vocabulário cristão foi transformado nas mãos indígenas e virou-se contra a brutalidade e a usurpação dos conquistadores. Para tanto, eles receberam apoio das ordens religiosas, que estavam envolvidas no empreendimento contraditório de minar os fundamentos da crença religiosa indígena, enquanto, ao mesmo tempo, buscavam proteger os índios dos abusos físicos e materiais de seus próprios compatriotas. Nesse sentido, as ambiguidades profundas do colonialismo espanhol – exploração *versus* evangelização – apareceram já nos primeiros anos. As comunidades indígenas locais que estavam além do alcance imediato das autoridades cristãs escondiam e preservavam o que podiam de sua própria herança, a fim de manter a fé dos antepassados e os símbolos que sempre deram sentido ao seu universo.

A conversão de pequenos números produziram facções aliadas ao domínio espanhol, uma situação que dividia as comunidades indígenas e complicava as respostas à imposição do domínio colonial. O objetivo da conversão cristã era fortalecer as fontes alternativas de legitimidade à autoridade tradicional do *tlatoani* que presidia o *altepetl*, isto é, a organização social básica americana. Charles Gibson, escrevendo em 1952, enfatizou a forte resistência em Tlaxcala a uma introdução precoce do cristianismo. Fora do México Central, a resistência ao cristianismo foi, às vezes, violenta. A serra de Oaxaca ainda resistia em 1550, os Otomís ao norte do Vale do México, até o final de 1560 e partes de Michoacán, até a década de 1580.

Os maias, os primeiros a encontrar os europeus em sua costa, em 1517, esforçaram-se para entender o que tinha acontecido e como responder a isso, desde a década de 1520 até 1560. Como no caso de outros grupos americanos, com antigas tradições culturais e religiosas, eles tentaram preservar o que podiam do seu modo de vida tradicional. O antagonismo frequente com os intrusos espanhóis culminou no movimento de resistência maia em 1546-1547. O fracasso em expulsar os *dzules* (brancos intrusos), no entanto, resultou em mais uma tentativa de evangelização pelos frades. Os franciscanos realizaram em 1562, durante um período de seis meses, uma série de investigações detalhadas sobre as práticas religiosas dos maias e ficaram chocados ao descobrir o quanto dessas crenças tradicionais haviam sido preservadas. Nesse sentido, sob a liderança do frei Diego de Landa, que havia chegado na Nova Espanha no final da década de 1540, eles resolveram fazer com que aqueles que se identificavam como apóstatas sem considerar as adequadas formalidades legais fossem tomados como exemplos. Muitas pessoas foram submetidas à tortura e todos os livros sagrados maias encontrados foram queimados, afligindo aqueles que testemunharam a cena. A queima dos manuscritos maias simbolizava nas mentes dos frades, a destruição dos demônios adorados em segredo pelas comunidades de Yucatán. Para os maias, isso representou a destruição de sua própria identidade e da percepção do cosmos que tinham levado séculos para elaborar.

A cristianização da Nova Espanha foi um processo incompleto. Práticas e crenças pré-colombianas residuais sobreviveram dentro da nova religião e deram cor a sua expressão. Apesar de ser um forte defensor da preservação das tradições culturais indígenas, o frei franciscano Bernardino de Sahagún suspeitou que o emergente culto da Virgem de Guadalupe, que se originou de uma visão ocorrida em Tepeyac, em 1531, representava uma adaptação pós-conquista do culto asteca a Tonantzin, deusa da lua, que, por vezes, confundia-se com Coatlicue, a deusa-mãe que deu à luz ao deus Huitzilopochtli, concebido sem relação sexual. A *Historia general de las cosas de la Nueva España*, escrito por Sahagún entre 1558 e 1569, tentou oferecer aos seus colegas frades uma enciclopédia sobre as culturas indígenas que ele passou a admirar. Foi dada considerável atenção ao culto de Quetzalcóatl. Sahagún, no entanto, sublinhou a mortalidade do deus e do seu papel histórico na cidade de Tula. De tal forma, ele procurou não fazer qualquer inferência de que Quetzalcóatl poderia ter representado uma anterior evangelização cristã da América, talvez pelo Apóstolo Tomé.

Uma série de três concílios eclesiásticos reuniu-se no decurso do século XVI para dar forma à recém-criada Igreja da Nova Espanha. Em 1565, o Segundo Concílio Eclesiástico Mexicano reuniu-se para discutir como executar as decisões do Concílio de Trento (1546-1563). O cristianismo católico, redefinido e reafirmado na contrarreforma, era uma síntese que exigia a aprovação total de seus fiéis. Sua essência não estava na crença individual ou de consciência, mas na observação coletiva dos preceitos e práticas ordenados pelo clero. Essa combinação de autoritarismo e coletivismo foi transferida para as Índias no decurso do século XVI. Por princípio, o catolicismo excluía qualquer outra crença religiosa: na prática, ele permitia a incorporação de tudo o que não entrava em conflito imediato com ele. A autoridade de ensino da Igreja era mantida por princípio, mas, na prática, surgiram muitas variantes. Por conseguinte, quando a Igreja procurou acabar com a prática religiosa asteca, ela incentivou, por outro lado, a expressão comunal da religião pelas comunidades indígenas. Como resultado, a vida indígena passou gradualmente a ser expressada em termos cristianizados, fosse nos festivais celebrados ou nos nomes das próprias cidades ou vilas. Quando muito, o impacto do cristianismo permaneceu ambivalente – estabelecido, mas superficial, permitido, mas não permitido, tudo ao mesmo tempo.

A resistência popular às imposições cristãs oficiais e à determinação de conservar-se as práticas tradicionais centrou-se em uma importante instituição indígena: a confraria religiosa (*cofradía*) nas aldeias indígenas. Essas irmandades leigas também existiram entre os hispânicos, mas lá elas funcionavam dentro do modelo espanhol e em um contexto oficialmente sancionado. As confrarias indígenas, no entanto, costumavam

CAPÍTULO 3 – A INCURSÃO EUROPEIA (1519-1620) | 97

expressar uma resistência disfarçada contra as normas religiosas hispânicas. O surgimento delas, bem depois do impacto da conquista, refletia uma outra estratégia indígena de sobrevivência na base da pirâmide social da colônia. A Confraria indígena surgiu em um momento de crise moral da população indígena, que se via confrontada pelo terrível fantasma do colapso populacional e pela constante ameaça de invasão e subversão hispânica. Essa defesa religiosa procurou consolidar o que tinha sobrado das crenças indígenas e refazê-las de forma suficientemente coerente para recriar a identidade local no contexto das circunstâncias do final do século XVI. Significativamente, a confraria indígena não costuma ser controlada pelos párocos regionais. Além disso, a língua indígena apropriada, e não o espanhol, era o idioma utilizado. O desenvolvimento dessas corporações durante o século XVII reforçou a identidade da comunidade indígena vulnerável.

A evangelização inicial da Nova Espanha era efetuada pelas ordens regulares, principalmente pelos franciscanos, dominicanos e agostinianos. Em 1560, essas três ordens controlavam cerca de 160 casas para os seus membros, que totalizavam pouco mais de 800. Os primeiros membros da Companhia de Jesus, fundada por Santo Inácio de Loyola, chegaram na Nova Espanha durante o outono de 1572. No ano seguinte, foi fundada a principal instituição jesuíta da Cidade do México, o Colégio de São Pedro e São Paulo. Na Nova Espanha, o Santo Ofício da Inquisição havia sido estabelecido no ano anterior, mas não tinha jurisdição sobre os índios. A chegada da Inquisição, um século após a conquista, não implica em uma frouxidão antecipada, pois todas as funções da Inquisição foram exercidas pelos próprios bispos. A Inquisição passou a controlar a palavra impressa, não apenas em espanhol, mas também nas línguas indígenas. O clero católico continuava a crescer: de 1,5 mil em 1580 para 3 mil em 1650. No entanto, a atenção deles estava cada vez mais desviada dos índios, pois estavam preocupados com as lutas internas entre o clero regular e o clero secular, entre as ordens religiosas e dentro delas, bem como entre o clero e o laicato.

AS INSTITUIÇÕES INDÍGENAS
E OS *ENCOMENDEROS* ESPANHÓIS

A nobreza indígena do México (e igualmente no Peru) tentou beneficiar-se da derrubada da hierarquia imperial. Os *caciques*, como eram chamados pelos espanhóis, receberam proteção real em 1557, contanto que fossem cristãos. Eles se tornaram os instrumentos preferenciais do controle colonial, embora na Nova Espanha sua influência diminuía conforme sua base interna de poder entrava em colapso com o declínio da população indígena. Em contraste com o Peru, a nobreza indígena não sobreviveu como um grupo político até o século XVIII. A tradição *tlatoani* do mundo asteca foi transposta para qualquer pessoa que exercesse o poder efetivo da localidade e agisse como protetor de uma população vulnerável em relação às autoridades superiores.

A natureza privada da conquista significava que os interesses dos conquistadores precediam a definição do Estado espanhol. No início, houve um compromisso de trabalho entre os dois, por meio do qual os interesses privados exerceriam a autoridade sobre a população conquistada até que a Coroa fosse capaz de estabelecer suas próprias instituições. Segundo o acordo, o sistema de *encomienda* seria transposto das ilhas espanholas do Caribe para a Nova Espanha após 1521. Um grupo de indígenas era colocado sob a responsabilidade de cada *encomendero*, ou indivíduo especificamente indicado, o qual comprometia-se a cristianizá-los em troca de seus serviços compulsórios e de pagamento de tributos. O contrato não envolvia transferência de terras. O *encomendero* não possuía os índios como sua propriedade, somente a Coroa era o "senhor" deles. O sistema foi imposto pelos conquistadores sobre a estrutura de dependência da nobreza indígena existente. Eles consideravam as *encomiendas* como suas recompensas pela conquista. Com efeito, os conquistadores ganharam uma grande força de trabalho não remunerada que os ajudou consideravelmente em seu processo de acumulação de capital.

Quando a Coroa tentou proibir as *encomiendas* em 1523, Cortés se opôs, argumentando de forma cínica que eles haviam libertado os índios da sujeição a seus governantes nativos. A Coroa logo enfrentou o problema do *encomendero* que desejava tornar-se parte da nobreza hereditária do território da Nova Espanha. Mesmo assim, ela conseguiu assegurar a jurisdição sobre Tenochtitlán em 1526, proibiu as *encomiendas* de mais de 300 índios em 1528 e, finalmente, em 1529 retirou Cortés do Vale do México, oferecendo-lhe o distante "Marquesado del Valle" em Oaxaca e alguns outros locais dispersos.

Ao longo da década de 1530, os *encomenderos* continuaram sendo um poderoso desafio à supremacia real. Cerca de 30 *encomiendas*, que controlavam uns 180 mil tributários, foram mantidas no Vale do México. Os *encomenderos* possuíam força suficiente para bloquear a implementação das Novas Leis de 1542-1543, que tentavam acabar com a hereditariedade das *encomiendas* e impedir a concessão das mesmas aos funcionários reais. No entanto, na década de 1550, foi estabelecido o princípio de que a Coroa determinaria o valor dos tributos. As principais questões até então eram hereditariedade das *encomiendas* e a natureza do trabalho indígena na colônia, especialmente após a abertura das minas de prata na década anterior. O poder do *encomendero*, que já estava enfraquecido pelas perdas populacionais e condições reais, foi definitivamente destruído com o sufocamento da conspiração dos colonos em 1566 e com a tomada pela Coroa da *encomienda* mais ricas do Vale do México em Cuautitlán.

A luta pelo controle da força de trabalho e a campanha moral para assegurar um tratamento equitativo à população conquistada ilustram os pontos fortes e fracos do Estado espanhol no início do período moderno. A autoridade real vinha aumentando continuamente desde a formação da segunda *audiencia* em 1529 e a criação do vice-reinado em 1535. A *audiencia* foi uma instituição tipicamente castelhana, surgida como a principal expressão da autoridade judicial da realeza durante a Alta Idade Média. Isabel havia utilizado as audiências de Castela para restringir o poder autônomo da nobreza. O vice-reinado era uma instituição tipicamente aragonesa. O vice-rei funcionava como substituto do rei nos distantes territórios mediterrâneos do Império medieval aragonês-catalão. Nas Índias, começando com a Nova Espanha, foi instituído, no entanto, para uma finalidade especificamente castelhana: o reforço da autoridade real e a integração mais estreita dos domínios reais. Na realidade, o vice-rei da Nova Espanha tornou-se um grande poder por si só; ele possuía uma corte onde gravitavam as principais figuras do momento e uma vasta rede de patronagem. O primeiro vice-rei da Nova Espanha, Antonio de Mendoza (1535-1550), veio de uma das mais ilustres famílias nobres de Castela que possuía uma longa tradição militar e diplomática. Como deveria ser, a *audiencia* foi instituída para limitar as ações do vice-rei e chamá-lo para prestar contas sempre que fosse necessário. Dessa forma, a distante autoridade real tentava manter seu poder por meio do desentendimento entre os órgãos governantes. A *audiencia* e vice-rei respondiam diretamente ao Conselho das Índias, na Espanha. A *audiencia* era o principal tribunal de justiça das Índias e agia como intermediária entre os magistrados locais e o Conselho das Índias que funcionava como tribunal recursal. Em contraste com as *audiencias* da Península, as da América também exerciam funções executivas e legislativas e atuavam como Comitê Consultivo do vice-rei quando necessário. A *audiencia* também podia exercer o cargo supremo com o nome de *audiencia gobernadora* sempre que um vice-rei morresse enquanto estivesse no cargo ou no período anterior à nomeação de seu substituto.

Entre 1530 e 1550 o estabelecimento de funcionários das cidades e distritos (*corregidores* e *alcaldes mayores*), que exerciam a autoridade real judicial e administrativa, cresceu progressivamente juntamente com o padrão das *encomiendas* de controle privado. Em Castela, a Coroa tinha usado os *corregidores* como meio de garantir uma posição de controle nas cidades; tradicionalmente, eles eram aliados reais nos constantes conflitos com a nobreza territorial. Nas Índias, esses funcionários tendiam, cada vez mais, a minar a autonomia política original dos conselhos municipais. As dificuldades financeiras da Espanha Imperial trouxeram a necessidade de a Coroa controlar o acesso direto às receitas. Essa situação ajuda a explicar por que o governo metropolitano permaneceu firme em sua posição de impedir que os conselhos municipais da América recebessem o privilégio de formar organismos representativos, tais como as Cortes dos reinos espanhóis ou enviar representantes para as Cortes castelhanas.

Na década de 1570, havia 15 *corregimientos* apenas no Vale do México e um total de cerca de 155 *corregidores* e *alcaldes mayores* em toda a Nova Espanha. Um exemplo destes processos políticos no trabalho pode ser visto em Mixteca. Em 1524, Cortés dividiu a região Mixteca, que aceitou a derrota sem luta ao receber a notícia da queda de Tenochtitlán, em 20 *encomiendas*. Embora houvesse apenas cerca de 12 *cacicados* mixtecas na véspera da conquista, as *encomiendas* correspondiam mais ou menos a cada um deles. Mesmo assim, a Coroa iniciou, após 1531, o processo de restrição das *encomiendas*, estabelecendo o *corregimiento* de Teposcolula e em 1550 a *alcaldía mayor* de Yanhuitlán, que ainda era um distrito de grande importância política e econômica. Esse processo do estabelecimento de funcionários reais nos distritos também teve como consequência a redução da importância local da nobreza indígena. Após o colapso das duas rebeliões Mixtecas de 1528-1531 e de 1548, o governo vice-real consolidou sua autoridade hispânica e os *caciques* passaram a adotar, cada vez mais, o estilo de vida dos espanhóis, incluindo a religião católica. Como em outros lugares da Nova Espanha, o fator decisivo foi o declínio populacional. A população da Mixteca Alta declinou de 350 mil para 35 mil entre 1520 e 1620 e começou a recuperar-se somente após 1675.

A PRESENÇA HISPÂNICA
E A SOBREVIVÊNCIA DOS ÍNDIOS

O colapso demográfico prejudicou a possibilidade de resistência generalizada e contínua contra os europeus nas zonas mais afetadas. No entanto, assim que ela se recuperou do choque imediato da incursão europeia, as culturas indígenas demonstraram uma capacidade notável de sobrevivência no local que passou a ser a Nova Espanha. A aculturação levou o litígio indígena aos tribunais coloniais. Os espanhóis estabeleceram seus centros de poder bem no meio de concentrações de população indígenas, como nos casos dos vales de México, Puebla e Oaxaca. A Cidade do México, ao contrário da nova fundação espanhola em Lima, no Peru, foi construída sobre as ruínas de Tenochtitlán, em oposição à capital Inca, Cusco, que se tornou a capital da província mantendo muito de seu carácter indígena. A este respeito, o México tem sido uma cidade viva desde a sua fundação no início do século XIV. Nos quatorze anos entre a queda de Tenochtitlán e a chegada do primeiro vice-rei, tornou-se praticamente a cidade-Estado dos conquistadores, incorporando uma grande população indígena, vagamente subordinada à monarquia universal do Imperador Carlos V.

Charles Gibson examinou a adaptação das pessoas de Tlaxcala, aliadas de Cortés, ao fenômeno da dominação hispânica. Tlaxcala foi derrotada, mesmo não tendo sido conquistada da mesma forma que Tenochtitlán. No entanto, o governo colonial espanhol apresentou uma situação completamente nova para os tlaxcaltecas. Em última análise, seria realizado um acordo entre as autoridades coloniais – que viram suas aspirações limitadas pela realidade – e os tlaxcaltecas, que aprenderam a sobreviver dentro das novas estruturas. Os espanhóis não tinham uma visão unificada de como sua Nova Espanha seria organizada, assim, as divisões entre os administradores, as ordens religiosas, os *encomenderos* e os proprietários de terras ofereciam aberturas para exploração dos índios. Em Tlaxcala, como em outros locais, as contradições da prática colonial espanhola eram bastante evidentes. A primeira tarefa para integrar a sociedade tlaxcalteca ao mundo hispânico foi realizada pelos primeiros franciscanos, que procuraram proteger a população contra as catástrofes que haviam recaído sobre os habitantes das ilhas do Caribe após a década de 1490. O objetivo deles, apoiado pelas autoridades metropolitanas e pelo vice-rei, era a cristianização pacífica do povo, o ensino do alfabeto romano e técnicas literárias hispânicas. Os indígenas locais, no entanto, precisavam, primeiramente, digerir as implicações dessas inovações para sua própria cultura, desen-

102 | HISTÓRIA CONCISA DO MÉXICO

volvida ao longo dos séculos anteriores. Eles aceitaram aquilo que era harmonizável, como no caso das instituições municipais, ou o que promovesse seus próprios interesses como povo. Em geral, a economia indígena das décadas de 1530 e de 1540 continuou funcionando com considerável liberdade em Tlaxcala, local que não se tornou uma área principal da colonização hispânica. Inicialmente, a estrutura social indígena também se manteve intacta. No final do século XVI, no entanto, o aprofundamento da situação colonial de Tlaxcala tornou-se evidente, algo fortemente realçado pelo declínio da população indígena. As autoridades vice-reais extinguiram a autonomia da província e os espanhóis proprietários de terras ou operadores de manufaturas passaram a exercer pressão sobre o trabalho. A nobreza local perdeu o controle da força de trabalho.

Gibson publicou em 1964 um estudo muito maior a respeito do impacto do governo hispânico sobre os povos náuatles do Vale do México, que mostrou a complexidade das respostas indígenas à presença espanhola. O Vale tinha uma densidade populacional maior do que qualquer lugar da Espanha. A presença espanhola perturbou o equilíbrio dos recursos, uma situação que acelerou as mudanças populacionais já postas em marcha por meio do impacto das doenças europeias. O fator básico foi o esgotamento das terras agrícolas nas décadas que seguiram-se à conquista. O colonialismo espanhol desenvolveu-se o Vale do México em um ambiente radicalmente deteriorado. Em última análise, as circunstâncias locais específicas determinaram a forma das relações interétnicas durante o século XVI. A pressão dos espanhóis sobre uma sociedade indígena enfraquecida pela perda de sua população concentrava-se na terra, no trabalho e no pagamento de tributos.

Os modelos castelhanos de organização municipal foram introduzidos no mundo americano. O *pueblo* colonial (povoamento) tornou-se o centro principal da vida indígena. Os espanhóis adotaram este termo como tradução para a palavra náuatle, *altepetl*, que significava um pequeno senhorio com assentamentos subordinados à sua jurisdição. Dessa forma, o *altepetl* pré-colombiano combinava extensão territorial e instituições políticas, presididas por um senhor hereditário (*cacique*) ou por um grupo de anciãos, conhecido como os *principales*. O povoado colonial (*pueblo*), no entanto, não era uma simples continuação do *altepetl*, mas uma instituição nova, distinta e de modelo europeu, instituído para congregar os assentamentos indígenas dispersos em uma unidade política, com a finalidade de evangelização, governo e tributação. A Lei colonial reconhecia o *pueblo* como uma propriedade corporativa e a prática colonial usou-o como base do recebimento de tributos. Assim, as autoridades do povoado, com suas posições garantidas, estavam estreitamente ligadas à estrutura colonial. A posse da terra e o estabelecimento de instituições municipais indígenas, nas quais a população hispânica estava proibida de interferir, ofereciam os meios de subsistência e autonomia interna ao *pueblo*. Nesse sentido, a associação pré-colombiana entre terra, religião e identidade étnica foi transposta para povoado, reconhecida em termos jurídicos coloniais como a *república de índios*. Os castelhanos tentavam entender as estruturas indígenas de autoridade e divisões territoriais em termos europeus, mas não existiam paralelos precisos. Diante disso, os centros populacionais que, antes da conquista, eram governados por cinquenta ou mais nobres indígenas do Vale, tornaram-se cabeceiras de distritos, ou *cabeceras*, enquanto as unidades menores ficaram subordinadas a elas como *sujetos* ou súditos. O relacionamento *cabecera-sujeto* (cabeceira-súdito) manteve-se como uma característica constante, embora houvesse mudanças, da época colonial.

Durante o curso da era colonial, as práticas e o pensamento hispânicos passaram a permear gradualmente a cultura náuatle. Inicialmente, pouquíssimos índios abandonaram seu discurso nativo. Os testamentos, os documentos públicos e os livros das confrarias ainda eram escritos na língua náuatle por escribas profissionais nativos durante todo o período colonial. Além disso, os tribunais hispânicos frequentemente empregavam intérpretes nos casos que envolviam índios. Práticas semelhantes ocorreram em relação às autoridades civis, religiosas e da "hacienda" (fazenda). James Lockhart publicou em 1992 um estudo inovador sobre o que as mudanças linguísticas do náuatle revelam sobre o grau de penetração hispânica na mente indígena. No Vale do México, a adaptação da geração náuatle posterior à conquista às técnicas literárias hispânicas levou ao surgimento de textos, particularmente no período de 1545-1565, que proporcionam uma introdução ao assunto. Lockhart descobriu que no início do período pós-conquista que vai de 1519 até meados de 1540, ocorreram pouquíssimos reajustes culturais como resultado de contatos rotineiros mínimos. Ocorreram apenas pequenas mudanças, como a adição de nomes cristãos de batismo. No entanto, ocorreram mudanças linguísticas significativas durante o século seguinte, com a adoção de substantivos espanhóis e influência na semântica. A pronúncia náuatle e sua sintaxe, no entanto, permaneceram inalteradas, embora a língua passasse a ser escrita com o alfabeto romano. Lockhart atribuiu essas alterações ao contato entre intermediários e intérpretes. Desde meados do século XVII em diante, no entanto, a incorporação ao náuatle de verbos, expressões idiomáticas, sintaxe e sons espanhóis espalhou-se rapidamente por meio dos muitos contatos pessoais. A investigação demonstrou como os quadros de referência dos índios sobreviveram por mais de um século após o início da conquista e, ao mesmo tempo, como os povos náuatles adotaram o espanhol que era visto por eles como útil para a sua própria sobrevivência.

Após a violência da conquista e os abusos perpetrados pelos conquistadores e *encomenderos*, a Igreja espanhola e a Coroa tornaram-se profundamente sensíveis em relação à base moral do governo hispânico nas Américas. Os ataques polêmicos de De las Casas a estes abusos levaram à grande Disputa de Valladolid (Espanha) em 1550-1551. Em 1550, a Coroa estabeleceu o cargo de Procurador-geral dos Índios na *Audiencia*, a fim de garantir uma audiência adequada às reivindicações dos indígenas contra a escravidão e o trabalho coercitivo. Durante seu reinado, Filipe II procurou manter um alto padrão administrativo em todo o Império, mas as pressões da Guerra na Europa e a tensão do sistema financeiro espanhol fez que tal objetivo fosse difícil de se alcançar. As denúncias de corrupção no seio da administração da Nova Espanha levaram o rei a nomear o arcebispo Pedro Moya de Contreras, que também era o Inquisidor-geral, como general visitante oficial do vice-reinado com plenos poderes. Moya, que atuou como vice-rei interino em 1583-1585, começou uma campanha para remover os funcionários não confiáveis.

Aquisição de terras hispânicas

Os tribunais coloniais geralmente defendiam os direitos das comunidades camponesas, no mínimo em suas propriedades de subsistência e mínima autonomia local. O vice-rei Luis de Velasco, o Jovem (1590-1595), estabeleceu o Tribunal Geral Indígena (*Juzgado General de los Indios*) em 1592. A relação entre a Coroa, os tribunais coloniais e as comunidades indígenas formaram um núcleo que previa uma certa proteção aos povoados indígenas e suas propriedades. A Coroa foi capaz, pelo menos em teoria, de equilibrar a defesa dos direitos indígenas de propriedade e liberdade de trabalho contra os interesses dos proprietários hispânicos de terra e, assim, limitar o poder de elite. O Estado colonial espanhol confirmou sua autoridade ao afirmar seu papel de mediador entre as comunidades camponesas e os proprietários hispânicos. Por conseguinte, os dois tipos de

CAPÍTULO 3 – A INCURSÃO EUROPEIA (1519-1620) | 105

propriedade e, muitas vezes, de formas de vida, coexistiram, às vezes de forma inquieta, por todo o período colonial e durante o século XIX.

As comunidades indígenas cerraram fileiras em oposição às usurpações de terras pelos espanhóis, que ameaçavam a sua viabilidade econômica e sua identidade cultural. A "hacienda", uma propriedade privada hispânica e, frequentemente, uma unidade de produção diversificada, tornou-se o foco predominante dos espanhóis na zona rural até o final do século. O termo não indicava tamanho. Os índios das comunidades podiam trabalhar em terras de "hacienda" como indivíduos (*gañanes*) sem tornarem-se trabalhadores residentes (*peones*) ou perderem a sua identidade corporativa. Essa prática já havia surgido na década de 1580. Isso ocorreu como sintoma da competição pelo trabalho entre a comunidade indígena e a propriedade privada em um momento de declínio da população. No final do período colonial, havia aproximadamente 160 fazendas (*haciendas*) no Vale do México, embora variassem em tamanho e importância.

O declínio populacional acelerou a aquisição de terras por espanhóis. A ênfase da política Real durante o início do século XVII afastou-se da defesa da população indígena e de seu direito de propriedade, em detrimento do reconhecimento legal das terras privadas dos espanhóis. O colapso demográfico também minou a posição material da Igreja, que recebia o dízimo da produção agrícola. Essa era a principal receita da Igreja, mas a Coroa, como patrono real da Igreja americana por incumbência papal, recebia parte desse dízimo. A década de 1575-1585, tornou-se o período crítico, após a enorme mortalidade indígena ocorrida na epidemia de 1575. Mesmo que os índios estivessem isentos do dízimo em sua própria produção, seu trabalho em terras hispânicas produzia a riqueza que era tributada pela Igreja e pelo Estado. De 1550 a 1574, as receitas do dízimo nas dioceses do México, Michoacán e Guadalajara haviam dobrado ou triplicado, mas caíram acentuadamente em seguida. Houve uma diminuição considerável da riqueza agrícola, especialmente naquelas três regiões, a partir de meados da década de 1570.

Em 1577, o Estado espanhol requisitou ao vice-rei da Nova Espanha que coletasse informações por meio do funcionário distrital sobre todos os aspectos importantes de seu território. Entre 1578 e 1582, foi produzido uma série de relatórios, conhecidos como *Relaciones*, dos quais ainda existem 168, com detalhes de 415 povoados. Eles revelam a percepção indígena sobre a ruptura de seus costumes tradicionais causados pela conquista e o desespero com o tamanho da perda populacional. Os índios culpavam

106 | HISTÓRIA CONCISA DO MÉXICO

a carga do trabalho obrigatório, o trabalho nas minas, o reassentamento forçado, a alimentação pobre e a falta de orientação oferecida pelos antigos deuses. Semelhante ao Peru, eles associavam a imposição do cristianismo à proliferação da morte. As práticas tradicionais, embora desprovidas da superestrutura sacerdotal do período pré-colombiano, mantiveram-se vivas no cotidiano local dos índios, as quais eram asseguradas pelos curandeiros viajantes que atravessavam por uma rede clandestina que passou em grande parte desapercebida pelas autoridades coloniais.

Avanço e recuo territorial

A ausência geral de comunidades americanas sedentárias no Norte significava que as sociedades dessa região seriam mais fluidas e teriam mais mobilidade do que os índios das principais áreas indígenas do Centro e do Sul. O Centro-Norte e o Norte eram a fronteira dos chichimecas, uma enorme área controlada por índios em livre circulação que os astecas nunca conseguiram pacificar. A tarefa recaiu para os espanhóis. O vice-rei Mendoza levou um exército de 500 espanhóis e 50 mil aliados indígenas para a atual zona de Guadalajara com o objetivo de esmagar qualquer oposição ao avanço em direção ao norte. A feroz Guerra do Mixton (1541-1542), na qual Alvarado encontrou seu fim, abriu a fronteira norte da Nova Espanha. Sua consequência imediata foi a descoberta de prata em Zacatecas e a Fundação de uma cidade hispânica em 1546. Esse novo centro industrial tornou-se o ponto de partida da Estrada Real da Prata através do Bajío, Planalto Norte-Central, até a Cidade do México. Assim, aumentou o número de assentamentos e postos militares, conhecidos como *presidios*. Toda a área de Zacatecas, no entanto, continuou sendo uma zona de guerra, pois a estrada continua a ser objeto de ataque dos índios Zacatecas. Por essa razão, de 1560 a 1585, durante a Guerra dos Chichimecas, os espanhóis e seus aliados indígenas provenientes das zonas centrais começaram uma campanha concertada para pacificar os índios não subjugados. Em 1591, Velasco, o Jovem, estabeleceu o controle sobre as zonas da prata ao norte de Zacatecas. Muito tempo depois da queda de Tenochtitlán, então, a luta para a subjugação do Norte ainda era travada pelos espanhóis. Com efeito, a conquista da Nova Espanha que, da perspectiva da zona central foi retratada como um fenômeno relâmpago realizada entre 1519 e 1521, levou, na verdade, mais de 70 anos.

De julho de 1540 até abril de 1542, a expedição avançada de Francisco Vázquez de Coronado subiu o Vale do Rio Grande até onde é hoje o Novo México. Os espanhóis não encontraram cidades lendárias, mas cerca de 100 ou mais assentamentos dos índios pueblo, organizados em 10 grupos linguisticamente distintos e situados, em sua maior parte, nas margens da planície de inundação do rio. Eles representavam concentrações de população, em contraste com os povos itinerantes das áreas circundantes. Os índios pueblo vestiam roupas de algodão, cultivavam milho e outras culturas básicas, viviam em moradias sólidas, com terraço, e produziam cerâmica. Aparentemente, na época do contato com os espanhóis, eles passavam por um florescimento cultural – entre 1300 e 1600. Devido à pressão sobre o abastecimento local de alimentos, a presença espanhola não foi inicialmente bem recebida e, a ela, seguiu-se um conflito consideravelmente grande. Os espanhóis não reapareceram até 1581-1582, a primeira de cinco outras expedições que terminaram, em 1598, com o estabelecimento do governo espanhol.

Enquanto isso, em 1596, os espanhóis tentaram consolidar sua posição no Nordeste ao fundar Monterrey. Com efeito, isso representou o fim de um processo que havia começado com a conquista do Bajío durante a década de 1540. O desenvolvimento posterior do Norte, que passou por uma história completamente diferente das culturas sedentárias do Centro e do Sul pré-hispânico, mostrou o surgimento de duas Novas Espanhas distintas. As zonas tradicionais da região Centro-Sul, nas quais a cultura hispânica havia sido implantada, contrastavam significativamente com os "novos" territórios do Norte, onde o a fixação espanhola seria uma experiência marcante. Mesmo assim, os espanhóis levaram com eles os índios da zona central para que fossem reassentados nas colônias do Norte, por exemplo, os tlaxcaltecas que se tornaram os primeiros colonizadores de Coahuila.

A Espanha não conseguiu completar a conquista do Norte e do Extremo Norte, apesar da grande extensão territorial alegada pela Coroa. A resistência indígena eficaz conteve o avanço espanhol ou conseguiu revertê-lo com significativa perda de vidas, influências e territórios. A geopolítica da fronteira hispânica foi um processo longo e complicado, que ainda não foi totalmente compreendido. Em última análise, a incapacidade de estender o poder espanhol ao longo de vastas regiões e a pressão sobre o *habitat* dos próprios grupos indígenas ajudam a explicar a perda do Extremo Norte em meados do século XIX. Em muitos aspectos, a interpretação histórica dos territórios do Norte sofre com a ausência de registros escritos do personagem mais importante dos eventos, isto é, daqueles que eram chamados de "índios bárbaros".

capítulo 4

Nova Espanha (1620-1770):
COLONIALISMO ESPANHOL
E SOCIEDADE AMERICANA

As Américas passaram a fazer parte do mundo Atlântico no século XVI. Cada território tinha uma relação específica com sua metrópole e com o mercado mundial. A importância dos dois principais territórios coloniais da Espanha, a Nova Espanha e o Peru, estava em seu papel de principais produtores de prata do mundo. Esse produto estava em falta desde o início do período moderno, mas a demanda era enorme, especialmente por ser o principal meio de troca do comércio asiático. Por quase 400 anos, até o colapso dos preços mundiais da prata em 1870, o México, que superou o Peru em capacidade após a década de 1690, forneceu grandes quantidades de prata para o mercado mundial.

A posição internacional da Espanha, no entanto, deteriorou-se significativamente após a década de 1640. Em muitos aspectos, os territórios americanos foram deixados à própria sorte. Grandes receitas coloniais permaneceram no território americano e foram alocadas ao orçamento interno e necessidades de defesa. Em termos econômicos, o Império afastou-se da metrópole espanhola no decurso do século XVII, especialmente após a década de 1620, quando o comércio transatlântico declinou. Apesar dos esforços para explorar os recursos americanos, a posição da Espanha na Europa agravou-se. Essa situação, no entanto, não conduziu a uma maior independência política dos territórios americanos, pois o centro político do Império ainda estava situado na Espanha e, naquele momento, não havia qualquer incentivo para uma separação.

A Espanha e o Império:
COMERCIANTES, FINANCIADORES E MERCADOS

Os historiadores, especialmente aqueles que viam a América Ibérica a partir de perspectivas europeístas, discorreram como a América comportou-se durante a recessão Europeia de meados do século XVII. A economia da Nova Espanha parece ter sido afetada somente após 1635-1640, principalmente por razões internas, momento em que houve uma contração e, depois, uma gradual reaceleração durante a década de 1660 que a tirou da recessão depois de 1675. Os historiadores espanhóis identificaram o ponto mais baixo da sorte de Castela no período das décadas de 1650-1690. Embora Pierre Chaunu tenha enfatizado os padrões do comércio Atlântico, os estudiosos lançaram luz, mais tarde, ao crescimento e ao comportamento do mercado interno do território americano, onde as rotas internas dos centros de comunicação e distribuição operavam para suprir a demanda colonial.

Essa é a imagem da Nova Espanha do século XVII com uma estrutura social bastante ambígua, na qual várias personalidades, particularmente os atacadistas, originam-se de estratos sociais mais baixos. A Nova Espanha tornou-se uma sociedade na qual o elemento decisivo não era tanto o proprietário como tal (que, obviamente, ainda era a figura socialmente predominante), mas pelo comerciante-financiador com capital (acumulado pelo monopólio de importações no Atlântico) à sua disposição. Práticas tradicionais e modernas coexistiram entre os comerciantes-financiadores. O matrimônio e os laços pessoais eram os principais meios de solidificar os interesses comerciais. Os sobrinhos, outros parentes, "compadres" e amigos formavam amplas redes de interesse sobre uma ampla área geográfica desde as capitais até as zonas rurais, atravessando uma grande extensão de atividades econômicas. Geralmente, eles próprios não compravam terras. Tais atividades em grande escala requeriam um acordo que funcionasse em parceria estreita como o Estado colonial.

O Consulado do México, fundado em 1592, é uma expressão do poder mercantil na Nova Espanha. Durante os dois séculos seguintes, esta corporação, que também possuía um tribunal para o julgamento de litígios comerciais, dominou a vida econômica da Nova Espanha. A relação entre seus membros – cuja grande maioria era formada por comerciantes peninsulares das províncias bascas e de Santander – a *audiencia* e o governo vice-real era íntima. O Consulado, a *audiencia* e a hierarquia eclesiástica representavam os baluartes do colonialismo espanhol. Embora modificados consideravelmente em relação às realidades mexicanas, eles fizeram que o sistema colonial funcionasse durante o longo período de fraqueza metropolitana entre as décadas de 1640 e 1760. Com base na Cidade do México, juntamente com o governo do vice-rei e a Corte, essas instituições demonstravam a predominância da capital dentro do território político da Nova Espanha. Eles ofereceram, em suas diferentes maneiras, os vínculos que mantiveram a união desse vasto (e em expansão) território. Durante o século XVII, a Coroa pressionou o Consulado continuamente por empréstimos e doações para o custear a manutenção da posição da Espanha na Europa. O Consulado resistiu às essas pressões, expondo ainda mais a fraqueza do Estado imperial. Na ausência de uma burocracia fiscal eficiente, a Coroa alocou a cobrança de impostos da Cidade do México para o Consulado como agente fazendário por um período específico – final do século XVII e primeira parte do século XVIII. Esse processo de recolhimento de tributos foi mantido durante todo o período entre 1602 e 1753.

A contração do poder espanhol mostrava a importância crescente do mercado interno e do comércio intercolonial. Ao contrário do Brasil ou Peru, o território mexicano englobava os mundos Atlântico e o Pacífico. Com efeito, as Filipinas foram colonizadas e evangelizadas a partir do México, e não diretamente da Espanha. Desde o final de 1560 até 1813, o galeão anual de Manila levava a prata mexicana do incipiente porto de Acapulco e atravessava o Pacífico até Manila, entreposto do comércio com a China, e as trocava por sedas chinesas e porcelanas trazidas de Cantão. O governo metropolitano tentou restringir as cargas e a frequência, alegando que o comércio asiático desviava a prata de sua rota principal, isto é, da Europa. Ao mesmo tempo, a Coroa – em uma série de leis emitidas a partir da década de 1590 até 1630 – tentava restringir (e em 1631 e 1634, proibir) o comércio entre a Nova Espanha e o Peru, com a intenção específica de impedir que a prata peruana fosse tomada pelo comércio com Manila. Embora nem sempre fosse possível dar-lhe pleno efeito, o objetivo metropolitano continuava o mesmo, a saber, as dependências ultramarinas deveriam negociar diretamente com a Espanha (sempre que houvesse permissão) e não com os outros e, muito menos com as colônias de Estados europeus rivais. O resultado final da proibição foi o seguinte: os comerciantes da Cidade do México perderam o controle do comércio do Pacífico que passou a ser controlado por contrabandistas que operavam a partir de portos menores na Guatemala e na Nicarágua.

As relações comerciais práticas às vezes não dão importância às políticas de restrição. O caso principal foi o comércio entre o México e a Venezuela, que floresceu no século entre as décadas de 1620 e 1720. Após as restrições legais da década de 1630, o comércio de cacau passou a ir de Maracaibo até Veracruz, substituindo a rota anterior pela costa do Pacífico

HISTÓRIA CONCISA DO MÉXICO

a partir de Guayaquil. Os plantadores venezuelanos puderam trocar o cacau, em grande demanda na época como a principal bebida popular, antes do desenvolvimento do café, por prata mexicana e, assim, ampliar sua própria capacidade de importar manufaturas, principalmente a partir de fontes estrangeiras. Tais práticas conflitavam com a rígida interpretação dos princípios do Império. O governo metropolitano, no entanto, era muito fraco para detê-las. O dispositivo que acabou sendo adotado em 1728 foi o da empresa monopolista e financiada. O objetivo da Companhia de Caracas, controlada por mercadores bascos de Guipúzcoa, era desviar o comércio de cacau da Nova Espanha e reorientá-lo diretamente para a Península.

O SETOR MINERADOR

Embora a indústria de mineração continuasse a prosperar durante a década de 1620 e a receita do governo vice-real tenha atingido níveis máximos, já havia começado uma recessão global de longo prazo. Ocorreu uma depressão durante o período entre 1630 e 1660. Mesmo assim, surgiram variações regionais nesse padrão. A principal zona de produção continuava a ser Zacatecas, que passava por seu período de pico entre 1615 e 1635, enquanto Parral (Chihuahua), iniciou seu período de mineração em 1631 e atingiu o seu auge durante a década de 1630. O estado das minas, e não a escassez de mão de obra, explica os problemas enfrentados na região de Zacatecas. Além disso, a proporção do comércio transatlântico da Nova Espanha diminuiu após a década de 1620 em relação ao Peru, mas o comércio espanhol no Atlântico estava em declínio global. A procura por produtos espanhóis diminuiu, pois, a Nova Espanha estava produzindo mais internamente. No mesmo período, o custo da defesa aumentou nas Américas e nas Filipinas, tendo em conta a ameaça holandesa, francesa e inglesa e a insegurança geral dos mares. Como resultado, a administração vice-real passou a manter uma proporção crescente de prata na própria Nova Espanha. A exportação do contrabando de prata cunhada – a forma que a Nova Espanha encontrou para ignorar o monopólio colonial e ter acesso direto aos mercados internacionais – foram responsáveis por uma parte significativa do comércio Atlântico. Em 1660, as autoridades coloniais estimaram que a prata não tributada era responsável por um terço a mais dos transportes registrados.

A rápida adaptação da Nova Espanha às condições adversas, apresentadas pela grande perda de população indígena, representou o declínio da demanda por produtos vindos da Espanha. Na década de 1620, a população indígena caiu para o baixo valor de 1,2 milhão. A *hacienda* hispânica substituiu as comunidades indígenas como fornecedores principais de alimentos e uma variedade de sistemas de trabalho foram adotados para compensar a queda populacional. Em meados do século XVII, o setor de mineração já utilizava o trabalho predominantemente livre e assalariado, ao invés de utilizar grupos de trabalhadores retirados das aldeias, ou trabalhadores endividados. O uso inicial de escravos negros não teve importância duradoura na Nova Espanha. Zacatecas, localizado ao norte dos principais centros de assentamento indígena, deve sua predominância a sua capacidade de adaptação às novas condições em termos de capital e trabalho. A importância geral da prata garantiu que a prosperidade da zona de produção de Zacatecas tivesse influência na economia vice-real como um todo.

A recuperação começou no final do século XVII. A produção da mineração mexicana aumentou cerca de 30% entre 1671-1680 e 1691-1700. Uma das principais zonas de recuperação foi Sombrerete, ao norte da cidade de Zacatecas. Na década de 1960, a produção total atingiu 50.751.914 de pesos, ligeiramente abaixo dos níveis de 1611 a 1620, a saber, 53.646.127 de pesos. A Nova Espanha tornou-se o principal fornecedor mundial de prata, ultrapassando a produção peruana no final do século XVII. Entre 1695-1699 e 1805-1809, aumentou a distância entre estes dois principais produtores do mundo. Na Nova Espanha, a produção de prata crescia à taxa de 1,7% ao ano (ou cinco vezes) nesse longo período, enquanto a população crescia à taxa de 0,5% ao ano. A cunhagem de moeda aumentou de 19,6 milhões de pesos em 1695-1699 para 122 milhões de pesos em 1805-1809. O "boom" do ouro do Sudeste brasileiro, na província de Minas Gerais a partir da década de 1690 combinou-se com as fontes existentes em Nova Granada e na África Ocidental para fornecer uma abundância de ouro ao mercado mundial até meados da década de 1720. Como resultado, o preço da prata subiu.

Tem havido muita discussão tanto sobre a data da recuperação da prata quanto sobre o impacto do setor de mineração no resto da economia. O valor real da mineração cresceu mais rapidamente durante a primeira metade do século XVIII do que na segunda metade, o período normalmente associado às "reformas dos Bourbons". A maior taxa de produção da Nova Espanha ocorreu no período entre 1695-1699 e 1720-1724, em 3,2% ao ano, com uma produção média anual de 10 milhões de pesos, durante o início de 1720. A isso seguiu-se um período de estagnação, mas entre 1740-1744 e 1745-1749 a taxa de crescimento atingiu 4,1% ao ano, com produção média anual de até 12 milhões de pesos no final da década de 1740. Em seguida, vieram duas décadas de flutuações, depois das quais as altas taxas tiveram continuidade até meados da década de 1790. A produção atingiu 16 a 20 milhões de pesos durante as décadas de 1770-1780. A crise de subsistência de 1785-1786 foi acompanhada por um declínio brusco. Durante uma década de guerra internacional e contínua inflação interna, a taxa de produção entrou em colapso e caiu para 0,1% entre 1795-1799 e 1805-1809.

A descoberta de outros depósitos de prata, por exemplo, em 1701, na província de Chihuahua, levou a fronteira mais para o norte. Chihuahua desempenhou um papel importante no crescimento econômico da Nova Espanha durante a primeira metade do século XVIII, pois um total de 60 milhões de pesos foram produzido entre 1703 e 1737, um quarto da produção total do vice-reinado. Parte da explicação talvez esteja no comportamento paradoxal da zona de Zacatecas, que, entre 1725 e 1765, era o único grande centro que estava em contração ou estagnação. Em Chihuahua, a mina de Santa Eulália funcionou como o foco da expansão. Em resposta, foi fundada a cidade de San Felipe el Real de Chihuahua em 1718. A prata, como em todas as outras ocasiões, levou a população de outros lugares da Nova Espanha a seguir para o norte. Cheryl Martin salientou a fluidez das relações sociais além das zonas centrais da Nova Espanha: "a história social do México colonial foi marcada em todas as regiões pelas constantes negociações dos limites sociais", especialmente no Norte.

Os donos das minas raramente confinavam seus investimentos exclusivamente a essa atividade onerosa e volátil, mas espalhavam seus interesses em várias atividades, incluindo a agricultura, as finanças e a indústria. Eles estavam estreitamente ligados aos comerciantes e aos financiadores que os apoiavam e atuavam não só como fiadores, mas também como credores e investidores. Tendo em vista o papel predominante dos comerciantes como importadores de bens europeus, essa era uma relação era lógica. Efetivamente, eles controlavam os preços do mercado de produtos importados da Nova Espanha e pagavam por eles, em grande parte, com prata das minas. O impacto do setor mineiro na economia como um todo foi o resultado de sua demanda pela entrada (e saída) de produtos das localidades e regiões próximas e pelo meio circulante utilizado para a compra de bens, quer do mercado interno ou da economia internacional.

CAPÍTULO 4 – NOVA ESPANHA (1620-1770) (...) | 115

ECONOMIAS PROVINCIAIS E REDES COMERCIAIS

Apesar da situação colonial ostensiva, uma ampla gama de produtos têxteis foi produzida na Nova Espanha. As indústrias da Espanha metropolitana, em declínio desde a década de 1590, no mais tardar, não conseguiam suprir a demanda nas colônias. Ao mesmo tempo, os produtos estrangeiros passavam pelas zonas comerciais de Sevilha e Cádiz, juntamente com mercadorias espanholas, que cada vez mais atendiam a um mercado restrito e de luxo. A produção local nos territórios americanos respondia à demanda doméstica. O artesanato e a produção doméstica eram predominantes, mas elas estavam concentradas em áreas específicas, a saber, Puebla-Tlaxcala, Bajío, Michoacán, Distrito de Guadalajara, Oaxaca, tanto na cidade quanto nas aldeias específicas do vale e da serra (tais como Villa Alta), bem como na Cidade do México e seus arredores. O lanifício pesado tendia a ser produzido em oficinas, conhecidas como *obrajes* – havia 35 em Puebla, em 1604.

Os colonizadores espanhóis acrescentaram a lã à tradição indígena de produção de têxteis de algodão. Ao mesmo tempo, o capital mercantil permitiu que os artesãos imigrantes espanhóis e tecelões indígenas conseguissem expandir a produção em resposta à demanda urbana entre os hispânicos e os componentes mistos da população. As comunidades indígenas teciam suas próprias roupas, várias aldeias especializaram-se na produção de determinados tipos ou estilos de têxteis e negociavam-nos por meio dos mercados locais. Villa Alba, uma vila do Planalto de Oaxaca, tornou-se um dos principais fornecedores do tecido de algodão, a matéria-prima trazida das aldeias, situadas na planície rural do Golfo. Os produtos têxteis de Villa Alta chegavam até as zonas de mineração do Centro-Norte. Os comerciantes hispânicos, intermediados pelos administradores dos distritos, conseguiram interpor-se nas três fases do processo têxtil – produção de matéria-prima, manufatura e distribuição. No entanto, apesar das maiores pressões mercantis e administrativas do século XVIII, os produtores indígenas não perderam completamente sua autonomia.

A principal inovação espanhola foram as oficinas têxteis de lã conhecidas como *obraje*. Esta instituição cresceu em resposta ao surgimento das cidades hispânicas e das zonas de mineração no Centro-Norte. Seu surgimento deve-se à combinação da mão de obra barata da *encomienda* e da emergente economia pecuária. A mão de obra barata permitiu que os produtores hispânicos acumulassem capital suficiente para manter essas oficinas, embora o nível tecnológico permanecesse básico. Mesmo que respondessem a uma demanda colonial constante, não podemos descrevê-las como a base de uma indústria manufatureira moderna. Semelhante à mineração, pouquíssimos investidores concentraram seus interesses na manufatura; pelo contrário, o seu leque de atividades – propriedade de terras, comércio, ou exploração de minas – era impressionante. Em Querétaro, que se tornou a principal cidade de *obraje* durante o século XVIII, os operadores das oficinas também costumavam ser proprietários de terras e conselheiros da cidade. Várias cidades do Bajío, ao norte de Querétaro também operaram como centros têxteis, produzindo lãs de diferentes tipos: San Miguel el Grande e Acámbaro eram as duas áreas mais importantes.

Entre 1680 e 1730, Puebla perdeu seu mercado anterior de produtos agrícolas e industriais no Centro-Norte para as áreas de produção do Bajío e de Guadalajara. Como resultado, Puebla, que até o final do século XVII havia suprido as necessidades de Zacatecas, já não era capaz de trocar seus produtos por prata. A contração da economia regional teve repercussões em todo o setor agrícola, particularmente nos principais distritos produtores de trigo de Atlixco, Huejotzingo e Cholula. Dentro da região, no entanto, o Distrito de Huejotzingo, o principal distrito produtor de milho, continuou a expandir-se até meados do século XIX. A manufatura de tecidos de lã densa de Puebla declinou rapidamente devido à concorrência da indústria de lã do Querétaro. Tendo em vista que a criação de ovelha mudou-se para o norte e o Bajío trocou seu gado por cereais, o custo do fornecimento de matérias-primas favorecia mais Querétaro que Puebla. Fatores como esses, combinados com a produção agrícola de baixo rendimento, influenciaram Puebla a passar para a manufatura de algodão na década de 1740. Os produtores da província, além disso, possuíam acesso mais fácil às duas principais áreas de cultivo de algodão na costa do Golfo e do Pacífico.

A manufatura artesanal e doméstica de algodão, conduzida proeminentemente pelas mulheres, permitiu que Puebla recuperasse, durante meados do século XVIII, seu acesso ao mercado da Cidade do México e até mesmo mais ao norte. O crescimento da produção de algodão em Puebla estimulou a produção de matérias-primas nas planícies centrais de Veracruz. Frequentemente, o aumento da produção têxtil na Nova Espanha correspondia às condições adversas do comércio transatlântico. Guy Thomson sugere que o reinício da guerra transatlântica na década de 1740 pode ter encorajado os importadores, principalmente em Veracruz, a reinvestir na manufatura de têxteis na Nova Espanha. Um padrão semelhante iria ser repetido no início da década de 1780 e mais especialmente depois de 1795, mesmo que o atraso tecnológico do setor têxtil da Nova Espanha se mostrasse cada vez mais exposto à concorrência da produção mecanizada da Europa Norte-Ocidental.

A CONSOLIDAÇÃO DA PROPRIEDADE PRIVADA HISPÂNICA

Entre as décadas de 1590 e 1640, a propriedade privada hispânica consolidou sua posição na zona central, que anteriormente havia sido densamente povoada. O declínio da população indígena, que atingiu seu ponto mais baixo entre 1620 e 1640, explica em parte a transição para o novo tipo de propriedade. Tendo em vista que a maioria das aquisições de terras pelos espanhóis não possuía uma forma jurídica, a Coroa instituiu um processo de regularização, conhecido como "composición", que regulava a emissão de títulos legais pelo governo vice-real em troca do pagamento de uma taxa. Esse processo atingiu seu clímax durante a década de 1640. Dessa forma, a fazenda consolidou sua base em uma zona rural que, cem anos antes, havia sido caracterizada pela predominância da comunidade indígena camponesa.

A sociedade e a economia da Nova Espanha não eram formadas por bolsões isolados ou virtualmente autônomos, nem estavam dominadas por grandes propriedades no interior. Em vez disso, as pesquisas recentes têm mostrado que a orientação para o mercado foi o principal fator da organização econômica, permitindo até mesmo a continuação das relações laborais pré-capitalistas na terra ou no setor têxtil. A propriedade privada hispânica e a comunidade de camponeses indígenas estavam ligadas tanto às vilas e às cidades com lento crescimento populacional quanto à própria terra. Em casos notáveis, a produção local também dirigia-se para as comunidades mineradoras, cuja demanda de gêneros alimentícios, roupas e animais de trabalho era grande. Como já vimos, as complexas redes internas de comércio funcionavam em muitos níveis, com vínculos em grande parte do território.

Existiam diferentes formas de organização do trabalho nas fazendas da Nova Espanha Central. Trabalhadores permanentes, um tipo de trabalho que não estava mais associado às comunidades indígenas, tinham seus próprios locais de residência na propriedade da fazenda e, semanalmente, recebiam uma ração de milho como parte de seu pagamento. Segundo a lei colonial espanhola, estes trabalhadores eram, juridicamente, considerados livres e a *audiencia*, regularmente em situações de teste, mantinha

118 | HISTÓRIA CONCISA DO MÉXICO

o direito de as pessoas poderem trabalhar onde quisessem. Um grande problema, no entanto, não consistia tanto no endividamento do trabalhador residente aos seus empregadores, mas na incapacidade frequente das propriedades em dificuldades conseguirem honrar com as obrigações financeiras devidas aos seus trabalhadores. Os trabalhadores temporários e sazonais das aldeias complementavam a estrutura do trabalho nas fazendas.

A fazenda [*hacienda*] foi a forma predominante de propriedade hispânica na área que cobre os vales produtores de cereais de Puebla até o Bajío mais ao norte. Nas províncias de Puebla e México, que cobria a maior parte do território mexicano central, a comunidade indígena permanecia fortemente presente, tornando-se cada vez mais resiliente, conforme a população se recuperava lentamente dos eventos da última parte do século XVII. Mais ao sul, na província de Oaxaca, as comunidades indígenas eram, predominantemente, as principais proprietárias de terras. Surgiram fazendas no Vale de Oaxaca, no Vale de Ejutla, em Mixteca Alta e no sul do istmo, mas com exceção deste último, elas costumavam ser propriedades empobrecidas com trocas frequentes de donos.

A instabilidade da propriedade era uma das características mais salientes da propriedade privada hispânica. Os custos legais da herança por si só explicam isso. Além disso, as incertezas meteorológicas e os elevados custos de produção e comercialização mantinham os lucros baixos, exceto no caso das margens das fazendas de açúcar, localizadas abaixo dos vales centrais do México e Puebla. Em geral, os grandes rendimentos estavam no comércio transatlântico ou na mineração de prata, não na agricultura de cereais.

As propriedades de criação de gado orientadas para o mercado urbano, para as comunidades de mineração ou para o setor têxtil da lã costumavam ser melhores do que as propriedades de cereais. Isso ajuda entender a expansão gradual das fazendas para o norte até San Luis Potosí, Durango e Coahuila, locais que nunca haviam sido áreas importantes para a agricultura das comunidades indígenas. Entre a década de 1730 e 1800, o império territorial do marquês de Aguayo, por exemplo, aumentou para uma dimensão que igualava a dois terços do tamanho de Portugal. Os Aguayo deixaram suas propriedades do Norte nas mãos de administradores, apoiados por comitivas armadas para repelir os ataques dos índios e, a partir de suas receitas, viviam na Cidade do México, onde possuíam quatro residências palacianas. A especialidade deles era a criação de ovelhas – tiveram mais de 200 mil cabeças – para o fornecimento de carne para a capital e lã para as oficinas têxteis. O título foi-lhes atribuído em 1682, mas a compra das terras foi iniciada na década de 1580. Em 1734, por meios matrimoniais, a linha dos Aguayo adquiriu o título de Conde de San Pedro del Álamo. Suas propriedades, o equivalente de 1,9 milhão de hectares de terras de criação de ovinos, tinham Durango como núcleo. As grandes propriedades do Norte surgiram durante a última parte do século XVII, em resposta às mudanças econômicas e demográficas da zona central. Durante o século XVIII, este relacionamento ficou ainda mais sublinhado pela troca, no Bajío, da produção de gado pela agricultura de cereais. As terras do Norte e suas cidades tornariam-se a zona rural da florescente economia e sociedade do Bajío no século XVIII.

COMUNIDADES INDÍGENAS

Durante esse período, uma sociedade anteriormente indígena transformou-se em uma cultura colonial hispano-mestiça. A característica mais marcante foi o avanço territorial para o norte, além dos limites das organizações políticas pré-colombianas. Dentro de Nova Espanha em si, as comunidades indígenas locais aprenderam a viver com a fazenda, muitas vezes em formas de dependência mútua. Embora os arquivos coloniais estejam repletos de documentos que revelam disputas entre fazendas e vilas de camponeses em relação às terras, ao uso do trabalho e aos direitos sobre a água, a realidade diária tende a refletir mais cooperação do que conflito. Enquanto os documentos legais da colônia oferecem exemplos em que o gado das fazendas invadia as terras de subsistência dos camponeses ou momentos em que os administradores da fazenda abusavam verbalmente ou fisicamente dos trabalhadores indígenas, a propriedade privada dependia com frequência do trabalho das aldeias em épocas de plantio e de colheita. Além disso, os aldeões precisavam de uma renda extra para cobrir o pagamento dos tributos às autoridades reais, os encargos eclesiásticos e os custos de manutenção de suas próprias confrarias.

As comunidades indígenas participavam da economia colonial como produtores e consumidores. Com frequência, eles negociavam por direito próprio, em resposta às pressões fiscais e do mercado. Tais pressões intensificaram a atividade comercial local e levaram também à migração laboral. Em muitos povoados, homens e mulheres trabalharam como artesãos e nos campos. Um grau considerável de monetização pode ser visto nas aldeias, em resposta às várias atividades exercidas. Nesse sentido, a extensão da estratificação talvez tenha sido maior do que supúnhamos. A oferta de crédito, voluntária ou coagida, vinha do *repartimiento* administrado por funcionários do Distrito Real que funcionavam informalmente como agentes dos comerciantes-financiadores. Os funcionários do Distrito costumavam tentar impor monopólios comerciais locais com o objetivo de derrubar os preços de compra e aumentar o custo dos suprimentos. Eles esforçavam-se para enquadrar os produtores indígenas em um esquema de crédito e débito. Esses funcionários distritais possuíam uma rede de dependências e eram mais parte da estrutura de poder local que parte do Estado colonial. Assim, seria errado retratá-los como representantes impotentes de um governo vice-real. Eles devem ser vistos principalmente em uma relação entre os comerciantes-financiadores (que os sustentavam) e à população local (que pretendiam dominar). O governo imperial encontrava-se em uma encruzilhada entre a proteção moral das comunidades indígenas e a necessidade econômica de integrar os camponeses e os artesãos em uma economia mais ampla. As comunidades indígenas com fortes tradições artesanais e comerciais não precisavam da imposição de monopólios impostos por gente de fora para a saída de seus produtos. No entanto, a fim de justificar o controle, os defensores da coerção, reconhecidos pelos bispos e altos magistrados como um abuso, menosprezavam a capacidade econômica dos índios.

Cultura barroca da Nova Espanha

O estilo de arte e arquitetura, conhecido como o Barroco, que predominou na Europa Central e Meridional, partir do final do século XVI até o início do século XVIII atingiu seu clímax na América espanhola e portuguesa várias décadas mais tarde. No Brasil e na Nova Espanha, por exemplo, importantes edifícios em estilo barroco estavam ainda em construção depois de meados do século XVIII. Esse estilo teve uma influência profunda e duradoura na Nova Espanha. O barroco tentou realizar uma síntese de condições e experiências opostas, um equilíbrio baseado na tensão entre mortalidade e imortalidade, sensualidade e ascetismo, juventude e velhice. Seus temas religiosos predominantes e estilos arquitetônicos refletiam mais o expressionismo do período helenístico que a influência do classicismo que havia inspirado o Renascimento italiano. Ao mesmo tempo, o sentimento e estilo barrocos cresceram com a Reforma Católica ou Contrarreforma, que reafirmou e elaborou as doutrinas tradicionais da eucaristia como um sacrifício, o papel intermediário dos sacerdotes, a devoção à mãe de Deus, os poderes intercessores de Maria e dos santos, o valor espiritual da vida religiosa e a eficácia da devoção e peregrinações populares e coletivas.

A difusão da crença em tais ideologias e símbolos tornou possível a aceitação da marginalização oficial ou mesmo a destruição física daqueles que desviavam-se do caminho. A rebelião de Portugal, que em 1640 esforçou-se para acabar com a união das coroas entre este país e a Espanha dos Habsburgos, lançou suspeitas sobre os criptojudeus de origem portuguesa. Os judeus que recusavam a conversão ao cristianismo foram expulsos da Espanha em 1492 e de Portugal em 1537. Durante o período da união das coroas levou os cristãos-novos portugueses chegar à Espanha em busca de oportunidades comerciais. Em 1642, 150 indivíduos foram presos dentro de três ou quatro dias e a Inquisição iniciou uma série de julgamentos. Muitos "judaizantes" suspeitos eram comerciantes envolvidos nas principais atividades da Nova Espanha. Em 11 de abril de 1649, o Estado vice-real encenou seu maior *auto da fé* na Nova Espanha, momento em que 12 acusados foram queimados após prévio estrangulamento e uma pessoa foi queimada viva. O restante, em sua maioria, "reconciliou-se" e foi deportado para a Espanha. Após uma série de denúncias, seguidas de detenções, o Tribunal Penal Real condenou 14 homens de diferentes origens étnicas e sociais a morrerem em uma fogueira pública por suas atividades homossexuais, em conformidade com uma lei aprovada por Isabel, a Católica, em 1497. Todas as sentenças foram executadas no dia 6 de novembro de 1658. Com base nos julgamentos, temos evidências de práticas antigas e generalizadas que sugerem que a Cidade do México, como outras grandes cidades da época, tinha um submundo ativo e variado, cuja a existência era raramente descoberta pelas autoridades. A revista incluiu 123 pessoas, sendo que 99 conseguiram desaparecer. As fogueiras públicas não eram incomuns na Europa cristã e destinavam-se a ser demonstrações exemplares do poder comungado da igreja e do Estado sobre as ações dos indivíduos, cuja importância autônoma não entrava em consideração. Outras instâncias ocorreram em outubro de 1660 e em novembro de 1673 quando sete homens foram queimados até a morte, e em 1687. Esses acontecimentos desagradáveis revelam a outra face da monarquia católica.

Após a construção inicial de igrejas góticas, por exemplo, as igrejas do convento franciscano em Huejotzingo (Puebla) ou o convento dominicano em Yanhuitlán (Oaxaca) com sua nave abobadada, as principais igrejas e catedrais da Nova Espanha passaram a ter estruturas barrocas que, no México Central e no Sul, normalmente envolviam artesãos indígenas em sua decoração externa. Isso pode ser ilustrado pela exuberância policromada do interior de Santa Maria Tonantzintla (Puebla) e os interiores de ouro e estuque do convento dominicano de Oaxaca e da capela do Rosário em Puebla. Tonantzintla situa-se nas proximidades do santuário pré-colombiano de Cholula. A aldeia em si, em homenagem a Tonantzin, significa em náuatle "o lugar de nossa mãe". Ao acrescentar Santa Maria ao nome da aldeia, os evangelistas cristãos queriam dizer que a única mãe naquele contexto é a Virgem Maria. A Igreja é um templo para o culto da mãe de Deus, retratada como a Imaculada Conceição. Lá, como em tantas outras instâncias, o foco do catolicismo mexicano na Virgem está evidente desde cedo. Ao mesmo tempo, os paradoxos de Maria, humanidade, mas sem sexualidade ("cheia de graça") e a maternidade somada à virgindade, também são claros.

A pintura barroca na Nova Espanha teve uma ampla gama de influências europeias que ia além das escolas espanholas de Sevilha e Madri e incluía Ticiano e Rubens. Os temas religiosos predominavam, mas a ênfase distinta da América hispânica aparecia nas opções da doutrina católica ou devoção. Havia grande preocupação com a Imaculada Conceição e Assunção. Os primeiros pintores, como José Rodríguez Juárez (1617-1661), expressaram o triunfalismo católico da Contrarreforma. Nicholás Rodríguez Juárez (1667-1734) e seu irmão Juan (1675-1728) representavam as influências mais suaves da escola de Sevilha de Bartolomé Estéban Murillo (1617-1682). Eles formavam o núcleo de uma academia de pintura da Cidade do México, estabelecida em 1722, um testemunho da rica vida cultural da capital vice-real. José de Ibarra (1685-1756), vindo de Guadalajara, desenvolveu seus talentos em associação com a Academia.

A formidável obra de Cristóbal de Villalpando (*c.* 1649-1714) levou o estilo barroco da Nova Espanha ao cume durante as décadas de 1680-1690. Villalpando, que pintou por mais de cinco décadas, a partir de meados da década de 1670, recebeu o patrocínio das grandes catedrais mexicanas, a saber, da Cidade do México e de Puebla, das principais casas religiosas e das famílias mais importantes. Seus temas refletiam as preocupações religiosas de seu tempo: a Imaculada Conceição e Assunção (há vários quadros sobre o tema), a Trindade, a Eucaristia, a Paixão (pintada para o convento franciscano da Cidade do México, em 1700-1714) e a vida dos Santos (tais como as cenas da vida de Santo Inácio de Loyola, pintada para o convento jesuíta em Tepotzotlán, também em 1700-1714). "O triunfo da Igreja Católica", por exemplo, pintado durante a década de 1680, mostrava os dois motivos centrais, as chaves cruzadas de São Pedro e o ostensório elevado com a hóstia consagrada. Por volta de 1695, Villalpando pintou um quadro

CAPÍTULO 4 – NOVA ESPANHA (1620-1770) (...) | 123

IMAGEM 12. Detalhe da pintura de Cristóbal de Villalpando da Praça Central da Cidade do México, *La Plaza Mayor de México* (1695) foi pintada em tela de 1,95 metro de largura e 1,58 metro de altura. A pintura mostra a Catedral na parte superior e o Palácio Vice-real à direita. Assim como cavalos e carruagens, existem 1.283 indivíduos na foto. As índias com seus potes de barro também são figuras claras, enquanto, no fundo, podem ser vistos os vulcões da borda sul do Vale do México. Parece que Villalpando foi o único pintor do século XVII a tentar pintar algo tão panorâmico. A escolha do tema pode ter sido influenciada pelo impacto do motim de 9 de junho de 1692, durante o qual a ala sul do Palácio Vice-real foi incendiada e as barracas de madeira dos comerciantes da Praça, destruídas. A nova área mercantil, conhecida como Parián, construída de alvenaria, foi terminada em 1703, e a obra de renovação do Palácio foi concluída em 1713.

magnífico e intricadamente detalhado da praça central da Cidade do México, mostrando não só o Palácio Vice-real e a Catedral nas laterais e os dois vulcões em segundo plano, mas também as barracas dos comerciantes e pilhas de legumes e frutas vendidas pelas camponesas. Carruagens e trajes da época também foram retratados.

Juan Correa (1646-1739) também foi influenciado pelas cores e a luminosidade de Rubens e do Barroco europeu. Correa, um dos principais pintores da Nova Espanha juntamente com Villalpando, utilizou temas semelhantes. As "Cenas da vida de São Francisco" foram pintadas entre 1675 e 1681 para o Convento de San Diego em Aguascalientes e as "Cenas da vida da Virgem" foram pintadas em 1681 para a Capela do Rosário do Convento de Azcapotzalco. Assim como Villalpando, ele também pintou para a sacristia da Catedral da Cidade do México.

Após 1750, o pintor mais famoso da Nova Espanha era Miguel Cabrera (1695-1768) de Oaxaca, embora pouco se saiba sobre sua vida até 1740, quando suas pinturas passaram a receber claro reconhecimento em Querétaro. Filho órfão de mulatos, tornou-se mais tarde o pintor oficial da Arquidiocese do México durante a época do arcebispo Manuel Rubio y Salinas (1749-1756). Suas obras apareceram na capital, em Tepotzotlán (o retábulo, 1753-1757), Querétaro (o retábulo do Convento de Santa Rosa de Viterbo) e nos centros de mineração de Taxco, San Luis Potosí e Zacatecas (o retábulo da Igreja de Santa Prisca, a Igreja em si é um modelo de perfeição do Barroco mexicano). Fortemente influenciado pela escola hispalense de Murillo, Cabrera interpretou uma vasta gama de temas predominantemente religiosos e realizou um número considerável de retratos de nobres e vice-reis, normalmente a pedido dos mesmos. Por ser muito demandado, Cabrera pintava contra o tempo. Ele fundou e dirigiu uma segunda Academia de Pintura na Cidade do México em 1753. Sua contribuição à tradição em desenvolvimento da Virgem de Guadalupe pode ser vista em seu livro *Maravilla Americana*, publicado em 1756.

As primeiras tentativas de reformar o currículo educacional para manter o país a par com as influências europeias contemporâneas foram afastadas durante as décadas de 1640 e 1650 pela Inquisição. A figura central foi o frei Diego Rodríguez (1596-1668), que recebeu a primeira cátedra de Matemática e Astronomia na Universidade Real e Pontifícia em 1637 e buscou, a partir dessa posição, introduzir as ideias científicas de Galileu e Kepler. Ele lutou por 30 anos pela aplicação da ciência para a transformação do mundo físico e para a remoção da Teologia e da metafísica dos estudos

IMAGEM 13. *La Dolorosa* de Cristóbal de Villalpando. Este quadro está no antigo colégio jesuíta de Tepotzotlán, ao norte da Cidade do México. Embora Villalpando tenha sido fortemente influenciado por Peter Paul Rubens, a influência direta desta pintura é o pintor hispalense, Francisco de Zurbarán. O coração traspassado da Virgem, que simboliza seu sofrimento durante a crucificação, era um tema comum da época.

da ciência. Rodríguez era o centro de um pequeno círculo de debatedores que se encontrava semiclandestinamente em casas particulares para discutir as novas ideias. A deterioração da atmosfera política da década de 1640, no entanto, levantou as suspeitas da Inquisição e uma série de investigações e julgamentos seguiram-se até meados da década de 1650. Livros foram escondidos em 1647, após o édito do Santo Ofício que impôs uma forte censura aos trabalhos científicos. Em julho de 1655, a Inquisição obrigou os seis livreiros da cidade a submeterem suas listas ao Santo Ofício para escrutínio, sob pena de multa e de excomunhão.

A sociedade colonial produziu duas das mais importantes figuras intelectuais do México: Carlos de Sigüenza y Góngora (1645-1700) e Sóror Juana Inês de la Cruz (1651-1695). Cabrera pintou um retrato póstumo de Sóror Juana em 1751. Sigüenza, um jesuíta durante 1662-1668, foi expulso da Companhia. Posteriormente, ele perseguiu interesses seculares e, em 1672, tornou-se professor de Astrologia e Matemática da Universidade Real e Pontifícia até 1694. Ele usou essa posição para atacar a tradição aristotélica como um obstáculo aos modernos métodos científicos. Embora ele nunca tenha escrito uma grande obra científica ou filosófica, Sigüenza foi extremamente influente em sua época. Ele defendia a ideia de uma *pátria* crioula, que aceitava o passado asteca como sua antiguidade ao invés da Europa. E, dessa forma, influenciou os pensadores do século XVIII, como o jesuíta Francisco Xavier Clavígero (1731-1787). Ele também promoveu o culto da Virgem de Guadalupe. Dentre os textos de Sigüenza, figuravam várias narrativas, tais como "Primavera Indiana" (1668), "Paraíso ocidental" (1684) e "Los infortúnios de Alonso Ramires" (1690). Ele escreveu um relato testemunhal do motim ocorrido em 8 de junho de 1692 na Cidade do México, resultado da má gestão governamental em relação aos suprimentos alimentares em um período de escalada de preços após fortes chuvas.

Sóror Juana, influenciada pelos poetas e dramaturgos espanhóis, Lope de Vega (1562-1635) e Pedro Calderón de la Barca (1600-1681) e o poeta Luis de Góngora (1561-1627), tornou-se a principal poeta barroca do México. Nascida em uma fazenda na província do México, ela era filha ilegítima de pai basco e mãe mexicana. Em uma idade muito precoce, ela mostrou um brilho que logo levou à sua transferência para a Cidade do México como estudante de latim. Quando tinha 14 anos, ela juntou-se à Corte vice-real do período do marquês de Mancera (1664-1673), como acompanhante da rainha. Seu brilhantismo atraiu a atenção dos críticos morais da Igreja,

IMAGEM 14. Miguel Cabrera (1695-1768), *A Virgem de Guadalupe com os três Juans*. Os três *Juans* são Juan Diego, a quem a Virgem revelou-se em Tepeyac, em dezembro de 1531 e em quatro ocasiões subsequentes; o primeiro bispo do México, frei Juan de Zumárraga da Ordem dos Frades Menores (1468-1548); e São João Batista. A pintura, óleo sobre cobre laminado, atualmente está no Museu de Arte Nacional.

que a forçaram a se tornar uma freira. Embora ela tenha se curvado a essa pressão e entrado para a Ordem dos Carmelitas Descalços em 1667, a experiência arruinou sua saúde. Ela deixou o convento e finalmente entrou na Ordem de São Jerônimo dois anos mais tarde. Embora isso tenha posto

IMAGEM 15. *Retrato de Sóror Juana Inês de la Cruz* (1648-1695) por Juan de Miranda. Esta é a mais antiga pintura que se tem conhecimento de Sóror Juana, atualmente localizada na reitoria da Universidade Nacional (UNAM). Há certa discussão sobre a originalidade da pintura, feita entre 1680 e 1688 ou uma cópia feita em 1713 por outro pintor. Em 1730, Cabrera pintou outro retrato famoso de Sóror Juana (sentada), baseado no quadro de Miranda. Ambas as pinturas retratam claramente a biblioteca ao fundo. Em 2004-2005, a Royal Shakespeare Company realizou com sucesso uma versão em inglês (de Catherine Boyle) da peça de Sóror Juana, *Casa dos Desejos* (1683), cujo título original era um trocadilho com um título de Pedro Calderón de la Barca.

fim a seu período na corte, ela conseguiu continuar seus estudos e publicar, acumulando uma vasta biblioteca. O trabalho de Sóror Juana era conhecido nas cortes vice-reais e casas de nobres das principais cidades do mundo hispânico e também em Madri. Seus escritos, embora circunscrito pelos requisitos de não ofender a Igreja, causaram interesse no final do século XX talvez mais do que em épocas anteriores. Octavio Paz foi um dos primeiros defensores de suas realizações, conforme nota-se em seu ensaio, *Sor Juana Inés de la Cruz: las trampas de la fe* [*Sóror Juana Inês de la Cruz: as armadilhas da fé*] (Cidade do México, 1982). A poesia de Sóror Juana revela um conteúdo predominantemente intelectual, assemelhando-se às vezes aos discursos que examinam a relação entre a mente e o mundo exterior. Ela escreveu poesias de amor, que equilibravam os desejos do coração com a sublimidade da alma. Seu poema mais original, "Primero sueño", escrito possivelmente por volta de 1685, foi um exemplo disso, embora esse poema fizesse referência ao seu próprio desenvolvimento intelectual sob o disfarce de uma alma errante e sem um guia através dos hemisférios durante o sono. Sóror Juana utilizou as tradições herméticas e neoplatônicas da Renascença, geralmente vindas do jesuíta alemão, Athanasius Kircher (1601-1681). Um terço de seu trabalho consiste em peças de teatro sobre temas religiosos e seculares. A experiência de Sóror Juana como escritora e estudiosa espelhava as tensões e as limitações da cultura colonial. Embora buscasse mais conhecimento por meio das ciências e da experimentação, ela nada sabia sobre a rápida evolução intelectual da Europa, com exceção das ideias da Contrarreforma. Sendo mulher e especialmente uma freira, seus superiores eclesiásticos consideravam suas conquistas como uma afronta à visão de mundo deles. A própria Sóror Juana, embora versada em Teologia, não ganhou reputação no campo da religião, mas no da Literatura secular. Ela defendeu vigorosamente sua busca pelo conhecimento secular e pelo direito das mulheres à educação, tema expressado em uma célebre carta polêmica em 1691.

O arcebispo do México, Francisco Aguiar y Seijas (m. 1698), um misógino da Galiza adepto da autoflagelação, estava determinado a proibir as atuações teatrais, as touradas e brigas de galo. Ele desejava reverter aquilo que via como uma frouxidão da observância comunitária das regras conventuais. Sóror Juana, apesar da desaprovação de Aguiar, tinha protetores poderosos no México e em Madri. Sua sorte mudou, no entanto, em 1692 a 1693, com o fim de suas defesas protetoras. O bispo de Puebla voltou-se contra ela; e seu confessor jesuíta, que, por décadas, atuou como censor da

Inquisição, pediu que ela abandonasse suas atividades literárias e intelectuais e passasse a levar uma vida que ele acreditava ser de maior santidade. A freira, sob obediência eclesiástica, cumpriu o que foi requisitado, assinando, em 1693, várias confissões de seus erros e doando sua biblioteca, instrumentos musicais e matemáticos. Depois de infligir punições severas a si mesma, ela morreu na epidemia de 1695. Uma mulher inteligente e de vasta erudição, Sóror Juana foi obrigada a submeter-se à pressão moral de homens celibatários, cheios de suspeitas e reprovadores. Há ainda muito por responder sobre o silenciamento de Sóror Juana pelos clérigos. Paz a vê como vítima de lutas políticas dentro da Igreja, combinadas com o rescaldo da revolta de 1692, a qual foi pacificada pelo Arcebispo, não pelo vice-rei. Com poderes reforçados e em clima de exaltação religiosa, o Arcebispo conseguiu acabar com a influência de uma figura que ele considerava orgulhosa e rebelde.

O CULTO DA VIRGEM

A principal devoção na Nova Espanha era o culto da Virgem, representada especialmente pela Imaculada Conceição, uma noção que por sua vez, explicava a Assunção de Maria aos céus. Embora isso tenha sido proclamado *ex cathedra* pelo papa como uma doutrina necessária para a salvação até 1854, o reconhecimento papal da centralidade do culto levou, em 1760, à proclamação da Imaculada Conceição como a padroeira da Espanha e das Índias. A devoção específica à Virgem de Guadalupe não desenvolveu-se amplamente até mais tarde durante este período. William Taylor tem afirmado que nos séculos XVII e XVIII, Guadalupe não estava associada, como alguns historiadores afirmavam, a um protonacionalismo, mas aos milagres, especialmente nos períodos de seca. Em meados do século XVII, a Igreja oficial já havia, de forma clara, tomado o culto de Guadalupe para si. Um clérigo secular, Miguel Sánchez, foi o primeiro a oferecer ao *guadalupanismo* sua coerência teológica, como um culto especificamente crioulo, em um trabalho publicado em espanhol em 1648 e em náuatle no ano seguinte. No trabalho de Sanches, a Virgem do Apocalipse substitui a águia asteca que se equilibra sobre os cactos. Embora o apelo indígena à Guadalupe tivesse origem em suas associações óbvias com Tonantzin, a qual podia ser adorada sob o disfarce de Virgem Maria, esse culto se originou na Espanha e tinha adeptos hispânicos na Nova Espanha da segunda metade do século XVI. O apelo bem-sucedido à Virgem de Guadalupe para que ela contivesse a epidemia de tifo de 1737, na Cidade do México,

IMAGEM 16. Basílica da Virgem da Solidão, Oaxaca. O santuário da Virgem de la Soledad, particularmente venerado em Oaxaca, foi originalmente construído no local de um eremitério em 1582, mas a estrutura atual é de 1682. A Igreja foi consagrada em 1690.

parece ter oferecido o ponto de inflexão da divulgação do culto. Depois disso, a devoção de Guadalupe aumentou significativamente na Nova Espanha, apesar de Tepeyac já ser o principal local de peregrinação desde o início do século. O processo de mistura e amadurecimento, ocorrido no século XVII, revelou o legado definitivo do México barroco para o moderno. A Virgem de Guadalupe tornou-se a rainha do México, que, ao contrário do rei ausente e mortal da Espanha, pertencia a um mundo espiritual sempre presente. Esta foi a herança cultural que o movimento de Reforma Liberal de meados do século XIX tentou combater.

A Nova Espanha é descrita como *tierra mariana* (terra de Maria). Embora o *guadalupanismo* estivesse inicialmente relacionado ao México Central, muitas outras manifestações do culto da Virgem apareceram em diferentes localidades por todo o México, com basílicas ou santuários construídos em torno delas. A Virgem da Solidão, em Oaxaca, a Virgem de Ocotlan, em Tlaxcala, a Virgem de Zapopan, em Guadalajara e a Virgem do Pueblito, em Querétaro, são apenas algumas dessas poderosas devoções populares. A partir de meados do século XVIII, no entanto, a devoção guadalupina aumentou, disseminada para as cidades do norte da Cidade do México por párocos formados na capital. Essas eram as áreas menos indígenas da Nova Espanha.

A extraordinária profundidade do culto da Virgem na Nova Espanha e no México, seu Estado sucessor, levanta muitas questões. Há um paralelo com Malintzin: dois símbolos femininos em polos opostos – ou dois aspectos da mesma personalidade nas linhas da dualidade dos deuses pré-colombianos. Os comentaristas da Psicologia coletiva mexicana têm apontado a aceitação da figura materna representada pela Virgem. Maria tornou-se a mãe que redime a "pátria" entregue a Cortés por Malintzin. Quase todas as definições contemporâneas da identidade mexicana chegam, mais cedo ou mais tarde, no *guadalupanismo*. Os cultos da virgindade-maternidade explicam em parte a contribuição do período barroco para a formação cultural do México moderno. O *Guadalupanismo* contribuiu mais tarde para a definição do nacionalismo mexicano – uma proteção poderosa contra as ameaças externas.

OS EXPOSTOS NORTE E EXTREMO NORTE

No Noroeste, a resistência Yaqui atrasou o avanço hispânico por cem anos após a primeira incursão espanhola na década de 1530. A chegada dos padres jesuítas na área, na década de 1610, levou inicialmente a um acordo pacífico com os 30 mil yaquis e a criação de mais de 50 povoados missionários nos vales do Rio Sonora. Os jesuítas, no entanto, incorreram em hostilidade por sua oposição aos xamãs que serviam de mediadores entre os vivos e as almas dos mortos. À margem da Sierra Madre, os ópatas aliaram-se aos espanhóis. Dali, os jesuítas começaram a entrar nos territórios dos pima e papago antes de atingir as bordas da fronteira apache. A Grande Apachería era uma zona que compreendia, no leste, o Rio Colorado no Texas e seguia até o Rio Gila, no oeste, com 1.207 km (750 milhas) de largura e 804 km de profundidade (500 milhas), o núcleo desértico do Extremo Norte. Os apaches eram, linguisticamente, uma única nação, mas dividiam-se entre chiricahuas no Oeste e mescaleros, lipanes e outros grupos no Leste. Eles estavam cercados, no entanto, por nações hostis, tais como os comanches que controlavam as planícies dos búfalos, e os povoados do Novo México, cujo ódio aos apaches eram responsáveis por sua habitação em forma de fortaleza. Os espanhóis, após derrubarem a fronteira chichimeca na década de 1590, depararam-se então com a fronteira apache.

No Norte, os índios responderam à insidiosa presença hispânica de forma alternadamente violenta e pacífica, pois tentaram empregar diferentes estratégias de sobrevivência. Revoltas indígenas tentavam restaurar o equilíbrio nas fronteiras em face da perda de terras e às ameaças à autonomia e identidade cultural, apresentadas por colonos, *presidios* e missões. Para os colonos hispânicos, a paz era necessária a fim de garantir o trabalho indígena nos campos e nas minas, mas frequentemente eles tentavam impor essa paz por métodos violentos. Bandos de colonos invadiam os territórios dos índios em represália e em busca de escravos e gado. As fronteiras moviam-se constantemente; o conflito tornou-se selvagem em ambos os lados; as devastações da guerra intransigente conflitavam com os valores da cultura da missão. Em 1616, os tepehuanes, aliados aos índios da região dos chihuahuas, incluindo grupos tarahumara, insurgiram-se contra os colonos hispânicos e contra as primeiras missões dos jesuítas. As missões tentavam fazer com que índios seminômades que mudavam sua morada sazonalmente fossem permanentemente assentados, ameaçando a religião e a cultura deles. Desde a década de 1630, os jesuítas começaram a estabelecer missões entre os tarahumara. Sua intenção era oferecer uma base agrícola para as suas missões, o que significava o cultivo de suas terras pelos índios.

Uma série de revoltas tarahumara no oeste de Chihuahua em 1646, 1650, 1652, 1689 e 1696-1697 adiou a entrada hispânica na Sierra Madre e destruiu muitas missões jesuítas ali estabelecidas. Os tarahumara eram um daqueles povos seminômades. No entanto, eles absorveram muitas influências hispânicas a fim de reforçar a sua própria resistência. Eles passaram a ser especialistas em emboscadas e sua posição defensiva fortificada neutralizava as armas de fogo e cavalos, vantagens iniciais dos espanhóis. Eles comercializavam os animais capturados com povos mais ao norte. A região tarahumara cobria uma área de cerca de 12.950 km² (5.000 milhas quadradas) entre os paralelos 26 e 30. A revolta final, que levou à destruição de sete missões e espalhou-se para Sonora e Sinaloa, livrou uma grande parte dessa região da penetração hispânica por várias décadas.

Em 1680, uma grande revolta do povo pueblo matou por volta de 380 colonos hispânicos e 21 missionários franciscanos. O restante, 2 mil colonos e índios cristianizados, fugiu para o Rio Grande até as proximidades de El Paso, onde os jesuítas haviam fundado uma missão em 1659. Os conflitos sobre o comportamento dos funcionários corruptos, maus-tratos aos índios e distribuição do trabalho foram as raízes da grande revolta do povo pueblo. Além disso, os franciscanos tinham começado um ataque aos rituais indígenas, que continuavam ao lado da prática católica. Em 1661 eles proibiram as danças indígenas, as máscaras e as penas de oração e, em face do grande ressentimento local, destruíram uma grande quantidade de máscaras. Mesmo após a supressão da revolta, os rituais indígenas e o catolicismo oficial (altamente coloridos nos dois casos pela prática local) existiam em uma relação dupla. As autoridades espanholas não tentaram uma Reconquista até 1692.

Em todo o Extremo Norte e Noroeste, desde a década de 1680, passou a existir uma clara rejeição à presença espanhola em todas as suas formas: propriedades de terras, minas, *presidios* ou missões. O impacto da bem--sucedida Revolta Pueblo, na qual os *mestiços* também participaram, espalhou-se por toda a região tarahumara e influenciou as revoltas de 1689 e 1696-1697. A maioria das revoltas indígenas defendiam as práticas religiosas ameaçadas, o uso das terras, a autonomia das aldeias e buscavam alianças que iam além do grupo imediato. Essas rebeliões não eram tribais, mas alianças de oposição construídas pelos próprios líderes indígenas. Nos casos dos índios pueblo e tarahumara, os líderes costumavam ser homens presos entre as duas sociedades e com uma resposta ambígua para o dilema de seus povos. Estes últimos, frequentemente confusos e divididos, estavam presos entre a aparente segurança da cultura autoritária dos jesuítas e as promessas de reparação imediata feitas por seus xamãs.

Em 1683, foram descobertas, em Sonora, as minas dos Álamos, nesse período a população hispânica havia atingido cerca de 1.300 habitantes. Em seu último avanço, entre 1685 e 1700, os jesuítas fundaram 25 missões na região dos povos pima [Pimeria], entre elas San Javier del Bac e San Agustín del Tucson no Rio Santa Cruz – cidades transferidas mais tarde para os Estados Unidos em 1853 como parte da compra Gadsden. Em 1697, os jesuítas fundaram a missão de *Nuestra Señora* de Loreto, na Baixa Califórnia, a primeira de uma série de locais tomados de forma tênue na inóspita península.

O governo metropolitano tentou consolidar a posição espanhola em 1687 por meio do estabelecimento de um governo (separado de Durango) na província nordestina de Coahuila com sede em Monclova. Na década de 1690, no entanto, a sociedade hispânica da fronteira já havia começado a ceder sob o impacto das hostilidades indígenas. A resistência no Norte adiou o assentamento do Texas para 1716, apesar da urgência de uma presença espanhola para conter a possível penetração francesa no oeste da Louisiana. San Antonio de Bexar foi fundada em 1718. Em 1727, o brigadeiro Pedro de Rivera inspecionou 23 *presidios*. A tarefa resultou nos Regulamentos Reais de 1729, que objetivavam reorganizar a fronteira, mas nada de concreto foi realizado. Dentre os territórios espanhóis do Extremo Norte, o Texas manteve o título de região mais escassamente assentada.

No início do século XVIII, as incursões dos índios nômades agravaram-se em todo o Norte. Os comanches mudaram-se, desceram das Montanhas Rochosas e passaram a empurrar os apaches para as planícies do Texas e no Novo México. Eles combinavam o comércio na Feira de Taos com ataques sangrentos às regiões de Pecos e Galisteo. Apesar do estabelecimento de um *presidio* em Fronteras (Sonora) em 1692, os próprios apaches constituíam uma ameaça recorrente ao longo das fronteiras dos índios ópata e pima. O controle da Península pelas autoridades foi efetivamente rechaçado por uma grande rebelião dos índios seri na zona costeira de Sonora em 1725-1726, e duas outras rebeliões na Baixa Califórnia nas décadas de 1730 e 1740. A situação em Sonora foi de mal a pior. Em 1740, uma grande parte da nação yaqui insurgiu-se juntamente com os mayos para expulsar os colonos hispânicos. A rebelião cobriu a vasta área entre os rios Yaqui, Mayo e Fuerte, chegando quase até o Rio Sinaloa. A hostilidade originou-se das tentativas do governo em alterar o estatuto da propriedade de terras e aumentar tributos nas cidades das missões, bem como a manutenção de trabalho pesado nas terras jesuítas das missões sem nenhum pagamento. Os yaquis exigiam o direito de vender seus produtos livremente, carregar suas próprias armas e trabalhar livremente nas minas. Efetivamente, a rebelião de 1740-1742 destruiu a credibilidade da missão jesuíta no Noroeste. Uma outra insurreição do povo seri, ocorrida em 1748, com apoio dos índios pima e papago arrastou-se até a década de 1750.

Em 1760, havia provavelmente 233.600 habitantes no Norte mexicano, menos da metade dessas pessoas pertenciam às nações indígenas. Desses, 54 mil índios estavam em Sonora e 47.150 em Nova Vizcaya. Na metade do século XVIII, a situação no Norte e no Extremo Norte continuava desordenada.

Os processos políticos

O enfraquecimento do poder espanhol metropolitano expôs a natureza mutável das relações entre Estado e sociedade nas Américas. A burocracia real ficava cada vez mais subordinada aos interesses das elites coloniais. Durante o século XVII, o predomínio político das oligarquias locais indicava que o principal relacionamento nos níveis superiores da sociedade colonial era entre os órgãos centrais burocráticos e a elite mercantil-financeira. O vice-rei e a *audiencia* estavam cada vez mais harmonizados com os interesses das elites locais. A autoridade vice-real chegava até a parecer precária, às vezes, como em 1624 e 1692, quando o Palácio Vice-real foi atacado durante os tumultos da cidade. O controle político costumava ser temporariamente perdido durante as disputas entre instituições e personalidades dos níveis mais altos.

A breve tentativa metropolitana para afirmar a predominância durante a década de 1640 levou a tensões políticas de longo alcance. No centro desses conflitos estava o bispo de Puebla, Juan de Palafox y Mendoza (1600-1659), protegido do principal ministro de Filipe IV, o conde-duque de Olivares (1587-1645). As políticas de Olivares aumentaram a pressão fiscal, tanto na Espanha como no Império e provocaram a oposição ou a não conformidade. A União de Armas, imposta em 1624, objetivava maximizar as contribuições fiscais de todas as áreas da monarquia para a manutenção da Espanha como uma potência imperial. A luta entre a Espanha e as Províncias Unidas dos Países Baixos, interrompida em 1598 e reiniciada em 1621, levou os holandeses a atacarem o transporte espanhol e os domínios americanos nas décadas seguintes. O custo da guerra ofereceu

CAPÍTULO 4 – NOVA ESPANHA (1620-1770) (...) | 137

uma causa para as rebeliões da Catalunha e de Portugal em 1640, no momento preciso em que Palafox chegava na Nova Espanha. A queda de Olivares em 1643, no entanto, deixou Palafox vulnerável. Ele concentrou-se em assuntos diocesanos de Puebla e, a fim de descobrir por si mesmo as condições da religião e do Estado das aldeias, fez três visitas separadas a grupos de paróquias entre 1643 e 1646. Palafox defendia a supremacia do clero secular sobre o religioso e, por isso, secularizou um grande número de paróquias em Puebla. Isso expôs ainda mais a população indígena às influências externas e encorajou o trabalho voluntário nas terras de fazendas vizinhas, aumentando sua importância econômica na época. Palafox criticou o clero regular por ter monopolizado as paróquias mais ricas da diocese, deixando os membros do clero secular em uma posição desfavorável. Seu ataque à oposição jesuíta – influência religiosa e cultural predominante na Nova Espanha do século XVII – levou, em última análise, à sua própria queda. Os jesuítas eram os mais ricos proprietários de terra do vice-reinado, com propriedades nominalmente valorizadas em até 4 milhões de pesos. Palafox chegou a questionar a própria existência da Companhia de Jesus. Palafox – visitante-geral da Nova Espanha a partir de 1640 e, em 1642, vice-rei – tentou reforçar o controle imperial, mas isso e as hostilidades com os jesuítas resultaram nos conflitos mais intensos do século. A consequente desestabilização do sistema político da Nova Espanha levou à saída de Palafox em 1649.

A Coroa espanhola buscava desesperadamente por fundos. Isso explica a extensão das vendas de cargos, iniciada no reinado de Filipe II, para funções nas *audiencias*. De tal forma, os americanos conseguiram acesso aos altos graus da magistratura e, gradualmente, estabeleceram sua hegemonia, violando totalmente as Leis das Índias, que seriam codificadas em 1680-1681. Ao mesmo tempo, vários magistrados proeminentes nascidos na Espanha casaram e passaram a possuir propriedades no mesmo território em que exerciam sua jurisdição, contrariando, mais uma vez o espírito das leis. A *audiencia*, que, originalmente havia sido o bastião do absolutismo castelhano, tornou-se gradualmente um órgão que expressava as opiniões dos grupos locais de interesses, fossem eles de proveniência espanhola ou americana. A Corte vice-real da Cidade do México também espelhava esses interesses.

Sendo assim, contanto que o governo metropolitano permanecesse fraco, o domínio da Nova Espanha era exercitado na prática pela Cidade do

México, não por Madri. Isso não quer dizer que a Espanha tinha perdido o controle de seus territórios ultramarinos. A autoridade da Coroa não havia sido desafiada; a estreita relação entre Igreja e Estado assegurava a sanção religiosa da autoridade real; as várias ameaças aos territórios hispano-americanos por potências rivais faziam com que a conexão peninsular fosse vital. No entanto, a realidade predominante era que os residentes espanhóis e americanos foram largados a sua própria sorte em relação a como lidavam com seus problemas. O sistema colonial espanhol, modificado pelas realidades americanas, continuava a ser a forma de legitimar a posição de um dos grupos de interesse predominantes da Nova Espanha. Era formado por uma complexa série de ligações e dependências, que operavam em contextos leigos e eclesiásticos, e espalhavam-se para baixo; iniciavam-se nos níveis de poder e riqueza e chegavam até os setores mais pobres da sociedade.

Embora essa tendência tenha continuado até a década de 1760, o governo metropolitano deu início a um processo lento e trabalhoso de reformas das estruturas e práticas governamentais, tanto na Espanha quanto no Império. Elas já haviam começado a ser implementadas na década de 1690, conforme a Espanha, em sua experiência de potência europeia, emergia de sua pior década. As reformas foram reforçadas com o estabelecimento do ramo mais jovem da dinastia Bourbon francesa no trono espanhol, após a Guerra da Sucessão Espanhola (1700-1715). Filipe V (1700-1746) tentou estabelecer provisoriamente o Sistema de Intendências de estilo francês na península em 1718, mas essa estrutura administrativa centralizada somente foi consolidada após 1739. A política metropolitana tentou estabelecer a Espanha como uma autoridade colonial mais eficaz por uma série de reformas administrativas e comerciais que ofereceram a base para medidas que seriam realizadas mais tarde durante o reinado de Carlos III (1759-1788). As primeiras tentativas de racionalizar a tributação do comércio americano foram feitas em 1720, e em 1742, navios licenciados foram autorizados a comercializar com o Peru por meio da rota Atlântica. As feiras comerciais de Jalapa foram estabelecidas na Nova Espanha em 1727 com o objetivo de incentivar uma maior distribuição dos produtos transatlânticos.

Na Nova Espanha, o governo vice-real iniciou uma série de medidas que produziriam efeitos mais tarde. Em primeiro lugar, em 1733, as autoridades reais assumiram a administração direta da Casa Real da Moeda, com o objetivo de centralizar a produção de moedas de ouro e prata. Tal política deu início a um longo processo para acabar com os arrendamentos, privados e corporativos, das funções e receitas reais. Durante a década de 1740, o vice-rei Revillagigedo, o Velho (1745-1754), cancelou o arrendamento da *alcabala* na Cidade do México e em seu entorno administrados pelo Consulado. A medida de Revillagigedo ilustrou a intenção do governo Bourbon em recuperar o controle da administração das receitas reais e, assim, aumentar receitas. A implicação óbvia era que os órgãos do Estado dentro do Império poderiam ser expandidos a fim de oferecer maior eficácia à autoridade metropolitana. O estilo de governo que acompanhou estas políticas anunciava a mudança do pensamento da Espanha metropolitana em relação à natureza e à finalidade do Império. Embora suas abordagens e aplicações fossem raramente consistentes, as políticas dos Bourbons começavam a alterar o equilíbrio das relações entre a Espanha e as Índias, bem como dentro dos próprios domínios americanos.

capítulo 5

Desestabilização e fragmentação (1770-1867)

Durante este período, uma sociedade relativamente próspera, organizada sob o título de Vice-Reino Colonial da Nova Espanha, transformava-se em uma fraca e dividida República mexicana. A forma desse processo e suas implicações ainda provocam divergências na literatura histórica. Até 1821, a Nova Espanha tornou-se parte de uma entidade imperial espanhola mais ampla. A metrópole deu prioridade aos interesses do Império como um todo, não a partes específicas do mesmo. O apoio do governo espanhol à indústria de mineração mexicana, mesmo beneficiando (a curto prazo) os investidores mexicanos, não objetivava promover os interesses do México, mas sim os imperiais. Os altos riscos (e lucros) envolvidos na indústria de mineração ajudam a explicar a descaso do governo e dos investidores em relação ao setor de cereais, vulnerável em um momento de recuperação da população.

A Espanha em si também fazia parte do sistema imperial, embora estivesse claro nas décadas de 1780 e de 1790 que, face à crescente concorrência internacional, a metrópole não possuía recursos suficientes para sustentar o peso imperial por muito mais tempo. A desintegração do sistema financeiro espanhol, pressionado pela guerra nas décadas de 1790 e de 1800, aumentou a pressão metropolitana ao Tesouro Geral do México. Após 1796, a Espanha passava a depender cada vez mais dos subsídios mexicanos para sustentar sua posição vacilante. O colapso político da Espanha dos Bourbon em 1808 deu início ao processo de reorganização americana que, por fim, culminou no colapso total do Império no continente americano durante a década de 1820.

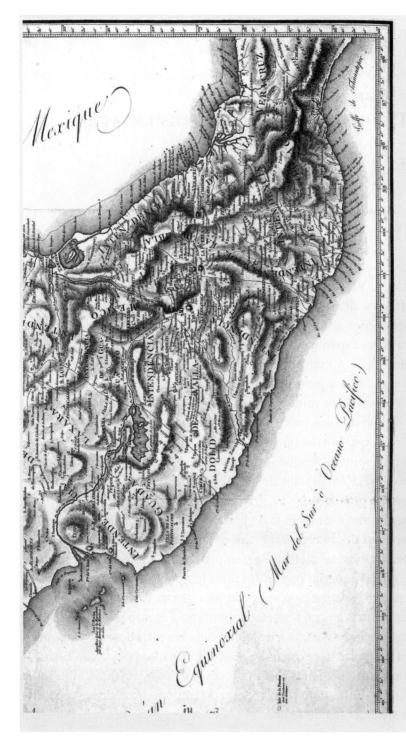

IMAGEM 17. O Vice-Reino da Nova Espanha (1811). Detalhe da "Carte du Mexique et des pays limitrophes situés au nord et à l'est", o grande mapa anexado ao primeiro volume de *Essai politique sur le royaume de la Nouvelle Espagne*, 5 v. (Paris: Chez F. Schoell, Libraire, 1811), de Alexander von Humboldt. Esta seção central mostra os limites das Intendências estabelecidas após 1786. A Intendência de San Luis Potosí (no mapa completo) inclui as províncias de Coahuila, Texas e Novo Santander, o limite norte do que é mostrado claramente como o Rio Nueces.

CAPÍTULO 5 – DESESTABILIZAÇÃO E FRAGMENTAÇÃO (1770-1867) | 143

Enquanto o processo de independência certamente foi o evento culminante do período, ele representou, no entanto, parte de um movimento de transformação de um território colonial Europeu em um Estado soberano internamente dividido, que existia de forma precária em um mundo ameaçador. Embora a Independência tenha, sem dúvida, representado uma ruptura em termos políticos, ainda existia muita continuidade entre as Reformas dos Bourbon dos anos 1760-1795 e o movimento de Reforma Liberal, que, no período entre 1855 e 1867, lutava para manter o poder.

Em termos de território reivindicado, a Nova Espanha predominava no subcontinente norte-americano nos séculos antes de 1800. Por outro lado, o México entre 1836 e 1853 foi despojado da metade do território herdado do vice-reinado colonial por um Estados Unidos expansionista, e foi submetido à intervenção armada da França, então considerada como a principal potência militar da Europa, entre 1862 e 1867. Alguns historiadores, confrontados com esta inversão de fortunas, referem-se ao "declínio do México" durante os primeiros três quartos do século XIX. Se vamos falar do declínio, ele deve, então, ser entendido em relação à ascensão dos Estados Unidos como uma potência continental no período entre 1800 e 1870.

O Vice-Reino da Nova Espanha entrou em colapso como uma entidade política viável durante o período entre 1795 e 1821. No entanto, no período de 1821 e 1867, os mexicanos conseguiram elaborar estruturas alternativas duráveis. A historiografia daqueles anos ainda luta com as explicações sobre o período. Neste livro, 1867 é considerado como uma data final, porque significou o fim efetivo das ameaças de desmembramento ou dominação estrangeiras e sinalizou para o mundo exterior a sobrevivência de um Estado mexicano soberano e independente. Mesmo enfraquecido, esse Estado estava consciente da sua identidade e de sua capacidade de sobreviver por meio de sua própria força interior em um mundo perigoso. O fracasso da intervenção francesa e a desintegração do Segundo Império Mexicano, que ela objetivava promover, demonstraram o sucesso do país em afastar a ameaça do restabelecimento da subordinação a uma metrópole Europeia. Esse sucesso ocorreu no rescaldo da traumática derrota militar dos Estados Unidos em 1846-1848. As lutas políticas internas, no entanto, continuaram inabaláveis durante ambas as guerras contra os Estados Unidos e durante a intervenção francesa. A restauração da República, em 1867, não significou seu fim, mas, pelo contrário, a sua intensificação.

Parte I
O auge e o colapso da Nova Espanha
(1770-1821)

Economia em expansão
ou desenvolvimento distorcido?

A recuperação da população e o crescimento econômico explicam a vitalidade e a riqueza crescente da Nova Espanha do século XVIII. A produção de prata mexicana aumentou de 12 milhões de pesos em 1762 para 27 milhões de pesos em 1804. Na realidade, no entanto, o "boom" da mineração no século XVIII foi mais um fenômeno de décadas anteriores, que de décadas posteriores. A operação de minas tinha assistência do governo metropolitano, o qual reduziu os preços do mercúrio e da pólvora pela metade entre 1776 e 1801, isentou os equipamentos de mineração e refino do imposto sobre vendas e concedeu privilégios fiscais no caso de investimentos de alto risco. Essa expansão ostensiva e estas medidas aparentemente esclarecidas estavam, no entanto, cheias de complicações. O crescimento do setor de mineração não respondia apenas às políticas do governo, mas, sobretudo, à demanda da economia internacional. A Espanha metropolitana procurou tirar vantagem da recuperação da indústria de mineração mexicana durante o século XVIII, a fim de aumentar as suas receitas. Como sempre, seus motivos eram principalmente fiscais, ao invés de qualquer preocupação geral com o equilíbrio da economia. O desempenho econômico do México era medido em Madri em termos de sua capacidade de gerar receitas por meio da tributação maior ou mais eficiente. Essas considerações imperiais estavam no centro das "Reformas dos Bourbons" e do despotismo esclarecido da Espanha.

Na década de 1790, a Cidade do México tinha a maior Casa da Moeda do mundo. As Receitas Reais aumentaram de 3 milhões de pesos em 1712 para 20 milhões de pesos durante a década de 1790. Entre 1770 e 1820, o México exportou entre 500 milhões e 600 milhões de pesos por meio de contas públicas e privadas: uma proporção substancial da produção de prata. Consequentemente, o maior produtor de prata do mundo passou diversas vezes por escassez de meios de circulação. Isto tornou-se um grande problema em 1800. Depois de 1792, a exportação de moeda finalmente ultrapassou a prata cunhada e registrada. Somente em 1802 a 1805, a Nova Espanha exportou 96,7 milhões de pesos, o equivalente a toda prata cunhada desde 1799. A maior parte disso fazia parte do erário público, indicando o impacto deprimente do Tesouro real sobre a economia como um todo. No final do século, a indústria de mineração dependia fortemente do apoio do governo e do redirecionamento de recursos de outras áreas da economia.

Ao mesmo tempo, a base agrícola da Nova Espanha ainda era precária em termos de recursos atribuídos a ela e por causa de sua exposição contínua a bruscas mudanças meteorológicas. As contradições do sistema social e a economia da Nova Espanha, finalmente, contribuíram para o aprofundamento da crise durante as últimas décadas do século. No período entre 1800 e 1821, as relações imprecisas entre os elementos econômicos, sociais, culturais e políticos do colapso do governo colonial espanhol na Nova Espanha são responsáveis pelas interpretações divergentes do período mais amplo abordado neste capítulo.

OS CONTRASTES SOCIAIS E ECONÔMICOS DO FINAL DO PERÍODO COLONIAL NA NOVA ESPANHA

Um quadro geral do final do período colonial na Nova Espanha é resultado da recente pesquisa que mostra uma sociedade próspera, cada vez mais prejudicada pelas nítidas divisões da riqueza e caracterizada por disparidades regionais. Ao mesmo tempo, a expansão da influência empresarial espanhola por toda Nova Espanha confrontou-se com as percepções populares tradicionais em relação ao gerenciamento das relações sociais. As tensões étnicas e o desdém racista por parte dos espanhóis exacerbaram estas divergências econômicas e culturais. Eric Van Young, por exemplo, apresentou a noção de cidades com uma impressionante arquitetura barroca, mas cheia de mendigos nas ruas e bandoleiros na periferia. Ao mesmo tempo, a elite educada tentava disseminar as ideias do Iluminismo europeu, enquanto a sociedade rural defendia seu modo de vida tradicional. A maioria dos historiadores concorda que a economia caminhava para um período de crise no final do século. As tensões sociais resultantes, em parte, da deterioração da qualidade de vida em um período de estagnação salarial e populacional assumiram proporções alarmantes em áreas específicas do país.

No século XVIII, um pequeno círculo de empresários dominava as principais atividades econômicas da Nova Espanha. Sua riqueza pessoal, muitas vezes ostensivamente exibida, distinguia-os das outras camadas da sociedade colonial. Muitos dos principais empresários eram espanhóis, embora seus principais interesses econômicos e familiares estivessem dentro da Nova Espanha. O andaluz, Pedro Romero de Terreros, por exemplo, tornou-se conde de Regla em 1768 e construiu sua riqueza na mineração da prata em Real del Monte, perto de Pachuca, a partir de 1742. As relações de trabalho nas minas de Regla mantinham-se notoriamente conflituosas. Houve uma grande greve provocada pelas tentativas, em 1766-1767, de reduzir os custos do trabalho por meio da redução do direito tradicional dos trabalhadores a uma parte do minério, conhecido como o *partido*, no final de cada turno. Doris Ladd descreveu isso como o conflito entre dois sistemas de valor. O árbitro da Coroa, Francisco de Gamboa, líder político americano da *audiencia* do México e autoridade da legislação mineira, recolhia as queixas dos trabalhadores. Por sua parte, o vice-rei de mentalidade conservadora, Antonio Maria de Bucareli (1771-1779), manteve o *partido*. Embora tenham sido inicialmente obrigados a recuar, Regla e outros operadores da prata, renovaram posteriormente seus esforços para reduzir os custos do trabalho na indústria de mineração. Como consequência, as relações de trabalho nas zonas de mineração permaneceram voláteis no resto do período colonial. Regla adquiriu um cargo municipal em Querétaro, na década de 1740, comprou dos jesuítas cinco fazendas apropriadas por pouco mais de 1 milhão de pesos para a plantação de agave e o fornecimento de pulque à Cidade do México, por fim, casou-se com uma mexicana nobre.

Durante as décadas de 1780 e de 1790, os imigrantes bascos desempenharam o papel principal na reabilitação das minas de Zacatecas. Dentre um punhado de operadores de minas que dominavam a região, podemos citar os irmãos Fagoaga. O coronel Francisco Manuel Fagoaga, nativo da Cidade do México, fez sua fortuna nas minas de Zacatecas e tornou-se marquês del Apartado em 1771. Residentes na Cidade do México, os irmãos Fagoaga investiram grandes somas na década de 1780, sem sucesso, nas minas inundadas de Pabellón, em Sombrerete. Em 1792, eles conseguiram obter uma isenção temporária do Quinto Real (imposto), a fim de auxiliar a recuperação da produção local. Dentro de um ano, no entanto, a mina produziu uma prosperidade tão grande, que levou o governo vice-real a questionar a sabedoria dessas concessões fiscais. Ao reinvestir os lucros em novas empresas em Fresnillo e Zacatecas, os Fagoagas detinham em 1805 ativos líquidos de mais de 3,5 milhões de pesos. Cada um dos irmãos fundou uma enorme dinastia que resultou em conexões matrimoniais com os condes de Santiago, Torre de Cosío e Alcaraz. Francisco Manuel casou-se com a família de Villaurrutia em 1772. Sua esposa era irmã de Jacobo e Antonio de Villaurrutia, magistrados, respectivamente, das *audiencias* da

Cidade do México e Guadalajara. O primeiro teve um papel fundamental no movimento de autonomia de 1808 na capital. Os filhos e sobrinhos de Francisco Manuel desempenhariam um papel significativo durante as mudanças políticas da década de 1810. O segundo marquês, por exemplo, tornou-se, em 1813, deputado substituto do México nas Cortes espanholas em 1813-1814 e participou das Cortes de Madri de 1821.

Em Coahuila, a família Sánchez Navarro controlava, em 1805, um total de 671.438 hectares de ovelhas. Em contraste com os Aguayo, cuja totalidade da propriedade foi comprada em 1840, a família administrava suas propriedades diretamente. Seu parceiro comercial da Cidade do México, o comerciante espanhol Gabriel de Yermo – um dos principais membros do Consulado – colocava os produtos da família no mercado. Yermo iria se tornar a figura central do golpe de estado peninsular, ocorrido em setembro de 1808, que pretendia destruir a tendência em direção à autonomia. Em 1815, o valor estimado das propriedades dos Sánchez Navarro chegou a 1.172.383 pesos.

A exibição de riqueza dos níveis mais altos da sociedade contrastava com as condições de vida da maioria da população. A agricultura da Nova Espanha continuava sujeita a bruscas crises de subsistência, que ameaçavam os meios populares de subsistência. A flutuação meteorológica e o abastecimento inadequado resultaram em escassez. A infraestrutura, em sua maior parte, não conseguia lidar com a tensão que recebia. As crises de subsistência, por outro lado, afetavam toda a economia. Os aumentos dos preços dos cereais em 1713-1714, 1749-1750, 1785-1786 e 1808-1809 foram repassados para todos os outros alimentos. A zona de mineração de Guanajuato, no México, por exemplo, precisava de enormes quantidades de milho para alimentar as 14 mil mulas usadas na fusão do minério e no processo de refino. Em 1785-1786 e 1808-1809, a escassez de alimentos nos distritos mineradores e no Bajío em geral mostraram-se muito mais graves do que nos vales centrais. O impacto da escassez, no entanto, era diferente em cada localidade, dependendo dos tipos de solo e eficiência da ajuda. Os vales centrais do México e os planaltos centrais de Michoacán tinham acesso aos bens das regiões mais baixas. As zonas de mineração, no entanto, continuavam muito distantes. San Luis Potosí, por exemplo, foi atingido desastrosamente em 1785-1786, mas recuperou-se rapidamente, e enfrentou mais escassez em 1788 e 1789. Houve abundância em 1791-1792. Em 1808-1809, uma seca atingiu as zonas principais de gado em um momento de escalada dos preços do milho. Em San Luis Potosí e Zacatecas, o preço do milho era 40 *reales*, em contraste com o preço da Cidade do México, 30 *reales*. As calamidades de 1785-1786 se repetiram por todo o Bajío, mas a zona central de Guadalajara foi menos afetada entre 1809 e 1810 do que no período anterior. A zona produtora de açúcar do atual estado de Morelos também escapou do pior impacto da escassez de alimentos em 1809-1810. Semelhantemente ao período entre 1785-1786, as áreas de mineração sentiram os efeitos mais severos da escassez, especialmente pelo agravamento do problema pela escassez de mercúrio em 1809-1810.

Os impactos sociais e políticos da escassez continuam abertos ao debate. Não há nenhuma ligação automática entre a Insurreição e a escassez de alimentos. A crise de subsistência de 1785-1786 foi a mais grave do que a crise de 1808-1809, que antecedeu a eclosão da Insurreição de 1810. Ainda assim, nenhuma outra revolta acompanhou ou seguiu-se da anterior. A desorganização, no entanto, poderia proporcionar condições para o florescimento da insurgência. A diferença fundamental entre as carências de 1785-1786 e 1809-1810 era que esta última fazia parte de uma crise multidimensional. Ela envolveu fatores de curto e longo prazo e uma crise imperial com o colapso da monarquia Bourbon da Espanha em 1808 e a Guerra Peninsular de 1808-1814.

A ESPANHA METROPOLITANA
E A REORGANIZAÇÃO IMPERIAL

Esta superestrutura imperial sobreviveu, enquanto não havia como dar prioridade aos interesses do México em si. Pelo contrário, os interesses e recursos mexicanos estavam subordinados às estratégias imperiais. Como resultado, os recursos que poderiam ter sido utilizados para defesa e assentamento do Extremo Norte foram desviados para o sistema imperial como um todo, para fora do país. Além disso, as necessidades financeiras da Espanha em tempos de guerra aumentaram fortemente sua dependência da riqueza americana. Essas pressões aumentaram entre meados da década de 1760 até a década de 1810, um período de aprofundamento das contradições na sociedade e da economia da Nova Espanha. A força da moeda de prata da Nova Espanha reforçou a posição internacional da Espanha imperial, que não podia ser mantida unicamente a partir de seus próprios recursos.

A ameaça britânica no Caribe e nas Filipinas em 1761-1763 estimulou a renovação das medidas de reforma dos Bourbons iniciada no reinado de Filipe V no início do século. As políticas destinadas a aproximar a relação

CAPÍTULO 5 – DESESTABILIZAÇÃO E FRAGMENTAÇÃO (1770-1867) | 149

política e comercial entre a metrópole e seu Império foram acompanhadas por considerações de defesa. O governo imperial em Madri identificava a Nova Espanha como um dos seus domínios perigosamente expostos. Nesse sentido, uma missão militar dirigida por Juan de Villalba chegou lá em 1764 para tentar criar uma milícia colonial. Perenemente assolada por dificuldades financeiras, a Espanha imperial não podia pagar um exército profissional e enviá-lo ao México ou ali montar um, mas procurou, em vez disso, contar com os recursos de sua dependência mais rica. Madri, por exemplo, não aceitou a proposta, feita em 1776, por um exército de 13 mil soldados regulares, ao custo de 1,3 milhão de pesos. Os soldados regulares eram normalmente pagos pelas receitas gerais: em vez disso, o governo metropolitano pretendia cobrar o custo da criação de milícias locais dos conselhos municipais da Nova Espanha.

As preocupações fiscais estavam no centro da política dos Bourbons no final do período colonial. A Nova Espanha, a dependência mais rica, sentia-se cada vez mais pressionada em termos fiscais. Em 1765 a 1771, a visita oficial de José de Gálvez (1720-1787) intensificou essa pressão fiscal. Mesmo assim, a *visita* fazia parte de uma ampla gama de medidas. Em 1733, por exemplo, a Coroa estabeleceu o monopólio da cunhagem de moedas e em 1754 aboliu a coleta de impostos da Cidade do México e sua região imediata, arrendando-a para o Consulado do México. Vinte anos mais tarde, Bucareli havia concluído o processo de restabelecimento do controle real sobre a coleta de imposto sobre vendas. O próprio Gálvez tinha pouco interesse na agricultura mexicana ou na indústria, uma vez que sua principal preocupação era aumentar a receita real e expandir o setor de exportação. Ambos os objetivos implicavam no fortalecimento e na expansão da burocracia vice-real. No governo, o vice-rei Revillagigedo contava em 1790 com cinco departamentos secretariais, antes de 1756, havia apenas dois com uma equipe de 30 pessoas.

Em 1768, Gálvez recomendou a criação de novas autoridades provinciais por todo o Império, mas a medida somente entrou em vigor em 1786, quando ele se tornou ministro das Índias. O sistema de Intendências destinava-se originalmente a ser uma forma de reforço da unidade imperial. Gálvez havia recomendado a primazia da função vice-real (e, consequentemente, a remoção da corte mexicana) a favor do controle direto de Madri por meio dos intendentes. Os interesses tradicionalistas em Madri e na Cidade do México conseguiram subverter essa medida radical. Quando o Decreto Real das Intendências estabeleceu o sistema, em 1786, o resultado mostrou-se como um acordo, pois o vice-rei ainda era suficientemente forte para derrubar os aspectos da reforma que entravam em conflito com sua posição. Gálvez buscou aplicar os princípios administrativos franceses do século XVII temperados com as reformas do final do século XVIII. O Despotismo Esclarecido desintegrou-se rapidamente em face da realidade mexicana. Embora Bucareli tenha contribuído para o atraso do estabelecimento das Intendências por meio de objeções fundamentadas em motivos financeiros e o vice-rei Manuel Antonio Flórez (1787-1789) tenha feito oposição direta a elas, o vice-rei Revillagigedo, o Jovem (1789-1794), deu seu total apoio à nova estrutura administrativa. O principal sucesso do sistema de intendências está na capacidade de coletar tributos da reorganização administrativa. A principal falha concentra-se nos distritos, onde o novo subdelegado deveria substituir as redes comerciais e financeiras dos *alcaldes mayores* e *corregidores*. A incapacidade da Coroa em pagar um salário satisfatório a seus novos comissários distritais levou ao retorno de muitos abusos tradicionais. Em 1795, o vice-rei já tinha recuperado o controle total da administração financeira. Finalmente, a divisão política em Madri destruiu, em 1803, a última tentativa para reformular o sistema de intendências.

No rescaldo da participação espanhola na Guerra de Independência Americana (1776-1783) no lado dos colonos anglo-americanos em aliança com a França, o governo metropolitano tomou a decisão, em 1788, de financiar uma força de 11 mil combatentes complementada por 6 mil soldados regulares (de tempos de paz) ao custo de 1,5 milhão de pesos. Durante a década de 1790, no entanto, o governo vice-real não sabia qual a melhor forma de responder à questão defensiva. Revillagigedo argumentou que o tesouro mexicano poderia sustentar o custo de um exército regular, desde que as suas receitas haviam duplicado entre 1769 e 1789. Um forte defensor de reformas centralizadas destinadas a reforçar o controle imperial, Revillagigedo não gostava da ideia de depender de milicianos coloniais como sua principal linha de defesa. Em 1792, o custo da milícia provincial e regular aumentou para 2,8 milhões de pesos. O vice-rei Branciforte (1794-1797), por outro lado, levou adiante a formação de milícias provinciais. Além disso, as considerações imperiais colocavam uma forte pressão nos recursos mexicanos. O governo metropolitano transferiu três regimentos de infantaria da Nova Espanha, para a defesa da Louisiana, adquirida da França em 1763, Cuba e Santo Domingo. O Tesouro mexicano era ao mesmo tempo obrigado a pagar 3 milhões de pesos anuais em subsídios governamentais para estes e outros locais periféricos do Caribe. Branciforte, por sua vez, consciente do custo da participação espanhola na luta armada contra a França revolucionária (1793-1795), enviou 14 milhões de pesos das receitas mexicanas para a Espanha em 1794-1795.

Os custos imperiais demonstravam que nunca havia existido dinheiro suficiente para manter um Exército forte dentro da Nova Espanha. Até 1795, a Coroa deu prioridade à defesa do Caribe, onde a ameaça britânica parecia ser maior. Durante a guerra de 1796-1808, quando a Espanha estava aliada com a França revolucionária e napoleônica, a possibilidade de um ataque britânico à Nova Espanha parecia possível. Nesse sentido, era necessário que fossem encontrados fundos extraordinários para pagar um aquartelamento emergencial de forças no interior de Veracruz em 1797-1798. Seu alto custo – 1,5 milhão de pesos – levou à dissolução no prazo de 15 meses. Um aquartelamento posterior, em 1806-1808, mostrou-se ainda mais caro e altamente controverso, tendo em conta a decisão do vice-rei de abandonar a defesa do próprio porto.

As guerras de 1796-1808, no entanto, finalmente enfraqueceram o sistema fiscal colonial, que, cada vez mais, dependia das receitas extraordinárias para cobrir suas despesas. As corporações comerciais e de mineração forneciam uma grande parte dessa subvenção, fosse ela forçada ou voluntária. Como consequência política imediata, o governo vice-real precisaria chegar a um acordo com, precisamente, aqueles organismos privilegiados que haviam sido afetados negativamente pelas reformas dos Bourbons. Este processo de colapso financeiro foi um dos maiores – e amplamente negligenciados – fatores que contribuíram para a desintegração do governo espanhol no México, um processo que acelerou-se mais pelos conflitos armados da década de 1810. A dívida do Tesouro real estava em 13,9 milhões de pesos em 1791, mas sob o impacto da guerra e do conflito civil a dívida aumentou para 37,5 milhões de pesos em 1815. O colapso de um sistema de finanças governamentais que já havia sido viável bem antes do impacto da Insurreição da década de 1810 garantiu que o México independente herdaria um Tesouro exausto e uma gigantesca dívida interna.

COMERCIANTES, MERCADOS E INDÚSTRIAS

Os comerciantes que lidavam com o comércio de importação durante os tempos de paz passaram para o setor de manufaturas durante a guerra. Sempre envolvidos no fornecimento de investimentos ao setor têxtil e à mineração, o interesse dos comerciantes pelo mercado aumentou com a interrupção das importações europeias. Os importadores conheciam o mercado e eram capazes de orientar a produção no sentido da demanda. No caso da indústria têxtil de algodão de Puebla, eles começaram a estender seus investimentos para a região de abastecimento de matérias-primas, no Golfo. No final do século XVIII, um pequeno grupo de atacadistas de Puebla passou a monopolizar o fornecimento do algodão para negociantes e artesãos da cidade e de suas áreas produtoras adjacentes por meio da oferta de crédito para as comunidades produtoras. Semelhante ao caso paralelo (mas mais extensivo) de Oaxaca, os comerciantes-financiadores utilizaram os administradores reais do distrito como seus intermediários. Foram feitos acordos com os tropeiros da Costa do Golfo para que eles trouxessem o algodão cru até Puebla.

Durante a década de 1790 e início do século XIX, o artesanato têxtil de Puebla atingiu o seu auge. Somente na cidade, as indústrias têxteis empregavam mais de 20% da população. Os comerciantes da cidade levaram o crédito para os artesãos, que entregavam o produto acabado para que eles realizassem a distribuição. Embora o pequeno grupo de investidores--distribuidores tenha beneficiado-se bastante com essas condições, a indústria têxtil mexicana como um todo mantinha-se tecnologicamente atrasada em um momento de profunda transformação dos processos de produção no noroeste da Europa. As autoridades metropolitanas não simpatizavam com a proliferação de manufaturas coloniais, mas não estavam em posição para impedi-las. Não obstante, a Legislação real de 1767, 1794 e 1802 regulamentou a exportação de algodão livre de impostos para a Península, na esperança de tomar a matéria-prima das indústrias da Nova Espanha e desviá-las para a Catalunha.

Na Nova Espanha, Guadalajara ultrapassou Puebla em termos de valor, após 1803, como principal produtora de têxteis de algodão. Guadalajara contava com o fácil acesso às fontes de matéria-prima na zona costeira de Colima. O "boom" têxtil da região começou depois de 1765. Antes da década de 1770, a maioria dos produtos têxteis era importada da Europa ou das áreas produtoras do Bajío para a região do Noroeste Central. No início do século XIX, a maioria já era produzida localmente como resultado de um tipo de substituição regional de importações. O capital comercial, e não as mudanças tecnológicas, causou o aumento da produção artesanal; apesar disso, as oficinas continuavam nas mãos dos produtores independentes que trabalhavam com seu próprio equipamento. Muitos artesãos operaram teares básicos em suas próprias casas, longe da vigilância das corporações de ofício que estavam em declínio. A região de Guadalajara estava tão vulnerável à concorrência europeia quanto Puebla, como pode ser provado pelo começo da entrada, durante a década de 1810, de produtos têxteis britânicos na região através do Porto de San Blas, no Pacífico, vindos da Jamaica e passando pelo istmo do Panamá. Isso deixou os artesãos têxteis da cidade, que formavam o maior grupo de profissionais, em uma situação precária depois da Independência, em 1821.

No fim do século XVIII, cerca de 39 *obrajes* ainda funcionavam na Nova Espanha, com um valor de produção anual de 648 mil pesos. A abertura do comércio neutro em 1797-1799 e novamente após 1805, como uma medida governamental extemporânea para contornar o bloqueio naval britânico, prejudicou as indústrias da Nova Espanha, pois permitiu a entrada de manufaturas produzidas por sociedades tecnologicamente mais avançadas. Em Puebla, a indústria têxtil de algodão parou de expandir após 1805. O número de distribuidores que comercializava tecidos espanhóis caiu de 34 para 9, entre 1807 e 1820. Vários comerciantes de Veracruz, como Pablo Escandón e Estéban de Antuñano, transferiram seus interesses comerciais para Puebla, em uma tentativa de diversificar a manufatura de têxteis da província durante as difíceis décadas de 1810 e de 1820. O problema, no entanto, ainda era predominantemente tecnológico.

Os contínuos problemas do Norte e do Extremo Norte

As medidas dos Bourbons tentaram lidar com os problemas herdados do Extremo Norte e do Norte. No entanto, a falta de recursos disponíveis, a manutenção do rigor fiscal e a divisão política em Madri e na Cidade do México, combinaram-se para frustrar um novo ponto de partida para a reorganização desses territórios expostos. As decisões tomadas – ou a falta delas – durante o final do período colonial, em última análise, contribuíram para que a República mexicana finalmente perdesse o Extremo Norte entre 1836 e 1853.

A Espanha não estabeleceu qualquer nova entidade política no local – que estava definitivamente separado do governo vice-real na Cidade do México – para tentar acabar com a marginalização do Norte e do Extremo Norte. Assim como o sistema de intendências, a introdução do Comando Geral das Províncias do Norte foi uma reforma incompleta.

Em 1765, o governo metropolitano nomeou o marquês de Rubí, um oficial sênior do exército, para inspecionar as condições dos vinte *presidios*. No ano seguinte, ele saiu de Zacatecas em direção ao norte, passou por Durango e Chihuahua, seguiu até El Paso, passou por Rio Grande e continuou até Albuquerque e Santa Fé. Rubí ficou chocado com a falta de qualquer estrutura de defesa coordenada e com a extorsão praticada sobre a população de colonos e nos *presidios*. Ele relatou a baixa moral dos soldados. Rubí explicou que os *presidios* deveriam concentrar-se em quinze posições estabelecidas em uma linha de defesa, desde o Golfo da Califórnia até o Golfo do México, incluindo Santa Fé. Em resposta, a Coroa emitiu em 1772 um Regulamento para os *presidios* fronteiriços. Mesmo assim, as atividades dos navajos e comanches no Novo México e os ataques apaches nas partes mais profundas em Chihuahua e Coahuila mantiveram a instabilidade da fronteira ao longo da década de 1770. Bucareli, preocupado com o alto custo da defesa da fronteira, defendia que a concentração ficasse na linha interna de Nova Vizcaya e Coahuila. Mesmo assim, as autoridades não conseguiram evitar a aliança apache-tarahumara de 1775-1776 e não conseguiram desalojá-los de suas fortalezas.

Nesse meio tempo, Gálvez liderou a maior expedição já feita a Sonora desde o século XVI, com o objetivo de restabelecer o controle espanhol em face das novas hostilidades dos povos seri e pima. Sua *visita* também tentou, pela primeira vez, estabelecer uma presença eficaz na Alta Califórnia em resposta aos avanços de britânicos e russos na costa do Pacífico Norte.

Gálvez propôs uma reorganização radical da administração nas províncias do Norte; a proposta foi aprovada pela Coroa em 1769 por meio da criação de um Comando Geral que respondia diretamente ao rei. As divisões dentro do governo metropolitano e a oposição de Bucareli na Cidade do México adiou sua implementação para 1776, quando Gálvez foi nomeado ministro das Índias por Carlos III. Nesse mesmo ano, Teodoro de Croix (1730-1791), sobrinho de um antigo vice-rei e oficial ilustre do Exército, que começou sua carreira na guarda de Valônia, tornou-se o primeiro Comandante Geral das Províncias Interiores. Desde o início, a relação entre a nova estrutura e o governo vice-real era ambígua, especialmente porque Bucareli opunha-se tanto ao fim quanto à diminuição do cargo de vice-rei. O *Comandante Geral das Províncias Interiores* exercia sua jurisdição sobre Sonora, Sinaloa, Nova Vizcaya, Coahuila, Texas, Novo México, as Califórnias e mais tarde sobre Novo León e Novo Santander. No entanto, seu território ainda estava sujeito à *audiência* de Guadalajara em matéria judiciária. As pressões para o estabelecimento de uma terceira *audiência* – por exemplo, em Chihuahua, área do *Comandante Geral* a partir de 1792 – não tiveram o resultado desejado. Naquele momento, no entanto, a cidade de Chihuahua não tinha como tornar-se o foco de uma vida comercial reativada ou de uma vida política vigorosa. Em 1778, Croix, de qualquer forma, recomendou que Gálvez dividisse as *Províncias Interiores* em duas jurisdições. No entanto, nada foi feito e a *Comandancia General* (Comando Geral) manteve-se indivisa e fora do controle vice--real por dez anos.

O problema enfrentado por Croix era saber como equipar uma força de defesa eficaz no Norte, em um momento de intensa atividade dos pimas, seris, ópatas, yaquis, mayos e apaches em toda a zona de fronteira, com pesadas perdas de gado. As autoridades coloniais, no entanto, romperam a ação ofensiva em julho de 1779, pois a Espanha estava na iminência de entrar na Guerra de Independência dos Estados Unidos. Mais uma vez, a posição imperial da Espanha europeia ganhou precedência sobre a situação interna da Nova Espanha. Nesse ponto, todavia, a revolta dos yumas, zangados pela interferência militar dos espanhóis em seu sistema agrícola na confluência dos rios Gila e Colorado, conseguiu expulsar todos os missionários, colonos e soldados em 1780-1781. Os yumas nunca foram reconquistados, então a rota terrestre entre Sonora e as Califórnias manteve-se interrompida em todo o período colonial. O sucessor de Croix, Jacobo Ugarte y Loyola (1786-1790), um veterano das guerras europeias de 1740-1763 e ex-governador de Sonora e Coahuila, combateu o problema dos apaches. Em última análise, a resolução do problema da fronteira da Nova Espanha seria resolvida pela derrota dos grupos apaches que atacavam Chihuahua, Coahuila e Sonora ou por algum tipo de acordo com eles. As ofensivas espanholas em 1784-1785 fracassaram. Ugarte buscou fazer alianças com os comanches e navajos (inimigos dos apaches), fez as pazes com os chiricahuas e lipanes em Sonora e Nova Vizcaya e, por fim, fez campanha contra os gileños que, com seus aliados pima e papago, tinham atacado *presidio* de Tucson em 1784. Entre 1790 e 1810, a estratégia de paz foi relativamente bem-sucedida.

Apesar da perda temporária das Flóridas para a Grã-Bretanha entre 1763 e 1783, a resistência indígena no Norte e no Extremo Norte representava um problema muito maior para a administração colonial espanhola do que a intrusão das potências europeias rivais. A Espanha, no entanto, agravou este problema ao manter apenas uma fraca organização política nas províncias do Norte e ao conservar a dependência da vida comercial à Veracruz e à Cidade do México, apesar da política geral de liberalização do comércio dentro do Império. As autoridades vice-reais na Cidade do

IMAGEM 18. Retrato do padre Miguel Hidalgo (1753-1811) por Joaquín Ramírez, *c.* 1865. Esta pintura não tenta retratar Hidalgo como um padre revolucionário, mas como um potencial estadista e fundador da República, embora ele não tenha sido nenhuma das duas coisas durante a sua vida. Os muralistas da Revolução de 1910 adotaram uma postura diferente, enfatizando a liderança revolucionária de Hidalgo, e até mesmo um papel messiânico. Orozco, por exemplo, no final da década de 1930, pintou a escadaria do palácio do governo em Guadalajara com cenas de um conflito revolucionário violento. Hidalgo, com o punho esquerdo cerrado acima de sua cabeça, atiça as forças da reação com um bastão em chamas. Juan O'Gorman (1905-1982) retratou Hidalgo como nacionalista revolucionário em seu "Retablo de la Independencia" no Castelo de Chapultepec em 1960-1961.

México, por sua vez, ainda estavam determinadas a evitar a formação de qualquer autoridade autônoma na região Norte em geral. Opunham-se aos reforços da força inadequada de 3 mil homens que estava lá para defender toda a fronteira. Finalmente, o vice-rei Flórez conseguiu obter uma autorização Real, em 1787, não só para a criação de duas *Comandancias* distintas, uma para o leste e outra para as províncias ocidentais, mas para que ambas respondessem diretamente ao governo vice-real. Em 1793, no entanto, a Coroa mudou de ideia e ordenou a reunião das duas partes. Elas permaneceram unidas até 1813, quando as Cortes reinstalaram a política anterior de divisão. No entanto, a eclosão da Insurreição no México Central em 1810 obrigou as autoridades a retirar seus recursos humanos do Norte (e em uma fase crucial). Como resultado, a paz desintegrou-se em todos os territórios do Norte.

CRISE RELIGIOSA E PERCEPÇÕES POPULARES

A crise religiosa da Nova Espanha operou em vários níveis: a percepção de que o governo espanhol metropolitano e seus agentes locais haviam deixado de lado as práticas tradicionais aguçou os ressentimentos de todo o espectro social. Gruzinski apresenta o cenário de uma "Igreja Barroca" substituída pela "Igreja do Iluminismo", imposta pelo episcopado (espanhol em sua maior parte) nomeado pela Coroa.

A questão religiosa polarizou as opiniões e dividiu as lealdades. Em certa medida, a crise religiosa foi a expressão mexicana da crise geral enfrentada pela Igreja Católica Romana durante o final do século XVIII e início do XIX, sob o impacto do Iluminismo, da Revolução e do início do Liberalismo. Na Nova Espanha, a conjunção de fatores sociais e culturais garantiu, pela primeira vez, uma grande mobilização popular. A Insurreição de 1810 foi liderada pelo padre Miguel Hidalgo (1753-1811), pároco de Dolores, na província dinâmica e densamente povoada de Guanajuato. Sua extensão e intensidade surpreenderam as autoridades vice-reais.

A mudança dinástica de 1700 promoveu maiores pressões estatais sobre as receitas e a jurisdição da Igreja. Uma ruptura temporária entre a Coroa espanhola e a Santa Sé, seguida pelas Concordatas de 1737 e 1753, refletiu a percepção de superioridade do Estado em relação ao poder eclesiástico. Esse "realismo" atingiu seu auge entre 1765 e 1808, quando a maior pressão governamental resultou em imunidades eclesiásticas e na absorção das receitas e propriedades da Igreja. O arcebispo Francisco Lorenzana (1766-1772) e o bispo Francisco Fabián y Fuero (1765-1773) de Puebla

158 | HISTÓRIA CONCISA DO MÉXICO

IMAGEM 19. Visão aérea da parte central de Valladolid de Michoacán (a partir de 1828, Morelia), capital do estado de Michoacán e sede do bispado, fundado em 1536. A Coroa espanhola autorizou a construção da atual Catedral (no centro da imagem) em 1655; ela foi finalmente consagrada em 1705.

eram os principais expoentes do realismo Bourbon tardio. Essas políticas refletiam as tensões a que o Estado espanhol, como um poder imperial em um mundo europeu competitivo, estava constantemente sujeito. Ao mesmo tempo, no entanto, as ideias do Iluminismo começaram a ser introduzidas na Nova Espanha. Elas não eram necessariamente heterodoxas, ainda menos contra os cristãos, mas a partir de meados do século resultaram em críticas aos métodos tradicionais de ensino e currículos. Nesse sentido, o clero dividiu-se em "progressistas" e "tradicionalistas". Embora não fossem subversivas, as novas ideias aumentaram as pressões do Estado sobre a Igreja institucional.

A expulsão dos jesuítas – a maioria dos 500 eram mexicanos – em 1767 despertou uma oposição generalizada na Nova Espanha, a qual atravessava as distinções sociais. Os jesuítas, promotores do culto de Guadalupe, eram ao mesmo tempo os principais professores das faculdades (frequentadas pelos filhos da elite crioula), confessores nos conventos e promotores das irmandades marianas. A expulsão teve sérias consequências morais, pois ela foi imposta à sociedade crioula da Nova Espanha pelas autoridades coloniais espanholas. Surgiu, assim, uma profunda divisão entre a hierarquia peninsular e a Igreja popular. A primeira manteve-se sob o patrocínio real, enquanto a última já tinha passado pela experiência da separação.

Os bispos carolíngios fizeram campanha contra os cultos e as manifestações religiosas populares. Seus ataques à "superstição" e ao "fanatismo" alargaram o fosso existente entre o governo colonial e as pessoas comuns. Embora a maior parte dessa crítica estivesse centrada nas procissões, romarias, cultos dos Santos e à Virgem e na centralidade das práticas locais de confrarias em aldeias indígenas, uma série de movimentos milenaristas revelavam a profundidade do mal-estar popular. Gruzinski sugeriu a existência de uma dimensão milenarista do apoio a Antonio Pérez em 1760-1761 no Planalto entre a Cidade do México e Cuautla. Da mesma forma, Taylor recentemente chamou a atenção para a rebelião milenarista de 1769 em Tulancingo, ao nordeste da Cidade do México, em que a devoção à Virgem de Guadalupe teve proeminência. As autoridades coloniais em Guadalajara e na capital levaram a sério uma revolta local de 1801 em Tepic, em Nayarit, desenvolvida em torno de um "rei" indígena, chamado Mariano, e que ocorreria no dia da festa da Virgem de Guadalupe. A dimensão religiosa enraizou-se profundamente na cultura popular da Nova Espanha, estendendo as queixas para muito além das habituais disputas relacionadas à tributação, ao recrutamento, ao pastoreio e aos direitos sobre a água, limites das terras, ou níveis salariais. Van Young, além disso, propõe uma dimensão messiânica e milenarista para a rebelião de Hidalgo em 1810.

O descontentamento religioso amalgamou-se à possível liderança clerical, centralizando a força do povo em uma luta contra a ordem colonial. A maioria dos 4.229 membros do clero secular vivia na pobreza. No México, o baixo clero descontente via suas perspectivas de crescimento bloqueadas pelo domínio peninsular da Igreja e suas circunstâncias materiais afetadas negativamente pelas medidas fiscais dos Bourbon. A Diocese de Michoacán mostrou-se um terreno fértil para a dissidência clerical. Manuel Abad y Queipo (1751-1825), bispo eleito no momento da Insurreição de 1810, tinha avisado sobre uma possível revolução ao opor-se, em 1799, à redução das imunidades eclesiásticas. Ele alertou que, apesar de o clero possuir esse *status* corporativo especial, 80% das pessoas de sua diocese vivia na pobreza. Pela perspectiva de Abad y Queipo, a remoção do *status* corporativo poderia afrouxar os laços de lealdade do clero – o qual tinha grande influência sobre os corações e as mentes das pessoas da classe baixa – ao regime colonial. A política do governo metropolitano, no entanto, tendia a dar pouca atenção ao papel social do baixo clero no território americano durante o período final dos Bourbons. O início da rebelião revelou o quanto grande parte da população já tinha, implícita ou explicitamente, desligado-se do regime colonial e do episcopado espanhol, que formava uma parte essencial do mesmo regime. Os clérigos americanos que fizeram parte da Insurreição viram-se em um movimento de dimensões profundas e que dificilmente conseguiriam controlar.

OS VÁRIOS NÍVEIS DE APROFUNDAMENTO DA CRISE

Nas regiões mais dinâmicas da Nova Espanha uma profunda sensação de vulnerabilidade caracteriza a vida da classe baixa no início do século XIX. As origens imediatas da Insurreição de 1810 fundamentaram-se nas condições particulares do Bajío e da zona central de Guadalajara. Em contraste, a zona rural de San Luis Potosí não se tornou um ponto focal de insurreição naquele momento. Em parte, o crescimento da população combinado com o fim da produção de milho prejudicou os padrões de vida da classe baixa no Bajío. Mudanças estruturais fizeram com que os pobres da zona rural ficassem mais dependentes da elite proprietária de terras. Assim, transformações paralelas ocorreram nos setores de mineração e têxteis ligados à economia de cereais do Bajío. Na zona central de Guadalajara, a expansão da agricultura comercial nas fazendas produtoras de trigo ameaçava proletarizar os cultivadores de milho das aldeias, que competiam no mesmo mercado urbano. Essa percepção, que surgia muitas vezes após longas disputas laborais e de terras entre as aldeias e os grandes proprietários, pode ajudar a explicar a opção pela atividade insurgente nas regiões das bacias lacustres de Guadalajara durante a década de 1810.

Além do Bajío, o desespero das aldeias quanto à incapacidade das autoridades coloniais em impedir a deterioração da vida local explica o descontentamento generalizado. Nas próprias fazendas, no entanto, os trabalhadores residentes possuíam uma segurança razoável, pois faziam parte da rede entre patrono e clientes. Além de moradia, eles também recebiam uma ração de milho do proprietário como parte de seu salário. O tratamento local dado aos trabalhadores da fazenda era tolerável e, durante a Insurgência da década de 1810, a relação patrão-cliente sempre tinha uma chance de sobrevivência, contanto que o dono das terras não abandonasse sua propriedade por medo da aproximação de bandos de rebeldes. Como resultado, os proprietários conseguiam – especialmente quando pressionados pelas autoridades monarquistas – organizar forças para defender suas terras contra insurgentes saqueadores.

Entre 1795 e 1808, o regime colonial na Cidade do México encontrava-se economicamente mais débil e cada vez mais politicamente isolado. Entre os anos 1805 e 1810, as tensões no seio dos grupos governamentais das principais cidades do Centro-Norte – Valladolid, San Luis Potosí, Zacatecas e Guadalajara – agravaram o impacto da desorganização social. Tais eventos traziam a ameaça da perda do controle político em um momento de crise imperial (em 1808) e de crescentes tensões sociais nas localidades.

A TENTATIVA REVOLUCIONÁRIA E A INSURGÊNCIA DA DÉCADA DE 1810

A causa imediata da Insurreição de 1810 foi o colapso da legitimidade do governo vice-real em setembro de 1808. Pela primeira vez em 300 anos nenhuma autoridade da Nova Espanha – ou mesmo da própria Península – poderia reivindicar lealdade inequívoca. A situação elevou a novos patamares a questão sobre representação política, a qual surgiu pela primeira vez durante a década de 1770 em reação às reformas dos Bourbons. O afastamento dos Bourbons espanhóis pela França, durante a primavera de 1808, apresentou um problema ao vice-rei José de Iturrigaray (1803-1808): Qual autoridade peninsular o México deveria reconhecer? A quais facões deveria alinhar-se? Iturrigaray tentou salvaguardar sua posição ao apoiar as pressões da elite mexicana para a realização de uma série de "juntas" que decidiria o futuro político da Nova Espanha, sem implicar qualquer autoridade espanhola específica. Se fosse bem-sucedido, este procedimento poderia ter garantido uma transição pacífica do absolutismo peninsular para o governo local. A autonomia e a forma oligárquica de constitucionalismo foram bruscamente interrompidas por um rápido golpe de estado da elite peninsular na noite de 15 de setembro de 1808. O golpe depôs Iturrigaray e levou ao aprisionamento dos principais autonomistas.

O golpe de estado peninsular destruiu a legitimidade do governo colonial. Além disso, ele impediu que a elite da Cidade do México liderasse a oposição ao absolutismo e ao domínio peninsular. A iniciativa ficou a cargo das províncias e de seu baixo clero dissidente, seus oficiais militares subalternos e membros das profissões liberais. Isso não foi o resultado do colapso das instituições do Estado, mas da perda de legitimidade do regime colonial. Daí a diferença entre o processo de Independência do México e dos outros territórios espanhóis da América do Sul, nos quais as elites da capital e os oficiais militares assumiram o controle já no início do processo. O impacto dessa crise multidimensional aprofundou a situação revolucionária do México entre 1808 e 1810.

A Insurreição de 1810 e a consequente Rebelião são considerados fenômenos excepcionais na história mexicana. Não foram simplesmente revoltas camponesas, mas possuíam, desde o início, características mais gerais. O ódio aos espanhóis e o sentimento de que suas crenças religiosas haviam sido ofendidas criaram uma ideologia substituta para os levantes de setembro de 1810 em diante. Opondo-se aos conselhos de seus associados imediatos, Hidalgo apelou para a mobilização popular e colocou a Virgem de Guadalupe no topo de um movimento para a retirada do governo espanhol da Cidade do México. A Nova Espanha, desse modo, afastou-se da estratégia urbana da América do Sul, isto é, da apreensão do poder por meio da subversão das milícias coloniais. As queixas dentre os falantes de língua crioula contra o governo peninsular, no entanto, não se mostraram tão poderosas quanto o medo de convulsão social.

Embora não fosse um culto subversivo, a tradição de Guadalupe simbolizava uma identidade religiosa específica do México que se desenvolveu lentamente a partir de meados do século XVII. A dimensão religiosa revelou o objetivo do milenarismo em corrigir o mundo por meio de um

CAPÍTULO 5 – DESESTABILIZAÇÃO E FRAGMENTAÇÃO (1770-1867) | 163

ato súbito de violência coletiva, dirigido contra os responsáveis pelos erros que afligiam a sociedade. Van Young, por exemplo, argumentou que o impacto inicial da rebelião de Hidalgo foi o resultado de "um sentimento fundamental que algo estava errado no mundo, e que as realidades externas já não conformavam-se com a ordem moral das pessoas do país".

Na América Latina, a Insurgência mexicana distinguiu-se pelo tamanho da mobilização popular, por sua longa duração e pelo profundo enraizamento local. Em seu rastro, ela deixou deslocamentos sociais e econômicos generalizados. Os estudos em andamento continuam examinando as percepções e motivos que os grupos sociais mais baixos tiveram para participar ou não dessa primeira grande revolta rural da história mexicana. Na Nova Espanha Central, por exemplo, as comunidades empresariais mantiveram-se praticamente intactas como parte integrante da estrutura colonial. Ganharam maior controle sobre suas terras e sobre a força de trabalho, pois agora havia menor competição com as "haciendas". As comunidades locais não reuniram-se para a Insurreição de 1810, nem mesmo quando as forças rebeldes chegaram ao topo do Vale do México em outubro. Tal indiferença ajuda a explicar a perda da confiança dos insurgentes e as derrotas de 30 de outubro em Monte de las Cruces e em Aculco no dia 7 de novembro. Os milicianos recrutados em San Luis Potosí, uma área com uma estrutura social diferente do Bajío, formavam o núcleo do Exército monarquista vitorioso no Aculco.

Em um momento de transformações econômicas e sociais, os sacerdotes das paróquias locais, agindo individualmente e não como um grupo, contribuíram substancialmente para a legitimação da rebelião e forneceram liderança a ela. Os comandantes do Exército monarquista, como José de la Cruz em Guadalajara, culparam o clero local, particularmente na diocese de Michoacán, por dar vazão aos sentimentos dos rebeldes. Taylor sugere que talvez um em cada doze sacerdotes paroquianos tenham participado da insurgência durante a década de 1810 a partir de três áreas principais, o Centro-Noroeste, a *tierra caliente* do Pacífico e as zonas de Planalto do atual estado do México.

O Estado vice-real não desmoronou em 1810, apesar das deficiências estratégicas das cidades do interior e da fraqueza política do centro. Mais significativamente, apesar das deserções, as autoridades coloniais não perderam o controle de suas forças armadas. Esses fatores tornaram a situação da Nova Espanha diferentes da França revolucionária de 1789 e do próprio

México em 1911. Embora a Espanha metropolitana tenha sido derrotada na guerra e estivesse financeiramente quebrada em 1808, e apesar da ocorrência de um conflito civil dentro da própria Península entre 1808 e 1814, o Estado vice-real não ruiu durante todo o período de dez anos, entre 1810 e 1820. Quando, além disso, o padre José Maria Morelos (1765-1815) substituiu os bandos indisciplinados da época de Hidalgo por uma força mais efetiva, a dependência da *tierra caliente* como sua base finalmente frustrou sua principal tentativa para obter o controle dos vales centrais de Puebla e do México em 1811 a 1813. Incapaz de desalojar as forças dos monarquistas nos vales, os insurgentes adotaram a estratégia política de um governo paralelo para desafiar a legitimidade do governo vice-real. Essa estratégia também fracassou, em parte por causa da dependência do movimento na liderança e apoio dos clãs e *caciques* locais. Os insurgentes mostraram-se finalmente incapazes de transformar as insurreições locais em uma revolução política generalizada. Nesse sentido, os centros provinciais que primeiramente geraram a insurgência contribuíram, a longo prazo, para sua desintegração. Os chefes locais possuíam horizontes limitados e frequentes conexões com os proprietários de terras (isso quando eles não eram os próprios proprietários), inibindo, dessa forma, o desenvolvimento de uma visão nacional e de uma perspectiva social.

As realidades locais conflitavam com a visão social mais ampla da liderança da rebelião. Morelos e os seus partidários mais próximos previram uma dupla revolução: independência da Espanha e, localmente, a abolição das distinções de casta. No Congresso de Chilpancingo, reunido em setembro de 1813 e na Constituição de Apatzingán (outubro de 1814), eles tentaram criar um sistema republicano constitucional definido pelo princípio da igualdade perante a lei. Em certo sentido, isto representava uma resposta dos insurgentes à Constituição Espanhola de 1812 que estabelecia uma monarquia constitucional com base em princípios liberais. No entanto, a própria insurgência já havia sido fragmentada em facções de componentes locais e tinha perdido a iniciativa política no país. No entanto, a liderança de Morelos estabeleceu um princípio que poderia ser retomado por outros líderes em circunstâncias mais propícias. Dentro do movimento em si, Vicente Guerrero (1783-1831), que esforçou-se para afirmar sua primazia após a execução de Morelos em 1815, defendeu esses princípios até ser assassinado pelas forças conservadoras em fevereiro de 1831. Posteriormente, Juan Álvarez (1790-1867), *cacique* da zona rural do Pacífico, seguiu a tradição de Morelos e Guerrero.

CAPÍTULO 5 – DESESTABILIZAÇÃO E FRAGMENTAÇÃO (1770-1867) | 165

IMAGEM 20. Retrato do padre José Maria Morelos (1765-1815) por Petronilo Monroy (*c.* 1865). Como é o caso do retrato paralelo de Hidalgo, a posição preferida é a de estadista, não a de revolucionário, apesar das características botas para cavalgadas e bandana na cabeça serem mantidas aqui.

A experiência constitucional espanhola

Acima da raiva gerada em um nível microcósmico, dois outros fenômenos exigem atenção: o esforço das elites da Cidade do México para transformar o absolutismo colonial em um Estado autônomo e constitucional e o objetivo das elites provinciais de reduzir o poder do governo vice-real centralista e melhorar a posição dos centros regionais de poder. A divisão da elite na Cidade do México em 1808, em relação à distribuição do poder no centro e o *status* da Nova Espanha em relação à metrópole, complementaram – e fragmentaram – este processo. O término brusco da primeira experiência de autonomia em setembro de 1808 deixou o centro sem liderança e ofereceu uma abertura para as elites provinciais. Elas, por sua vez, não conseguiram subverter a milícia e apelaram, em vez disso, para a mobilização popular. O evento liberou a raiva reprimida, que já estava em ponto de ebulição e, após duas perdas de colheitas, desencadeou uma insurreição violenta que soltou as rédeas da animosidade racial e social. O foco da atenção concentrou-se, compreensivelmente, neste último processo, pois os esforços para criar um Estado soberano independente surgiram pela primeira vez durante a tentativa de revolução. Ultimamente, o foco tem estado também em entender como o Exército monarquista, que desgastou-se ao longo do processo, conseguiu conter a Insurgência. Este último aspecto também é importante, porque ele esclarece como a Espanha finalmente perdeu o controle da parte norte-americana de seu império. No entanto, pouco foi escrito sobre o comportamento das elites durante esses eventos. A pesquisa de Virginia Guedea sobre os *Guadalupes* da Cidade do México lançou foco direto sobre a atitude cautelosa da elite da capital em relação à insurgência do governo de Morelos por um lado e, por outro, suas tentativas de ganho político por meio dos procedimentos estabelecidos pela Constituição espanhola de 1812.

Sob a perspectiva de Timothy Anna, "o principal efeito da primeira experiência de reforma parlamentar e constitucional da Espanha nos anos de 1810 a 1814 sob as Cortes e a Constituição foi que ela revelou aos americanos a essência de sua condição de súditos coloniais" – "estava claro que as Cortes e a Constituição de Cádiz não fariam nada para resolver a crise americana". Parte da explicação para isso estava no fato de que "a maior fraqueza da Constituição estava [...] em tratar seu vasto Império como algo monolítico". O fracasso dos constitucionalistas espanhóis em lidar efetivamente com a questão americana foi altamente significativo, uma vez que muitos americanos teriam preferido a autonomia dentro do Império à

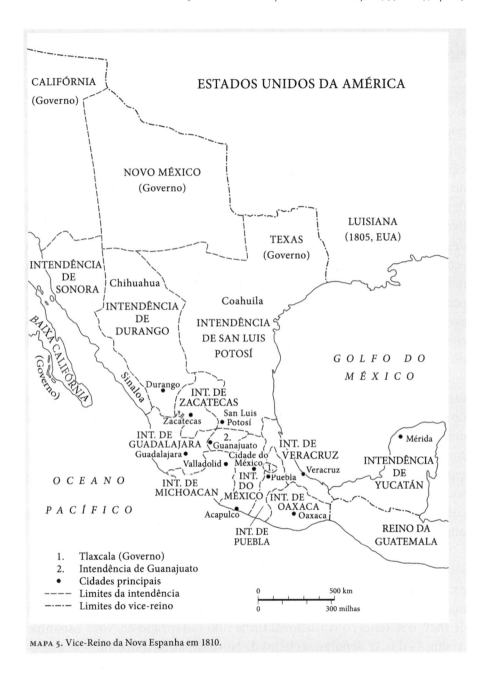

MAPA 5. Vice-Reino da Nova Espanha em 1810.

Independência definitiva. A desintegração da proposta das Cortes por um caminho centrista para o constitucionalismo unitário (que não permitia a concessão de autonomia para a Americana) impulsionou ainda mais a América espanhola para o caminho do separatismo.

Na perspectiva da relação dos territórios americanos com a metrópole espanhola, esta interpretação está perfeitamente correta. Há, no entanto, uma outra dimensão à Constituição de 1812 – seu impacto *interno*. Segundo a Constituição, o município tornava-se a base da organização social e política. Ela estabelecia a igualdade jurídica entre os indígenas e a população hispânica (embora excluísse a representação das "castas" e dos negros) e abolia as *repúblicas de índios* da colônia a favor de câmaras municipais constitucionais. Essas disposições tiveram um impacto duradouro no México do século XIX. As Cortes aumentaram o número de municípios em conformidade com a população e criou-os por meio de eleições livres com um grande número de eleitores, constituindo uma vasta gama de grupos sócio-étnicos. O número de câmaras locais aumentou de modo acentuado, particularmente nas áreas de população com predominância indígena, tais como Oaxaca, ou com uma grande representação indígena como Puebla, México, Tlaxcala e Michoacán. Esses conselhos, ou câmaras, assumiram poderes que tinham sido anteriormente exercidos pelo Estado colonial. A defesa da autonomia municipal tornou-se um grito de guerra da política popular até a Revolução da década de 1910.

A liberalização dos municípios, no entanto, também teve outras implicações. A Constituição estabeleceu o clássico princípio liberal da igualdade de todos perante a lei. Por conseguinte, os "índios" como uma categoria deixaram de existir e tornaram-se, de forma indiscriminada, parte de um corpo generalizado de "cidadãos". Eles perderam a proteção da lei colonial espanhola. Os municípios indígenas foram abertos para todos os grupos sócio-étnicos, cujos membros doravante poderiam obter o controle dos recursos dos camponeses. A luta pelo poder dentro dos municípios tornou-se uma fonte de muito conflito local ao longo do século.

A restauração do absolutismo por Fernando VII (1808-1833) entre 1814 e 1820 anulou estes novos desenvolvimentos notáveis. No entanto, na Espanha, o colapso do absolutismo monárquico em 1820 conduziu à Proclamação da Constituição de 1812 por jovens oficiais do exército. Em setembro de 1820, o sistema constitucional tinha sido restaurado na Nova Espanha. Assim, 44 dos 49 deputados eleitos da Nova Espanha tomaram seus assentos nas Cortes de Madri em 1820-1821. Dentre eles, estavam Lucas Alamán (1789-1853) e Lorenzo de Zavala (1788-1836). As Cortes, no entanto, demoraram para tomar medidas relacionadas às questões americanas. As objeções peninsulares evitaram as tentativas americanas de ampliar a estrutura do Império e a base de representação; como resultado, quaisquer últimas tentativas para salvaguardar a unidade hispânica em ambos os hemisférios fracassariam rapidamente. Em junho de 1821, por exemplo, deputados mexicanos requisitaram que as Cortes fossem divididas em três seções para representarem a Nova Espanha-América Central, América do Sul Setentrional e Peru-Chile-Buenos Aires, com um executivo nomeado pelo rei (possivelmente um membro da família real) em cada uma delas, além de seu próprio Conselho de Estado e Supremo Tribunal de Justiça. O governo de Madri considerou tal proposta como uma violação da Constituição. Ao final da sessão, em 30 de junho de 1821, permaneceram apenas 23 deputados mexicanos.

Na Nova Espanha, todavia, os eventos em marcha entre 1812 e 1814 causaram efeitos ainda mais dramáticos após 1820. Houve uma proliferação do número de municípios constitucionais conforme o poder era transferido para as camadas locais da sociedade. Ao mesmo tempo, o número de Deputações Provinciais, 6 haviam sido originalmente estabelecidas em 1813 a 1814, multiplicou-se em resposta à demanda provincial por estas pequenas comissões eleitas. Oito delas funcionavam no território do vice-reinado em 1821, sendo 19 (incluindo o Novo México), no final de 1822, e 23, no final de 1823. Embora as Cortes houvessem estabelecido que elas seriam agências para a execução da política metropolitana, as deputações tornaram-se, na realidade, representantes da opinião da elite provincial. A difusão do poder do Estado colonial para as províncias e localidades reflete, no país, o longo alcance da reação contra o centralismo da administração Bourbon.

A DERRUBADA FINAL
DO ESTADO COLONIAL (1820-1821)

A desintegração da autoridade vice-real na Cidade do México levou a um vazio político que a elite procurou preencher para garantir seu objetivo tradicional: representação limitada e autonomia dentro do Império. O instrumento escolhido foi o removido coronel Agustín de Iturbide (1783-1824), o qual foi restaurado ao comando militar em novembro de 1820 pelo vice-rei Juan Ruiz de Apodaca, conde de Venadito (1816-1821). Iturbide nasceu na capital provincial de Michoacán e ali casou-se em uma família próspera de empresários locais e proprietários de terras. Ele foi o principal adversário militar de Morelos no Bajío entre 1813 e 1816, mas foi removido do comando por alegações de corrupção e conduta arbitrária. Em contraste a 1808, a elite da Cidade do México possuía agora um braço

IMAGEM 21. Litografia do general Antonio López de Santa Anna (1794-1876). Presidente em 1833-1835, 1841-1844, 1846-1847, 1853-1855; a reputação de Santa Anna ainda é uma questão disputada. Elogiado pela derrota da força de invasão espanhola em 1829, ele foi posteriormente execrado pela perda do Texas em 1836 e pela derrota das forças de invasão dos Estados Unidos em 1847, mas foi elogiado por suas ações contra a primeira Intervenção francesa em 1838. Suas duas tentativas de estabelecer uma ditadura em 1842-1844 e 1853-1855 terminaram em fracasso. Originário do estado de Veracruz, Santa Anna tinha uma forte clientela, bem como em Puebla e na Cidade do México. Seus pontos fortes eram sua personalidade evidentemente envolvente, apesar da falta de confiança geral, e o apoio de um segmento forte do exército. Flutuando entre as facções federalistas e centralistas, sua função inicial era a limitação dos extremismos. Suas frequentes reaparições devem-se muito a sua habilidade como mediador político.

militar. Iturbide coordenou sua estratégia com comandantes do exército das províncias que tinham os mesmos ideais e optou pela repetição da estratégia de aproximar-se da Cidade do México a partir das províncias periféricas, ação que já havia sido tentada sem sucesso por Morelos em 1811 a 1814. Duas condições prévias para o sucesso, no entanto, foram o apoio da maioria dos comandantes nascidos na Espanha, cujas carreiras tinham sido forjadas na contrainsurgência monarquista, e a cooperação dos chefes rebeldes restantes, como Guerrero, que ainda possuíam influência. Esse movimento conciliatório garantiu um movimento amplo, mas contraditório que fragmentaria-se logo após alcançar seus objetivos. O apoio da hierarquia eclesiástica nascida na Espanha foi adquirido em grande parte pelo medo que a mesma tinha da política eclesiástica das Cortes de Madri, dominadas por liberais.

Em 24 de fevereiro de 1821, o Plano de Iguala, concebido por Iturbide, ofereceu uma plataforma de consenso amplo: a Nova Espanha deveria alinhar-se taticamente para a construção de um Estado mexicano distinto, participante da monarquia hispânica. O Exército das Três Garantias (Independência, União e Religião) de Iturbide entrou na Cidade do México em 21 de setembro de 1821. O novo regime procurou preservar o máximo possível do velho. Ele foi essencialmente a tentativa da elite da Cidade do México, em aliança com uma seção substancial do Exército monarquista, para recriar o poder central. O objetivo era interromper a rápida devolução do poder para as regiões e escalões mais baixos da sociedade desde o restabelecimento da Constituição de 1812. Tendo em vista que a energia deste movimento originou-se dentro da elite, a meta autonomista (a realidade por trás dos objetivos aparentemente contraditórios de independência e união) derivava claramente de 1808. Previa-se uma forma limitada de constitucionalismo que pudesse garantir a perpetuação da elite no poder em âmbito nacional.

PARTE II
OS FRACASSOS E OS SUCESSOS
DE UM NOVO ESTADO SOBERANO (1821-1867)

AUTONOMIA, IMPÉRIO E SEPARATISMO

O Tratado de Córdoba, entre a pessoa nomeada pelas Cortes, Juan de O'Donojú, e Iturbide em agosto de 1821 garantia autonomia para a Nova

Espanha dentro do Império espanhol e sob a monarquia Bourbon. O Estado sucessor da Nova Espanha, descrito como o Império mexicano, convidou Fernando VII para governar como imperador mexicano e, em sua falta, seu irmão mais novo, Dom Carlos. De tal forma, a Cidade do México, ao invés de Madri, tornaria-se o centro dos domínios hispânicos, como o Rio de Janeiro tinha sido na monarquia luso-brasileira entre 1808 e 1821. Após a sua recusa, as cortes mexicanas designariam (ou, na prática, buscariam) um monarca nas várias casas reais da Europa. Nesse meio tempo, foi estabelecida uma regência para exercer o poder executivo na ausência do monarca. Todas as leis existentes, incluindo a Constituição de Cádiz de 1812, permaneceriam em vigor até que as próximas cortes da Cidade do México promulgassem uma nova Constituição.

Nesse novo regime em que Iturbide tornou-se o imperador, Agustín I em maio de 1822, combinou-se o sistema constitucional com um império centralista. A primeira ação da Junta Suprema do Governo Provisório foi convocar um Congresso Constituinte para determinar a estrutura da nova entidade. A princípio, seria a representação de acordo com a população, mas com eleições indiretas no modelo de Cádiz. Iturbide e seus aliados tradicionalistas da coalizão, no entanto, não gostavam das ideias liberais da Constituição de Cádiz e procuraram estabelecer alguma forma de representação corporativa e restrita que fosse mais favorável para as elites. A Junta, nesse sentido, declarou sua intenção de não respeitar a Constituição de 1812. Quando o Congresso foi instalado em fevereiro de 1822, ele atribuiu soberania a si mesmo. Isto, por um lado, parecia reduzir o papel de Iturbide e, por outro, frustrar o desejo das províncias por um papel constitucional mais forte por meio do qual pudessem participar do exercício da soberania. O conflito entre o Congresso e o Executivo aprofundou-se durante a primavera de 1822. A desestabilização no centro político proporcionaria, em breve, uma abertura para que as províncias pudessem fazer pressão para o estabelecimento de um sistema federal. Segundo Anna, "a fonte do problema foi de que o México tentava acomodar as estruturas coloniais espanholas a outras que fossem adequadas para um Estado independente e sem tradição indígena de representação nacional".

A BUSCA MEXICANA
POR UMA SOLUÇÃO CONSTITUCIONAL VIÁVEL

A primeira Constituição Federal, em outubro de 1824, procurou equilibrar a institucionalização regional sob a forma de um sistema federal, sendo

CAPÍTULO 5 – DESESTABILIZAÇÃO E FRAGMENTAÇÃO (1770-1867) | 173

que o governo central ficaria com a função de coordenação. Com o colapso do Primeiro Império mexicano, em março de 1823, houve um conflito entre as elites regionais proeminentes (apoiadas pelos militares), em 1823 a 1824, e o governo central residual. A falta de apoio popular para essas elites permitiu que o Centro impusesse a distribuição da soberania com uma estrutura federal a partir de 1824. A interpretação da história política mexicana do século XIX, muitas vezes leva à hipótese tentadora de uma polarização entre regiões e nação. O argumento é que a lealdade regional e a defesa dos direitos do Estado prejudicaram a possibilidade de coesão e consciência nacional. Esse ponto de vista ganha credibilidade ao notarmos que a primeira República Federal não conseguiu resolver a resistência dos estados em relação ao pagamento de um imposto eficaz e proporcional para o governo nacional. No entanto, essa obstinação pode ser explicada pela percepção provincial de um sistema político colonial extremamente centralizado, ao qual Iturbide tentava dar continuidade, e o medo de que um centro fiscalmente saudável pudesse levar a uma nova subordinação das regiões. A força em curso do federalismo mexicano fundamentava-se na crença de que a nação consistia não em uma imposição às províncias, mas da união voluntária dos muitos e variados elementos regionais que compunham o povo mexicano. Nesse sentido, o excessivo centralismo era visto como a causa da instabilidade.

Em 1827 a 1828, as tensões políticas entre as facções que sustentavam a República Federal eclodiram em conflitos armados. A reversão dos resultados das eleições presidenciais de 1828, por meio da intervenção armada do partido derrotado, produziu o primeiro flagrante de violação da Constituição por aqueles que diziam apoiar os seus princípios. As suspeitas entre regiões e Centro e as tensões sócio-étnicas combinaram-se para minar a primeira tentativa séria da Nova República soberana para estabelecer um sistema constitucional duradouro. O comportamento político do período entre a Independência e a Reforma não caracterizou-se pela intervenção militar, mas pelo convite que os políticos civis faziam aos líderes militares para ajudá-los na busca de seus objetivos particulares.

Os políticos centralistas do período de 1836-1846 tinham a questão da instabilidade como foco central. Seu objetivo era reforçar o sistema centralista por meio do apoio da Igreja e do Exército. Isso mostrou-se excessivamente otimista, pois a hierarquia eclesiástica ainda estava no meio de seu processo de reconstituição em meados da década de 1840, após a crise da Independência. O Exército, por outro lado, consistia em facções desco-

IMAGEM 22. Entrada das Forças Armadas dos Estados Unidos na Cidade do México, 14 de setembro de 1847. Três derrotas mexicanas, Churubusco (20 de agosto), Molina del Rey (8 de setembro) e Chapultepec (13 de setembro) na periferia da capital, abriram a cidade ao Exército do general Winfield Scott. O conflito político interno, as rebeliões populares generalizadas em resposta às medidas governamentais do final da década de 1830, os problemas logísticos e as falhas táticas no campo de batalha contribuíram para que o México não conseguisse conter as forças de invasão dos Estados Unidos. A ocupação da capital nacional pelos Estados Unidos durou de 12 de junho de 1848. Nesse meio tempo, o governo federal reuniu-se em Querétaro de outubro de 1847 até julho de 1848.

nectadas comandadas por chefes rivais desde a queda do Império, em 1823. Durante o início dos anos 1840 e 1850, os oficiais comandados pelo general Antonio López de Santa Anna (1794-1876) buscavam reconstruir um exército nacional coerente, mas as finanças públicas e a sorte instável de Santa Anna, tanto a do político quanto a do general, frustraram seus objetivos. Os centralistas acreditavam existir duas fontes principais de instabilidade: a excessiva participação popular nos processos políticos e uma base tributária nacional inadequada. Suas medidas relacionadas aos impostos diretos, no entanto, exacerbaram o descontentamento popular.

O regime centralista passou a restringir a importância da participação popular nos processos políticos. Nestes anos, as qualificações de renda e a redução da representação municipal formavam os dois aspectos mais característicos do centralismo. Ao mesmo tempo, as duas Constituições centralistas, as Sete Leis Constitucionais de 1836 e as Bases Orgânicas de 1843, sancionaram a abolição da estrutura federal criada em 1824 e sua substituição por departamentos com governadores nomeados pelo presidente. Um sistema de prefeituras agrupadas em distritos administrados por subprefeitos em uma hierarquia de dependência com o governo nacional. Esse sistema também fracassou durante a questão fiscal e a escalada da resistência popular em meados da década de 1840. A divisão militar, as rivalidades entre facções e as polaridades regionais afundaram, em 1844, a primeira tentativa ditatorial de Santa Anna. O general Mariano Paredes y Arrillaga tentou transcender os partidos e facções, estabelecendo um sistema autoritário, que os boatos diziam ser o prelúdio de alguma forma de monarquia, mas a tentativa foi frustrada pelo início da guerra com os Estados Unidos em 1846.

FINANÇAS E ECONOMIA

Em 1822, os gastos do governo excederam as receitas em mais de 4 milhões de pesos. A receita foi a metade dos valores da colônia e o gasto ficou muito acima do nível de 1810. O Exército dobrou seu tamanho para 35 mil homens e uma parte gigantesca do orçamento foi dirigida a ele. A atenção à defesa foi responsável por isto, pois, até 1823, foi mantida uma força militar espanhola ao lado de Veracruz. Cuba, ainda controlada pela Espanha, não demonstrou qualquer indicação de que reconhecia a independência do México e, em uma vã tentativa de reconquista, desembarcou uma força de 3.500 homens em 1829. Além disso, os Estados Unidos, que, em 1819, adquiriram a Flórida espanhola, apresentava uma ameaça potencial, particularmente devido à economia algodoeira em expansão dos estados do Sul e à penetração anglo-americana no leste do Texas. O México independente estava mal preparado para lidar com tais perigos. O governo Imperial, que herdou uma dívida de 76 milhões de pesos do regime colonial, incluindo 10 milhões de pesos de juros não pagos, reconheceu 45 milhões de pesos desta dívida em 1822. Sua dívida externa foi criada por dois empréstimos recebidos em 1824 a 1825, tomados das casas bancárias londrinas de investimentos: Goldschmidt & Company e Barclay, Herring, Richardson & Company. Dos 32 milhões de pesos requisitados, o México recebeu apenas 17,6 milhões, devido às comissões e outros custos administrativos. Os empréstimos, que indicavam a posição precária da República, não conseguiram, após outubro de 1824, aliviar a situação financeira do recém-criado governo federal. Um terço das receitas aduaneiras de Veracruz e Tampico precisaram ser separadas para realizar o pagamento das dívidas. Os acionistas britânicos, que haviam aceitado a oportunidade de ganhar dinheiro no México, viam o país como um rico produtor de prata. Em 1827, no entanto, o governo federal já não conseguia pagar os juros da dívida aos seus credores londrinos. Foi formado, então, um comitê de acionistas em Londres para forçar o governo britânico a dar-lhes assistência.

O México (bem como a maioria dos outros países da América Latina) perdeu sua credibilidade com a comunidade bancária internacional. Nesse sentido, a dívida interna do governo aumentou de forma assustadora. A prática de hipotecar as receitas aduaneiras futuras em troca de empréstimos à vista de comerciantes começou por volta de 1828. Já que o foco do aumento de receita recaía claramente no comércio externo, o governo conseguiu evitar a questão politicamente controversa da tributação direta e sistemática. A questão da tributação manteve-se no centro dos problemas fiscais da Primeira República Federal e da República Central que a sucedeu. O empobrecimento do Estado independente continuava a ser um grande problema em um país potencialmente rico. A atenção dos círculos políticos, independentemente de suas ideologias, concentrava-se sobre a questão da riqueza da Igreja, particularmente tendo em conta as altas receitas das dioceses do México e de Puebla.

Durante a década de 1830, houve um considerável agravamento da situação financeira. Em 1832-1835, por exemplo, o governo suspendeu os salários dos funcionários públicos e substituiu-os por títulos. As despesas chegaram a 16 milhões de pesos em 1833-1834, mas as receitas produziram apenas 13 milhões. As considerações do primeiro governo liberal a

CAPÍTULO 5 – DESESTABILIZAÇÃO E FRAGMENTAÇÃO (1770-1867) | 177

respeito da transferência das receitas eclesiásticas ao Estado contribuíram para sua queda, ocorrida em abril de 1834. Em 1835-1836, todo o sistema federal desmoronou. A abolição dos estados centralizou as finanças do governo nacional. Em 1835, o regime centralista hipotecou a metade das minas de prata de Fresnillo (controladas pelo Estado) como garantia de um empréstimo de 1 milhão de pesos, tomado de um consórcio de empresários: trinta e seis deles, incluindo Manuel Escandón, formaram uma empresa para administrar as minas e torná-las produtivas.

A crise do Texas levou ao início imediato de hostilidades em 1835-1836, mas a administração de Santa Anna conseguiu arregimentar uma força de apenas 3,5 mil homens prontos para o combate. Os altos custos do exército não conseguiram formar uma força suficientemente grande e capaz de mobilização rápida. Santa Anna precisou criar um exército expedicionário improvisado de 6 mil homens, especificamente com a finalidade de derrotar os rebeldes do Texas. Após a perda do Texas, que deixou o Novo México perigosamente exposto, ocorreu uma disputa com os franceses, que levou a um bloqueio naval de Veracruz em 1838 e a frustrados esforços de reconquista. Após ter sido capturado de forma humilhante em 1836, pelas forças texanas do general Sam Houston em San Jacinto, Santa Anna voltou a ser apreciado depois da primeira intervenção francesa.

As medidas fiscais introduzidas pelo regime centralista entre 1836 e 1846 deveriam atender a esses problemas herdados, mas a longo prazo, eles não conseguiram resolvê-los. Embora a dívida britânica tenha sido consolidada em 1837 com 5% de juros, os juros não pagos continuavam a se acumular. Em 1839, o déficit orçamental, sozinho, estava próximo de 16 milhões de pesos. Entre 1835 e 1840, havia 20 ministros das finanças. O governo manteve-se, em grande parte, à mercê dos importadores que possuíam capital suficiente para atuar como credores. A generalização do imposto de capitação em 1842 forneceu a centelha que acendeu uma série de rebeliões locais entre as principais áreas de terras indígenas e de camponeses. No final da década de 1840, ocorria a mobilização popular mais difundida desde a Insurgência da década de 1810.

Durante a segunda presidência de José Joaquín de Herrera (junho de 1848 – janeiro de 1851), o país contava com 16 ministros das finanças, entre eles Manuel Payno, o mais capaz. Em julho de 1848, no rescaldo da derrota nacional, Payno estimou que a soma das dívidas interna e externa atingia 56,3 milhões de pesos. Desde 1821, 26% das receitas aduaneiras, a principal renda do governo, estavam reservadas para os serviços da dívida. Mesmo assim, o governo já devia 25 milhões de pesos atrasados aos funcionários públicos e militares. Payno tentou reorganizar as finanças nacionais em 1850-1851 por meio de um imposto de 5% sobre o valor de todas as propriedades urbanas e rurais. Ao mesmo tempo, o governo procurou renegociar a dívida de Londres constituída desde 1824. As obrigações da dívida externa, não honradas entre 1828 e 1851, restringiram ainda mais as possíveis ações financeiras do governo. A Convenção de Doyle de 1851 deu início a um curto período de pagamento dos juros da dívida britânica. Após o retorno de Santa Anna ao poder em 1853, as despesas estavam estimadas em mais de 17 milhões de pesos, 8,5 milhões somente para o exército. A rápida decomposição do regime, após a morte de Alamán, sua figura principal, agravou ainda mais a situação das finanças nacionais e desiludiu os empresários que inicialmente tinham-no sustentado.

O estado adverso das finanças nacionais, combinado com a percepção de instabilidade política, devido às frequentes mudanças de governo por meios violentos, deu aos observadores estrangeiros a impressão de que o país era constituído por um povo abjeto incapaz de gerir seus próprios assuntos como um Estado independente. O ponto de vista negativo dos diplomatas estrangeiros pode ser lido nos arquivos. Os governos europeus formaram suas políticas com base nisto. O México, no entanto, estava em muitos aspectos mais rico e mais estável do que parecia. Em primeiro lugar, a principal exportação do país, prata, continuou tendo uma grande demanda internacional em toda a primeira metade do século XIX. O agente mexicano da Baring Bros. estimou que a exportação legal de ouro e prata chegou a uma média anual de 8 milhões de pesos entre 1826 e 1851, mas que a exportação ilegal chegava, provavelmente, a um valor um pouco mais alto, somando 18 milhões de pesos. Em 1860, o valor oficial da produção de metais preciosos chegou a 24 milhões de pesos, comparáveis ao valor dos anos mais produtivos do final do período colonial.

A Guerra com os Estados Unidos (1846-1848) e a perda do Extremo Norte mexicano

A Guerra de 1846-1848 constitui a fase mais dramática de um processo que começou em 1835 com a rebelião do Texas e que não acabou totalmente até a derrota final da Confederação na Guerra Civil dos Estados Unidos em 1865 e o colapso do Segundo Império mexicano em 1867. Esse processo envolveu o reajuste do equilíbrio de poder no continente norte-americano a favor dos Estados Unidos e contra o México. Embora suas origens

CAPÍTULO 5 – DESESTABILIZAÇÃO E FRAGMENTAÇÃO (1770-1867) | 179

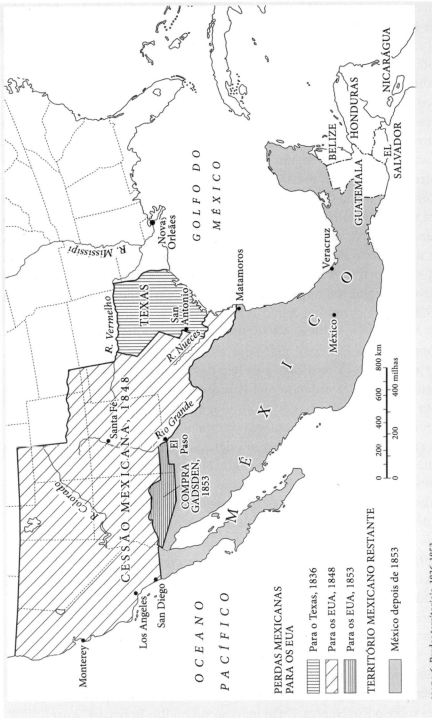

MAPA 6. Perdas territoriais, 1836-1853.

remontem a compra da Louisiana em 1803 e a perda espanhola das Floridas em 1819, as implicações da expansão territorial dos Estados Unidos não foram sentidas pelo México até a década de 1830. O Tratado de Guadalupe Hidalgo, em 1848, confirmou a perda do Texas, do Novo México e da Alta Califórnia. A importância desses eventos foi obscurecida pelo tradicional foco histórico sobre as revoluções de 1848 na Europa. Se esses eventos representaram, segundo afirmou A. J. P. Taylor, uma curva decisiva que a Europa Central não conseguiu fazer, a história do continente norte-americano certamente conseguiu. Mesmo após a perda de todo o Extremo Norte entre 1846 e 1853, as pressões dos Estados Unidos por outras cessões territoriais na Baixa Califórnia, Sonora e Chihuahua e por direitos de trânsito no território mexicano até o Oceano Pacífico não cessaram até pelo menos 1860. Na verdade, a década após o Tratado de Guadalupe Hidalgo foi um período de intensa pressão do governo dos Estados Unidos e dos interesses privados que desejavam adquirir concessões do México. Essa pressão atingiu seu auge durante a Guerra Civil mexicana da Reforma (1858-1861) e culminou com o Tratado McLane-Ocampo de 1859.

A guerra entre México e Estados Unidos originou-se do Decreto do Congresso dos Estados Unidos que anexava o Texas aos Estados Unidos em junho de 1845, ratificado pela República do Texas em 4 de julho. O governo de Herrera ordenou que Paredes y Arrillaga avançasse ao norte com 7 mil soldados, mas este último ignorou a ordem e permaneceu em San Luis Potosí, a fim de aguardar o momento de afastar o governo. Tendo em conta a situação financeira desesperada do México, o despreparo militar e a situação política dividida, Herrera procurou evitar a guerra. Embora o momento já tivesse passado, o governo mexicano estava preparado até mesmo para reconhecer a Independência do Texas. O afastamento de Herrera por Paredes em 31 de dezembro de 1845 agravou as relações, mas a preocupação clara da nova administração centralista, em relação aos conflitos internos, atrasou as respostas às crescentes pressões dos estados do Sul dos Estados Unidos por um conflito anexionista com o México. A administração democrática do presidente James K. Polk, iniciada em março de 1845, representava essas tendências. Nesse meio tempo, o Exército do brigadeiro-general Zachary Taylor avançou para o Rio Bravo del Norte no início de março, com o objetivo de ameaçar Matamoros. Essa ação, que gerou poucos comentários dos historiadores, constituiu uma violação calculada da fronteira mexicana estabelecida após 1836, que estava sobre o Rio Nueces, e não mais ao sul no Rio Bravo del Norte.

As forças mexicanas iniciaram uma ação no Rio Bravo del Norte (ou seja, suas operações restringiam-se estritamente ao território mexicano) em 25 de abril de 1846, a fim de remover as ameaças ao porto fluvial do Norte. Mariano Arista (1802-1855) tentou sem sucesso manter Taylor ao norte do Rio Bravo del Norte nas duas batalhas de Palo Alto e Resaca de la Palma, em 8 e 9 de maio, momento em que a artilharia dos Estados Unidos sofreu sua maior baixa pela infantaria mexicana. O fracasso levou à perda definitiva do Departamento de Tamaulipas, território entre os rios Nueces e Bravo. O governo dos Estados Unidos afirmava que esse território fazia parte da República do Texas que havia sido anexada em 1845, algo que, historicamente, não havia ocorrido. A ação nesta esfera, no entanto, ofereceu um pretexto mal fundamentado para uma declaração de guerra dos Estados Unidos em 11 de maio. A retirada mexicana de Matamoros, efetivamente abandonado por Arista, em 17 de maio, foi desastrosa e reduziu a força original de 4 mil homens para pouco mais de 2,6 mil. O Congresso mexicano advertiu os Estados Unidos em 7 de julho de 1846 que as forças de invasão seriam repelidas, mas isto estava aquém de uma declaração de guerra.

Rapidamente, a Guerra assumiu proporções catastróficas. Em 1846, a péssima situação da Alta Califórnia deteriorou-se, colocando-a à beira da guerra civil entre o Norte e o Sul. Monterey e São Francisco, as duas principais posições do norte da Califórnia, foram tomadas pelas forças americanas nos primeiros dias. O Comodoro Robert F. Stockton ocupou Los Angeles em 13 de agosto. No dia 17 de agosto, o governador Manuel Armijo praticamente entregou o Novo México a uma força americana de 850 homens de Fort Leavenworth (Kansas) comandados pelo coronel Stephen W. Kearny que atravessaram a pé o Caminho de Santa Fé. Kearny tomou San Diego, a última posição californiana importante, em 12 de dezembro. O combate na área de Los Angeles foi retomado, mas a resistência foi sufocada em 8 de janeiro de 1847. No entanto, uma revolta contra as forças dos Estados Unidos em Taos, no Novo México, postergou o controle total dos Estados Unidos para o início de fevereiro. Dessa forma, o restante do Extremo Norte, pelo qual lutou-se amargamente desde meados do século XVI, foi perdido em poucos meses.

O colapso da fronteira nordeste expôs o país à invasão. Por conseguinte, o objetivo dos Estados Unidos passou a ser Monterrey. Quando o general Mariano Salas tomou o poder na Cidade do México em 6 de agosto, a gravidade da situação gerou o colapso do regime de Paredes. A consequência imediata foi o término da República Centralista de 1836-1846 e a restauração do sistema federal de acordo com a Constituição de 1824. Essa mudança da estrutura política, em meio a uma guerra que o México não estava ganhando, causou uma maior desestabilização do país. Um acordo entre Valentín Gómez Farías e Santa Anna levou este último de volta ao poder como um potencial salvador da nação. No momento em que Santa Anna foi para a frente de batalha em 28 de setembro, Monterrey já havia sido tomada pelas forças dos Estados Unidos cinco dias antes após os fortes combates em suas ruas. Além disso, uma segunda força de invasão dos Estados Unidos passou a operar em Chihuahua e Coahuila em outubro de 1846.

Santa Anna deixou Gómez Farías no controle da administração na Cidade do México e fez de San Luis Potosí sua base de operações, mas, em 16 de novembro, Taylor ocupou Saltillo. Santa Anna pretendia retomar esta cidade no início de 1847. Uma força de 21 mil homens deixou San Luis Potosí no início de fevereiro com o objetivo de afastar as forças de ocupação dos Estados Unidos da capital do estado de Coahuila, mas as terríveis condições da marcha somaram-se às deserções e reduziram o exército para 4 mil soldados. Taylor conteve o exército de Santa Anna, novamente por meio do uso decisivo da artilharia, na batalha de Angostura (ou Buenavista) em 22 a 23 de fevereiro. Após sofrer grandes perdas – mortos, feridos e desaparecidos – Santa Anna voltou para San Luis Potosí, uma retirada que lhe custou metade do que restava de seus soldados.

Apesar das perdas territoriais e derrotas mexicanas, a guerra continuou por mais dez meses depois de abril de 1846, sem que houvesse uma derrota final do México. A luta continuaria por mais sete meses, até a ocupação da Cidade do México em setembro de 1847. O resultado territorial da guerra é, comumente, obscurecido por sua longa duração – em termos de fraqueza mexicana. A duração da guerra impôs seu preço às três forças estadunidenses de invasão, produzindo perdas mais pesadas do que aquelas sofridas pelo exército francês durante a Guerra de Intervenção de 1862-1867. Tal fato também não é geralmente reconhecido pela literatura histórica. Entre combatentes regulares e voluntário, os Estados Unidos levaram 104.556 homens para o campo. Assim, 13.768 morreram no conflito que ficou conhecido como "A Guerra Mexicana". Dentre todas as guerras travadas pelos Estados Unidos em sua história, esta foi a que teve a maior taxa de mortalidade. Compreensivelmente, a guerra causou um impacto considerável nos Estados Unidos, especialmente por que o

CAPÍTULO 5 – DESESTABILIZAÇÃO E FRAGMENTAÇÃO (1770-1867) | 183

partido republicano – e uma de suas figuras proeminentes, Abraham Lincoln – opunha-se veementemente a ela, alegando principalmente que ela funcionava inteiramente em favor dos interesses do Sul. Esses fatores também podem contribuir para explicar o motivo pelo qual não se tomou uma porção maior do território mexicano no Tratado de 1848, e porque, apesar dos projetos estratégicos dos Estados Unidos e dos interesses materiais do Sul, não foi feita nenhuma tentativa de ocupar e anexar o istmo de Tehuantepec, da mesma forma que foi realizada pela ocupação dos Estados Unidos na zona do Canal do Panamá em 1903.

Tendo em vista a recusa mexicana em relação às propostas de paz dos Estados Unidos, abriu-se uma segunda frente de lutas em Veracruz, destinada a acabar com a guerra por meio da ocupação da Cidade do México. Esse processo final levou sete meses. Os cinco dias de bombardeamento de Veracruz efetuado pela artilharia do general Winfield Scott levou à destruição da confiança na cidade portuária, que viu-se financeira e militarmente abandonada pelo governo nacional. A rendição de Veracruz em 28 de março de 1847 abriu efetivamente a segunda frente estadunidense. Um exército mexicano formado às pressas na frente oriental com 10 a 12 mil homens não conseguiu, em 17 a 18 de abril, resistir às forças dos Estados Unidos na passagem estratégica de Cerro Gordo entre o país tropical com febre amarela e o Planalto. A entrada das forças levou à queda de Jalapa e à queda do general Valentín Canalizo que abandonou o forte de Perote com indiferença. A ação deixou Puebla aberta para a ocupação dos Estados Unidos no dia 15 de maio. A guerra com os Estados Unidos finalmente chegou ao Vale do México, algo que, anteriormente, parecia ser um caso remoto e confinado ao Norte, não muito diferente da guerra anterior com o Texas em 1835-1836. A capital, ao contrário de Veracruz, imune aos ataques estrangeiros entre 1829 e 1838, enfrentava a perspectiva de derrota e ocupação. Pela primeira vez em sua história nacional, os políticos da Cidade do México iriam testemunhar as consequências de seus próprios conflitos e fracassos internos.

A primeira derrota no perímetro da Cidade do México em Padierna e Churubusco ocorreram nos dias 19 e 20 de agosto. Apesar das fortes posições defensivas e forças numericamente superiores, abriu-se a perspectiva de um colapso final. Em 23 de agosto, uma trégua deu início às primeiras propostas estadunidenses de paz. Apresentadas no dia 1º de setembro, as propostas previam uma nova fronteira ao norte no Rio Bravo, com a perda completa do Novo México e da Alta Califórnia, bem como o direito de livre trânsito dos Estados Unidos através do istmo de Tehuantepec. A rejeição destes termos levou ao reinício das hostilidades em 7 de setembro. Seguiram-se outras duas derrotas terríveis em Molino del Rey e Chapultepec, nos dias 8 e 12 de setembro, a última envolveu um bombardeamento de treze horas à cidadela, defendida em parte pelos cadetes da escola militar. No dia seguinte, as forças dos Estados Unidos entraram na Cidade do México. Santa Anna renunciou no dia 16 de setembro e a resistência terminou oficialmente no dia seguinte.

Em contraste com a subsequente intervenção francesa, a luta militar contra as forças de invasão dos Estados Unidos ocorreu quase completamente entre os exércitos, sem uma grande participação popular. Muito ainda resta dizer sobre a ausência de resistência, comparável ao ocorrido na insurreição contra os franceses na Guerra Peninsular da Independência espanhola em 1808-1813 ou à oposição *juarista* aos franceses no México depois de 1862. A Guerra de 1846-1847 expôs o fracasso dos oficiais do exército mexicano, suas armas obsoletas e a inadequação de seu apoio logístico. A artilharia dos Estados Unidos desempenhou um papel fundamental em todas as fases.

As intenções territoriais dos Estados Unidos no Extremo Norte mexicano foram satisfeitas, em parte, pelo Tratado de Guadalupe Hidalgo, assinado em 2 de fevereiro de 1848. Ao longo da década de 1850, persistiram questões sobre novas concessões em Chihuahua, Sonora e Baixa Califórnia, bem como o direito de trânsito através do território mexicano até os portos do Pacífico e também através do istmo de Tehuantepec. O direito de trânsito e a construção de uma estrada, ferrovia ou canal através do istmo – um dos principais objetivos dos Estados Unidos sob pressão dos interesses comerciais de Nova Orleans – foram postos em relevo nos termos preliminares propostos pelos Estados Unidos durante o breve cessar-fogo de 24 de agosto a 7 de setembro de 1847, mas não foram incluídos nas cláusulas do Tratado de paz definitivo. A questão ressurgiu, no entanto, no Tratado de La Mesilla, em dezembro de 1853, que organizou a compra Gadsden de territórios que incluía o Tucson ao sul do Rio Gila. A questão do trânsito pelo território ofereceu a base para o Tratado McLane-Ocampo de dezembro de 1859.

O istmo de Tehuantepec, ainda uma zona fronteiriça desde a Independência, ficou sem qualquer defesa durante a guerra com os Estados Unidos. Assim, as graves rebeliões fundamentadas em profundas mágoas locais fizeram com que o governo do estado de Oaxaca efetivamente perdesse o controle do sul do istmo após fevereiro de 1847. As forças estadunidenses, apesar de terem avançado através dos estados de Veracruz e Puebla, não chegaram a invadir Oaxaca. Embora o governo do estado de Oaxaca permanecesse apreensivo, as forças dos Estados Unidos não tentaram tomar o istmo durante a guerra. O desejo dos Estados Unidos para acabar com a guerra tornou-se evidente assim que a Cidade do México foi capturada.

Mesmo assim, demorou quase cinco meses para alcançar a paz final. Mas ainda resta uma questão: por que o México não perdeu uma porção territorial maior em 1848? A resposta pode estar no impacto da guerra dentro dos Estados Unidos, no aprofundamento de suas divisões políticas (especialmente entre Norte e Sul), o grande número de vidas perdidas durante o conflito e o reconhecimento de que as metas territoriais restantes poderiam ser conquistadas por outros métodos.

A PERSISTÊNCIA DA AGITAÇÃO SOCIAL

A Insurgência da década de 1810 não conseguiu resolver nenhum dos conflitos sociais da Nova Espanha. Eles ressurgiram em intervalos periódicos durante os cinquenta anos após a Independência. A estreita ligação entre as rebeliões rurais e as grandes convulsões políticas de âmbito nacional – evidente na década de 1810 – repetiu-se durante as décadas de 1840 e 1850 e, da mesma forma, durante a Revolução de 1910. Essa inter-relação diferencia as rebeliões do século XIX das ocorridas no período colonial e, além disso, sugere a existência de uma maior integração nacional e maior consciência política dos camponeses do que tradicionalmente supunha-se. As divisões da elite no centro político eram acompanhadas de rivalidades entre o Centro e as regiões e entre as capitais regionais e as localidades. Nas décadas de 1840 e 1850, as rebeliões populares alcançaram sua incidência máxima desde a época da Insurgência. A guerra com os Estados Unidos ocorreu em meio a um período de conflito social interno, o qual deteriorou-se ainda mais pela própria guerra.

Os conflitos por terras receberam maior importância nos protestos rurais do que antes, durante a época colonial, quando as disputas mais comuns tinham como foco os encargos tributários e os abusos administrativos. Podia-se ver a resiliência do campesinato como a defesa da autonomia municipal e das tradições da Comunidade. Os camponeses fizeram alianças entre classes sociais durante a insurreição, no final da década de 1820 e nas décadas de 1840 e 1850. Em certas províncias e contextos, os próprios camponeses tomaram a iniciativa de forjar alianças dentro e fora de seu próprio grupo social. A experiência da insurgência, de fato, ampliou as perspectivas dos camponeses e, dessa forma, os movimentos do século XIX frequentemente envolveram alianças mais amplas e uma intenção política mais aberta sobre uma ampla gama de questões. A resistência camponesa espalhou-se pelo perímetro sul dos vales centrais de Tlapa e Chilapa após 1842 e daí até a região mixteca de Oaxaca. Em 1847, os conflitos de terras e sobre os depósitos de sal no sul do istmo transformaram-se em conflitos armados após 1847. No mesmo ano, começou na zona açucareira de Yucatán a "guerra de castas" que iria se arrastar pelas décadas seguintes. A ação direta dos camponeses na região mixteca, também descrita localmente como uma "guerra de castas", continuou até o início da década de 1850; na zona costeira de Veracruz, o conflito de terra e as invasões nas fazendas inflamaram a situação em Tuxpan, Papantla e Huejutla, entre 1847 e 1849; uma revolta em larga escala ocorreu em Tula, ao norte do Vale do México, em 1847-1848. A rebelião de Sierra Gorda de agosto de 1847 espalhou-se por Querétaro, Hidalgo e Guanajuato – regiões que tinham sofrido forte atividade insurgente na década de 1810 – e ameaçou o setor sul de San Luis Potosí. A fim de conter a rebelião, uma tarefa difícil no rescaldo da derrota nacional, foi formada, por fim, uma força armada de mais de 3 mil homens.

A década de 1840 pode ser vista como o período de maior mobilização popular desde a década de 1810, mas com a seguinte diferença: não existiu qualquer tipo de liderança nacional até a Revolução de Ayutla de 1854-1855. Os conflitos estaduais ou nacionais da elite, graves a partir de 1844, ofereceram a possibilidade para que tais movimentos causassem tamanho impacto. A derrota nacional em 1847 serve para explicar a desordem geral e a incapacidade militar. Alamán aproveitou a oportunidade da derrota nacional e da agitação interna para requerer o retorno para o tipo de monarquia que, na sua opinião, havia trazido estabilidade ao México durante o período vice-real. Em 1849, o partido conservador foi fundado por Alamán em um momento particularmente difícil para o México.

As principais fontes de conflito estavam concentradas no controle do governo local e na extensão do direito ao voto, nas implicações da cidadania e da participação nos processos políticos e na relação entre a área central e as outras regiões. A introdução do imposto de capitação de 1,5 peso anual em 1842 agravou estas questões que, em última análise, serviram de combustível para a Revolução de Ayutla. Álvarez, normalmente inquieto em relação às atividades autônomas dos camponeses, utilizou essa agitação para construir uma aliança de interesses para derrubar a tentativa de imposição de uma ditadura centralista por Santa Anna. A partir de março de 1854, a coalizão de forças que iria compor o movimento revolucionário forçou, em agosto de 1855, a saída de Santa Anna.

A Revolução de Ayutla, um movimento essencialmente sulista e popular em suas origens, não adquiriu o poder sem a intervenção dos barões políticos do Centro-Norte e do Norte. Muitos deles, como Santiago Vidaurri (1808-1867) em Coahuila e Novo León, agiram independentemente dos rebeldes originais de Ayutla e buscavam seus próprios objetivos particulares. A liderança inicial de Álvarez foi uma resposta às condições dentro da esfera de influência que ele vinha estendendo para o norte a partir da costa durante a década de 1840. Com efeito, ele agiu como mediador entre as comunidades aldeãs e o governo da Cidade do México. O restabelecimento anterior do federalismo em 1846 havia reconhecido o poder de Álvarez, criando o estado de Guerrero em 1849. Álvarez tornou-se o primeiro governador de um estado, cargo que mais tarde passou para seu filho entre 1862 e 1869.

O PERÍODO DA REFORMA (1855-1876) E A ASCENSÃO DE BENITO JUÁREZ

O movimento de Reforma Liberal apresentou um desafio direto à herança católica do México. O desafio apresentou-se em diversos estágios, a intensidade de cada um deles foi determinada pela força de sua resistência. Para a hierarquia eclesiástica, o movimento de reforma ocorreu após a reconstituição da hierarquia mexicana durante as décadas de 1830 e 1840. O alarme dos católicos em relação às medidas adotadas pelo Estado desde meados da década de 1820 e as reformas do vice-presidente Gómez Farías (1833-1834) já tinham estimulado uma polêmica defesa da identidade católica do México e a estreita integração entre Igreja e Estado. Surgiram jornais católicos na década de 1840 e alguns deles, tal como o *La Cruz* (1855-1858), faziam ataques generalizados à ideologia liberal. O partido conservador assumiu a defesa da ameaçada religião como uma questão principal.

Os antecedentes legais da Reforma Liberal adotada nas políticas anteriores de Gómez Farías e nas medidas tomadas pelas Cortes espanholas de 1810-1814 e 1820-1823, todas tinham raízes comuns no Iluminismo europeu, o qual buscava reduzir o papel da Igreja Católica na sociedade. A principal reforma legal surgiu em duas fases, 1855-1857 e 1858-1860. A promulgação da segunda Constituição Federal do México em fevereiro de 1857 ocorreu

IMAGEM 23. Benito Juárez (1806-1872). Gravura retirada de *La América Ilustrada*, v. 1, n. 14, edição de 30 de junho de 1872, pouco antes da morte de Juárez, em 9 de julho. Praticamente todas as imagens de Juárez são formais e sombrias, um contraste consciente com as esplêndidas representações dos personagens das Forças Armadas, tais como Santa Anna, a quem Juárez desprezava. A figura escolhida de Juárez funciona como a imagem do exemplar e defensor da virtude republicana. O pintor contemporâneo, Francisco Toledo (n. 1940, Juchitán) explorou o simbolismo de Juárez em duas séries de pinturas.

no final da primeira fase. As duas fases subsequentes, 1861-1863 e o período após 1867, correspondem às vitórias liberais em duas guerras civis com seus oponentes conservadores e levaram a novas tentativas de impor o programa de reforma.

A Revolução de Ayutla foi formada por uma ampla coligação de forças. Os liberais fizeram parte dela, mas estavam divididos entre moderados e radicais. Essa divisão remonta, no mínimo, à década de 1830. Os moderados conseguiam, muitas vezes, oferecer a ligação que unia católicos e conservadores na coligação. A principal figura da ala moderada foi Ignácio Comonfort (1812-1863), coronel aposentado das milícias, dono de uma fazenda em Puebla e ex-prefeito de Tlapa no início da década de 1840. Embora intimamente associado com Álvarez desde seu tempo como administrador da alfândega em Acapulco, Comonfort trouxe para a coligação alguns moderados, por exemplo, o político de Guanajuato, Manuel Doblado Ayutla (1818-1865), o general conservador Félix Zuloaga (1813-1898), que veio de uma família importante de donos de fazendas de Chihuahua. A tomada do governo provisório de Álvarez pelos radicais em outubro a dezembro de 1855, no entanto, fragmentou esta aliança. O general Tomás Mejía, nascido em Querétaro (1820-1867), que ganhou proeminência após a guerra contra os Estados Unidos, passou para a oposição em nome da defesa da identidade católica do México e incitou a rebelião em Sierra Gorda. Essa área fornecia a Mejía uma base de operações a partir de onde foi possível lançar uma série de campanhas contra os regimes liberais durante os oito anos seguintes. A presidência de Benito Juárez (1806-1872) surgiu dessas divisões políticas e conflitos militares.

Embora concebido como uma medida moderada, o primeiro grande decreto de reforma ampliou mais ainda as divisões latentes do país. A Lei Juárez de novembro de 1855 não pretendia abolir os privilégios eclesiásticos, mas subordiná-los à lei civil de Juárez, governador de Oaxaca entre 1847 e 1852 e secretário da Justiça e assuntos eclesiásticos na administração de Álvarez, foi um líder defensor da supremacia do poder civil. O arcebispo Lázaro de la Garza (1785-1862) da Cidade do México condenou a Lei como um ataque contra a própria Igreja. Em 1855-1856, as rebeliões clericais em Puebla minaram as políticas do governo conciliador e levaram a uma grande operação militar para que a província se tornasse obediente.

A Lei de 25 de junho de 1856, do ministro das Finanças, Miguel Lerdo de Tejada (1812-1861), mostrou-se consideravelmente mais controversa do que a anterior. A Lei Lerdo previa a conversão das propriedades da Igreja e das comunidades indígenas em unidades de propriedade privada favorecendo, em geral, os inquilinos nelas assentados. Inicialmente, havia um duplo objetivo: levar para o mercado as propriedades até então inalienáveis, incentivando assim o desenvolvimento e arrecadar receitas por meio da tributação desse processo. Esses objetivos extremamente idealistas não conseguiram reconhecer a condição instável dos assuntos políticos, o tamanho da oposição que poderia surgir, as oportunidades oferecidas para os especuladores e a natureza geralmente complicada dos procedimentos envolvidos. Muito em breve, a guerra civil transformaria as considerações tributárias em um assunto primordial. Nesse sentido, o objetivo dos liberais, que desejavam facilitar o surgimento de uma classe de pequenos proprietários numerosos e ativos, logo caiu no esquecimento. A Lei, em qualquer caso, não continha disposições à respeito da divisão prévia das propriedades antes da venda. A promulgação da Lei criou muitos novos interesses que opunham-se veementemente a sua reversão.

A adjudicação e as vendas totalizaram aparentemente cerca de 20,5 milhões de pesos no final de 1856. O próprio Lerdo acredita que menos da metade das propriedades eclesiásticas elegíveis haviam sido transferidas nesse período. No entanto, a força da Lei Lerdo não recaiu sobre a Igreja, que detinha propriedades principalmente urbanas compradas por políticos liberais, mas sobre as numerosas comunidades camponesas. Sua resposta às políticas liberais dependia das vantagens ou desvantagens esperadas por eles. Que, por sua vez, dependiam da velocidade com a qual os regimes liberais locais executavam a Lei e lidavam com o alinhamento de forças que as sustentava. Algumas comunidades com tradição do uso de terras privadas ou familiares puderam beneficiar-se, especialmente quando já estavam bem integradas à economia de mercado. A plena aplicação da Lei foi ultrapassada por uma década de guerra, entre 1857 a 1867. A perda do poder nacional pelos liberais entre janeiro de 1858 e janeiro de 1861 e novamente a partir de junho de 1863 até julho de 1867, interrompeu o processo de desamortização.

A crença de Comonfort de que a Constituição de 1857 havia enfraquecido o executivo central e concedido o poder eficaz para os governadores dos estados levou à desintegração da sua administração liberal moderada no final de 1857 e à instituição de um regime conservador na zona central pelo exército. Em janeiro de 1858, por uma aliança entre radicais e governadores dos estados da região do Centro-Norte, Juárez, que, como presidente do Supremo Tribunal, tinha o direito constitucional de sucessão, foi reconhecido como presidente interino nos territórios controlados por liberais. Os liberais – várias vezes derrotados pelos generais conservadores, Miguel Miramón (1831-1867), Leonardo Márquez (1820-1913), e Mejía, que mantinham o controle da região central – finalmente estabe-

CAPÍTULO 5 – DESESTABILIZAÇÃO E FRAGMENTAÇÃO (1770-1867) | 191

leceram sua administração em Veracruz, de maio de 1858 até o início de janeiro de 1861.

A administração de Veracruz, pressionada por Lerdo, retomou as reformas em julho de 1859. A Lei de nacionalização das propriedades eclesiásticas de 12 de julho deixou clara a ligação entre a desamortização e a condição deplorável das finanças nacionais. As estimativas governamentais a respeito do valor das propriedades da Igreja – entre 100 milhões e 150 milhões de pesos – foram, na época, provavelmente muito altas, pois não levaram em conta a perda de propriedade eclesiástica desde a época dos Bourbons. Além disso, os cálculos dos liberais normalmente incluíam os edifícios da Igreja e de mais tesouros, por exemplo os cálices sagrados. Lerdo esperava em vão conseguir um empréstimo dos Estados Unidos por meio das receitas que obteria pela venda das propriedades expropriadas. Os governadores anticlericais de Tamaulipas, Novo León, Michoacán e Jalisco já tinham antecipado o Decreto de Veracruz e implementado medidas próprias. Em última análise, a receita das vendas foi desapontadora. O Estado mexicano recebeu pouco mais de 1 milhão de pesos desde a desamortização em 1856 e pouco mais de 10 milhões de pesos pela continuidade desse processo combinado com a nacionalização nos anos que antecederam a perda de controle dos liberais da Cidade do México para a Intervenção francesa. Em 1910, a receita total recebida era ainda apenas 23 milhões de pesos.

Uma nova série de leis restringiu o papel da Igreja Católica na sociedade. Em 26 de abril de 1856, o reconhecimento civil dos votos religiosos foi cancelado, e em 11 de abril de 1857, a Lei Iglesias, respondendo às queixas locais sobre a pressão fiscal do clero, privou o clero paroquial de seus muitos impostos tradicionais. A Lei de 23 de julho reconheceu legalmente o casamento como um contrato civil, embora não tenha ido mais longe e não legislou sobre o divórcio e o direito de casar-se novamente. O Registro Civil de nascimentos, casamentos e mortes entrou em vigor ao abrigo da Lei de 28 de julho. Juárez registrou, na forma devida, seu filho recém-nascido. Em 11 de agosto, o número de feriados religiosos foi reduzido e vários feriados seculares foram introduzidos para a comemoração de eventos nacionais. A administração liberal proibiu as celebrações religiosas fora da Igreja e regulamentou a utilização dos sinos da Igreja. Os trajes clericais foram proibidos em público. Em 4 de dezembro de 1860, o Regime Liberal legislou sobre a liberdade religiosa e em conformidade com a neutralidade da Constituição sobre o tema da não exclusividade da instituição Católica. Isso abriu caminho para a evangelização protestante no país, que era vista favoravelmente pelos liberais que retomaram o poder temporariamente em 1861 e, definitivamente, depois de 1867.

A Constituição de fevereiro de 1857, em contraste a sua antecessora de 1824, não reconheceu o catolicismo como religião oficial do Estado. A oposição da hierarquia eclesiástica, já irritada pelas leis anteriores de Juárez e Lerdo, foi imediata. Os bispos, liderados pelo arcebispo Pelagio Labastida (1816-1891) e pelo bispo Clemente de Jesús Munguía (1810-1868) de Michoacán, retratou a Constituição como uma agressão ao catolicismo como tal e uma tentativa de substituir o que entendiam ser uma sociedade católica por um modelo secularizado, baseado em exemplos estrangeiros. A hierarquia e os polemistas clericais argumentaram a favor da defesa da identidade católica do México herdada da época colonial espanhola. Ao mesmo tempo, lançaram argumentos contra a doutrina liberal da soberania do povo e a favor do direito da Igreja de possuir propriedade e de exercer controle sobre a educação e a moralidade privada. Munguía liderou o ataque às leis de reforma por meio do Manifesto dos bispos de 30 de agosto de 1859.

Os esforços de Lerdo para garantir um empréstimo dos Estados Unidos e as negociações do Tratado McLane-Ocampo estavam nas mãos dos conservadores. A administração de Juárez obteve o reconhecimento dos Estados Unidos em 6 de abril de 1859. Embora os liberais considerassem isso como um triunfo político – pois viam-no como a identificação mais próxima entre as duas Repúblicas norte-americanas – os conservadores viam-no como uma sujeição ao inimigo nacional. Tendo em vista que o governo dos Estados Unidos tinha retirado seu reconhecimento do regime conservador da Cidade do México porque este havia se recusado a fazer mais concessões territoriais, os conservadores alertaram que a política externa liberal resultaria em outras perdas territoriais e, até mesmo, a completa subordinação do México aos Estados Unidos. Lerdo, Ocampo e Juárez sensibilizaram-se com tal crítica, algo que ameaçava causar sérios danos às credenciais nacionalistas da causa liberal. Nesse sentido, o Tratado McLane-Ocampo de dezembro de 1859 evitou outras concessões territoriais para os Estados Unidos, mas concedeu direitos de trânsito para os portos do Pacífico e no istmo de Tehuantepec. O Tratado frustrava os planos expansionistas do governo dos Estados Unidos, mas nunca entrou em vigor, por causa da deterioração da situação política dos Estados Unidos em 1860-1861.

Após a derrota militar conservadora de dezembro de 1860, os liberais recuperaram o controle da capital, embora guerrilheiros conservadores ainda operassem no interior. Miramón, que venceu a maioria das batalhas, mas perdeu a guerra, exilou-se em Havana e depois foi para a Europa. No entanto, Márquez permaneceu ativo, enquanto Mejía operava a partir de sua fortaleza pessoal em Sierra Gorda. Muitos monarquistas exilados na Europa buscaram, com o apoio de alguns conservadores, conversações com Napoleão III para o estabelecimento de uma monarquia no México por meio da intervenção militar estrangeira.

Juárez, que já ocupava o cargo de presidente *de facto* na zona Liberal há três anos, foi eleito presidente da República pela primeira vez em março de 1861, com uma maioria convincente. No entanto, sua eleição não acabou com as divisões de facções e rivalidades pessoais dentro de seu partido. Após a restauração do Governo Constitucional, essas hostilidades espalharam-se pelos processos políticos, colocando o Congresso contra o Executivo e os governadores de estado contra o poder central. Os conflitos internos enfraqueceram o governo nacional, já sobrecarregado por pagamento de juros sobre a dívida externa, como resultado do impacto da guerra civil sobre as finanças nacionais. A dívida total, que chegou a 90 milhões de pesos em 1851, estava em 82 milhões de pesos em 1861. A dívida aos acionistas britânicos, que fazia parte desse total, atingiu mais de 51 milhões de pesos neste último ano.

Ao mesmo tempo, a fragmentação dos Estados Unidos com a secessão dos estados do Sul e a formação da Confederação, em fevereiro de 1861 teve sérias implicações para o México. Em primeira instância, não estava claro se a Confederação pretendia continuar a tradicional expansão do sul às custas do México ou acabar com ela. A existência de estados-membros separados na precária fronteira norte do México afetou a relação dos próprios estados fronteiriços com o governo nacional na Cidade do México. Uma discussão considerável seguiu-se sobre a ideia de uma "República de la Sierra Madre", que consistia nos estados do Norte associados talvez a um Texas independente, trazendo o Novo México para sua órbita. Essa ideia ganhou força durante a Revolução de Ayutla, quando o Nordeste se rebelou contra a ditadura em ruínas de Santa Anna. Vidaurri – que anexou Coahuila à Novo León em 1856 e tinha planos de entregar para Matamoros as receitas aduaneiras federais do Rio Bravo del Norte de Piedras Negras – manteve-se, voluntária ou involuntariamente, no centro da oposição regionalista à administração de Juárez.

A Intervenção (1862-1867)

No dia 17 de julho de 1861, a administração de Juárez tentou impor o controle do governo federal sobre todas as receitas apropriada pelos governadores. Dentre elas, estavam as receitas dos portos fluviais, bem como aquelas da costa do Golfo e do Pacífico. O objetivo evidente do governo era fortalecer sua posição fiscal no momento em que a situação da fronteira do Norte permanecia precária. Este Decreto, entretanto, envolvia a suspensão dos pagamentos da dívida externa por um período de dois anos – uma moratória sobre o pagamento dos juros. Os interesses financeiros das potências europeias já haviam sido danificados durante a guerra civil e, dessa forma, elas tomaram tal situação como um pretexto para a utilização de força com o objetivo de obrigar o México a honrar seus compromissos. A Grã-Bretanha, a França e a Espanha assinaram a Convenção Tripartite de Londres em outubro de 1861, que previa a ocupação conjunta das casas alfandegárias dos principais portos, começando com Veracruz, a fim de impor o pagamento da dívida. A ameaça de uma intervenção europeia desviou seriamente o governo de Juárez de seus dois objetivos principais: o estabelecimento do sistema constitucional e das leis de reforma e a estabilização da situação na fronteira do Norte.

Juárez conseguiu extrair de um Congresso relutante a concessão de poderes extraordinários na tentativa de defender a soberania nacional em face da Intervenção europeia. Houveram outras concessões do Congresso em outubro de 1862 e maio de 1863. Leis de traição seriam aplicadas àqueles que colaborassem com a Intervenção. A medida mais abrangente foi a Lei de 25 de janeiro de 1862, que impôs o julgamento pelas Cortes marciais e a aplicação da pena capital para quem colaborasse com a Intervenção, sem possibilidade de perdão governamental aos condenados nos termos da Lei. Esta Lei forneceu a base do tratamento da Intervenção pela administração Juárez. Maximiliano, Miramón e Mejía foram executados em junho de 1867, em conformidade com as suas disposições.

Os projetos políticos da França no México tornaram-se possíveis por causa da Guerra Civil que eclodiu nos Estados Unidos, em abril de 1861. A percepção de que os franceses pretendiam intervir diretamente nos assuntos internos mexicanos e impor uma mudança de regime levou à retirada das outras duas potências na primavera de 1862. A Intervenção unilateral da França após abril de 1862 pressupunha a anulação da eleição de Juárez ocorrida um ano antes e a sobreposição, no México, de um sistema que a França pudesse aceitar. Dessa forma, o México passaria para a órbita

CAPÍTULO 5 – DESESTABILIZAÇÃO E FRAGMENTAÇÃO (1770-1867) | 195

imperial francesa, embora mais indiretamente do que a Indochina ou a Argélia. O objetivo francês, inicialmente em conjunto com exilados mexicanos, era remover a República estabelecida pela Constituição de 1857 a favor de uma monarquia de um príncipe europeu. O candidato selecionado foi o arquiduque Fernando Maximiliano, irmão mais novo do imperador austríaco Francisco José. Maximiliano tinha sido um governador liberal da Lombardia em 1858-1859 e viajou para o Brasil, onde estava a imperatriz Leopoldina (também da família Habsburgo). O esquema, no entanto, envolvia a prévia conquista francesa do México e a suposição de que os conservadores mexicanos seriam colaboradores eficazes. Os cálculos militares da França, no entanto, não haviam aprendido nada com a com a experiência americana de 1846-1847, isto é, longos atrasos e gigantesco número de vidas perdidas.

A derrota francesa fora de Puebla em 5 de maio de 1862 adiou a ocupação da capital por mais um ano. Esse revés militar atrasou os planos monárquicos de Napoleão III. Juan Nepomuceno Almonte (1803-1869), filho ilegítimo de Morelos, voltou para o México com a Intervenção como a principal figura conservadora. Almonte havia lutado na campanha do Texas de 1835-1836 e foi ministro da Guerra em 1839-1841 e novamente no início de 1846. Sua intenção era usar a Intervenção como base para a construção de um regime conservador. As instruções secretas dadas por Napoleão III ao marechal Forey em 3 de julho de 1862, no entanto, impediram os conservadores de dominar o governo e favoreceram um regime moderado com talentos de todas as facções. A ocupação francesa da Cidade do México, em junho de 1863, obrigou a administração de Juárez a reagrupar-se em San Luis Potosí. As forças imperiais francesas e mexicanas estabeleceram o controle de todas as principais cidades e portos a partir do verão de 1863 até o outono de 1866, quando sua posição militar começou a ruir rapidamente. O governo francês tinha subestimado de forma grosseira as dificuldades em conquistar o México. Por razões políticas e financeiras, Napoleão III enviou apenas uma força expedicionária de cerca de 27 mil homens, um décimo do número que Napoleão tinha colocado na Península espanhola para tomar um país que possuía a metade do tamanho do México. Dentre os homens, haviam soldados da Legião Estrangeira Francesa e auxiliares do norte da África. Os remanescentes do exército conservador serviram como complemento e, posteriormente, houve a inclusão de voluntários belgas e austríacos. Mesmo assim, as forças imperiais nunca foram capazes de manter o interior por muito tempo. Além disso, as cidades mais expostas mudaram de mãos em diversas ocasiões.

O trono imperial mexicano estava perigosamente vago desde a queda de Agustín I, em março de 1823. Maximiliano, com o apoio de sua esposa, Carlota, filha de Leopoldo I da Bélgica, aceitou, persuadido pelos conservadores e monarquistas mexicanos, que ele poderia se tornar o salvador da pátria. O Conselho de Regência, inicialmente dominado por Almonte e Labastida, procurou estabelecer sua autoridade até a chegada do casal imperial. O comandante militar francês, Achille Bazaine (1811-1888), no entanto, foi deixando os regentes cada vez mais de lado, seguindo a política secreta de Napoleão III de marginalizar os conservadores e preparar o caminho para um regime moderado que aceitasse o apoio de qualquer um que aceitasse unir-se ao Império. Bazaine ganhou experiência militar nas campanhas da Argélia, na Primeira Guerra Carlista de 1833-1840, na Guerra da Crimeia (1854-1856) e na Guerra Franco-austríaca na Itália, em 1859.

Maximiliano e Carlota somente chegaram ao México em junho de 1864, momento em que aproximava-se a derrota do exército confederado nos Estados Unidos. Embora a França nunca tenha reconhecido a Confederação, a estratégia de Napoleão III no México baseava-se na continuação da luta armada nos Estados Unidos. Assim que forças imperiais chegaram na fronteira do Texas no final de 1864, as relações com as autoridades da Confederação foram cordiais, especialmente porque a Confederação, para contornar o bloqueio da União, dependia de Matamoros como seu ponto de saída para as plantações de algodão. Enquanto isso, no entanto, o ministro de Juárez em Washington, D.C., Matías Romero (1837-1898), esforçava-se incessantemente para mobilizar a opinião pública dos Estados Unidos contra o Segundo Império mexicano. O governo dos Estados Unidos, todavia, mesmo após a derrota da Confederação, em 1865, ainda dava maior prioridade às suas relações com a França do que ao México republicano. Por conseguinte, o país nunca ofereceu apoio material para a causa *juarista*. Os exércitos cruzavam a fronteira em transações privadas, mas nem a França nem os Estados Unidos chegaram a arriscar o desmoronamento de suas relações por causa dos problemas no México.

Durante a Guerra de Intervenção (1862-1867), Juárez nunca abandonou o território nacional. Ele considerava-se a personificação da República – itinerante, mas nunca tirado do país. Apesar de ter estado escondido em El Paso del Norte (mais tarde Cidade Juarez) no Rio Bravo del Norte entre 1865 e 1866, Juárez – juntamente com seus dois ministros que o

CAPÍTULO 5 – DESESTABILIZAÇÃO E FRAGMENTAÇÃO (1770-1867) | 197

acompanham, Sebastián Lerdo de Tejada (1823-1889) e José Maria Iglesias (1823-1891) – nunca abandonou a crença de que a defesa da soberania nacional obrigava que ele permanecesse continuamente, apesar das dificuldades envolvidas, em solo mexicano. De tal forma, eles impediram que o governo imperial alegasse que apenas ele representava o governo legítimodo México. Apesar das notáveis deserções do lado republicano, Juárez contava com o apoio de vários governadores dos estados do Norte e do Oeste, de Coahuila até Michoacán. O mais importante era o governador em Chihuahua, Luis Terrazas, local onde Juárez passou a maior parte de seu exílio interno entre 1864 e 1866. A ascensão política e econômica de Terrazas em Chihuahua teve início nesse período. Por meio dessas alianças políticas e militares no Norte, Juárez foi capaz de quebrar o poder de Vidaurri e ocupar Monterrey em 1864.

Desde o início, o governo de Maximiliano sofreu de uma ambivalência de políticas. Ele tinha sido levado ao México pelos conservadores, mas ele próprio tendia a opiniões liberais. Ele alienou a hierarquia eclesiástica rapidamente por causa da crença da família Habsburgo na supremacia do Estado sobre a Igreja e por seu apoio à tolerância religiosa. Ainda, recusou-se a sancionar a anulação das leis de desamortização de 1856 e 1859 em relação às propriedades eclesiásticas e buscou, em vez disso, trazer para o Império os compradores de propriedades nacionalizadas. A política imperial alienou o papa Pio IX (1846-1878), que havia condenado as leis de reforma mexicana, levou à retirada imediata do Núncio Papal e frustrou a assinatura de uma Concordata entre a Igreja e o Estado. A desordem financeira foi a causa básica do colapso do Império. O Tratado de Miramar entre Napoleão III e Maximiliano em 23 de março de 1864 obrigou o México a pagar o custo da empreitada francesa, sendo que sua situação financeira já havia sido o pretexto para a Intervenção europeia inicial. Como resultado, o governo imperial passou constantemente a buscar ajuda financeira das casas bancárias europeias, incluindo o Barings de Londres.

Assim, Maximiliano excluiu o partido conservador de todos os cargos. Fora do poder como um grupo desde o final de dezembro de 1860, os conservadores não voltaram a predominar no governo até o final de 1866, quando o Império estava próximo do colapso. Maximiliano colocou a administração nas mãos de moderados e liberais que estavam dispostos a cooperar com um Império reformista. As três principais figuras conservadoras, Almonte, Miramón e Márquez, foram todos enviados para a

IMAGEM 24 (A). O imperador Maximiliano em vestes imperiais.

(B). A imperatriz Carlota em vestes imperiais. Ambas as pinturas podem ser vistas no Museu de História do Castelo de Chapultepec. Há uma quantidade extraordinária de fotos e pinturas do casal imperial, uma tentativa desesperada de propagar sua imagem da forma mais ampla possível em um ambiente cada vez mais adverso.

Europa. Miramón, um ex-presidente (1860), claramente tinha ambições políticas nacionais e, como tal, representava uma ameaça em potencial para o Império. Márquez tinha uma reputação repugnante. Em 1859, ele havia assassinado prisioneiros liberais médicos em Tacubaya. Miramón e Márquez somente foram chamados de volta no final de 1866, quando o processo de retirada militar francesa já estava em andamento. Desde o final de 1864 até o final de 1866, Mejía, que não possuía ambições políticas nacionais, tornou-se, com efeito, o principal comandante mexicano imperial em campo.

Desde o início, Maximiliano procurou distanciar seu governo das ações dos militares franceses – cujo sucesso dependia de sua sobrevivência. A intenção do Imperador era patrocinar a criação de um exército imperial mexicano autônomo, que ele inicialmente pretendia alcançar por meio dos esforços dos seus voluntários austríacos e belgas. As hostilidades francesas, seguidas de sua retirada completa em fevereiro de 1867, forçaram-no a confiar principalmente em Miramón, Márquez e Mejía. O aumento dos custos, os perigos políticos na Europa, a oposição doméstica e a oposição do governo dos Estados Unidos contribuíram para a decisão francesa de abortar a Intervenção. Apesar da força expedicionária de Bazaine não ter sido realmente derrotada no México, a retirada reconheceu a impossibilidade de uma ocupação efetiva que fosse além das cidades principais. Napoleão III, que esperava uma vitória rápida e barata, não estava disposto a pagar os custos políticos e militares de uma campanha eficaz de pacificação. Bazaine, no entanto, não conseguiu persuadir Maximiliano a deixar o México juntamente com os exércitos franceses. Abandonando a ideia original de uma monarquia liberal, Maximiliano realinhou-se com os conservadores para se preparar para um confronto final.

Os principais comandantes liberais, Mariano Escobedo (1826-1902) no Norte e Porfirio Díaz (1830-1915) no Sudeste, obtiveram a vitória final sobre o Império ao capturar Querétaro e a Cidade do México, respectivamente, em maio e junho de 1867. Juárez estava determinado a levar Maximiliano, Miramón e Mejía, feitos prisioneiros em Querétaro, a julgamento pela Corte marcial sob as severas disposições da Lei de 25 de janeiro de 1862. Embora o advogado de defesa tenha apelado por um Tribunal Civil em conformidade com a Constituição, os três prisioneiros foram executados por um pelotão de fuzilamento na madrugada de 19 de junho de 1867, na Colina dos Sinos, fora de Querétaro. A execução objetivava ser uma mensagem poderosa para impedir que as monarquias europeias continuassem a

IMAGEM 25. Execução de Maximiliano, 19 de junho de 1867. Há uma série de representações desta cena, incluindo três pinturas de Edouard Manet. Há também fotografias, o detalhe de uma delas está mostrado aqui: o pelotão de fuzilamento original. Uma capela, paga pelo governo austro-húngaro comemora o evento na Colina dos Sinos. Atualmente, uma enorme estátua de Juárez domina a colina.

intervir nos assuntos das repúblicas americanas. O forte simbolismo de um Habsburgo austríaco, descendente do imperador Carlos V, morto em uma Colina do México Central por um esquadrão de soldados *mestiços* não foi deixado de lado por ninguém. Há um ponto menos conhecido na história de Juárez, que possuía um codinome na organização maçônica em que ele ingressou em janeiro de 1847, na Cidade do México, quando era deputado de Oaxaca no Congresso Nacional, durante a guerra com os Estados Unidos, a saber, William Tell. Os republicanos mexicanos retrataram a derrota do Império como uma reivindicação de independência nacional da Espanha em 1821. Ela representou a sobrevivência do México (em sua forma territorial pós-1853) como um Estado soberano e ao mesmo tempo enviou uma poderosa mensagem para que os Estados Unidos não tentassem nenhum desmembramento adicional do território nacional.

Juárez, um político astuto e implacável que soube esperar, sobreviveu a todas as intrigas para derrubá-lo e desempenhou um papel central na oposição à Intervenção e ao Império. Por meio de mudanças de alianças entre os governadores liberais e figuras políticas que incluíam tanto os moderados quanto os radicais, Juárez conseguiu lidar com cada um de seus inimigos, um por vez. O apoio consistente dos principais comandantes do exército, dentre os quais os mais proeminentes eram Escobedo e Díaz, permitiu que Juárez desse seu golpe final no Império durante o primeiro semestre de 1867. Depois disso, o partido conservador ficou destruído como uma força política no México; no entanto, grande parte da história do partido no período entre 1848 e 1867 ainda permanece sem explicação. Nenhum partido de orientação católica ganhou credibilidade eleitoral novamente até a vitória do Partido Católico Nacional [PCN] em 1911-1913. Isto significava que o futuro do México permaneceria nas mãos dos triunfantes liberais, que estavam determinados, após 1867, a pôr as leis da reforma em total vigor. No entanto, a vitória de 1867 representou mais o triunfo do nacionalismo do que o estabelecimento seguro de um sistema constitucional. Conforme rapidamente percebido pelos governos da República Restaurada (1867-1876), os anos de guerra exacerbaram as tensões entre os poderes executivo e legislativo e entre o centro do poder e as demais regiões. Os polos de poder sub-regionais e locais, que surgiram durante os combates, desafiaram o liberalismo do governo central e buscaram defender uma interpretação provincial e popular da reforma. Em agosto de 1867, Juárez e Lerdo, ansiosos para reforçar o poder central por meio da reforma da Constituição, viram-se confrontados com uma profunda desconfiança e oposição generalizada. As divisões duradouras entre os liberais acabaram minando as tentativas do sólido estabelecimento das disposições constitucionais de 1857.

capítulo 6

Reconstrução (1867-1940)

Há várias décadas, o economista americano Clark Reynolds afirmou a existência de três períodos de rápido crescimento econômico do México moderno: 1770-1795, 1880-1907 e 1946-1970. No primeiro, o capital foi gerado dentro da economia da Nova Espanha e os investimentos foram feitos principalmente por comerciantes-financiadores espanhóis residentes no México. Durante o segundo período, o investimento estrangeiro desempenhou um papel decisivo, estimulando, particularmente, o crescimento no setor de exportação. O último período, como veremos no capítulo seguinte, foi o produto de uma economia política pós-revolucionária em que o Estado mexicano passou a exercer um papel reforçado. Desde a década de 1880, a economia mexicana (e as economias latino-americanas, em geral) tornou-se mais estreitamente integrada no sistema internacional, no qual a dinâmica principal pertencia aos países industrializados e em processo rápido de industrialização, isto é, o norte da Europa e os Estados Unidos. A demanda por matérias-primas industriais e produtos tropicais ofereceu incentivos poderosos para os investimentos externos. Nesse sentido, os países beneficiários foram confrontados com a necessidade urgente de atualizar sua infraestrutura inadequada por meio da modernização de portos, transportes e bancos. Tais pressões, por sua vez, apontam para a necessidade doméstica de estabilização política.

A estrutura econômica do México no final do século XIX e início do século XX foi configurada no rescaldo do período da Reforma. Embora tenha ocorrido um considerável avanço industrial nos anos entre 1880 e 1910, o México em 1940 ainda era predominantemente rural. Mesmo assim, foram iniciadas profundas mudanças sociais que, em última análise, alterariam a distribuição da população entre cidade e campo. Pode-se argumentar que, no final do século XIX, o custo da participação de determinados setores da economia mexicana no mundo capitalista causou um declínio nos padrões de vida da população. Rebeliões rurais eclodiram e o banditismo era predominante em áreas com certo tipo de desorganização social. Um dos bandoleiros mais conhecidos, Heraclio Bernal, dirigiu suas operações nas áreas de mineração da Sierra Madre Ocidental durante a década de 1880. O impacto social da integração ao mercado mundial tornou-se um grande problema durante a Revolução Mexicana, após 1910, algo que ocorreria novamente em meados da década de 1980, depois da adoção de políticas econômicas "neoliberais".

A partir de 1880 até o vasto impacto da recessão de 1907, a economia mexicana expandiu-se principalmente em três áreas: diversificação do setor de mineração, desenvolvimento de produtos tropicais para exportação e a captura do mercado doméstico (liderada pela indústria têxtil) por uma série de indústrias nacionais. Ao mesmo tempo, no entanto, o crescimento demográfico mexicano de 9,7 para 15,1 milhões de habitantes entre 1877 e 1910 constituiu um novo encargo a uma estrutura agrária inadequada. Apesar de notáveis avanços nos setores industriais da economia, em 1910 pelo menos 64% da população ativa ainda vivia da agricultura. A porcentagem, na verdade, teve um aumento de 60% em 1877. Além disso, a elevada taxa de analfabetismo (77% de toda a população) era um impedimento para o uso de tecnologia e transferência de trabalhadores qualificados.

Nacionalmente, graves falhas políticas durante as décadas de 1890 e 1900 garantiram que o México de 1910-1911 se visse em uma situação revolucionária. A divisão política do governo nacionalista deixou as estruturas precárias do regime perigosamente expostas à mobilização popular em todos os níveis. As comemorações do centenário da Independência foram uma faxada por trás do qual escondia-se parcialmente o fracasso político e a desorganização social. A não resolução da questão da sucessão ao longo da década de 1900 foi a causa imediata da desintegração política que começou dentro do próprio regime de Díaz.

O México perdeu 1 milhão de pessoas durante os conflitos revolucionários da década de 1910. O deslocamento das linhas de abastecimento e as constantes requisições militares produziram uma forte crise alimentar em 1914-1915. Em junho de 1915, havia motins por alimentos na capital, que apresentava uma cena de desnutrição e fome. Em 1918, a produção de milho caiu bastante em relação aos níveis de 1900 a 1910, os níveis e produção de feijão atingiu somente 60% dos valores de 1910. Em 1918-1919, apenas 12% das minas e 21% das unidades de transformação de alimentos estavam realmente em operação. Os preços dos alimentos continuavam a aumentar em 1920, mas os níveis salariais continuavam sendo os mesmos de 1910. Pior ainda, os preços da prata e do cobre continuavam a cair no mercado mundial. Durante esse período de contração e dificuldades, a florescente indústria de petróleo do México, praticamente intocada pela luta revolucionária devido à sua remota localização geográfica na costa do Golfo e no istmo, tornou-se a principal indústria exportadora do país.

A resolução da questão da oferta de alimentos seria deixada para os governos revolucionários instalados após 1920. Durante a Revolução, a mobilização em larga escala dos camponeses, no entanto, fez que a questão da posse de terras também precisasse ser tratada por eles. Durante a década de 1930, a Revolução Mexicana enfrentou o problema de conciliar a necessidade de maximizar a oferta de alimentos à demanda para redistribuição de terras para os camponeses. Nesse sentido, a Revolução gerou problemas paralelos, tais como a organização laboral no campo e a oferta de crédito governamental para as comunidades reconstituídas. Isso trouxe à frente a questão da relação entre produtores camponeses organizados e os processos políticos pós-revolucionários.

A Reconstrução foi um processo de longa duração que não completou-se até depois de meados da década de 1940, quando o México passou por três décadas de crescimento rápido. Durante essas décadas, o país tornou-se predominantemente urbano pela primeira vez. O crescimento econômico durante o período de Díaz estabeleceu muitos dos fundamentos dessa expansão subsequente. Em muitos aspectos, o impacto imediato da Revolução durante o período de 1910 a 1940 paralisou o crescimento econômico e, até mesmo, forçou o país a entrar em um ciclo de violência e desordem. Ao mesmo tempo, no entanto, as mudanças políticas e sociais impostas pelas forças que Revolução liberou até então continham e criaram condições, finalmente, mais favoráveis para o relançamento do crescimento econômico. Durante a década de 1940, como veremos no capítulo seguinte, uma somatória de condições nacionais e internacionais permitiram que o México embarcasse em um avanço que tem sido descrito como o "milagre mexicano".

PARTE I
A República Liberal:
CONSTITUCIONALISMO
OU GOVERNO PESSOAL (1867-1911)?

O triunfo do movimento reformador liberal de 1867 trouxe o florescimento do nacionalismo mexicano nos círculos oficiais. Ignácio Altamirano (1834-1993), em particular, apelou para o desenvolvimento de uma literatura nacional distinta em reação aos modelos europeus predominantes. Ainda estava pouco claro como aconteceria, especialmente porque os principais inovadores literários ainda eram europeus, pelo menos nas últimas décadas do século. O nacionalismo cultural continuava a ser uma série de reações confusas contra os modelos estrangeiros que ocorria em meio a um pequeno grupo de figuras literárias, que ainda lutavam com as limitações de sua cultura doméstica e eram incapazes de descobrir o que poderia ser definido como uma expressão predominantemente "mexicana". Mesmo assim, Altamirano estava à frente do movimento em 1869 com a criação do jornal literário, *El Renacimiento*, que procurou reviver a criatividade nacional após os anos de guerra, reunindo talentos de quaisquer persuasões ideológicas. Altamiro era um liberal radical de origem indígena, nascido em Tixtla (Guerrero), também era escritor, cuja obra *Clemencia* (1869) é considerada um dos primeiros romances mexicanos modernos. José Maria Velasco (1840-1912), o mais importante pintor de paisagens do México, havia adaptado a tradição europeia a um ambiente especificamente mexicano, mais vasto e mais dramático. De 1870 a 1890, Velasco pintou cenas, principalmente do Vale do México, que incluíam quadros das primeiras ferrovias. Diego Rivera (1886-1957), um revolucionário nacionalista que estava no centro do movimento muralista da década de 1920 a 1940, considerava Velasco como uma de suas principais influências. Sua outra influência foi José Guadalupe Posada (1852-1913), cujas litografias retomavam o tema tradicional do Dia dos Mortos (2 de novembro) e retrataram a onipresença zombeteira da morte por meio de suas sátiras com caveiras e esqueletos. Posada tornou-se um dos principais críticos da plutocracia do final do período Díaz.

Juárez sempre enfatizou a necessidade da educação pública, mas, durante as décadas de 1860 e 1870, as finanças do governo eram inadequadas para a tarefa. Os dez anos de luta entre liberais e conservadores atrasou as reformas educacionais projetadas. A Escola Preparatória Nacional finalmente foi inaugurada no início de 1868. Suas paredes receberam em 1921 a 1922 os primeiros murais de Rivera. Gabino Barreda (1818-1881), foi seu primeiro diretor por doze anos e, depois de 1867, introduziu uma versão mexicanizada do positivismo francês que salientava maior importância da educação e prática científica sobre a prática religiosa e das disciplinas tradicionais às quais os pensadores liberais atribuíam o atraso do país. Na sua opinião, a história do México teve três fases, a religiosa (época colonial espanhola), a metafísica (o movimento de Reforma Liberal) e a positiva (a futura era de paz e progresso). Embora a parte do orçamento nacional voltado à educação tenha dobrado para pouco menos de 7% do total entre 1877-1878 e 1910-1911, a dotação para as forças armadas e para a polícia manteve-se em 22% (apesar de ter caído 42%).

A EXPANSÃO DA ECONOMIA

A tentativa de reconstrução da economia começou no rescaldo do colapso do Segundo Império. Embora não existissem relações diplomáticas entre México e Grã-Bretanha de 1867 até 1884, o governo de Juárez, em 1870, reconheceu uma dívida britânica total de 66,5 milhões de pesos, que de alguma forma teria de ser atendida. Ao mesmo tempo, o país vivia uma contínua escassez de meios de circulação: em 1870, as estimativas do valor de moedas cunhada totalizavam 24 milhões de pesos, mas de 21 a 23 milhões desse valor era exportado para poder pagar as importações. Esse problema refreou o poder de compra doméstico e causou atraso às indústrias nacionais. Romero, secretário de Finanças (1872-1873), estimou um déficit de 7,2 milhões de pesos para o exercício, sendo que as receitas eram apenas de 15,9 milhões de pesos.

A República Restaurada (1867-1876), acossada pelo conflito interno sobre a relação entre o centro e as regiões, entre os poderes Executivo e o Legislativo e entre poder civil e o militar, em grande parte não conseguiu estabilizar a economia. Em 1880, o México enfrentava uma série de obstáculos econômicos: como reduzir a dependência tradicional dos preços de exportação dos metais preciosos, em um momento de queda dos valores da prata, e como diversificar a produção de minerais; como estimular a produção industrial; como abrir novas áreas geográficas de produção; como reduzir os déficits do orçamento anual e a balança comercial adversa; como tratar a grande dívida externa; como financiar um sistema educativo extenso capaz de elevar os níveis de alfabetização e fornecer uma força de trabalho qualificada. Em 1883-1884, a administração de Manuel González (1880-1884) tentou sem sucesso renegociar a dívida externa e restaurar a credibilidade do México. A negociação foi efetuada pelo ministro das Finanças, Manuel Dublán (1830-1991), cunhado de Juárez, durante o período de 1884-1888. Depois da restauração das relações com a Grã-Bretanha, o México foi capaz de negociar, em 1885, a conversão da dívida, que poderia ser atendida pelo recém-fundado Banco Nacional do México com os depósitos da Casa da Alfândega de Veracruz. Em 1885 foi feito o acordo com os acionistas de Londres, juntamente com um empréstimo de £ 10,5 milhões da alemã Casa de Bleichröder. Finalmente, em 1888, a emissão de novas obrigações assinalou o regresso do México ao mercado de crédito internacional. Em 1890, houve um segundo empréstimo da Alemanha de £ 6 milhões.

Após 1880, o crescimento econômico acelerado causou profundas repercussões sociais e políticas. Uma das mais importantes foi a crescente importância dos estados do Norte, desde Sonora até Novo León, sendo que a ascensão de Monterrey coincidiu com o governo do general Bernardo Reyes (1884-1909). O desenvolvimento de uma rede ferroviária na década de 1880 não só contribuiu para a integração de um mercado nacional pela primeira vez, mas também ajudou o governo a tenta controlar todo o território nacional. O comprimento total da estrada de ferro aumentou de apenas 472 km para 19.205 km entre 1873 e 1910. Em 1882 foi o auge dessa expansão. Depois de 1880, o sistema ferroviário mexicano foi ligado à rede dos Estados Unidos através de El Paso. O crescimento do sistema ferroviário levou a concessões para empresas de desenvolvimento e ampliou as oportunidades de trabalho. Ao mesmo tempo, no entanto, o aumento do valor das terras colocou maior pressão sobre as propriedades camponesas localizadas próximo às linhas propostas e provocaram considerável agitação rural por trás da fachada de desenvolvimento. A expansão da ferrovia afetou profundamente a economia como um todo e contribuiu para o crescimento do produto nacional bruto no período entre 1895 e 1910. O reconhecimento da importância da infraestrutura do governo levou à criação de um Ministério das Comunicações e Obras Públicas em 1891, localizado em um magnífico edifício em frente à Faculdade de Mineração Colonial próximo ao centro da cidade velha. O papel crucial das ferrovias levantou a questão da posse, que se tornou uma das principais questões políticas no final da década de 1900.

CAPÍTULO 6 – RECONSTRUÇÃO (1867-1940) | 209

IMAGEM 26. José María Velasco (1840-1912): esta pintura do vulcão, Pico de Orizaba (Citlaltépetl) (1897), corresponde ao quarto período de Velasco (1890-1901). As raízes de Velasco alcançam a pintura de paisagens dos séculos XVII e XVIII. A partir de 1855, ele estudou na antiga Academia colonial de San Carlos, na Cidade do México (que se tornou a Escola Nacional de Belas Artes depois de 1867), e foi aluno do pintor italiano Eugenio Landesio, residente no México até 1897. A partir de 1865, Velasco estudou Ciências Naturais na Academia de Medicina, Botânica, Física e Zoologia. Diego Rivera foi um de seus alunos. O trem está perto da estação Fortín, no estado de Veracruz. A Cañada de Metepec e as plantações de café estão em primeiro plano.

HISTÓRIA CONCISA DO MÉXICO

Sob o comando do general Carlos Pacheco (n. 1839, Chihuahua), veterano das Guerras da Reforma, da Intervenção e da Rebelião de 1876, o desenvolvimento ferroviário seguiu em frente. Pacheco, secretário de Desenvolvimento de 1881 a 1891, lançou as bases para quase três décadas de desenvolvimento econômico. A expansão do sistema de estradas de ferro, indo do centro até a fronteira dos Estados Unidos, abriu novas áreas de suprimento de matérias-primas. Isso teve uma importância decisiva no que diz respeito à produção de algodão para a agonizante indústria têxtil nacional. Até a década de 1870, as zonas costeiras do Golfo de Veracruz e do Pacífico continuavam sendo as principais áreas de suprimento, tal como tinham sido na época colonial. A construção da Ferrovia Central na década de 1880, no entanto, abriu a região de La Laguna, entre os estados de Durango e Coahuila. Essa região, irrigada pelo Rio Nazas, cobria 6.000 km de terras algodoeiras. Os meeiros pobres perderam suas terras de inundação com plantações de milho para os plantadores de algodão. Em 1888, uma sociedade anônima, a Companhia de Tlahualillo, comprou 44.000 hectares e prontamente viu-se em conflito com os proprietários locais de terras em relação ao abastecimento de água. Entre 1888 e 1895, La Laguna passou a ser a zona agrícola com crescimento mais rápido em todo o México. A população rural aumentou dez vezes (200 mil pessoas) entre 1880 e 1910, devido principalmente aos migrantes vindos do México Central. A situação do trabalho na área de La Laguna contribuiu para o apoio em massa à Revolução de 1910.

O rápido aumento da produção de algodão reduziu a dependência mexicana de fibra importada: a porcentagem do algodão cru em relação às importações primárias diminuiu de 45%, em 1888-1889, para 22%, em 1910-1911. Uma expansão paralela aconteceu na produção têxtil nacional, particularmente durante a década de 1890, como resultado dos pesados investimentos de mexicanos e estrangeiros residentes. A industrialização contribuiu para a urbanização: a Cidade do México, Puebla e Guadalajara, que eram centros têxteis tradicionais, cresceram consideravelmente, mas o crescimento mais notável ocorreu em Orizaba (Veracruz) e Monterrey, ligadas por via férrea a La Laguna. O número de habitantes de Torreón, principal cidade de La Laguna e, também, um centro metalúrgico, aumentou de 2 mil a 34,2 mil nos vinte anos anteriores a 1910. O número estimado de artesãos têxteis no México caiu de 41 mil, em 1895, para 8 mil, em 1910, enquanto o número de trabalhadores industriais aumentou de 19 mil para 36 mil. Em outras atividades industriais, no entanto, a produção artesanal manteve-se pouco afetada.

A expansão salientou ainda mais a necessidade de importação de tecnologia do noroeste da Europa ou dos Estados Unidos, em resposta às demandas domésticas. Isso, no entanto, custou caro em um momento de declínio dos valores das exportações da prata. Por conseguinte, o método preferido de aumento da produção de têxteis tendia a ser o aumento dos recursos humanos, não a adoção de novas tecnologias. Em 1910-1911, 9% das importações mexicanas consistiam em maquinário e a porcentagem de algodão importado, que em 1888-1889 era de 31,5%, havia caído para apenas 2,8%, mas, mesmo assim, a produtividade permanecia em grande medida estática. Além disso, a mão de obra qualificada continuava em falta por causa da ausência geral de instalações educacionais para os trabalhadores.

O rápido crescimento do setor de mineração criou maior ênfase para a importância econômica dos estados do Norte, que, de acordo com François-Xavier Guerra, eram responsáveis por 75% da produção mineradora. Os investimentos subiram de 1,75 milhão de pesos, em 1892, para 156 milhões de pesos, em 1907, quando a indústria foi atingida pela recessão. Grande parte do investimento tinha origem estrangeira. O produto tradicional de exportação do México, a prata, foi extremamente afetado pelo declínio dos valores mundiais, que caíram pela metade entre 1877 e 1903. Os principais países passaram a utilizar o padrão-ouro após 1873, causando a queda da demanda internacional pela prata mexicana como um meio de troca. No entanto, as exportações de metais preciosos conseguiram expandir-se: de 25 milhões de pesos para 81 milhões de pesos, entre 1877 e 1910. Mesmo assim, a produção de metal industrial e combustível cresceu a partir do início da década de 1890 e, por isso, em 1910-1911, os metais preciosos representavam 54% do valor da produção mineradora. Os centros de mineração moviam-se constantemente em direção ao norte até que, no final do período de Díaz, Zacatecas, San Luis Potosí, Sonora e Coahuila passaram a ser as principais zonas de produção.

A ascensão de Monterrey como o principal centro comercial e industrial do Nordeste (1.000 km da Cidade do México) estava ligada à expansão da economia dos Estados Unidos após a Guerra Civil Americana. Como no restante do México, os comerciantes-financiadores, muitos deles nascidos no exterior, forneciam a capital. Um dos mais proeminentes foi Isaac Garza (n. 1853, em Monterrey), que passou a fazer parte da família Sada,

IMAGEM 27. A Siderúrgica de 1903 em Monterrey (foto do autor). *A Compañía Fundidora de Fierro y Acero de Monterrey* iniciou suas operações em 1903. Fundada em 1900, com o capital mexicano e de estrangeiros residentes, a instalação contribuiu significativamente para a rápida industrialização desta cidade do Nordeste a partir do final da década de 1880. Fundadas em 1854, 1872 e 1874, três fábricas de têxteis já operavam na cidade e em seu entorno. A cervejaria foi aberta em 1890; a produção de cimento e vidro veio após a siderurgia em 1905 e 1909, respectivamente. Foram encontrados depósitos de carvão ao norte de Monterrey e na fronteira de Coahuila. O Cerro de la Silla (Morro da Sela) pode ser visto em segundo plano. A "Fundidora" é hoje a parte central de um parque industrial.

pelo casamento, e presidia a principal conexão comercial da cidade. A família Garza Sada dominou a indústria cervejeira, que forçou a saída da concorrência externa durante a década de 1890, e consolidou suas três grandes cervejarias na década de 1920. Duas décadas antes, a indústria do vidro passou de Puebla e da Cidade do México para Monterrey, local sem qualquer tradição anterior. A família abriu a fábrica Vidriera Monterrey S.A. em 1909, com um capital básico de US$ 1,2 milhão e começou a produção no ano seguinte. A fábrica de vidros situava-se perto da Cervejaria Cuauhtémoc. A primeira siderúrgica da América Latina, a Fundidora de Monterrey, começou sua produção em 1903, novamente sob o controle de Garza. No entanto, o alto-forno nunca funcionou a mais de 50% de sua capacidade de produção por dois anos consecutivos nas décadas anteriores a 1929. Demorou até o final da década de 1930 para que a Fundidora utilizasse, pela primeira vez, 80% de sua capacidade.

Três ministros das Finanças, Romero, Dublán e José Yves Limantour (1854-1935) contribuíram para a estabilização das finanças mexicanas. Limantour sucedeu Romero na Secretaria de Finanças em maio de 1893.

No exercício financeiro de 1895-1896, ele conseguiu produzir um excedente orçamental com despesas em 40 milhões e receitas em 50,5 milhões de pesos. Esse feito notável foi mantido em 1905-1906. Os números do comércio para 1904-1905 também mostram um equilíbrio favorável, sendo que os metais foram responsáveis por metade das exportações. Com a reforma monetária de 1905, no entanto, Limantour traz o México para o padrão-ouro, refletindo os dez anos de estabilidade fiscal do país. Sua intenção era reivindicar um lugar para a República entre os principais países do mundo. Como resultado, os termos de troca deterioraram-se com a queda dos preços de exportação e o aumento dos preços das importações, principalmente o preço do maquinário. Nesse contexto, o impacto do colapso do mercado de ações de Nova York de 1907 afetou profundamente os setores modernizados da economia mexicana que estavam expostos às tendências dos preços internacionais. No mesmo ano, a desastrosa colheita aumentou as dificuldades sociais. Embora a produção de alimentos tenha se recuperado em 1908 e 1909, esses dois anos foram desastrosos para a indústria mexicana. Limantour foi obrigado a domar a crise por meio de outro empréstimo estrangeiro.

Durante o período de Díaz, a dívida externa e interna do México aumentou rapidamente, em particular, depois de 1890. A dívida aumentou de 193,2 milhões de pesos, em 1896, para 589,7 milhões de pesos, em 1911. Desses valores, 441 milhões representavam a dívida externa (incluindo os créditos ferroviários), mesmo após a desvalorização de 1905. A maior parte da dívida externa se não desviasse à compra de equipamento militar (que era geralmente negligenciado), destinava-se ao custo da modernização das infraestruturas. Limantour, no entanto, conseguiu reduzir o custo do serviço da dívida de 38% da receita ordinária, em 1895-1896, para 23,7%, em 1910-1911, por meio da redução das taxas de juros advinda das conversões das dívidas em 1899 e 1910. A confiança internacional no México manteve-se elevada e o nível da dívida continuou a ser controlável. O valor total em investimentos diretos, além disso, excedeu em muito a soma dos empréstimos.

A estabilidade financeira, negativamente afetada pela recessão de 1907, deteriorou-se significativamente durante os conflitos revolucionários da década de 1910. Apesar de ter conseguido um empréstimo de Nova York em 1911 e três lançamentos de obrigações britânicas em 1913-1914, o México, em 1914, não conseguiu lidar com o serviço de sua dívida externa. O colapso político e a Guerra Civil da década prejudicaram muito os avanços econômicos do período da década de 1880. Em dezembro de 1919, a dívida nacional tinha aumentado para 722 milhões de pesos. Estes problemas seriam deixados para que o regime de Plutarco Elias Calles (1924-1928) tentasse resolver. Em muitos aspectos, os sucessores de Limantour foram os ministros das Finanças da década de 1920.

PODER TERRITORIAL E O MUNDO RURAL

As condições no meio rural não eram de forma alguma uniformes. A mobilidade laboral era maior no Norte, que estava em rápido desenvolvimento, do que no Sul tradicionalista, onde (especialmente em Oaxaca) a comunidade camponesa indígena ainda mantinha o controle de grande parte da terra. A população aumentou à taxas muito mais elevadas em todos os estados do Norte – Durango, Coahuila, Sonora, Chihuahua e Novo León – do que em outras regiões da República, em grande parte devido à migração interna. No México Central, houve uma considerável perda de terras dos camponeses durante o período de Díaz, mas não foi generalizada ou consistente. Até 20% da população rural vivia nas "haciendas", geralmente as terras de melhor qualidade. Em certos estados, por exemplo, Morelos, a rápida expansão da produção de açúcar causou forte pressão sobre o controle das terras dos camponeses, o trabalho e as fontes de água. Nos estados do Norte, por exemplo, San Luis Potosí, o trabalho assalariado tendia a substituir o servilismo por dívidas da zona rural. Em áreas específicas do Centro-Norte, nos estados de Jalisco, Aguascalientes, Guanajuato e Querétaro, surgiram uma vigorosa classe média rural, proprietária de ranchos, especialmente onde o sistema de *haciendas* era fraco ou ausente e onde a comunidade camponesa havia, já há muito tempo, sido suplantada.

A maior concentração de terras ainda era controlada pela família Terrazas em Chihuahua. Luis Terrazas (1829-1923) estabeleceu sua dinastia durante o período de Juárez e permaneceu estreitamente ligado ao governo nacional até o governo de Díaz que, desconfiado de seu poder regional, jogou com as rivalidades locais e causou seu afastamento entre 1884 e 1903. As atividades da família Terrazas eram variadas: criação de gado, setor bancário e de comércio. Em 1910, a família tinha 15 propriedades e um total de 2 milhões de hectares com 500 mil cabeças de gado e 250 mil cabeças de ovelha. A sociedade pecuária de Chihuahua e do Texas tinham muito em comum. Os setores médios em desenvolvimento do estado de Chihuahua, no entanto, viram suas aspirações bloqueadas pelo monopólio da família Terrazas e passaram a ter como modelo a democracia política e estilo de vida dos Estados Unidos. Os contatos transfronteiriços eram uma faceta normal da vida diária. Chihuahua, além disso, não era uma sociedade de comunidades de camponeses sedentários como as regiões central e sul do México, mas um estado diversificado e dinâmico, com uma base semi--industrial. Suas tradições indígenas ainda eram fortes, os tarahumara mantinham uma presença resiliente na Sierra Madre Ocidental.

A agricultura mexicana, assim como no século XVIII, continuava exposta a repetidas crises de subsistência. Em 1891-1892, por exemplo, ocorreram duas quebras sucessivas de safra. Ainda pior, a produção de alimentos diminuiu em relação à população crescente nas décadas anteriores a 1910. A produção de milho, por exemplo, caiu de 2,7 milhões de toneladas, em 1877, para 2,1 milhões de toneladas, em 1907. Como resultado, o país foi obrigado a importar grãos em tempos de escassez, pois em 1896-1897, 1900-1901 e particularmente entre 1909 e 1911: um período de várias quebras de safra. A importação de alimentos em um período de diminuição dos valores da prata pressionava ainda mais o sistema financeiro que, naquele momento, estava precariamente estável pelos esforços realizados por Limantour após 1893. No México, os preços dos alimentos aumentaram – 20% entre 1900 e 1910 –, enquanto eles estavam caindo em grande parte do resto do mundo. O preço do milho aumentou na mesma década de um índice de 100 para 190. De forma semelhante à crise de subsistência de 1809-1811, as disparidades regionais eram impressionantes. Dentre os estados mais afetados estavam os mineradores do Norte. A desatenção com a oferta de alimentos reascendeu a inflação geral em um momento de níveis salariais relativamente estagnados. A perda de terras nas aldeias exacerbou o impacto da crise de subsistência nas zonas centrais.

A *"pax* porfiriana" não trouxe paz para o mundo rural. As aldeias da úmida região Huasteca de San Luis Potosí tentaram, em 1879 a 1883, retomar as terras usurpadas pelas *haciendas* e fazer valer o seu direito de representação municipal. As comunidades de Tepic exigiam um sufrágio eficaz e eleições municipais livres. Instâncias similares ocorreram em toda a região central do México. Reyes, que acreditava que a supressão da resistência rural e das atividades de banditismo eram a condição indispensável para a modernização, acabou com as rebeliões de San Luis Potosí. Uma série posterior de rebeliões espalharam-se por Chihuahua e Coahuila entre 1889 e 1893, originadas da luta pelo poder entre facções rivais e acompanhadas por outros movimentos em Guerrero e Veracruz. Todas essas rebeliões, que, em parte, foram produto das dificuldades econômicas daqueles anos, mantiveram-se locais.

A recuperação da economia mineradora do noroeste das minas renovou a pressão sobre os yaquis de Sonora. As estratégias indígenas de sobrevivência durante o século XIX tinham envolvido alianças táticas com facções políticas rivais dentro do mesmo estado. Com efeito, em 1870, os yaquis conseguiram manter uma República praticamente autônoma, baseada na rica agricultura do Rio Yaqui. O avanço das empresas de desenvolvimento, que visava a apreender estas terras, provocou uma séria guerra de guerrilhas após 1887. Após 1895, a frustração do estado e do governo federal levou a uma política de repressão violenta e deportação dos yaquis capturados para as plantações tropicais do Sul. Mesmo assim, em 1900, ainda havia no estado cerca de 30 mil yaquis em uma população total de 220 mil habitantes. A resistência dos yaquis em 1899, e entre 1902 e 1905, colocou cerca de 5 mil soldados federais no campo. A deportação tornou-se a política geral após 1904 e atingiu seu auge em 1908, época em que entre um quarto e metade da população yaqui já tinha sido expulsa do estado por via férrea. Muitos foram enviados para as plantações de henequem (tipo de agave ao sul do México), em Yucatán, com o objetivo de complementar a intensiva mão de obra dos maias locais. Outros fugiram para o Arizona. O regime de Díaz retratou os yaquis como inimigos do progresso e da civilização e aplicou a eles uma violenta política de repressão. Por seu lado, os yaquis negavam o direito do governo federal de alterar o seu modo de vida e privá-los de suas terras. Um papel fundamental na guerra do governo contra os yaquis foi interpretado por Ramón Corral (1854-1912), a principal figura política em Sonora entre 1887 e 1900. As soluções brutas do período de Díaz contribuíram para cooperação dos yaquis às forças revolucionárias de Álvaro Obregón em Sonora após 1913. Foi deixado para que a Revolução Mexicana encontrasse uma solução para os problemas dos yaquis.

O estudo de Alan Knight sobre a Revolução Mexicana afirma que "as rebeliões decorrentes das reivindicações agrárias foram pontos centrais para a Revolução Popular de 1910-1920". Da mesma forma que no caso das questões de fundo dos movimentos revolucionários da década de 1810, muitas reivindicações antigas e localizadas passaram a fazer parte de um movimento mais amplo de grupos de liderança regionais e nacionais. As mudanças econômicas aceleradas agravaram com frequência os problemas locais nas décadas antes da eclosão da revolta generalizada. Em ambos os casos, uma crise política do centro abriu o caminho para a mobilização popular. Houve, no entanto, importantes diferenças qualitativas. Os conflitos sobre o uso da terra, direitos à água e ao trabalho camponês nas fazendas assumiram maior importância na década de 1910 do que na década de 1810, embora não estivessem ausentes naquele momento. A partir da década de 1890, as questões trabalhistas e de terras passaram a ser as fontes predominantes do conflito social. As décadas imediatamente anteriores à Revolução de 1910 deixaram em evidência o alargamento do fosso entre os setores modernizadores da economia e a identidade camponesa tradicional.

Questões e interpretações

Entre 1867 e 1884 o sistema político mexicano funcionou de forma relativamente aberta. Embora os conservadores e o clero como um grupo não tenham participado diretamente, as várias facções dentro do movimento liberal e as personalidades conflitantes que as dominavam competiam ativamente por influência. A imprensa criticava abertamente e satirizava os governos, e os jornalistas não eram perseguidos pelo poder oficial. No entanto, duas questões ficaram pendentes: a transferência pacífica do poder político de um presidente para outro e a inclinação que o executivo tinha de estabelecer controle sobre os processos eleitorais nos níveis nacional e estadual. A não resolução desses problemas levou a República Restaurada a um ponto de inflexão em meados da década de 1870. A partir daí, a questão da reeleição tornou-se um problema central da política, especialmente quando, depois de 1900, o regime personalista de Porfirio Díaz distintamente não conseguiu resolver a questão da sucessão.

Durante o período entre 1884 e 1911, tornou-se evidente que o liberalismo mexicano do século XIX não tinha conseguido estabelecer no país um sistema representativo de governo. Apesar da reafirmação dos princípios constitucionais liberais e da estrutura federal durante o período da Reforma, os processos políticos tornavam-se cada vez mais autoritários e centralistas. O abuso da reeleição garantia ao regime a perpetuação no cargo. A reeleição por si só não levaria à crise se não fosse por seu sistema político fechado e porque o regime havia neutralizado as instituições estabelecidas pela Constituição de 1857. Em 1909-1911, com o início da crise sobre a reeleição, nenhuma instituição nacional foi capaz de manter uma posição de controle ou oferecer um elemento estabilizador, no momento da quebra do regime.

Entre 1910 e 1914, o sistema criado por Díaz em 1876 entrou em colapso. A desintegração dos processos políticos do México foi o verdadeiro testamento do período de Díaz. A extensão de seus fracassos seria sentida durante as décadas seguintes. A modernização econômica e as boas estatísticas disfarçavam parcialmente a subversão da Constituição e o fechamento gradual do sistema político. A prosperidade da elite envolvida no processo de modernização fez com que seus membros estivessem menos interessados em desafiar o regime com base na Constituição. Como resultado, a recessão de 1907, que foi mais dramática nos setores avançados da economia, expôs uma sociedade com desenvolvimento político atrofiado e instituições ineficazes.

A historiografia latino-americana costuma agrupar o regime mexicano e os da América do Sul como exemplos comuns de um "governo oligárquico". Esse ponto de vista, no entanto, deixa de notar a diferença essencial entre o México e os outros principais países da América Latina. Nos outros locais, os regimes oligárquicos envolviam as transferências de poder entre os presidentes eleitos e, por vezes, entre diferentes partidos ou facções. Tais práticas, embora quase nunca possuíssem um sentido democrático, evitavam a possibilidade da autoperpetuação no poder e crises sucessórias. Na Argentina, a organização popular forçado a abertura dos processos políticos depois de 1912 e, como consequência, o principal movimento de oposição, o Partido Radical, foi eleito em 1916. Até mesmo o Peru e a Bolívia, que tinham uma herança constitucional muito mais fraca que o México, atravessaram o período de meados da década de 1880 até a década de 1920 sem grandes turbulências políticas e sociais. A maior parte da América do Sul, além disso, passou por um crescimento econômico semelhante ao do México. A experiência sul-americana em si demonstrou que a Ditadura (no formato do regime de Díaz) não era uma condição prévia necessária para o desenvolvimento.

A comparação entre o México e o restante da América Latina revela as consequências transcendentes das medidas políticas adotadas durante o período de Díaz. A experiência de governo representativo iniciada em 1855 foi desmantelada após 1884. Ademais, foi imperfeita e limitada, mas, após 1884, a intenção não era nem reformá-la nem tentar fazer que o governo representativo funcionasse, mas sim reduzi-lo a nada. Muitos comentadores têm interpretado o regime de Díaz (que ainda permanece controverso) em conformidade com as próprias justificativas do regime. Os apologistas daquele período justificaram o regime alegando que a Constituição de 1857 era inviável, que o povo mexicano não estava preparado para governo representativo – ou que eram totalmente incapazes para recebê-lo – que a Ditadura era necessária para o desenvolvimento e que Juárez e Lerdo, com a intenção de perpetuarem-se no cargo, haviam lançado as bases do regime de Díaz. Seu outro argumento era que apenas Díaz poderia unir o país. Mesmo assim, o México produziu muitos homens distintos e hábeis, como Mariano Escobedo, Matías Romero, Ignácio Vallarta, Manuel Romero Rubio, Ignácio Mariscal e Manuel Dublán, por exemplo, capazes de alcançar a Presidência. O regime de Díaz não foi o resultado de condições históricas do México ou de simples acidente, mas de decisões tomadas nos mais altos níveis. Por conseguinte, o México, que na época da Reforma esteve na vanguarda do desenvolvimento político latino-americano, caiu gradualmente para o nível das sociedades menos sofisticadas. A Venezuela, por exemplo, experimentou, entre 1870 a 1930, um estilo de governo determinado por seus caudilhos nacionais como Antonio Guzmán Blanco, Cipriano Castro e Juan Vicente Gómez. A experiência de Díaz, rotulada de "Porfiriato" por Daniel Cosío Villegas, privou os mexicanos das poucas garantias constitucionais obtidas desde o fim da era colonial. As experiências constitucionais do México, timidamente iniciadas em 1808, foram extintas. A prática política não dependia do respeito à Constituição, mas de acordos pessoais com o general Díaz. Tais procedimentos violavam os preceitos básicos da imparcialidade constitucional defendida por Juárez.

A falta de definição foi a marca registrada do regime de Díaz durante todo o período compreendido entre 1880 e 1900. As divisões dentro do Partido Liberal tornaram impossível a adoção de uma ideologia oficial: elas certamente descartaram a possibilidade do Partido tornar-se o partido único do governo. Tais condições servem para explicar por si só o caminho personalista que atingiu o regime. Em visão retrospectiva, os intérpretes do regime, influenciados ou pelos apologistas ou pelos detratores, ideologizaram-no como um regime "modernizador", "desenvolvimentista" ou "positivista". As estatísticas do período de 1877 até a recessão de 1907 mostram uma considerável expansão econômica, mas se a economia – ou alguns setores dela – foram "modernizados", o mesmo não ocorreu com o sistema político. Em vez disso, Díaz construiu um sistema autoritário e personalista – com mais estilo do que substância. Quando esse sistema entrou bruscamente em colapso em 1911, não existiam quaisquer instituições alternativas ou tradição políticas para substituí-lo e, assim, impedir o país de dissolver-se no caos.

O legado de Díaz, seja ele visto em termos econômicos ou na perspectiva da cultura política, foi uma experiência marcante para o México. Ele deixou suas marcas ao longo do século XX. As decisões tomadas no período de Díaz influenciaram o resultado de eventos durante e após a Revolução. Díaz construiu entre 1884 e 1911 tudo o que Iturbide e Santa Anna não conseguiram fazer. Nesse sentido, o seu regime não representou uma continuação de Juárez e Lerdo, mas o afastamento do caminho proposto por eles. Os constitucionalistas mexicanos eram muito fracos e divididos para impedir que isto acontecesse – ou eles próprios eram partidários de Díaz. No entanto, eles iriam desempenhar um papel importante na derrubada do regime em 1909-1911. Durante o intervalo, o sistema político esteve mais fechado que durante a República restaurada depois de 1867. O Senado e Câmara dos Deputados estavam paralisados, os governadores dos estados eram recalibrados a cada etapa, não havia mais liberdade de imprensa e os políticos e jornalistas da oposição passaram a ser perseguidos, às vezes até à morte.

As tendências de modernização promovidas pelo regime de Díaz incentivaram a interpretação de que as origens do México contemporâneo estão especificamente naquele período. Em um sentido econômico, elas realmente estão. Em termos positivos, pode-se argumentar que as origens do México contemporâneo estão no período da Reforma que tentou definir os direitos dos cidadãos e lançar as bases do governo representativo. Em termos negativos, pode-se argumentar que o regime de Díaz lançou as bases do governo mexicano do século XX, que demonstrou fortes tendências centralizadoras (dentro de um sistema federal) e a supremacia executiva sem limites, a reeleição aparentemente perpétua do partido monopolista, o abuso frequente dos direitos dos cidadãos, a incapacidade de desenvolver uma cultura política de participação efetiva e a predominância de negócios privados e patrocínio pessoal. A Era de Díaz dizimou os ganhos do período da Reforma e restaurou a cultura do autoritarismo e da extralegalidade.

Práticas políticas no governo de Porfirio Díaz

Na Rebelião de Tuxtepec, Díaz afastou Lerdo em 1876 pela plataforma de "sufrágio eficaz, sem reeleição", ou seja, pela aderência estrita aos princípios da Constituição de 1857. Essa postura, esperada em todas as rebeliões dos liberais desde 1867, mereceu-lhe muita simpatia da ala radical do movimento. Estes radicais ou "puristas", fora do poder desde 1863, haviam nutrido profundas desconfianças em relação a Juárez e Lerdo. Eles já tinham construído uma clientela para a causa *porfirista*. A primeira administração de Díaz (1876-1880) retratou a base de apoio variada dentro do partido e do país. Romero tornou-se ministro das Finanças mais uma vez, o general radical Pedro Ogazón que tinha sido governador de Jalisco em 1857-1861 tornou-se ministro da Guerra e o ateu Ignácio Ramírez (1818-1879) ficou com o Ministério da Justiça e assuntos eclesiásticos. Essa administração também revelou a fraqueza de seu apoio nos níveis superiores do movimento liberal, quando, durante a década de 1870, o movimento dividiu-se em três. A principal figura por trás de Díaz foi seu amigo íntimo e companheiro de Oaxaca, Justo Benítez (1839-1900), que havia sido seu secretário durante a Guerra da Intervenção e conselheiro-chefe durante as duas rebeliões de Díaz em 1871 e 1876. Benítez havia construído um grupo de seguidores pessoais e podia contar com uma maioria de partidários na Câmara dos Deputados. A expectativa geral – tendo em vista o princípio de 1876 de "não reeleição" – era que Benítez sucederia Díaz em 1880. Uma vez instalado na Presidência, no entanto, Díaz procurou libertar-se da tutela de Benítez.

Díaz precisava obter apoio de todos os cantos possíveis. As raízes da sua política de conciliação espalharam-se neste primeiro período. O conflito de Lerdo com os católicos mexicanos terminou após uma declaração de janeiro de 1877, afirmando que o Novo Regime não perseguiria a Igreja. Indivíduos proeminentes de quaisquer ideologias perceberam que eles poderiam estabelecer acordos com o regime, mas não era permitido qualquer tipo de união com facção, grupo ou partido. O regime usou a força para esmagar os movimentos *Lerdistas* dos estados, por exemplo, Veracruz e Sinaloa em 1877-1879. Em Veracruz, o telegrama de Díaz ao governador Luis Mier y Terán em 1877, pedindo para que este último acabasse com a Rebelião pela força, resultou na execução de nove pessoas sem julgamento. Isso e o assassinato dos *caciques* de Tepic por comandantes do exército, em um banquete preparado para celebrar sua obediência, foram as duas manchas terríveis da primeira administração de Díaz.

A tendência seguinte do período de Díaz já pode ser notada em 1880, quando, em vez de designar Benítez ou qualquer um de seus ministros como sucessor, Díaz selecionou um colega do exército sem qualquer credibilidade política. Díaz, aparentemente, não acreditava que Benítez devolveria o poder político a ele ao término do mandato presidencial em 1884. O rompimento com Benítez foi considerado por seus partidários, que posteriormente o chamaram de "Perfídio Díaz", como uma traição. Por ter sido um conservador durante a Guerra Civil da Reforma, o general Manuel González não contava com nenhuma base no Partido Liberal. Por conseguinte, sua posição dependia inteiramente do favor de Díaz como um *compadre*. A intervenção de González salvou a causa de Díaz durante suas duas rebeliões. Inicialmente, a Presidência de González contava com bons prognósticos. O ilustre *juarista*, Ignácio Mariscal (1829-1910), foi nomeado secretário de Relações Exteriores – um posto que manteria até sua morte, e o próprio Díaz tornou-se ministro do Desenvolvimento. O general Gerónimo Treviño (1836-1914), leal à González, tornou-se proeminente por meio da Guarda Nacional de Novo León no governo estadual de Vidaurri, foi ministro da Guerra e selou a aliança com o Nordeste já que o próprio González era original de Matamoros (Tamaulipas).

A transferência política de 1880 foi apenas a segunda transferência pacífica desde a Independência. Ainda assim, esse estupendo avanço era somente uma fachada que escondia manobras mais profundas: Díaz desejava que González devolvesse o poder a ele em 1884. Nesse sentido, Díaz deixou a administração em maio de 1881, após apenas seis meses como ministro, a fim de não parecer estreitamente associado a ele. A intenção por trás deste distanciamento era criar as condições para evitar qualquer possibilidade de González ir além de um termo no cargo.

A questão sobre Díaz ter alguma ideologia clara de desenvolvimento é duvidosa. Ele não estava associado à ala tecnocrática do liberalismo, cujo precursor tinha sido Miguel Lerdo de Tejada. Sua principal expressão ocorreu durante o governo de Sebastián Lerdo, com o surgimento de figuras como Manuel Romero Rubio (1828-1895), ministro das Relações Exteriores e principal figura do executivo naquela época. A família Romero Rubios fez fortuna durante o período da Reforma em associação com o governador radical de Tamaulipas, Juan José de la Garza (1826-1893), por meio da apropriação das propriedades eclesiásticas. Romero Rubio esteve em eclipse político nos Estados Unidos desde a queda de Lerdo, mas voltou para o México como senador em 1880. Díaz, no entanto, precisaria, mais cedo ou mais tarde, fundamentar seu regime em pessoas mais capazes de fornecer-lhe uma base sólida. Os tecnocratas *lerdistas* começaram a retornar à vida política como indivíduos durante a década de 1880.

Romero Rubio, por sua vez, tornou-se cada vez mais conservador e sua família mais católica. Em dezembro de 1883, Díaz casou-se, aos 53 anos, com Carmen Romero Rubio, de 19 anos de idade. Mesmo evidentemente

CAPÍTULO 6 – RECONSTRUÇÃO (1867-1940) | 223

IMAGEM 28. Porfirio Díaz em seu auge. Sozinho em traje cerimonial no Palácio Nacional, em 1905, mas não perdido em meio ao esplendor e talvez refletindo sobre a natureza transitória do poder, apesar de sete reeleições para a Presidência (1884, 1888, 1892, 1896, 1900, 1906 e 1910).

atraído por ela, a única paixão de Díaz, se concordarmos com a opinião de seu adversário de tempos mais tarde, José López Portillo y Rojas, era a posse do poder político: poder, convém salientar – ao invés de riqueza pessoal. Carmelita, uma católica praticante, uniu-se a um maçom velho, mas viril e antigo radical. O casamento foi realizado na Cidade do México, celebrado pelo mesmo arcebispo, Labastida, que, anteriormente, havia sido um dos críticos da Reforma. Essa extraordinária união entre um general liberal e um prelado anteriormente exilado foi provocada por um padre parcialmente inglês, monsenhor Eulogio Gillow (1847-1922), que havia recebido parte de sua educação no colégio jesuíta de Stonyhurst em Lancashire. A formação sacerdotal de Gillow foi feita na Roma de Pio IX. Ele utilizou sua influência com o arcebispo Labastida para garantir uma forma de convivência entre a Igreja e o Estado. Posteriormente, Gillow tornou-se bispo e, em seguida, em 1887, arcebispo de Oaxaca. Em 1901, Gillow tornaria-se o primeiro americano a ser nomeado cardeal, embora o governo do México tenha se recusado a permitir que o título fosse usado no México.

Díaz e Carmelita passaram sua lua de mel nos Estados Unidos – Carmen falava muito bem o inglês – onde o casal foi festejado como se fosse parte da realeza.

Nesse meio tempo, os porfiristas começaram o processo de desacreditar na administração de González, acusando-o de irregularidades financeiras, nomeadamente em matéria de empréstimos para a ferrovia. Díaz foi eleito sem oposição nas eleições presidenciais de 1884. Mesmo assim, a campanha contra González continuou até 1885, quando foi proposto um inquérito na Câmara dos Deputados contra sua suposta apropriação indevida de fundos públicos. A ameaça de acusação, que poderia ser iniciada apenas por Díaz, tinha a intenção de paralisar González politicamente.

A CONSTRUÇÃO DE UM
GOVERNO PESSOAL (1884-1911)

Díaz começou a construir uma Ditadura durante sua segunda presidência entre 1884 e 1888. Mariscal e Pacheco mantiveram seus cargos anteriores. Dublán ficou com as Finanças, mas Romero Rubio tornou-se, sem sombra de dúvidas, a figura principal. Como ministro do Interior, ele controlava a polícia, supervisionava os governadores dos estados e lidava com o Congresso Federal. Paralelamente, Díaz afastou os partidários de González dos governos estaduais a favor de *porfiristas* leais: Teodoro Dehesa (n. 1848, Veracruz) governou seu estado natal de 1892 a 1911; Mucio Martínez administrou Puebla; Martín González (n. 1839, Oaxaca) governou Oaxaca de 1894 a 1902. Um leal *porfirista* que não constituía qualquer ameaça potencial, o coronel Próspero Cahuantzi, um índio local, manteve-se como governador de Tlaxcala durante todo o regime, um período, consequentemente, conhecido como o "Prosperato". Em Novo León, Reyes governou a partir de dezembro de 1885 até novembro de 1909. Tendo em vista que a autoridade de Reyes aumentava cada vez mais por causa de sua administração eficiente em Novo León, Díaz passou a desconfiar dele.

Guerra argumenta que em meados da década de 1880 o sistema político tornou-se "uma pirâmide de velhos laços e lealdades de diferentes tipos cujo topo era dominado pelo presidente". Díaz reuniu uma infinidade de redes pré-existentes: lealdades pessoais nos níveis local e regional tornaram-se os fundamentos da coesão política nacional. A maioria dos caciques que, até aquele momento, eram autônomos foram substituídos e todos os potenciais rivais militares neutralizados. O relacionamento operacional contínuo entre todos esses níveis e agrupamentos foi essencial para a sobrevivência do regime. Na fase inicial da construção deste estilo pessoal de governo, Díaz permaneceu no controle direto. O próprio Díaz era um mixteca de Oaxaca que ganhou o poder por meio de cargos locais e provinciais, tanto civis como militares e tinha uma compreensão profunda de como México funcionava em seus níveis mais básicos. As figuras intelectuais e políticas da Cidade do México normalmente não entendiam esse funcionamento.

Eleições continuavam a ser realizadas, mas eram controladas por governadores leais. Em 1885-1886, a administração iniciou uma campanha para afastar os jornalistas. Foram utilizados subornos e financiamentos do governo para silenciar *El Partido Liberal, El Observador* e outros jornais dissidentes. Em junho de 1886, uma ação do governo obrigou muitos jornalistas a fugirem pela fronteira para os Estados Unidos, onde foram postos sob vigilância pelos consulados mexicanos. Um Congresso dócil, em 21 de outubro de 1887, autorizou a reeleição para um período adicional ao presidente e aos governadores de Estado. Tal disposição tornou-se uma emenda aos artigos 78 e 109 da Constituição de 1857, contradizendo totalmente o espírito das revisões de Palo Blanco (21 de março de 1876) para o Plano de Tuxtepec. Como resultado, muitos adeptos originais da rebelião de Tuxtepec passaram a opor-se ao regime, acusando-o na imprensa de violar o princípio de não reeleição consecutiva. O período pós-Tuxtepec de 1876-1884 definitivamente havia chegado ao fim. Trinidad García de la Cadena – um dos principais oponentes das tendências do regime, governador de Zacatecas de 1876-1880 e candidato presidencial neste último ano – estava gravemente doente e foi, em novembro de 1886, assassinado pelo subsequente governador do estado e *Chefe Político* de Zacatecas.

O motivo alegado foi o de conspiração e isso expôs mais ainda o potencial criminoso dos principais seguidores da administração de Díaz. A responsabilidade moral recaiu sobre Díaz.

Entre 1884 e 1888, as rivalidades pessoais dentro do executivo impediram que, em 1888, houvesse qualquer unidade, reforçaram a posição do presidente e previram maus agouros para um acordo sucessório. A política nacional de conciliação, então, escondia um executivo cheio de hostilidades inveteradas. Díaz encorajou Romero Rubio, Dublán e Pacheco a pensarem em si mesmos como seu potencial sucessor. As rivalidades mútuas destruíram as potencialidades dessas figuras como candidatos. Além disso, Romero Rubio não poderia aceitar a sucessão por si mesmo, pois ele era sogro do Díaz. O resultado final foi que, em 1888, Díaz foi candidato a uma nova reeleição nos termos da emenda constitucional de 1887. Adversários perigosos, tais como o general Ramón Corona, antigo governador de Jalisco e o general Ignácio Martínez, editor do periódico *El Mundo*, foram ambos assassinados, o primeiro em 1889 e o último na fronteira do Texas, em Laredo, no ano de 1891. Esses assassinatos podem ser vistos como exceções, pois a prática normal do regime era a chantagem e a incorporação. Mesmo assim, aqueles que se recusavam a colaborar eram implacavelmente perseguidos.

A influência de Romero Rubio manteve-se forte. Por meio de seu secretário particular, Rosendo Pineda (n. 1855, Juchitán), uma figura importante do regime, foi mantido um círculo de jovens empreendedores entre 20 e 30 anos – vários deles alunos de Barreda – que estavam agrupados em torno dele como sua clientela pessoal até a sua morte em 1895. Em geral, eles favoreciam a continuação da Ditadura, alegando que ela garantia a estabilidade política e o desenvolvimento econômico. Pineda supervisionou pessoalmente o jornal oficial, *El Imparcial*, editado por Rafael Reyes, que conduziu a uma guerra de polêmicas contra uma oposição cada vez mais marginalizada. O jornal atraiu intelectuais para o lado do governo, oferecendo-lhes espaço para publicar seus textos. Poetas renomados como Manuel Gutiérrez Nájera (1859-1895) e Salvador Díaz Mirón (1853-1928) tiveram textos publicados no jornal. O preço baixo do jornal acabou com seus rivais, que desapareceram.

Após a segunda reeleição em 1888, o jornal de oposição, *El Diario del Hogar*, fundado em 1881 e editado por Filomeno Mata (1845-1911), ferrenho defensor da liberdade de imprensa, foi perseguido pelo regime. O próprio Mata foi enviado para a prisão trinta vezes. Daniel Cabrera (1858-1914), fundador do jornal satírico *El Hijo del Ahuizote* em agosto de 1885, foi supostamente aprisionado trezentas vezes antes do jornal parar de circular em 1895. Após mudar-se para a Cidade do México em 1887, as litografias de Posada apareceram neste jornal.

Em 1892, o círculo tecnocrático formou a União Liberal, uma facção da elite que fez campanha para uma terceira reeleição de Díaz. As principais figuras eram Pineda e Justo Sierra Méndez (1848-1912), ex-editor do *La Libertad* (1878-1884), que defendia um governo forte e o avanço técnico. Sierra, um crítico da Constituição de 1857, tornou-se a principal figura intelectual do período final de Díaz e foi ministro da Educação entre 1905 e 1911. As *tertúlias* de domingo à tarde realizadas em sua casa, em Tacubaya – mais bem descritas como bate-papos informais entre indivíduos com ideologias semelhantes que podiam fazer nascer amizades profundas e argumentos violentos – ofereciam um local de encontro para as jovens figuras literárias e os aspirantes a empregos. Limantour, filho de um imigrante francês e especulador de propriedades eclesiásticas nacionalizadas, apoiou a União Liberal. Outras figuras proeminentes eram

IMAGEM 29. Mural de Diego Rivera, *Sonho de uma Tarde Dominical na Alameda Central* (1947). Encomendado em 1946 e criado em 1948 no Hotel del Prado, Cidade do México, este mural foi danificado por fanáticos religiosos que invadiram o lobby. O problema do mural foi o retrato do ateu Ignácio Ramírez, ministro da Justiça e dos Assuntos Eclesiásticos do governo de Juárez com uma placa dizendo "Deus não existe". O terremoto de 1985 atingiu o hotel, mas o mural foi salvo e realocado em um museu especial na extremidade ocidental da Alameda. O mural mostra o jovem Rivera, Frida Kahlo, a esposa do pintor, José Martí, o nacionalista cubano e "La cavalera Catrina", um dos *esqueletos* de José Guadalupe Posada, em primeiro plano. Díaz está no canto direito.

Emilio Pimentel, governador de Oaxaca (1903-1910), o banqueiro Joaquín Casasús, Enrique Creel (n. 1854, Chihuahua), banqueiro e fabricante de Chihuahua, genro de Luis Terrazas e dono de uma das maiores fortunas do México, e Pablo Macedo. Eles também fizeram parte deste grupo.

A União Liberal teve a Cidade do México como base e seus partidários eram especialmente os empresários da modernização. Nas províncias, no entanto, o grupo era muito mais fraco. Seu objetivo era recriar o Partido Liberal como um partido do Estado, e usar o regime como uma agência de reforma. Eles previam, no entanto, a reabertura dos processos políticos, a restauração da liberdade de imprensa, a reforma judicial e uma forma limitada de democracia. A União Liberal desejava em 1892 o Estado de direito e não a supremacia pessoal do presidente perpétuo. Em vez disso, ela encontrou a obstrução de Díaz, pois este suspeitava a real intenção do partido que era oferecer uma base política para Romero Rubio. Nesse sentido, as aspirações de reforma política entraram em colapso e Díaz sucedeu si mesmo sem qualquer modificação do sistema. Em vez de uma "Ditadura esclarecida", os julgamentos de jornalistas e editores continuaram a ocorrer por toda a década de 1890. O círculo técnico, pejorativamente conhecido como os "científicos", tornou-se pouco mais do que um grupo administrativo, devido a sua posição a favor de Díaz.

A terceira reeleição abriu o caminho para mais uma emenda constitucional em 20 de dezembro de 1892, a qual removeu a especificação feita em 1887 a respeito de uma única reeleição e restaurou, assim, a posição de 1857, que não fazia nenhuma referência quanto à questão da reeleição. Dessa forma, o campo estava aberto para reeleições infinitas do presidente. As medidas repressivas do regime contra a imprensa continuaram. Em 1893 a 1894, foi a vez do *El Demócrata* e *El Monitor Republicano*, este último era um jornal venerável e robustamente liberal desde a década de 1840. Em 1896, Díaz garantiu sua quarta reeleição com a assistência do Círculo Nacional *Porfirista*. A fachada de continuidade, no entanto, foi desmentida pelo aprofundando das divisões do regime. A hostilidade ao círculo, cada vez mais remoto, dos *científicos* levou ao surgimento de um grupo rival que formou-se em torno de Reyes na década de 1890.

O APROFUNDAMENTO DA QUESTÃO SUCESSÓRIA

O fracasso óbvio do regime de Díaz para resolver a questão da sucessão foi a causa principal do colapso político do México em 1910. Os primeiros rumores de uma candidatura de Reyes começaram a circular em 1893 e, novamente, em 1896, quando Reyes tornou-se, por um breve período, ministro de Estado na Secretaria de Guerra. Parece que, em 1898, Díaz pensou em deixar a sucessão para Limantour e partir para Monterrey, em dezembro, a fim de garantir a aceitação de Reyes. A sucessão de Limantour, no entanto, foi travada não por Reyes, mas por Joaquín Baranda (n. 1840, Mérida), ministro da Justiça e Instrução Pública, que afirmou, erroneamente, que por ser filho de estrangeiro, ele não poderia candidatar-se legalmente à Presidência. Díaz, por conseguinte, deixou a ideia de lado por ser potencialmente controversa e tornou-se candidato para uma quinta reeleição. Numa vã tentativa de conciliar o aumento da divisão entre as facções do regime, Díaz trouxe Reyes para o governo como secretário de Guerra (1900-1902). Este último começou a realizar a necessária reforma do Exército, pois Díaz, por causa do medo de uma tentativa de golpe de dentro das Forças Armadas, havia cuidadosamente negligenciado as condições deterioradas da instituição. As políticas de Reyes, todavia, despertaram as suspeitas dos *científicos*, os quais afirmavam que ele estava construindo uma base política para suceder Díaz. A remoção de Reyes, provocada pelas intrigas dos *científicos* e seu novo aliado, Corral, governador do Distrito Federal e inimigo pessoal de Reyes, garantiu o fim da política de reformas do Exército. O México, consequentemente, não seguiu os outros principais países da América Latina que, naquele período, estavam remodelando e profissionalizando todas as suas forças armadas com a assistência de conselheiros militares europeus. Isso deixou o Exército Federal perigosamente exposto em caso de intervenção externa ou conflito interno em grande escala.

Entre 1900 e 1904, Corral passou a estar no centro do regime, mesmo que ele não fosse uma figura política nacional e fosse amplamente desconhecido na capital. Em 1904, quando ele tornou-se secretário do Interior, Corral ocupou a posição de comando anteriormente detida por Romero Rubio. Corral era o *bicho papão* dos *reyistas*. O próprio Reyes, quando foi comandante militar no Noroeste entre 1880-1883, entrou em conflito com ele em relação à conduta nas guerras contra os yaquis em Sonora, estado de origem de Corral. Corral, intimamente envolvido com os interesses bancários e de desenvolvimento, havia defendido campanhas vigorosas para retirar estes índios – sempre prontos para resistir eficazmente – da ocupação das melhores terras agrícolas do Estado.

Em 1904, o agravamento do problema da sucessão incentivou Díaz a estender o mandato presidencial (por uma vez) a seis anos, terminando, assim, em 1906. Paralelamente, ele garantiu uma Emenda Constitucional que permitiria a restauração do cargo de vice-presidencial que havia sido abolido em 1847. Díaz sempre se opôs a essa medida, que foi, provavelmente, conseguida pelos *científicos*, alegando que a tradicional função de vice-presidente era derrubar o presidente. Tendo em vista que ninguém conseguia concordar sobre um sucessor, Díaz candidatou-se para uma sexta reeleição em 1906, desta vez com o controverso Corral como candidato para a vice-presidência.

Entre a quinta e sexta reeleição, surgiram clubes contrários à reeleição nas principais cidades. A posição da maioria deles consistia na observação rigorosa dos preceitos da Constituição de 1857, acrescentando-lhe os princípios (de 1876) do sufrágio eficaz e da não reeleição. Ao mesmo tempo, as deterioradas relações laborais nos setores mais avançados da economia, da mineração de cobre de Cananea (Sonora) e da agricultura mecanizada de algodão no Rio Blanco (Veracruz), resultaram em amargas greves de longa duração entre 1906 e 1907. A alienação dos interesses de um setor significativo da população industrial pode ser destacada por essas greves. Nesse contexto, os irmãos Flores Magón, que estavam tentando organizar um Partido Liberal de oposição, radicalizaram seu programa em 1906 ao incluírem as reivindicações da classe trabalhadora.

O fracasso em resolver a questão da sucessão trouxe a questão da transferência de poder político ao foco. A incerteza duradoura desestabilizou o regime no centro, deixando os núcleos provinciais do poder tão perigosamente expostos como em 1810. A imobilidade no topo deslegitimou o regime e fez com que a ação revolucionária passasse a ser o único meio de impor a transferência de poder. Infelizmente, a supressão do regime de Díaz só pode ocorrer em um contexto de crise generalizada e não por meios pacíficos. Isto é, a transferência a uma abertura política ocorreria durante um período de desorganização econômica e social. As condições sociais e econômicas no interior do país já haviam sido expostas durante a década de 1900.

No auge de sua popularidade em 1908-1909, Reyes recusou-se a provocar um confronto com o regime por meio de sua candidatura para as eleições de 1910. Mesmo assim, seus partidários lutaram nas ruas contra os *porfiristas*. A questão sucessória ficou ainda mais agravada pelo anúncio feito por Díaz em maio de 1908, no meio do caminho entre duas eleições presidenciais. Ele disse que seria candidato para uma sétima reeleição e que Corral seria seu candidato à vice-presidente, mesmo tendo declarado,

CAPÍTULO 6 – RECONSTRUÇÃO (1867-1940) | 231

três meses antes em uma entrevista ao repórter James Creelman, que não seria mais candidato.

A impotência dos partidários de Reyes levou ao início de um movimento antirreeleicionista rival, liderado por Madero (n. 1873, Parras, Coahuila). Madero era neto de Evaristo Madero (1828-1911), um grande proprietário de terras de Coahuila, aliado de Vidaurri, antigo governador de Coahuila (1880-1883) e fundador do Banco de Novo León. Depois de 1889, Díaz tinha marginalizado a família de Madero na política de seu estado, em favor da nomeação de pró-*científicos*. Os *científicos* também predominavam no âmbito nacional, isso impediu que Venustiano Carranza tentasse adquirir o governo do estado em 1908. Madero, no ano seguinte, publicou *A Sucessão Presidencial de 1910*. Na obra, ele pedia, por uma democracia constitucional no México. Ainda, em seu livro, Madero identificou o militarismo como o principal inimigo do país. A este respeito, ele identificou-se com a tradição de Juárez. No entanto, os principais críticos do militarismo no início do século XX eram os *científicos* que desejavam desacreditar Reyes. Dada a amizade da família Madero com Limantour, esta postura não foi algo surpreendente. Significava, no entanto, que existia uma considerável distância entre o *maderismo* e o *reyismo*, mesmo que ambas as posições apoiassem as realizações econômicas da época porfiriana e desejassem dar prosseguimento a elas. Madero assumiu sua posição sobre a transferência pacífica do poder político entre autoridades civis, por meio de eleições. Este procedimento não fez parte da vida política do México durante a maior parte do século XIX. A primeira década do século XX não foi diferente.

A perspectiva de uma sétima reeleição do general Díaz, que, assim, completaria o seu oitavo mandato em 1914, destruiu as aspirações para resolver o problema da transferência de poder. Madero fundou o Clube Central Antirreeleicionista em maio de 1909. Seus membros fundadores foram Mata, o jornalista sempre aprisionado, que tornou-se secretário, José Vasconcelos (1882-1959), um membro do círculo literário que se reunia no *Ateneo de la Juventude*, Luis Cabrera (1876-1954), um jornalista que escrevia para *El Diario del Hogar*, sobrinho de Daniel Cabrera. Posteriormente, eles ganhariam destaque nacional durante a Revolução. A decisão do regime para eliminar Reyes da cena política obrigou os *reyistas* a, relutantemente, entrarem em um acordo com Madero. Carranza estava entre eles. Em novembro de 1909, já despojado de sua autoridade militar, Reyes renunciou ao cargo de governador de Novo León e foi enviado por

Díaz em uma missão militar para a Europa. O regime de Díaz nunca levou o *maderismo* a sério: os *científicos* até mesmo eram a favor dele por ser antir*reyista*. Na véspera das eleições presidenciais, no entanto, a crescente coalizão antirreeleicionista realizou uma convenção na Cidade do México, algo que alarmou o governo que, no início de junho de 1910, proibiu o movimento e prendeu Madero em Monterrey. Enquanto Madero ficou preso em San Luis Potosí por mais de um mês, ocorreu a reeleição de Díaz e Corral.

Do ponto de vista dos proprietários e beneficiários do desenvolvimento econômica desde a década de 1880, a instabilidade no centro, combinada com a iminência de uma luta armada, ameaçava abrir os portões para as reclamações sociais até então contidas por uma estrutura política eficaz. Um sentimento de alarme permeou os setores da elite da sociedade, pois acreditavam que não estariam mais protegidos pela combinação particular do regime de Díaz de manipulação e repressão seletiva. Diante disso, a mobilização popular parecia ameaçar a modernização alcançada desde a década de 1880. Esse medo era compartilhado por toda a elite, independentemente de ser *porfirista* ou ter lealdade revolucionária. Por essa razão, os novos grupos poderosos que surgiram durante a década de 1910, primeiro no âmbito dos estados e, finalmente, no nacional, estavam determinados a incorporar ou subordinar os movimentos populares, a fim de preservar e estender os avanços econômicos herdados do desacreditado regime *porfirista*. Para esse objetivo, seria necessário um Estado novo e poderoso. Os provincianos aspirantes à riqueza, competindo violentamente pelo poder, tentariam impor o monopólio do controle sobre esse Novo Estado.

PARTE II
O SISTEMA REVOLUCIONÁRIO:
PODER ESTATAL OU DEMOCRATIZAÇÃO (1911-1940)?

O IMPACTO DA REVOLUÇÃO

Em termos políticos, a Revolução de 1910-1911 começou como um movimento constitucionalista dentro do campo liberal. Várias questões importantes, decorrentes do triunfo liberal de 1867, surgiram durante a República Restaurada: a expansão do poder presidencial, o crescimento do centralismo e o reeleicionismo. Igualmente fundamental era a questão do "sufrágio eficaz", levantada em 1871 e 1876. Essa questão, com relevância contemporânea, lançou os alicerces de uma parte central da campanha de Madero contra a Ditadura.

O *Maderismo*, no entanto, representou uma tendência muito diferente do liberalismo mexicano do século XIX. Seu princípio fundador era a democracia constitucional como tal, não importando para qual partido ou facção o poder fosse passado em eleições livres. Para os *porfiristas*, que afirmavam que a Ditadura mantinha a Igreja fora do poder – e para os herdeiros do liberalismo radical da década de 1850 –, tal resultado trazia o perigo de grupos católicos organizados em âmbito nacional tomarem o poder. Na segunda metade do século XIX, os liberais da Itália, Espanha e França compartilhavam essa apreensão. Embora não fosse católico, Madero, o "apóstolo" de uma democracia mexicana que nunca chegou a existir, estava preparado para aceitar esta possibilidade. A suposição era que, uma vez no poder, os católicos não tentariam abolir a democracia que os havia posto ali. Poucos revolucionários aceitaram esse ponto de vista. O constitucionalismo de Madero transcendia o anticlericalismo do século XIX. Ele distanciava-se de forma significativa da polarização política do período da Reforma sobre o assunto da religião. A presidência de Madero de 1911-1913 reabriu o sistema político de forma mais ampla do que anteriormente, durante a República Restaurada. Os sucessos eleitorais do recém-formado Partido Católico Nacional (PCN) são testemunhas desse fato.

Guerra afirmou que a Revolução Mexicana não eclodiu nos centros recentes de mineração, tais como Cananea, mas nas zonas de contato entre as pequenas unidades (minas, fazendas ou aldeias) e as grandes empresas (empresas de mineração ou *haciendas*). Em tais pontos, a rápida transformação estrutural levou a um intenso conflito. A principal região identificada por ele a esse respeito foi o estado de Chihuahua, o qual foi gravemente afetado pela recessão em 1907. Ao mesmo tempo, uma segunda fonte de conflitos surgiu das eleições recentemente disputadas, como os notados em Morelos e Coahuila. Além disso, a agricultura camponesa local de Morelos já tinha entrado em conflito com as propriedades de açúcar que estavam em expansão. A liderança das aldeias camponesas veio de Emiliano Zapata, cuja família havia ganhado importância local nos estágios iniciais do regime de Díaz. Em Morelos, a combinação da expansão agressiva das *haciendas* e de uma máquina estatal controlada pelos *científicos* oferece uma explicação para seu alinhamento revolucionário.

IMAGEM 30. Todas as vilas mexicanas e muitas cidades possuem um coreto do século XIX. Este é um exemplo do final do período porfiriano: a Plaza de la Constitución, em Guadalajara, com mulheres requintadamente esculpidas em posição de destaque. Sua construção é de 1908 (fotografia do autor, setembro de 2003).

No Norte, comerciantes e intermediários, tais como Abraham González ou Pascual Orozco, formaram a liderança *maderista* oficial. Simultaneamente, o governo de Madero realizou movimentos conciliatórios em relação ao trabalho urbano por meio da criação de um Departamento Nacional do Trabalho em dezembro de 1911. Em julho de 1912, ele criou o salário mínimo nacional e a semana de seis dias de trabalho com 15 dias de férias por ano. Naquele ano surgiu a *Casa del Obrero Mundial* (Casa dos Trabalhadores do Mundo). Dentre seus afiliados estavam estampadores, motoristas de bonde, ferroviários, pedreiros, alfaiates e sapateiros, em vez de trabalhadores da indústria pesada, que ainda era fraca em um país como o México. Com antecedentes anarcossindicalistas, a Casa tornou-se o foco da sindicalização dos trabalhadores.

Em fevereiro de 1913, o assassinato de Madero pôs fim à tentativa de estabelecer uma democracia política no México. Ao lançar o documento conhecido como Plano de Guadalupe, em 26 de março de 1913, Venustiano Carranza (1859-1920), que, como governador de Coahuila geralmente

IMAGEM 31. Francisco I. Madero (1873-1913) com líderes revolucionários, 1911. Madero veio de uma família de proprietários de terras de Coahuila que plantavam algodão e possuíam interesses bancários. Em 1909-1910, sua campanha antieleitoral fez dele o foco da oposição ao regime de Díaz (no poder desde 1876). Madero convocou, relutantemente, uma insurreição armada em 20 de novembro de 1910 após a sétima reeleição de Díaz. Ele foi presidente de novembro de 1911 até o seu assassinato em fevereiro de 1913. Nesta fotografia, ele está ao lado dos generais revolucionários Abraham González (à direita, virado para a câmera) e Pascual Orozco (à esquerda), no início de abril de 1911, antes de tomarem a Cidade Juarez no dia 10 de maio.

se opunha aos objetivos de Madero, declarou-se contra o regime contrarrevolucionário do general Victoriano Huerta (1845-1916), personagem central da derrubada e assassinato de Madero. Este plano, apoiado pelos estados de Sonora e Chihuahua, não fazia nenhuma menção às questões agrárias e sociais. No início, o regime de Huerta (18 de fevereiro de 1913 – 15 de julho de 1914) foi bem recebido por todas as grandes potências, com exceção dos Estados Unidos. O regime contrarrevolucionário foi formado por homens de talentos diversos e oferecia uma perspectiva brilhante para os empresários nacionais e os estrangeiros. No entanto, havia dois grandes problemas: a natureza da origem do regime e a personalidade do seu líder. O primeiro problema encaminhou o conflito revolucionário para uma nova fase de violência.

O segundo, previa uma dissolução antecipada da coerência governamental. Huerta, um político calculista, pode contar com as simpatias da

IMAGEM 32. Soldados federais em campanha contra os revolucionários em 1910-1911. Esta fotografia pertence ao acervo do Arquivo Casasola de imagens revolucionárias. O Exército Federal, em contraste com os exércitos de outros importantes países latino-americanos (e até menores) não tinha sido reformado e modernizado na virada do século. Isso deixou-o perigosamente exposto a grandes rebeliões em estados importantes como Chihuahua e Morelos. As desconfianças de Díaz em relação aos comandantes do exército, incluindo Bernardo Reyes, levaram-no a negligenciar as Forças Armadas. Quando a Revolução de Madero eclodiu, o Exército tinha apenas 14 mil soldados preparados para o combate em um país que tinha o tamanho da França e da Espanha juntas. Em comparação, o Exército italiano no final do século XIX possuía aproximadamente 215 mil soldados.

Alemanha imperial e do Japão. Na verdade, o embaixador alemão, Paul von Hintze, chegou a propor um auxílio militar, contanto que o governo mexicano aceitasse interromper seu transporte de petróleo para a Grã-Bretanha em caso de uma guerra europeia. A desilusão alemã veio rapidamente à tona: o embaixador informou ao chanceler Theobald von Bethmann-Hollweg que Huerta "faz as reuniões de seu gabinete principalmente em tabernas e restaurantes. Dessa forma, já que ninguém sabia onde ele estava, isso o protegia, até certo ponto, de ser assassinado".

A Revolução Mexicana produziu respostas confusas nos Estados Unidos. As tendências de nacionalismo econômico do final do regime de Díaz desencadearam uma simpatia inicial ao governo de Madero. Mas, o ceticismo do embaixador Henry Lane Wilson sobre a capacidade do governo de

IMAGEM 33. Venustiano Carranza (1859-1920). Carranza, cujo pai havia apoiado Juárez, veio de Coahuila, assim como Madero. Carranza, inicialmente seguidor de Reyes, aceitou Madero de forma relutante. Foi governador de Coahuila entre 1911 e 1913 e tornou-se o "Primeiro chefe" da Revolução Constitucionalista após o assassinato de Madero. Carranza assumiu o cargo de presidente em 1º de maio de 1917, em conformidade com a Constituição do mesmo ano. Ele foi assassinado no dia 21 de maio de 1920, durante o conflito com as forças de Álvaro Obregón sobre a sucessão presidencial. Carranza era mais nacionalista do que revolucionário, particularmente cuidadoso em relação aos interesses econômicos estrangeiros e às pressões políticas dos Estados Unidos. Após 1915, ele autorizou a devolução das terras tomadas dos camponeses nos regimes anteriores, mas, no geral, as relações do trabalho deterioraram-se durante a sua Presidência.

Madero, em face ao crescente conflito social, fez com que ele simpatizasse com os contrarrevolucionários. A extensão de sua cumplicidade na conspiração para remover Madero nunca foi satisfatoriamente esclarecida. Sua conduta ambivalente, no entanto, despertou um considerável sentimento antiamericano.

A derrubada do governo constitucionalmente eleito do México coincidiu com a chegada de Woodrow Wilson ao poder nos Estados Unidos. Wilson, era um democrata e pretendia afastar-se daquilo que percebia como políticas intervencionistas de seus antecessores, Roosevelt e Taft. Dessa forma, ele condenou a derrubada de Madero e ofereceu apoio moral aos opositores do regime de Huerta. A aproximação deste último com a Alemanha na primavera de 1914 levou a um bloqueio dos Estados Unidos em Veracruz para impedir a chegada dos armamentos alemães. A confusão sobre os objetivos dos navios dos Estados Unidos na costa de Veracruz levaram a uma amarga disputa entre as autoridades *Huertistas* do país, que culminou no desembarque dos Estados Unidos, em 21 de abril. Wilson acreditava que estava ajudando a oposição constitucionalista à Huerta ao instruir os fuzileiros a ocupar o porto de Veracruz. No entanto, todas as facções do México uniram-se e condenaram essa violação dos Estados Unidos à soberania nacional mexicana. Carranza invocou o Decreto de Juarez, de 25 de janeiro de 1862, contra a intervenção europeia. Assim que os fuzileiros desembarcaram, eles tornaram-se alvos das armas mexicanas: 19 foram mortos e 72 ficaram feridos. Em seguida, os navios dos Estados Unidos responderam com o bombardeio de Veracruz, deixando 126 mexicanos mortos e 95 feridos. As forças dos Estados Unidos saíram de Veracruz no dia 23 de novembro, tendo alcançado nada mais do que a limpeza das ruas da cidade.

Com a melhor das intenções, o presidente Wilson tentou ajudar os constitucionalistas mexicanos, mas em vez disso, encontrou-se em uma terrível confusão. Ele desaprovava fortemente o que lhe contaram sobre Carranza e desconfiava de suas simpatias alemãs. Nesse sentido, Wilson apoiou um ex-bandoleiro, Pancho Villa (1878-1923), na luta pelo poder no México. A derrota de Villa em 1915 fez com que essa política se tornasse redundante, especialmente por que a guerra na Europa abriu a perspectiva de intrigas alemãs no México contra os interesses dos Estados Unidos. Em 19 de outubro, Wilson reconheceu o governo de Carranza. Naquela época, a maior parte do Exército dos Estados Unidos estava estacionada ao longo da fronteira mexicana.

A luta pelo poder durante a Revolução

Em 1913, a liderança política original da Revolução de 1909-1910, já estava desintegrada. Quando o regime de Huerta entrou em colapso no verão de 1914, o Estado mexicano deixou de existir em seu âmbito nacional. O comando de fato passou a ser exercido por chefes operacionais de campo, geralmente no âmbito provincial, da mesma forma que havia ocorrido durante a Insurreição da década de 1810, após a captura de Morelos em 1814. Em ambos os casos, não havia sobrado praticamente nenhum objetivo comum. A base ideológica desses vários movimentos revolucionários tendia a ser adotada localmente em resposta às demandas sociais e às aberturas políticas.

Com o colapso da autoridade formal do Estado e com a derrota do Exército Federal, os chefes revolucionários tornaram-se árbitros políticos decisivos. Ao mesmo tempo, ninguém era capaz de controlar toda a extensão do território nacional, pelo menos até pouco depois de 1920; isso criou espaço para a mobilização popular espontânea atingir objetivos específicos ou localizados. Desde o início da Revolução, uma das questões principais havia sido a relação entre a liderança constitucional, os camponeses e os movimentos populares no país. Depois de 1914, o foco mudou para a relação entre os chefes revolucionários e os movimentos populares: as formas como cada um deles via a mobilização popular, ora tentava usá-la ou explorá-la ora incorporá-la ou neutralizá-la.

Em Chihuahua, o movimento de Carranza ganhou forte apoio da classe média. Ela aceitou posições de liderança militar e civil atrás de um cacique que lhes oferecia acesso a posições de comando estaduais e nacionais. O ressentimento, em relação ao predomínio de empresas estrangeiras nos setores de mineração da economia do Norte, alimentou um intenso nacionalismo econômico em todo o círculo *carrancista*. Esse nacionalismo serviu como substituto para a ausência de objetivos revolucionários sociais do movimento original de Carranza. O Primeiro Chefe (como Carranza ficou conhecido) e seus seguidores não buscaram à inversão dos avanços econômicos de Porfirio, mas a sua consolidação e seu avanço, embora sem a elite fundiária e monopolista, mais particularmente sem os interesses da família Terrazas-Creel. Desde o início, houve uma notável ausência de camponeses, aldeões livres e peões de fazendas no movimento de Carranza.

Villa, que apoiou Madero em 1910-1911, era um bandoleiro chamado Doroteo Arango, cuja primeira aparição ocorreu na década de 1890. Friedrich Katz descreveu Villa como "uma mistura complexa de revolu-

IMAGEM 34. Pancho Villa (1878-1923) e sua esposa. Fotografia tirada em 1920, também parte do acervo do Arquivo Casasola. O ex-bandoleiro, Doroteo Arango, vindo do estado de Durango, adotou o nome de Francisco ("Pancho") Villa e apoiou a Revolução de Madero no estado de Chihuahua, sob o comando de Abraham González. A partir de setembro de 1913, Villa liderou sua famosa "Division del Norte" em oposição ao regime de Huerta na Cidade do México. A queda de Zacatecas (dirigida por Felipe Angeles) em 23 de junho de 1914 deixou 6 mil soldados federais mortos e selou o destino da contrarrevolução de Huerta, mas também confirmou a ruptura com Carranza.

CAPÍTULO 6 – RECONSTRUÇÃO (1867-1940) | 241

cionário social e caudilho do século XIX. Seus objetivos (pelo menos nas regiões de Chihuahua, Durango e Coahuila, onde estavam seus principais interesses) eram aqueles de um revolucionário social, embora seus métodos de decisão fossem semelhantes ao de um caudilho mexicano clássico do século XIX". Villa não estabeleceu qualquer organização política como base para seu poder: ele governou seu exército por meio de uma rede complexa de patrões e clientes. Em março de 1913, Villa já controlava a maior parte do Chihuahua. Por um tempo sua "Division del Norte" foi o mais poderoso exército revolucionário. No auge de seu poder, em outubro de 1914, Villa comandava cerca de 40 mil homens. Os peões das fazendas, e não os proprietários, completavam as fileiras de seus adeptos.

Em muitos aspectos, o movimento de Villa representou uma resposta local e popular ao apoio das fazendas para a rebelião de Orozco de 1912 contra o governo de Madero e ao golpe de Huerta de 1913. Como tal, o objetivo era destruir o poder das fazendas no Estado. Na verdade, o Decreto de desapropriação de terras de Villa do dia 21 de dezembro de 1913 não previa nenhuma compensação aos proprietários. Os fazendeiros desapropriados, expulsos de suas terras na década de 1890-1900, atingido pelas terríveis colheitas de 1907 a 1909, preenchiam as fileiras *villistas*. Chihuahua e outros estados do Norte contavam com muitas propriedades de gado que não podiam ser subdivididas em pequenas unidades, mas, mesmo assim, os antigos colonos militares – veteranos das guerras apaches de 1880 – continuavam a pressionar por mais terra. O próprio Exército *villista* tinha que, muitas vezes, realizar o fornecimento de alimentos para as vilas que viam-se confrontadas com o desemprego devido à recessão na mineração e da indústria de madeira. Em qualquer caso, as propriedades de gado expropriadas ofereceram a base para as campanhas militares de Villa, enquanto o governo revolucionário gerenciava dois terços delas. A terra estava reservada para os combatentes, frequentemente fora do estado, do movimento revolucionário. Villa também ganhou o apoio dos aldeões da região de La Laguna que perderam terras para as fazendas de algodão e, também, dos trabalhadores agrícolas que enfrentavam as condições de insegurança das fazendas de San Luis Potosí.

O movimento *villista* tinha uma base social mais ampla do que a Revolução da região Centro-Sul, liderada por Emiliano Zapata (1879-1919), a qual manteve-se essencialmente como um movimento de guerrilha camponesa. Bandos Zapatistas de cerca de 200 a 300 homens operavam fora das estações de plantio e colheita, quando eles voltaram para suas aldeias.

O movimento, no entanto, espalhou-se rapidamente pelas regiões açucareiras de Morelos e do sul de Puebla e teve forte repercussão entre os camponeses de Guerrero e Tlaxcala. Em janeiro de 1913, os zapatistas haviam destruído mais da metade das plantações de açúcar de Morelos.

Os plantadores, que não viam nenhuma esperança de reivindicação a partir da sobrevivência do governo de Madero, fizeram pressão por uma solução militar urgente no Estado. Eles deram boas-vindas ao golpe de Huerta, que, no entanto, só serviu para aumentar ainda mais o movimento agrário. Em 1914-1915, no auge de seu poder, os zapatistas consistiam em cerca de 20 mil homens e controlavam não apenas Morelos, mas também Tlaxcala, o oeste e o sul de Puebla, o norte de Guerrero e o setor sul do Distrito Federal. O Plano Zapatista de Ayala em 1911 e a Lei Agrária de 1915 tentaram uma ampla reforma agrária, a favor das comunidades camponesas pobres e às custas das propriedades privadas. Sua principal desvan-

IMAGEM 35. Villa e Zapata no Palácio Nacional, Cidade do México. Em 1914, Villa, que havia recebido o reconhecimento dos Estados Unidos no ano anterior, dominava grande parte do norte do México. Suas forças estavam taticamente alinhadas com os zapatistas de Morelos, e juntos eles influenciaram o resultado da Convenção de Aguascalientes (10 de outubro – 13 de novembro de 1914) que removeu Carranza da liderança revolucionária. Em conjunto, eles ocuparam a Cidade do México em dezembro de 1914, mas mostraram-se incapazes de estabelecer uma liderança alternativa. Daí em diante, os exércitos de Obregón dizimaram as forças *villistas* e confinaram Villa à sua esfera local de controle. Em 20 de julho de 1923, Villa foi assassinado em Parral.

tagem, no entanto, foi que ele abordou os problemas relativos a áreas fortemente indígenas, tais como de Morelos, Puebla, Tlaxcala e do estado do México, que, em qualquer caso, eram áreas centrais de apoio. John Tutino comentou apropriadamente que "respaldados pela mobilização mais massiva e generalizada da história do México, Villa e Zapata controlaram a maior parte do México, ocuparam a Cidade do México e dominaram o governo do final de 1914, conhecido como Convenção". Em Aguascalientes, eles não conseguiram, no entanto, chegar a um acordo a respeito de uma solução política duradoura. Nesse sentido, a iniciativa foi tomada por eles a partir da coligação formada em torno de Carranza.

Os chefes de Sonora em ascensão já tinham começado a colocar sua marca no movimento de Carranza. Em Sonora, a liderança revolucionária

IMAGEM 36. Soldados *zapatistas*, durante o café da manhã na "Casa dos azulejos" de Sanborn, Cidade do México. Emiliano Zapata (1879-1919) veio da aldeia de Anenecuilco, Morelos. Sua família foi uma das primeiras a oferecer apoio ao governo de Díaz. A deterioração das condições de trabalho em sua localidade levou à sua rápida politização. Em 1909, ele foi eleito presidente do Conselho da Vila. Ao apoiar a Revolução de Madero, os guerrilheiros zapatistas tomaram Cuautla em 19 de maio de 1911 após um sangrento combate, isso foi um golpe significativo ao regime, tendo em conta a proximidade da cidade à capital nacional. O Plano Zapatista de Ayala (novembro de 1911) continha objetivos fundamentalmente rurais: a restauração da terra usurpada pelas *haciendas*; a redistribuição das terras das *haciendas* entre os camponeses; o restabelecimento da autonomia municipal e das liberdades políticas. Os zapatistas foram expulsos da Cidade do México pelas forças de Obregón em agosto de 1915. Zapata foi assassinado no dia 10 de abril de 1919.

não veio dos camponeses ou dos operários, mas de uma classe média baixa semirrural e semiurbanas de administradores de fazendas, lojistas, trabalhadores de moinhos ou professores contra os proprietários das grandes fazendas e contra a elite porfiriana. A Revolução ofereceu a homens como Álvaro Obregón (1880-1928) e Plutarco Elias Calles (1877-1945) e seus associados, Adolfo de la Huerta (1881-1955), Benjamin Hill, Pablo González e Salvador Alvarado, a oportunidade de ganhar posições políticas de controle no âmbito nacional e remodelar as estruturas econômicas e sociais em seus próprios interesses. Nesse sentido, eles não rejeitaram a evolução econômica do período porfiriana, mas assumiram o controle dela. Exceto no caso do petróleo, eles não eram particularmente contrários ao investimento estrangeiro como tal e não estavam preocupados em reduzir as ligações do México com o capital internacional. Na tradição carrancista, eles desejavam uma sociedade secularizada e a existência de um sistema educacional. Eles herdaram o anticlericalismo jacobino dos radicais liberais da época da Reforma. O constitucionalismo e a reforma agrária social não eram seus pontos fortes. O clímax da sua influência coincidiria com o longo domínio de Calles dentro da política mexicana entre 1924 e 1934.

A Convenção de Aguascalientes (10 de outubro de 1914 – 10 de outubro de 1915) reflete a profundidade da divisão entre as forças revolucionárias. A força de oposição a Carranza levou a uma aliança momentânea entre as forças *villistas* e zapatistas. A resposta do círculo *carrancista* foi as Adições ao Plano de Guadalupe, compiladas em 1912 por Cabrera, um defensor da reforma agrária e por meio da expropriação, e publicadas em Veracruz, em 6 de janeiro de 1915. Essas adições modificaram a plataforma original à luz das evidentes exigências agrárias durante todo o movimento revolucionário. Esse foi o apelo *carrancista* tardio ao apoio dos camponeses. Assim, Carranza pela primeira vez referia-se à dissolução das grandes propriedades e à restauração das terras das aldeias. A promessa de melhorar as condições dos trabalhadores urbanos era um reflexo da aliança tática de Obregón com eles. Oito grupos de trabalhadores, conhecidas como o "Batalhões vermelhos", foram organizados para cooperar com as forças do Obregón, guarnecendo as cidades tomadas pelas forças constitucionalista. A "Casa del Obrero Mundial" enviou 7 mil membros para lutar com esses grupos em 1914-1915. O apoio do trabalhador urbano formou um componente essencial da Aliança constitucionalista contra villistas e zapatistas. Para Carranza, Obregón e Calles, no entanto, a reforma agrária foi apenas um instrumento político para alinhar grupos de camponeses autônomos

CAPÍTULO 6 – RECONSTRUÇÃO (1867-1940) | 245

aos elementos predominantes de sua aliança revolucionária. Ela não era um objetivo central, mas um instrumento de manipulação e subordinação.

Obregón foi o principal instrumento da derrota dos movimentos populares. Em janeiro de 1915, ele já controlava a Cidade do México, Puebla e Tlaxcala, debandando os zapatistas. Em julho, ele os afastou completamente do Distrito Federal. As forças villistas foram subjugadas nas duas batalhas decisivas de Celaya em 6, 7 e 13 de abril, quando a cavalaria de Villa enfrentou as metralhadoras entrincheiradas do exército de Obregón. As vitórias deste último permitiram que o Exército constitucionalista de Carranza garantisse o controle da Cidade do México e dos processos políticos centrais.

A CONSTITUIÇÃO DE 1917

Levando em consideração as críticas à Constituição de 1857, a nova Constituição reforçou o poder presidencial e o governo central em relação aos estados. Este reforço da autoridade do Estado nacional costumava ser negligenciado, haja vista a atenção dada às disposições sociais da Constituição de 1917. No entanto, é importante para explicarmos a predominância do poder executivo – uma prática evitada pela Constituição de 1857 – em todo o século XX. A derrota das forças populares durante 1915 deixou o caminho aberto para que Carranza, Obregón e Calles reconstruíssem um poderoso Estado nacional, centrado na autoridade presidencial, que poderia assumir a liderança na formação das instituições da época pós-revolucionária.

Quatro questões preocupavam a Convenção Constitucional de 1916-1917 realizada em Querétaro: a reforma agrária, o estatuto jurídico dos recursos do subsolo, as relações entre militares e civis, as relações entre Igreja e Estado. Suas deliberações devem ser vistas no contexto do fracasso da Convenção de Aguascalientes. A Constituição de 1917 reflete o amplo espectro de opiniões dentro da coligação carrancista. Em contraste com a Revolução Russa de outubro de 1917, uma aliança de operários e camponeses (liderados por um partido de vanguarda) não expulsou a liderança dominante da classe média. Dentre os 209 representantes em Querétaro estavam os trabalhadores de minas e do setor têxtil, os pequenos comerciantes e os donos de terras. Assim, eles representavam uma ampla secção transversal da população masculina e alfabetizada entre 30 e 40 anos de idade. John Rutherford descreveu a chegada dos grupos revolucionários do Norte na região central do México como "uma avalanche de roupas

246 | HISTÓRIA CONCISA DO MÉXICO

cáqui, chapéus de feltro com abas largas, botas para cavalgar, revólveres e cintos com cartuchos" em busca de pilhagem. Há um elemento de verdade nisto, pois os líderes do Norte não desejavam apenas alterar o caráter católico e hispânico de origem colonial do México Central, mas também queriam promover seus próprios interesses materiais por meio do controle do poder político.

A situação revolucionária levou ao afastamento dos princípios liberais predominantes em 1857. Nesse sentido, a Constituição de 1917 procurou responder às pressões do trabalho rural e urbano, incorporando medidas de reparação por meio da ação positiva do Estado. A influência de radicais, tais como Francisco Múgica (n. 1884, Michoacán), apoiado pelos partidários de Obregón na Comissão Constitucional, garantiu a aceitação do princípio de que a utilidade social deveria prevalecer sobre a propriedade privada. Os dois pontos altos da Constituição, os artigos 27 e 123, eventualmente abririam caminho para as políticas sociais de longo alcance. O primeiro, o artigo mais longo na Constituição, permitia a expropriação estatal de terras subutilizadas a favor de pequenas propriedades ou propriedades de comunidades reconstituídas. A Constituição deu ao governo federal o direito de determinar o tamanho máximo das propriedades, a fim de limitar o crescimento de grandes propriedades. Ao mesmo tempo, o artigo 27 declarava que os recursos hídricos e depósitos do subsolo (incluindo petróleo e minerais) pertenciam ao patrimônio nacional e seriam explorados pelo Estado, não por interesses privados. Essa cláusula despertou as suspeitas das empresas petrolíferas, que rapidamente passaram a estar sujeitas à tributação federal.

O artigo 123 estabeleceu princípios para melhorar as condições de trabalho, caso as organizações do trabalho chegassem a uma posição suficientemente forte para conseguirem obrigar o governo ou as empresas privadas (muitas vezes estrangeiras) a colocá-las em prática. Entre 1917 e sua remoção em 1920, Carranza demonstrou pouca vontade de pôr este artigo em prática. Não obstante, a Constituição estabeleceu que o dia de trabalho deveria conter oito horas (ou sete à noite) no máximo em uma semana de seis dias, com férias obrigatórias de uma semana e, além disso, proibiu o trabalho noturno de mulheres e crianças na indústria. O mesmo artigo fixou o salário mínimo, instruiu sobre a necessidade de dar-se a devida atenção à segurança dos trabalhadores e introduziu um seguro para os trabalhadores. Mesmo que o artigo 123 reconhecesse o direito dos sindicatos de trabalhadores à greve, o Exército pôs fim às greves dos trabalhadores da indústria de petróleo durante todo esse ano.

CAPÍTULO 6 – RECONSTRUÇÃO (1867-1940) | 247

Após tomar posse como presidente constitucional, em 1º de maio de 1917, Carranza adotou métodos de governar que assemelhavam-se fortemente com aqueles utilizados por Díaz. Ele buscou controlar o Congresso por meio de candidatos oficiais e domar a imprensa por meio de subsídios do governo aos jornais simpáticos. Com efeito, as garantias constitucionais não se aplicavam aos adversários do governo. A clara ausência de qualquer forma de democracia abriu o regime de Carranza à acusação de que o princípio postulado por Madero sobre o sufrágio eficaz estava sendo violado. A discórdia atingiu seu clímax quando Carranza, ignorando Obregón, tentou impor um sucessor maleável em 1920. O movimento operário nascente, que conseguiu obter alguns ganhos durante o governo de Carranza, juntou-se ao plano oposicionista "Agua Prieta" de Obregón.

MÉXICO, UM GRANDE PRODUTOR DE PETRÓLEO (1910-1925)

Entre 1910 e 1925, o México tornou-se exportador internacional de petróleo. A produção começou em 1901, e durante a década de 1910, os interesses dos Estados Unidos e da Grã-Bretanha engalfinharam-se para obter uma parte dessa indústria. No início, o regime de Díaz subestimou a importância do petróleo e a extensão dos recursos mexicanos. O regime havia anteriormente desejado encorajar o investimento estrangeiro em toda a economia, no entanto, ele havia deixado o país exposto ao esgotamento dos recursos e extração de lucros por corporações estrangeiras. A questão do estatuto jurídico dos depósitos do subsolo regrediu para as leis de mineração de 1884 e 1892, que concediam o direito de exploração ao proprietário das terras de superfície. Esse princípio foi estendido à Lei do petróleo de 1901. A Lei colonial, no entanto, previa que os depósitos do subsolo seriam patrimônio do Estado espanhol, uma posição herdada pelo governo mexicano, após a Independência. A exploração da empresa após 1884 estava em conflito com a tradição jurídica. Essa questão veio à tona no momento em que o México tornou-se um grande exportador de petróleo.

Entre 1901 e 1912, a produção mexicana aumentou de 10 mil barris por ano para mais de 12 milhões. Durante o final da década de 1900 e início da década de 1910, ocorreram rivalidades amargas entre a "Compañía Mexicana de Petróleo El Águila" do inglês Weetman Pearson (assumida pela holandesa Royal Dutch Shell em 1919) e a Companha Mexicana de Petróleo [Mexican Petroleum Company] do americano Edward Doheny (que passou a ser Standard Oil em 1925). O governo de Díaz tinha trazido a empresa de engenharia, internacionalmente conhecida, de Pearson para o México como parte de sua estratégia de fazer com que os interesses estrangeiros entrassem em choque uns com os outros. Embora os investidores só tenham recebido seus dividendos em 1910, Pearson, após 1901, investiu fortemente na exploração e aproveitamento dos depósitos de petróleo de Huasteca e do istmo.

O colapso do regime, no entanto, fez com que as rivalidades entre as empresas britânicas e americanas fossem abandonadas. Madero e Carranza procuraram manter o investimento estrangeiro na indústria petrolífera, enquanto defendiam, ao mesmo tempo, os direitos soberanos do México aos seus depósitos do subsolo como uma questão de princípio, negando aos governos estrangeiros quaisquer direitos de intervenção em nome de interesses privados relacionados ao petróleo. A luta revolucionária mal afetou a indústria do petróleo, que expandiu-se rapidamente durante a década de 1910 até chegar a 55 milhões de barris em 1917. Nesse contexto, o artigo 27 da Constituição deve ser entendido. Os interesses petrolíferos, apoiados pelo governo dos Estados Unidos, pediram ao México que esclarecesse sua posição no que diz respeito às empresas, especialmente tendo em conta o imposto de 10% sobre a produção estabelecido em abril de 1917 por Carranza. No entanto, a entrada dos Estados Unidos na Guerra europeia no mesmo ano desviou a atenção da questão petrolífera mexicana.

A derrubada de Carranza em 1920 deu ao governo dos Estados Unidos a arma do não reconhecimento para forçar o regime de Obregón a fazer concessões. Obregón, no entanto, conseguiu – devido à força da sua posição dentro do campo revolucionário – sobreviver no poder por três anos sem o reconhecimento oficial dos Estados Unidos. Durante esse período, todavia, aumentaram as incertezas sobre o estatuto das empresas de petróleo no México. Obregón recusou-se a negociar o reconhecimento enquanto o governo dos Estados Unidos continuasse tentando impor um Tratado de Amizade e Comércio desfavorável ao México. A retórica esquerdista e nacionalista, provenientes de círculos revolucionários do México, incluindo o próprio governo – bobagens, em sua maioria – alarmou o governo dos Estados Unidos, dominado pelos conservadores entre 1921 e 1932, que temia o estabelecimento de um Estado socialista em suas fronteiras.

A questão essencial entre os dois governos era a seguinte: o artigo 27 deve ser aplicado retroativamente ou não? O governo dos Estados Unidos, em estratégias íntimas com as companhias de petróleo, somente reconhe-

CAPÍTULO 6 – RECONSTRUÇÃO (1867-1940) | 249

ceria o governo mexicano quando fossem garantidos os direitos de propriedade dos cidadãos norte-americanos no México. Embora Obregón fosse
mais favorável às empresas de petróleo do que Carranza, ainda assim, foram precisos três anos para chegar-se a um acordo operacional. O acordo resultou de quatro meses de conversas informais (maio-agosto de 1923),
conhecido como os Acordos de Bucareli. Não houve declaração escrita, mas
os representantes dos dois governos concordaram que, enquanto o artigo 27 não tivesse efeitos retroativos, o governo dos Estados Unidos aceitaria
que os títulos de propriedade fossem convertidos em concessões confir-
madas. Com efeito, o México congelou momentaneamente a dimensão
nacionalista da questão do petróleo. Como resultado, as relações diplomáticas foram reatadas entre os dois países em 6 de setembro de 1923. Isso
garantiu a cooperação entre a administração dos Estados Unidos e o governo de Obregón durante a rebelião de De la Huerta, entre dezembro de 1923
e fevereiro de 1924 que, sem sucesso, desafiou a sucessão de Calles.

Na época dos acordos de Bucareli, a produção petrolífera mexicana já
tinha ultrapassado seu pico em 1921, quando a produção anual total chegou
a 193 milhões de barris. Naquela época, o petróleo representava 66% do
comércio externo do México e era responsável por pouco mais de 25%
da produção mundial total. No ano seguinte, esse nível caiu ligeiramente
para 182 milhões, mas posteriormente a queda foi mais brusca – 140 milhões de barris em 1925 e somente 50 milhões em 1928. O esgotamento
dos recursos explica, em parte, a queda. No entanto, o interesse dos investidores no México diminuiu ainda mais pela antipatia das empresas com
os acordos de 1923 e por um novo debate ocorrido em 1925-1927 sobre
a tentativa do governo de Calles para obrigar as empresas a trocar seus
títulos por concessões de cinquenta anos. Surgiram maiores incentivos no
ambiente irrestrito da Venezuela de Juan Vicente Gómez em meados da
década de 1920.

O declínio da indústria mexicana de petróleo afetou negativamente
as tentativas de restaurar as finanças nacionais e cumprir as obrigações de
sua dívida externa pendente. O declínio progressivo dos preços da prata
no mercado mundial e a queda simultânea dos preços do cobre agravaram a posição econômica adversa do México, pois, junto com o petróleo,
esses dois bens representavam as principais exportações do país. A receita
total do governo caiu 15% entre 1925 e 1928, isto é, bem antes do impacto
da Grande Depressão de 1929 ser sentido pelo México. No mesmo período,
as exportações de petróleo caíram de 50% do total para 21%. Essas tendên-

cias expunham a vulnerabilidade fiscal do Estado mexicano. Ao mesmo tempo, os problemas políticos gerados pela Revolução não pareciam estar nem perto de uma solução.

O GOVERNO DOS CHEFES (1920-1934)

A Rebelião de 1920 derrubou o regime de Carranza em 27 dias e resultou em seu assassinato nas montanhas de Puebla, em 20 de maio de 1920, quando ele estava a caminho de Veracruz com o Tesouro nacional e o serviço civil para ali restabelecer seu governo. A rebelião de Agua Prieta, liderada por Obregón, Calles e De la Huerta foi a última Insurreição armada no México que conseguiu tomar o poder. Nesse sentido, a Rebelião de 1920 deu fim a uma tradição que começou em 1821 com o Plano de Iguala. Ao contrário da rebelião de Madero em 1910, ela não desafiava uma ordem política inteira. Pelo contrário, assemelhava-se mais à rebelião de Díaz em Tuxtepec (1876), forçando uma mudança dentro do regime estabelecido para dar poder a outros que esperavam impacientemente.

O desgaste das instituições estabelecidas pela Constituição de 1857, durante o período de Díaz garantiu que o México revolucionário da década de 1910 não seria testemunha da criação bem-sucedida de um governo representativo e da transferência pacífica do poder. Pelo contrário, o governo de chefes locais, as redes privadas de poder e as facções políticas armadas competiam pelo poder a favor ou contra a Revolução. Chefes como Calles, Obregón e Carranza ganharam prestígio nacional por meio de um estilo que não era radicalmente diferente do de Díaz. O sistema porfiriano não havia destruído o estilo de política dos *caudilhos* e *caciques*, mas foi construído precisamente sobre esta base. Isso explica tanto a sua longa duração quanto o seu colapso em 1911-1914. Depois disso, o poder voltou para as mãos dos tipos de chefes que o haviam exercido anteriormente no século XIX, mas agora em um diferente contexto social e político da Revolução. Por conseguinte, o México após 1915 não enfrentava somente o problema da reconstrução da legalidade constitucional, violado por Díaz após 1884 e, em seguida, por Huerta em 1913, mas também o problema distinto de como tornar o governo efetivo em todo o território nacional. Ambos eram problemas profundamente sérios, especialmente porque as tentativas de solução foram realizadas nas décadas de 1920 e 1930, em um momento de desgoverno social e econômico. Aqueles que tentavam encontrar soluções, entretanto, eram precisamente os caudilhos que haviam ganhado o poder por meio da luta revolucionária. O problema rapidamente deixou de ser tanto uma tentativa de estabelecer-se uma democracia constitucional e mais a busca por algum tipo de quadro-referência que abarcasse as ambições e rivalidades da inquieta coligação de chefes que haviam liderado o vitorioso movimento revolucionário. Em todo esse processo, a atitude do governo dos Estados Unidos foi fundamental, pois ele brandia o poderoso instrumento de reconhecimento ou não reconhecimento.

Durante os dez anos entre 1918 e 1928, os chefes revolucionários lutaram para ganhar o controle dos órgãos políticos estabelecidos em conformidade com a Constituição de 1917. Nessa luta pelo poder, a constitucionalização dos processos políticos caiu no esquecimento. O princípio de Madero do sufrágio eficaz estava perdido entre a luta por posições dentro do novo regime. O desenvolvimento dos partidos políticos, abortado durante o longo período do governo pessoal de Díaz, não amadureceu na década após a promulgação da Constituição. Além disso, o artigo 130 proibia a criação de partidos religiosos, a fim de prevenir quaisquer recor-

IMAGEM 37. Álvaro Obregón (1880-1928) com Plutarco Elias Calles (1877-1945) e Adolfo de la Huerta (1881-1955). Esta fotografia foi tirada em 1921, no auge da aliança entre estas três poderosas figuras pós-revolucionárias no rescaldo da queda de Carranza. Calles está no centro e De la Huerta, à esquerda. A questão da sucessão de 1923-1924 desfez esta aliança e conduziu à rebelião malsucedida de De la Huerta. Obregón (à direita, então presidente eleito) foi assassinado no dia 17 de julho de 1928, depois de conseguir ser reeleito de forma controversa.

rências do eleitoralmente bem-sucedido PCN. A Lei eleitoral de Carranza, de julho de 1918, aumentou os requisitos que davam permissão para os partidos competirem nas eleições. Isso, combinado com o controle do processo eleitoral pelo executivo, impediu a existência de uma política mais diversificada.

O tipo de partido que emergiu por um breve período era geralmente extemporâneo, um veículo para um grupo revolucionário específico ou para uma figura política aspirante em período eleitoral. Como resultado, a política geralmente girava em torno de personalidades e interesses imediatos de *caudilhos* regionais e dos presidentes. O Partido Liberal Constitucionalista (PLC) foi o veículo para a eleição de Carranza em 1917; ele rapidamente passou a ser controlado por obregonistas e tornou-se o instrumento de eleição de Obregón em setembro de 1920. Depois disso, ele desapareceu. Obregón, Calles e De la Huerta todos eram contrários

IMAGEM 38. Plutarco Elias Calles e sua segunda esposa. Após o assassinato de Obregón, Calles, que desocupou a Presidência em 30 de novembro de 1928, iniciou (como "Jefe Máximo") um período de controle por trás da cena, conhecida como o "Maximato" (1928-1934). Em 18 de junho de 1935, Cárdenas encerrou a influência de Calles, quando o ex-presidente, que tinha publicamente criticado a administração, saiu de Mazatlán e, definitivamente, quando Calles, na companhia de Luis Morones e outros associados que estavam sob custódia, foi obrigado a deixar a Cidade do México, mudando-se para os Estados Unidos em 10 de abril de 1936.

CAPÍTULO 6 – RECONSTRUÇÃO (1867-1940) | 253

ao desenvolvimento dos partidos, pois isso representava uma potencial restrição ao poder presidencial. Através da década de 1920, os caudilhos lançados pela Revolução consolidaram sua tomada da vida política. Parecia, afinal de contas, que Días – e não Madero – foi o verdadeiro fundador das práticas políticas mexicanas do século XX.

O fracasso em construir um partido político viável nos primeiros anos do controle revolucionário do governo inibiu o desenvolvimento de um programa coerente. A preocupação presidencial em ganhar e manter o poder significava que a política iria ser formulada de acordo com a resposta que desejava dar aos grupos de pressão que lutavam por posições dentro do regime. Como resultado, a Revolução não seria consolidada por uma forma consistente e seus líderes e facções permaneceriam vulneráveis às divisões internas, bem como à oposição externa. Calles assumiu o controle do Partido Laborista Mexicano (PLM), fundada em 1919, como instrumento para as eleições de 1924. Esse partido foi criado em associação com a Confederação Regional Operária Mexicana (CROM), fundada em maio de 1918, sob a liderança do eletricista Luis Morones. As iniciais da Confederação do trabalho logo passaram a significar "Como Roubou Ouro Morones".

A estreita colaboração entre Calles e Morones caracteriza a administração entre 1924-1928. Morones tornou-se o segundo homem mais poderoso do México na recém-criada Secretaria do Trabalho, Indústria e Comércio. Calles manteve sua própria independência, contornando Morones e o general Joaquín Amaro, ministro da Guerra de 1924 até 1931. Para garantir a sobrevivência do regime foi necessário a realização de uma aliança tácita entre o Exército e os trabalhadores oficialmente organizados, antecipando outras alianças semelhantes que ocorreriam no Brasil durante as décadas de 1930 e 1940 e na Argentina durante as décadas de 1940 e 1950. Ao mesmo tempo, a prioridade do regime era a estabilização financeira, pois o México – que deixou de pagar sua dívida externa em 1914 – não tinha como obter acesso a novos créditos internacionais até conseguir cumprir esta meta. Em junho de 1922, o ministro das Finanças, De la Huerta, chegou a um acordo em Nova York com o Comitê Internacional de Banqueiros (International Bankers Commitee, formado em 1919) em relação à renovação do pagamento da dívida. Naquele ano, a dívida mexicana estava em US$ 500 milhões. No entanto, ele não conseguiu garantir um empréstimo ou o reconhecimento diplomático. A reconstrução do Estado mexicano dependia de três elementos: satisfazer os banqueiros, aliviar as companhias de petróleo e tranquilizar o governo dos norte--americanos. Os Estados Unidos queriam um papel de supervisão no México semelhante à posição que detinha em Cuba, na República Dominicana e na Nicarágua. O governo mexicano, em uma posição muito mais forte do que a detida pelos pequenos Estados do Caribe e da América Central, estava determinado e conseguiu resistir a isso.

Calles herdou o ministro das Finanças de Obregón, Alberto Pani, que havia assumido o cargo em setembro de 1923 como o principal elemento envolvido na recuperação fiscal. Assim que os acordos de Bucareli garantiram o reconhecimento norte-americano ao governo de Obregón, a resolução da questão financeira foi adiada apenas pela revolta de De la Huerta. Para a administração de Calles o problema entre o México e os banqueiros internacionais fincava-se na soberania financeira. Os bancos estavam preparados a emprestar, tendo como garantia, assim como no século XIX, as receitas aduaneiras, com a ressalva de que o governo dos Estados Unidos atuaria como fiador de todas as transações. A alternativa de Calles era a criação de um banco central, o Banco do México, controlado efetivamente pelo governo. Fundado em 1º de setembro de 1925, o único direito do Banco do México era a emissão de notas, dando ao governo acesso ilimitado ao crédito. Os bancos e as empresas mexicanas cooperaram com o Estado por meio do fornecimento inicial de fundos no valor de 57 milhões de pesos em ouro. Pani, no final do ano, conseguiu negociar a redução de 44% da dívida externa sobre o total de 1922. No entanto, ele demitiu-se em 1927, em protesto contra a influência dominadora de Morones. Embora a criação do banco central não tenha resolvido o problema do déficit orçamental, o governo ganhou um instrumento importante para suas políticas de financiamento e passou a controlar as demandas dos banqueiros para que a prioridade fosse dada ao serviço da dívida.

Nos primeiros anos, Calles deu continuidade às políticas de reforma agrária, nos termos da Lei do Ejido de Obregón, de 30 de dezembro de 1920, mas paralisou-as em 1930. Até 1934, no entanto, os chefes revolucionários consideravam a criação de propriedades individuais como sua prioridade, mas não a reconstituição das explorações camponesas comunais, conhecidas depois de 1920 como *ejidos*. As Leis de abril de 1922 e de abril de 1923 definiram a extensão das pequenas propriedades em conformidade com a disponibilidade de irrigação. A Lei de Calles de dezembro de 1925 estabeleceu o direito de propriedade individual de pedaços de terras dos *ejidos*. Durante os primeiros três anos da administração de Calles, o ministro da

Agricultura, Emilio Portes Gil (n. 1891, Cidade Victoria), governador de Tamaulipas de 1924-1928, redistribuiu 2,6 milhões de hectares de terras. Tendo em vista que os problemas de irrigação e crédito surgiram imediatamente, o governo criou uma Comissão Nacional de irrigação em 1925 e o Banco Agrário em 1926. A formação dos ejidos progrediu de forma extremamente lenta entre 1915-1920, período em que eram responsáveis por apenas 0,3% das terras agrícolas. As medidas tomadas entre 1920 e 1934, no entanto, estenderam este valor para 13,6%. Isso, todavia, ainda era pouco: indicava uma política de baixa prioridade para o ejido antes de 1934 e a importância atribuída pelo governo para maximizar a produção de alimentos. Nesse sentido, pouco foi feito para executar um dos pontos altos da Constituição de 1917.

O CONFLITO RELIGIOSO

A lentidão da reforma agrária combinou-se com a oposição à política religiosa de Calles para inflamar o descontentamento popular nas principais regiões da Igreja Católica, isto é, no Centro-Noroeste. A questão religiosa, no entanto, tinha muitas dimensões. Isso explica o por quê católicos da classe média urbana, da zona rural, das pequenas cidades e, ainda, a hierarquia eclesiástica agiram de maneiras diferentes. A hierarquia, ainda profundamente afetada pelo choque do movimento reformador, procurou recuperar o terreno perdido por meio de um processo de evangelização extremamente amplo, maior do que o realizado no século XVI. Nos anos após 1870, a Igreja Católica reforçou a sua posição nas tradicionais regiões centrais e estendeu sua influência ao campo. O auge desse renascimento ocorreu entre 1884 e 1910. O período mais amplo entre 1867 e 1917 marca a maior expansão da Igreja desde a época dos missionários do século XVI, com um aumento do número de sacerdotes, seminários, escolas católicas e bispados.

Os revolucionários das décadas de 1910 e de 1920 encontraram um catolicismo renascido, que a tradição jacobina de meados do século XIX via como uma ameaça contrarrevolucionária. A hierarquia considerava o México como país exclusivamente católico e definiu a identidade nacional mexicana dessa forma. Em janeiro de 1914, momento em que o regime de Huerta estava lutando por sua sobrevivência, a hierarquia dedicou o santuário de Cubilete da Sierra em Guanajuato a Jesus Cristo e proclamou-o rei do México. As forças carrancistas tomaram isso como uma provocação, especialmente por que a hierarquia Católica tinha deixado claro seu ponto de vista de que a Revolução Mexicana era um flagelo divino infligido ao país como punição pela Constituição de 1857 e pelas leis de reforma de 1858-1860. Em Monterrey, em agosto de 1914, as forças constitucionalistas responderam à ideia de Cristo como Rei da Cidade do México; todas as igrejas foram fechadas e os confessionários foram queimados nas ruas.

Entre 1916 e 1937 houve um intenso conflito entre os católicos mexicanos e as autoridades revolucionárias. O tom desse conflito foi estabelecido pelas disposições anticlericais da Constituição de 1917, as quais tinham como foco a educação e a presença da Igreja na sociedade. O artigo 3º estabelecia o princípio da educação pública gratuita da tradição de Juárez e proibia a educação religiosa nas escolas primárias. O artigo 5º proibia as ordens monásticas e religiosas e artigo 24 bania as cerimônias religiosas ao ar livre. Entre suas disposições abrangentes, o artigo 27 proibia as corporações religiosas de possuírem bens imóveis. O arcebispo do México e 14 bispos exilados protestaram contra as disposições constitucionais em 14 de fevereiro de 1917, rememorando a hostilidade anterior da hierarquia eclesiástica contra a Constituição de 1857. Em Jalisco, reduto do tradicionalismo católico, ocorreram conflitos contínuos entre 1917 e 1919.

Calles, governador de Sonora (1915-1920) na época, expulsou o clero católico do Estado em 1917. Durante a sua Presidência, a crise entre Igreja e Estado aprofundou-se. Os católicos da classe média urbana responderam em 1925, formando a Liga pela Defesa da Liberdade Religiosa que, no ano seguinte, contava com cerca de 800 mil membros, metade deles mulheres. A Lei de Calles de 1926 disciplinou a plena aplicação dos preceitos da Constituição. Sua primeira atitude foi fechar todas as escolas católicas e conventos. Isso teve um efeito semelhante à incorporação das Leis da Reforma à Constituição de 1857, efetuada pelo presidente Sebastián Lerdo, em 1873; movimento que levou à eclosão de rebeliões católicas em toda a centro-oeste do México.

Em agosto de 1926, uma grande rebelião eclodiu nas regiões centrais de Guanajuato, Michoacán e Jalisco, estendendo-se, até ao final do ano, a Zacatecas, Colima e Querétaro. A Rebelião Cristera de 1926-1929 – assim autodenominada pelos defensores do Cristo Rei que faziam acusações ao governo, atingiu o seu auge em 1928. O Exército Federal não conseguiu lidar com os tipos de táticas de guerrilha adotadas pelo *cristeiros*. De forma semelhante aos zapatistas da década anterior, os combatentes *cristeiros* retornaram às suas aldeias durante os períodos de plantio e colheita. Nas regiões participantes, eles representavam uma parte da sociedade rural e das pequenas cidades.

Alarmada com o grau de mobilização popular, a hierarquia católica tentou assegurar sua própria posição por meio de um acordo com o governo. Isso foi realizado pela mediação do enviado especial dos Estados Unidos, Dwight Morrow, que chegou ao México em novembro de 1927 para tentar concluir um acordo com Calles sobre a questão do petróleo. O abandono dos *cristeros* pelos bispos aumentou as divisões existentes entre os católicos mexicanos, pois a Liga também manteve sua distância do movimento popular. O assassinato do presidente eleito Obregón por um católico reabriu a questão da sucessão e ameaçou dissolver uma coligação cuidadosamente construída ao redor do eixo Obregón-Calles. *Obregonistas*, por exemplo, envolveram Morones no assassinato. O agravamento da situação política fez com que o fim do conflito religioso fosse imperativo.

Pelos "arranjos" (arreglos) de 21 de junho de 1929, o governo concedeu liberdade de culto aos católicos. O artigo 130 não foi retirado e o governo continuou restringindo o número de sacerdotes de cada estado a um máximo de cinquenta e a promover a educação secular. Nesse sentido, o conflito regional foi mantido durante a maior parte da década de 1930. Após o estabelecimento de um *modus vivendi* nos níveis mais altos, o exército foi enviado para localidades específicas com o objetivo de extirpar as atividades cristeras e seus simpatizantes. A repressão, no entanto, não resolveu o conflito, que passou para uma segunda fase em 1933-1937.

A CONSTRUÇÃO DO PARTIDO REVOLUCIONÁRIO

Apesar do princípio *maderista* de 1910 e o disposto no artigo 83 da Constituição, que proibia a reeleição presidencial, o grupo de Obregón-Calles que controlava o Estado publicou leis, no início de 1927, para permitir uma única reeleição presidencial em uma data futura indefinida. Nesse sentido, com o fim do mandato de Calles, a questão da reeleição, dormente desde 1910, surgiu novamente nas eleições federais previstas para 1º de julho de 1928. O assassinato do presidente eleito, Obregón, em 17 de julho ameaçou acabar com a precária coalizão revolucionária.

Embora Calles tenha enfatizado a reconstrução financeira e a construção do Estado, os contínuos conflitos de longa duração entre a Igreja e o Estado do período de 1917-1937 enfraqueceram a nova ordem política e minaram sua legitimidade para grande parte da população. A negligência ao princípio do sufrágio eficaz mostrou que, na realidade, a coalizão revolucionária era dominada por facções. O assassinato de Obregón mergulhou o México em um estado de crise permanente entre 1928 e 1935, agravado depois de 1929 pelo impacto da Grande Depressão. A popularidade da campanha presidencial de José Vasconcelos em 1929 – e a ameaça que ele representava para as facções revolucionárias dominantes – devem ser entendidas nesse contexto. Por essa razão, o governo manteve-se determinado a subverter ao máximo o potencial de Vasconcelos – que tornou-se oposição em 1923 por seu ódio a Calles – para privar a coalizão revolucionária dos ganhos obtidos desde 1916.

O partido revolucionário não surgiu do apelo popular. Pelo contrário, foi o resultado de medidas de ocasião e apressadas, realizadas por Calles em resposta a uma emergência. O Partido Nacional Revolucionário (PNR) incorporou mecanismos estatais já existentes em troca do patrocínio do governo federal. Isso implicava na subordinação permanente dos líderes políticos estaduais ao Executivo Nacional. Os dias da autonomia regional dos *caudilhos* estavam no fim. O Partido iria impor cada vez mais sua predominância sobre as personalidades e as regiões. Calles finalmente resolveu a questão da sucessão, aplicando o princípio de Madero da não reeleição para todos os cargos eletivos: presidente, governadores, prefeitos, cargos de senadores, deputados federais e deputados estaduais. Por um lado, isso impediu a reincidência dos abusos do século XIX nos níveis mais altos, a extensão do princípio para as legislaturas era um mau presságio para o desenvolvimento de uma vida política vibrante, pois negava aos legisladores os benefícios da experiência parlamentar. Em termos relativos, tudo isso resultou em um maior fortalecimento do poder executivo.

O Partido, no entanto, seria permanentemente reeleito. Dessa forma, a Revolução Mexicana não trouxe a democracia constitucional esperada por Madero, mas um regime de partido único com maior autoritarismo e centralismo. A questão da sucessão, que havia assolado o país desde a Independência, ficou despersonalizada, mas durante todo o restante do século XX, a sucessão automática do partido oficial (apesar de duas alterações subsequentes de nome) deixou sem solução o problema da transferência de poder de um partido para outro.

Nos estágios iniciais, o partido oficial assemelhava-se a uma confederação de *caciques*. A derrota eleitoral de Vasconcelos, ocorrida por uma combinação de fraude e violência, assegurou que não haveria outra entidade dominante no México, senão o PNR. Calles, que entregou seu o cargo de forma interina para Portes Gil no final de seu mandato, em dezembro de 1928, manteve o poder efetivo como "Chefe Máximo", ou o líder principal, do PNR. Isso abriu o período conhecido como o "Maximato", durante o qual Calles governou por trás dos panos de 1928 até 1934, por meio de três presidentes-fantoches. Portes Gil, por exemplo, nomeou Calles para o importante cargo de ministro da Guerra em março de 1929.

O PNR tornou-se um aparelho burocrático. Como tal, ele forneceu um modelo para a criação dos futuros partidos latino-americanos, tais como aqueles associados ao regime de Vargas, no Brasil, embora em circunstâncias históricas muito diferentes. O Partido mexicano tornou-se, por fim, um vasto organismo, fora do qual era impossível obter acesso ao poder político ou influência. Em seu núcleo manteve-se a política da troca de favores entre o Estado e as organizações trabalhistas. O patrocínio das organizações trabalhistas pelo Estado tem origem no período entre 1920 e 1934 de domínio dos líderes nascidos em Sonora: "a dinastia de Sonora". Até a década de 1970, o partido no poder ainda poderia ser descrito, pelo menos em parte, como uma aliança entre a burocracia e a organização trabalhista.

IMAGEM 39. Lázaro Cárdenas (1895-1970) com Calles, Manuel Ávila Camacho (1897-1955) e Abelardo Rodríguez (presidente, 1930-1932). Neste banquete pela Unidade Nacional de 1942 ambos os generais Cárdenas (segundo da direita) e Rodríguez (presidente, 1932-1934) estão de uniforme. Calles está sentado na extrema esquerda. Ávila Camacho era presidente nesta época.

O modelo de Calles, desenvolvido mais tarde por Lázaro Cárdenas (1895-1970), era o de Estados de partido único da Europa, que foram surgindo no contexto da crise do liberalismo político e econômico. Os Estados Unidos, claramente, não foram o modelo aplicado para a reconstrução política do México no rescaldo da Revolução, pelo contrário, os revolucionários mexicanos, desesperadamente preocupados em manter o poder em face à Rebelião cristera, ao desafio eleitoral de 1929 e a um novo conflito religioso após 1931, adotaram um sistema híbrido curioso, misturando os modelos da Itália fascista e da União Soviética, mas sem o fascismo ou o socialismo.

A respeito de um assunto muito importante, os regimes revolucionários após 1920 afastaram-se da prática de Díaz, a saber, a modernização das Forças Armadas. A tomada e a manutenção do poder pelos revolucionários só foram possíveis por causa do colapso militar do Exército Federal em 1913-1914. Como resultado, o poder armado deixou de pertencer a um Estado central, mas fragmentou-se entre os chefes revolucionários concorrentes. Depois de 1920, a manutenção do domínio dos clãs políticos de Sonora passou a depender da criação de um exército efetivo que não fosse formado por bandos armados leais. Sob Calles, a principal figura deste processo foi Amaro. Durante o período dominado por Calles, as autoridades políticas dos estados usaram frequentemente as Forças Armadas para conter as pressões dos camponeses que reivindicavam reforma agrária e para dissolver as milícias de camponeses, como no caso de Veracruz em 1933. O processo de profissionalização do Exército não foi concluído até a década de 1940.

Nacionalismo, Lázaro Cárdenas e a Revolução durante a década de 1930

No final da década de 1920, Calles estava determinado a acabar com a reforma agrária. Por causa do impacto da Grande Depressão, no entanto, a atenção aos problemas sociais tornou-se urgente. Os efeitos da quebra da Bolsa de Valores de Nova York, em 24 de outubro de 1929, passaram a ser sentidos cada vez mais no México a partir de julho de 1930. Como já vimos, a recessão grave já havia afetado três dos principais bens de exportação do México: o petróleo, a prata e o cobre. Tendo em vista que o México não dependia de uma única mercadoria e que sua economia já estava razoavelmente diversificada, o impacto da Grande Depressão não foi tão grave como em outros países latino-americanos como no Brasil, na Argen-

CAPÍTULO 6 – RECONSTRUÇÃO (1867-1940) | 261

tina, no Peru ou em Cuba. Além disso, as instituições do país já estavam passando por um processo de mudança estrutural desde a década de 1910. Embora houvesse muito o que fazer a respeito do assunto, ele permitiu que se fizesse uma rápida adaptação à mudança acelerada em resposta à Depressão. Não obstante, em 1930 quase 69% da população economicamente ativa ainda trabalhava na agricultura, apesar de cem anos de tentativas esporádicas de desenvolver indústrias nacionais.

A economia mexicana, no entanto, ainda estava vulnerável. O PIB, que teve um aumento de 3,3% ao ano entre 1900 e 1910, caiu para 2,5% entre 1910 e 1925 e depois passou para 1,6% entre 1925 e 1940, momento em que foi ultrapassado pela taxa de crescimento populacional (1,8%). Já em 1928, o volume de importações estava aumentando enquanto o de exportações declinava. Entre 1929 e 1932, as receitas de exportação do governo caíram 29%, enquanto o seu poder de compra caiu mais de 50% no mesmo período. A Depressão expunha o México ainda mais aos riscos de tornar-se dependente do mercado internacional. No PNR, o debate sobre o estado da economia e suas consequências para a sociedade foi cristalizado em uma posição econômica nacionalista que salientava a prioridade do mercado interno e as possibilidades da intervenção estatal. Alguns fundamentos já tinham sido estabelecidos durante o período de Díaz, quando o México tornou-se praticamente autossuficiente em materiais têxteis (fabricados a partir da produção de algodão) e teve a primeira siderúrgica da América Latina implantada em Monterrey entre 1900 e 1903.

Ademais, problemas domésticos do México foram agravados pelas repercussões da Depressão dentro dos Estados Unidos. O governo dos Estados Unidos expulsou 310 mil trabalhadores mexicanos entre 1930 e 1933 e em maio de 1930 restringiu as mercadorias importadas do México. O desemprego triplicou. A produção agrícola, além disso, continuava abaixo dos níveis de 1910, apesar do aumento de 18% da população durante a década de 1930. A pressão sobre a terra e sobre a oferta de alimentos resultou em atenção renovada para a irrigação e questões pendentes sobre a posse de terra. Entre 1923 e 1933 as plantações de milho renderam apenas 60% dos valores de 1910, o qual, por si só, foi um ano muito ruim para esta cultura. Entre 1934 e 1938, os preços dos alimentos subiram 54%, uma tendência agravada pelas condições meteorológicas desfavoráveis ocorridas em três anos consecutivos: 1936-1938.

Os piores anos da Depressão foram de 1931 a 1932, mas daí em diante, a economia começou a se recuperar, embora a posição de 1929 só tenha sido retomada em 1933-1934. A tendência ascendente dos preços do petróleo e da prata, no entanto, elevou o valor e o volume das exportações. A abertura dos campos de petróleo de Coza Rica depois de 1930, na região norte do Golfo, permitiu o renascimento da indústria de petróleo mexicano, mas a produção ainda permanecia relativamente baixa em 1933: 47 milhões de barris. A recuperação do petróleo gerou mais uma vez as questões a respeito de seu significado para a economia doméstica, o estatuto e os lucros das empresas estrangeiras e a condição dos trabalhadores mexicanos. Essas questões atingiram seu clímax durante a crise do petróleo de 1937-1938, que culminou com a nacionalização da indústria de petróleo pelo governo de Cárdenas, em março de 1938.

A Convenção do PNR, realizada em Querétaro, escolheu Cárdenas, em maio de 1933, como seu candidato presidencial oficial. O partido aprovou um plano de seis anos, originalmente formulado sob influência de Calles. O plano buscava encorajar os fazendeiros de tamanho médio como um paralelo e uma alternativa ao *ejido* para promover a fácil adaptação às novas técnicas. A conferência do PNR, em dezembro, levou este programa para a esquerda. Com o apoio da esquerda, Cárdenas comprometeu o PNR às profundas políticas de reformas que deveriam ser postas em prática por meio da intervenção do Estado. Embora tenha sido inicialmente considerado como o possível quarto fantoche de Calles, Cárdenas (1934-1940) passou a criar uma base política independente entre o campesinato durante sua célebre campanha eleitoral pelo país.

Uma combinação de medidas governamentais e ação espontânea dos camponeses locais já tinham conseguido modificar a estrutura das terras do México antes da eleição de Cárdenas em 1º de julho de 1934. Entre 1920 e 1934, houve uma reversão da tendência para a consolidação da *hacienda*, que caracteriza o período de 1870 a 1910. A *hacienda* ainda era uma grande unidade de produção e organização social, mas sua primazia foi desafiada em vários níveis. Este foi o caso, especialmente do Planalto Central e áreas adjacentes, onde as comunidades camponesas ainda eram numerosas. O *ejido* retirava os trabalhadores do setor privado e reduziam o poder do proprietário local de terras. Os locais em que a *hacienda* sobreviveu, normalmente, enfrentavam a oposição de grupos armados de agraristas, ansiosos para aumentar os benefícios que tinham recebido das reformas agrárias patrocinadas pelo governo. Em muitos casos, a redistribuição das terras locais ocorria bem antes das medidas governamentais.

CAPÍTULO 6 – RECONSTRUÇÃO (1867-1940) | 263

Cárdenas considerava o *ejido* uma alternativa à *hacienda* e, da mesma maneira, ele estava preparado para experimentar as cooperativas de trabalhadores, como uma alternativa ao capitalismo. Em junho de 1937, por exemplo, as ferrovias (o governo detinha a participação majoritária desde 1909) foram totalmente estatizadas, e então, no dia 1º de maio de 1938, foram entregues ao Sindicato dos Trabalhadores Ferroviários para gerenciá-las. Até 1938, no entanto, os setores de mineração e petróleo permaneceram em grande parte sob o controle de companhias estrangeiras, juntamente com 80% das ferrovias e bondes e todo o setor elétrico. A intervenção estatal da época de Cárdenas modificou consideravelmente essa imagem e fomentou um tipo de economia mista, associada ao governo de partido único. Indústrias centrais, como a do petróleo, tornaram-se, após 1938, mais complementos da burocracia do que empresas. A aceleração da política do ejido respondia mais aos cálculos políticos e sociais que às considerações econômicas. As políticas de reforma agrária, de fato, forçaram os preços dos alimentos para cima em um momento de inflação devido ao financiamento do déficit. No final do período de Cárdenas, a agricultura ainda era responsável por 21,8% do PIB, enquanto a manufatura ainda estava bem abaixo: 16,9%. A economia continuava a depender bastante da exportação de minerais.

A reforma agrária da década de 1930 pode ser considerada mais como um reflexo das necessidades de curto prazo do que parte de uma grande estratégia global. Embora aplicada com vigor entre 1934 e 1938, a política do *ejido* era de 1917 e 1920 e não foi, de forma alguma, uma inovação da época de Cárdenas. A importância desses anos está na diferente ênfase colocada na reconstituição das terras comunais em contraste com a preferência de Calles pelas propriedades privadas. Entre 1934 e 1940, o governo redistribuiu 17.906.429 hectares de terra, quase todas na forma de *ejidos*. O auge ocorreu em 1937, quando 5.016.321 hectares foram entregues a 184.457 beneficiários. Em 1940, o *ejido* representava mais de metade das terras aráveis em cultivo. A urgência da irrigação e do crédito sob a forma de sementes, adubos, ferramentas e animais levou à criação de novas instituições governamentais. Até 1940, a Nacional Financiera, criada em 1934, respondeu às necessidades agrárias. O Banco Agrário do período de Calles foi dividido em 1935 em dois novos bancos, o Banco de Crédito Agrícola para os pequenos e médios camponeses e o Banco de Crédito Ejidal para as entidades cooperativas. A administração de Cárdenas estava ciente do perigo dos ejidos serem transformados em unidades de subsistência ou parcelas de terra inviáveis e ineficientes. O objetivo primordial era supervisionar a fusão dos ejidos para que eles pudessem contribuir com a necessidade nacional de oferta de alimentos. As duras realidades da agricultura camponesa e a insuficiência de insumos para o setor frustraram estas ambições. Apesar da ênfase sobre o ejido, as condições da época de Calles não foram abandonadas por Cárdenas, pois a Lei de maio de 1938 estabelecia um Departamento da Pequena Propriedade para proteger os pequenos proprietários da pressão dos camponeses e para emitir certificados de dispensa de expropriação.

O governo, apesar do Plano de Seis Anos, não tinha uma estratégia de industrialização viável. A nacionalização do petróleo foi o resultado da combinação de dificuldades herdadas do governo com as empresas e a deterioração contemporânea das relações de trabalho na indústria. As relações com o Comitê Internacional de Banqueiros foram dissolvidas em 1934 e não foram reparadas até 1942. O Plano de Seis Anos estabelecia a criação de uma empresa estatal, a relativamente inócua "Petróleos de México", para competir com as corporações estrangeiras. Essa empresa, criada em 1935, iria retomar controle das concessões privadas assim que chegassem ao fim. Ao mesmo tempo o governo patrocinou a fusão dos vinte e um sindicatos que operavam nos campos de petróleo em uma única organização. Em 1936, este sindicato propôs um novo contrato para as empresas de todo o país, todavia, elas rejeitaram-no, pois ele implicava em um aumento substancial dos custos trabalhistas. Como resultado, houve uma greve geral nos campos de petróleo em 28 de maio de 1937.

A administração de Cárdenas ficou do lado dos trabalhadores e denunciou os lucros excessivos das empresas. A posição do governo foi confirmada pelo Supremo Tribunal Federal em dezembro de 1937, que avisou às empresas que se elas continuassem a não demonstrar interesse em observar o disposto no artigo 123 da Constituição, elas seriam consideradas ilegais. As empresas não recuaram – e, em vez disso, esperavam por uma intervenção externa. Então, o governo mexicano resolveu a disputa em 18 de março de 1938 por meio da nacionalização da indústria petrolífera. Essa ação não deve ser considerada como uma guinada em direção ao socialismo estatal. Embora o governo tenha justificado a nacionalização de acordo com o artigo 127, ao invés do artigo 27 da Constituição, a lógica por trás disso era essencialmente nacionalista. Por esse motivo, a ação uniu todos os tons do espectro político, desde a extrema-direita até a esquerda marxista. A nacionalização do petróleo foi imediatamente vista – e por

CAPÍTULO 6 – RECONSTRUÇÃO (1867-1940) | 265

um longo tempo depois – como uma grande vitória nacional contra as potências estrangeiras. Comparável à grande vitória de 1867 contra a intervenção europeia. Todavia, não foi um ataque do Estado à iniciativa privada, mas uma medida econômica nacionalista dirigida contra as empresas estrangeiras que imaginavam-se acima do poder do Estado. Ainda assim, grande parte dessa política internacional de alto risco de Cárdenas foi resultado de condições políticas internas.

Apesar de um sucesso político, a nacionalização ocorreu em uma conjuntura desfavorável. A queda das exportações de petróleo e prata haviam reduzido as receitas públicas; a reforma agrária e os regimes de obras públicas agravaram o déficit orçamentário e a safra ruim de 1937 elevou os preços dos alimentos. O México conseguiu passar pela crise da nacionalização em parte através da atenção habilidosa que Cárdenas deu à política interna e em parte devido ao agravamento da situação internacional. O governo britânico, que considerou a expropriação ilegal, não podia fazer nada para impedir ou reverter a nacionalização, especialmente porque a administração Roosevelt (1932-1945) dos Estados Unidos era contra a intervenção armada e a situação europeia continuava a degenerar-se rapidamente.

No momento da expropriação, pouco mais da metade do petróleo era exportado: o valor das exportações de 1937 (24.960.335 barris) caiu no ano seguinte para 14.562.250 barris. A desvalorização do peso de 3,5 (pesos mexicanos) por dólar dos Estados Unidos para 5 pesos barateou ainda mais as exportações mexicanas. No curto prazo, o governo mexicano vendia seu petróleo nacionalizado para outros países da América Latina sempre que possível, mas sobretudo para a Alemanha nazista, para a Itália fascista e para o Japão imperial em troca de máquinas e outros bens de capital, a fim de contornar o boicote das empresas anglo-americanas. O embaixador dos Estados Unidos, Josephus Daniels, mostrou-se consistentemente a favor de um acordo e, geralmente, simpatizava com as políticas de reforma do governo de Cárdenas. Após o fim do mandato deste último, ele classificou-o ao lado de Juárez como defensor dos interesses nacionais. Nem o Departamento de Estado nem o Tesouro dos Estados Unidos concordavam com o ponto de vista de Daniels sobre a nacionalização.

A hostilidade da Companhia de Petróleo, no entanto, foi substituída pelas necessidades estratégicas dos Estados Unidos após a eclosão da Segunda Guerra Mundial. Como um gesto, o México, em julho de 1941, permitiu que os aviões da Força Aérea dos Estados Unidos que estavam a caminho (ou voltando) do Canal do Panamá pousassem nas bases mexicanas. Os Estados Unidos começaram a comprar o petróleo mexicano para uso naval a partir de junho de 1942. Chegou-se a um acordo sobre as compensações para as companhias de petróleo entre novembro de 1941 e abril de 1942. A compensação incluía apenas o valor das propriedades da superfície. Em 1947, os Estados Unidos já tinham pago US$ 280 milhões. O México e a Grã-Bretanha romperam suas relações diplomáticas entre 12 e 13 de maio de 1938 e não chegaram a um acordo até 1947, quando US$ 130 milhões foram pagos para El Águila.

A crise do petróleo de 1937-1938 ocorreu no âmbito de uma complexa manobra de poder entre as principais figuras políticas mexicanas. Nesse processo, Cárdenas mostrou-se um apto sucessor de Juárez, não apenas por sua habilidade de neutralizar seus adversários, mas também por ter conseguido destruir Calles. As primeiras alianças de Cárdenas foram feitas com dois homens fortes de diferentes origens e funções. O primeiro, o mais importante em termos táticos na época, era Saturnino Cedillo (n. 1891, Villa del Maíz, San Luis Potosí), chefe rural do estado de San Luis Potosí. O poder de Cedillo cresceu durante a Revolução e originalmente era partidário de Villa, antes de aderir ao grupo Obregón-Calles. Embora as forças sob o seu controle lutassem contra a Rebelião Cristera, Cedillo não partilhava do anticlericalismo de Calles. Cedillo controlava San Luis Potosí como seu feudo pessoal, de forma praticamente independente do governo federal. O segundo aliado era Vicente Lombardo Toledano (1894-1968), que veio de uma família rica de Puebla. Ele saiu da Diretoria da Escola Preparatória Nacional para tornar-se, em 1936, líder da Confederação de Trabalhadores Mexicanos (CTM), uma dissidência da CROM. Essas duas alianças garantiram a Cárdenas o apoio crucial do Exército e dos trabalhadores.

Cárdenas cultivava a amizade dos inimigos de Calles, tais como Ortiz Rubio e Portes Gil e, dessa forma, assim que a oportunidade de separar-se de Calles surgiu em maio de 1935, ele pode destruir a influência que este tinha dentro do PNR. Após expurgar os callistas do Congresso e das governadorias dos estados, Cárdenas exilou Calles e Morones para os Estados Unidos em abril de 1936. Em agosto, Cárdenas estava suficientemente forte para tirar proveito de uma luta de poder entre Múgica e Portes Gil e, então, retirar o último da Presidência do PNR, a fim de evitar a criação de uma base de poder alternativa no topo da burocracia. Cárdenas, então, passou a destruir o poder dos chefes regionais autônomos, começando por Tabasco, com Tomás Garrido Canabal em 1936 e terminando em San Luis Potosí, com Cedillo em 1938. Garrido Canabal, que controlava seu próprio exército particular de jovens radicais anticlericais, conhecido como os camisas vermelhas, foi forçado a exilar-se. O poder do Cedillo foi defendido por *agraristas* armados, que haviam sido os beneficiários da terceira reforma agrária de maior alcance no país. O chefe de San Luis Potosí, além disso, tinha transformado o estado em um refúgio para os católicos, incluindo os padres, pois ele se opunha às políticas educacionais e religiosas do governo de Cárdenas.

O governo central começou o processo de neutralização a Cedillo ao enviar tropas federais para o estado com o objetivo de contrabalancear os *agraristas* de Cedillo. Ao mesmo tempo, a esquerda passou a retratar Cedillo como simpatizante do fascismo internacional e como o possível general Franco do México. Por meio de eleições controladas, o governo federal começou a criar na capital do estado uma máquina política alternativa ao poder de Cedillo que tinha a zona rural como sua base. O governo, além disso, trouxe a CTM para a política do estado em um momento de agitações trabalhistas. Adicionado a isso, o regime de Cárdenas pretendia organizar todos os beneficiários da reforma agrária em um sindicato central único, que seria então incorporado ao PNR. Essa política foi um golpe mortal para a clientela independente de Cedillo. A combinação destes objetivos forçou a oposição de Cedillo. A crise iniciou-se em março a maio de 1938 e acabou em uma rebelião fracassada de Cedillo, com sua fuga para as montanhas e seu subsequente assassinato em janeiro de 1939.

A crise do petróleo acompanhou o desafio de Cedillo ao regime de Cárdenas. Tal crise tornou a posição de Cedillo e, ao mesmo tempo, o crescimento de uma oposição direitista com questões muito mais sérias. No entanto, o triunfo político da nacionalização do petróleo permitiu que o regime lidasse de forma rápida e eficaz com este último e grande caudilho regional. O secretário da Defesa, Manuel Ávila Camacho (1897-1955), desempenhou um papel decisivo para garantir a segurança nacional durante a crise do petróleo e para a destruição de Cedillo. Isso o colocaria em uma posição de comando nos dois anos seguintes, até o momento em que a questão da sucessão de Cárdenas passou a ser um tema principal.

A REORGANIZAÇÃO DO PARTIDO OFICIAL E AS ELEIÇÕES PRESIDENCIAIS DE 1940

Em março de 1938, Cárdenas ampliou o PNR e o transformou em uma entidade organizada corporativamente com um nome diferente. O Partido da Revolução Mexicana (PRM) consistia de quatro "setores" – trabalho organizado, a recém-formada união camponesa, o Exército e o setor popular. Essa estrutura corporativa refletia, em parte, as tradições históricas do mundo hispânico e, em parte, a prática contemporânea do final da década de 1930 e início da década de 1940. Cárdenas separou da CTM a Confederação Nacional dos Camponeses (CNC), como um setor distinto do PRM, a fim de enfraquecer a posição do Lombardo Toledano, que, sendo marxista, conclamava a Revolução Mexicana a avançar para o modelo soviético. A CNC separada, além disso, colocou o trabalho rural organizado diretamente sob a supervisão do governo federal. Os *ejidatários* tonaram-se, automaticamente, membros da CNC, cuja adesão total atingiu 2 milhões. Essa medida foi o corolário da política do ejido, que, imediatamente e ao mesmo tempo, retificava a anterior negligência revolucionária em relação ao campesinato e o absorvia para a esfera mais abrangente do patrocínio do Estado.

O Exército manteve-se como um dos quatro setores até dezembro de 1940, após o fim da crise do petróleo e depois que as eleições presidenciais de 1940 foram vencidas por Ávila Camacho, o candidato do PRM. Os oficiais superiores aceitaram a divisão da CTM, uma vez que eles estavam apreensivos sobre sua influência no seio do regime e se opunham a quaisquer sugestões que evidenciassem a formação de milícias de trabalhadores no estilo republicano da Espanha. O setor popular não abrangia somente os pequenos agricultores, mas os proprietários das pequenas indústrias e os funcionários do governo. Sua força baseava-se na Federação de Sindicatos de Trabalhadores a Serviço do Estado (FSTSE). Em teoria, os quatro setores do partido oficial selecionavam o candidato presidencial em uma Convenção de nomeação, realizada a cada seis anos. Na realidade, o ocupante do cargo normalmente indicava inequivocamente quem deveria ser o seu sucessor. Os setores representaram grupos de pressão institucionalizados que competiam por influência, poder e recompensas materiais dentro de uma estrutura burocrática cada vez maior. A intenção principal era desarmar as reivindicações rurais e trabalhistas e, assim, canalizar as aspirações dos trabalhadores para os próprios canais institucionais do partido. Assim, os grupos autônomos ou dissidentes ficavam sem qualquer tipo de representatividade.

A nova estrutura do partido fortaleceu ainda mais o poder do governo central, especialmente após a desintegração da posição de Cedillo em San Luis Potosí. As políticas de reforma trabalhista e agrária de Cárdenas, incluindo o processo de nacionalização do petróleo orientada aos traba-

CAPÍTULO 6 – RECONSTRUÇÃO (1867-1940) | 269

lhadores, revelavam bastante sobre o funcionamento prático da Revolução Mexicana. Consistia basicamente na união de pressões populares e de manobras do governo. O PRM representava a síntese entre a mobilização popular orquestrada pelo governo e a busca popular por canais pelos quais suas reivindicações pudessem ser atendidas. A realização final da época de Cárdenas foi conseguir unir elementos da Revolução que, desde a década de 1910 eram, até então, díspares – e até mesmo contrários. Isso foi imperativo por duas razões: a necessidade de uma unidade nacional durante a crise do petróleo em face à ameaça de intervenção estrangeira e a necessidade de vincular o campesinato firmemente ao governo na sequência da Rebelião Cristera e do surgimento de uma forte oposição nacionalista católica ao regime sob a forma do *Sinarquismo* depois de maio de 1937.

O conflito religioso renasceu após 1931, depois da repressão militar aos cristeros e do governo ter abandonado os acordos de 1929. Ele continuou por toda a década. Os estados mais afetados foram Guanajuato, Michoacán e Jalisco. Entre 1929 e 1936, cerca de 5 mil pessoas morreram no conflito. Em Michoacán, onde Cárdenas foi governador entre 1928 e 1932, apenas trinta e três sacerdotes permaneceram no estado até o final do seu mandato. Em 1935, o governo federal ainda não havia conseguido acabar com a oposição no Bajío, onde os pequenos agricultores locais opunham-se à política do ejido como imprópria para sua região. A questão da educação predominou entre 1934 e 1938: a hierarquia católica protestou contra a política do governo e instruiu as organizações católicas e os indivíduos para que se opusessem a sua aplicação. Em maio de 1937, foi formado um movimento nacionalista católico, a União Nacional Sinarquista (UNS). Em seu núcleo estava a burguesia rural e os profissionais da classe média-baixa do Bajío. Fundada por estudantes da Universidade de Guanajuato, alguns deles ex-seminaristas, em seus 20 a 30 anos de idade e principalmente da classe média, a UNS era vista como um movimento espiritual de transformação nacional. Suas raízes estavam no centro provincial e católico do Centro-Noroeste. A UNS seguia a tradição da oposição católica de 1916-1917 a Carranza e da Rebelião Cristera de 1926-1929, da rejeição dos "arranjos" de 1929 e da renovação do conflito após 1931.

O nacionalismo da UNS pode ser visto em sua rejeição à teoria marxista sobre a luta de classes e no apoio para a nacionalização do petróleo. A UNS opunha-se à coletivização agrária e pedia o fim do monopólio estatal da educação. O movimento representava uma ameaça para a ordem política cardenista não só porque desafiava o controle imediato do PNR/PRM, mas também porque tinha dentre seus filiados todas as classes, os pequenos proprietários, ejidatários, meeiros, trabalhadores das fazendas, trabalhadores eventuais, artesãos e trabalhadores de pequenas indústrias. Em 1939, quando o movimento já contava com 90 mil militantes, a UNS acusou o sistema revolucionário como uma nova Era Porfiriana de privilégios, pobreza e tirania. Durante 1940, no auge da UNS, ela controlava a maioria dos municípios do Bajío. O principal perigo para o partido oficial estava na capacidade de mobilização da UNS, que trazia novamente a perspectiva de um poderoso desafio ao regime, originado das bases provinciais populares. Mesmo assim, a UNS carecia de um programa coerente e começou a perder sua força assim que o governo modificou, após 1938 e especialmente após 1940, o anticlericalismo derivado da época de Calles.

Cárdenas construiu seu poder sobre o legado político do período de Calles, do qual ele era essencialmente um produto, apesar das diferenças de ênfase. O PRM de 1938-1946 surgiu do PNR de 1929-1938. O partido que enfrentou as eleições de 1940, no entanto, estava mais rigidamente organizado e centralmente controlado do que seu progenitor mais extemporâneo. Em 1940, praticamente todas as máquinas políticas locais e independentes da direção nacional haviam sido substituídas. Com efeito, a Revolução Mexicana via-se em processo de construção de um Estado muito mais poderoso do que aquele que existiu no período do governo de Díaz ou durante o vice-reinado colonial espanhol.

Três grandes pontos de inflexão determinaram a criação do partido estatal monopolista. A derrota da rebelião de De la Huerta em 1924 garantiu que os chefes internos da liderança revolucionária decidiriam sobre a sucessão presidencial. A campanha da eleição presidencial de 1929 e a esmagadora derrota de Vasconcelos garantiu que, a partir daquele momento, não haveria mais nenhum outro candidato opositor ao partido oficial. A eleição de Ávila Camacho em 1940 demonstrou que nenhum desafio dentro do partido ao candidato oficial sancionado pelo presidente teria qualquer chance de sucesso.

As eleições de 1940 também foram determinantes para resolver que a Revolução Mexicana não mais movimentaria-se para a esquerda. A retirada precoce de Múgica destacou o afastamento da administração de Cárdenas, após 1938, das políticas esquerdistas. A chegada do fugitivo Leon Trotsky ao México neste ano já tinha dividido a esquerda e afastado os pró-stalinistas de uma potencial candidatura de Múgica. Nesse sentido, o principal desafio à política oficial do regime não veio da esquerda, mas da direita secular. Com seu foco nos interesses comerciais em Monterrey, a direita foi favorável à candidatura do general Juan Andreu Almazán, comandante militar do Distrito de Novo León. Ávila Camacho tornou-se candidato oficial do PRM, principalmente porque sua capacidade de manter o exército unido em apoio ao regime foi um sucesso durante as crises de Cedillo e do petróleo. A vitória de Franco na Guerra Civil Espanhola, em abril de 1939 e a chegada de exilados republicanos no México demonstravam a importância disso. Governadores-chaves dos estados, tal como Miguel Alemán, em Veracruz, apoiavam o candidato oficial. Metade dos governadores dos estados eram, em qualquer caso, oficiais do exército em 1940. Cárdenas fez campanha para Ávila Camacho em um chapa eleitoral centrista, que passava pelo meio da esquerda dividida, por um lado, e pelo meio da direita dividida. Nessa veia, Cárdenas condenou o "socialismo de Estado", enquanto ao mesmo tempo dizia que a maior ameaça à Revolução Mexicana vinha do fascismo internacional. A vitória de Ávila Camacho nas eleições manipuladas pelo governo garantiu que o nacionalismo econômico, uma economia mista, a organização política corporativa e um compromisso sobre a questão religiosa prevaleceria no México durante a década de 1940.

capítulo 7

O PARTIDO MONOPOLISTA
(1940-2000)

A combinação de circunstâncias internacionais favoráveis e das condições internas permitiu que o partido do governo se tornasse o partido monopolista do governo durante as três décadas após 1940. Os avanços econômicos do México entre 1940 e 1970 criaram um clima de otimismo tanto nacionalmentemente quanto no exterior. A falta de uma oposição séria após 1943, fosse de direita ou de esquerda, ofereceu ao partido a oportunidade de expandir seu controle ao longo da maior parte dos setores da sociedade. Durante a década de 1940, a questão tornou-se gradualmente convincente, pois a postura esquerdista dos anos de Cárdenas foi descartada e a velha retórica desmoronou, exceto nas ocasiões cerimoniais. Houve a transformação do país de uma nação predominantemente rural para urbana, a expansão das indústrias nacionais, o surgimento de uma economia mista com fortes características estatais, a expansão das instituições de ensino; todos esses fatores promoveram a impressão de que o México tinha finalmente emergido do flagelo do subdesenvolvimento e estava no caminho da paz e da prosperidade.

A reforma financeira de 1954 abriu o período conhecido como "Desenvolvimento estabilizado", geralmente associado com as presidências de Adolfo Ruiz Cortines (1952-1958) e Adolfo López Mateos (1958-1964) e o período de Antonio Ortiz Mena, como ministro das Finanças (1958-1970). De forma substancial, o período durou até a recessão de 1971, embora alguns problemas estruturais da economia surgissem desde a década de 1960. A geração que passou por aquelas décadas tornou-se acostumada com uma combinação de estabilidade política, um mínimo de justiça social e uma economia em crescimento. O estilo de vida e aspirações das classes média e alta dependiam da continuidade de tais condições. As visitas regulares aos Estados Unidos e Europa e até mesmo o estudo no exterior tornaram-se objetivos possíveis pela primeira vez para as pessoas que iam além do estreito círculo dos ostensivamente ricos e privilegiados. Essas expectativas, no entanto, encalharam no final da década de 1960. No decorrer da década de 1970, o país encontrava-se em condições políticas e econômicas completamente diferentes. Essa transição deu origem àquilo que alguns comentadores mexicanos, olhando com amargura para o passado a partir do ponto de vista da década de 1990, consideram como as três décadas perdidas. Nesse sentido, passou-se a buscar algo ou alguém para culpar.

As décadas de crescimento econômico e otimismo apresentam um problema de interpretação histórica por causa da estagnação, crise e instabilidade que seguiu-se a elas após 1970. Durante a primeira metade da década de 1960, não havia como prever a crise, exceto talvez pelo observador mais agudo. No entanto, as três problemáticas décadas depois de 1970 nos obrigam a examinar o período de expansão em uma luz diferente, buscando nele as raízes das dificuldades subsequentes. Evidentemente é importante identificar as limitações do crescimento mexicano. No final dos anos 1960, o partido monopolista havia aprofundado seu controle sobre os processos políticos e levou o crédito pela expansão econômica como resultado das estruturas que havia estabelecido. No entanto, não há provas que conectem os desenvolvimentos econômicos – que também estavam relacionados às tendências internacionais – e a instituição de um sistema partidário único. Por comparação, uma conexão semelhante havia sido assumida entre a Ditadura e o desenvolvimento durante o período de Díaz, como já vimos. Na verdade, poderíamos estabelecer uma demonstração de que o regime de partido monopolista foi um obstáculo para o desenvolvimento por causa de sua consequente corrupção, da forte presença do Estado na economia e da relação difícil que prevalecia entre as empresas mexicanas e o governo nacional. Isso, todavia, foi uma demonstração feita pouquíssimas vezes naquele momento. No entanto, quando a economia saiu de seu curso no início de 1970, estes e outros problemas relacionados emergiram à superfície. Surgiram em um momento de muitas críticas políticas no rescaldo da repressão dos movimentos de protesto de 1968. A partir de 1970, o regime do partido monopolista tornou-se cada vez mais uma questão política em si; mesmo assim, após três décadas este problema ainda não estava resolvido.

Parte I
O "Milagre mexicano"
e o controle político (1940-1970)

O México saiu da Grande Depressão em 1934-1935. A nacionalização do petróleo em 1938 deu início ao processo de redirecionamento dos recursos do petróleo para a economia doméstica. A eclosão da Segunda Guerra Mundial em 1939, e particularmente a entrada dos Estados Unidos em 1941, aumentou a demanda por produtos mexicanos, enquanto criou, ao mesmo tempo, condições para a renovação do processo de industrialização que tinha feito progressos antes da Revolução de 1910. A economia mexicana sofreu uma transformação contundente a partir da década de 1940. Entre 1930 e 1960, a relação rural-urbano da estrutura populacional alterou de 66,5% e 33,5% para 49,3% e 50,7%. A contribuição das atividades primárias para o PIB caiu de 19,4% em 1940 para 8,9% em 1976. As rápidas industrialização e urbanização caracterizaram a três décadas anteriores a 1970. Ao mesmo tempo, a expectativa de vida aumentou de 33 para 38 anos entre 1925 e 1940 e para 62 anos por volta de 1970, enquanto a taxa de analfabetismo caiu de 42% em 1950 para 16% em 1970. Mesmo que estes desenvolvimentos tenham sido impressionantes em termos de México e de América Latina, o fato inescapável era que o estado americano da Califórnia, com 14 milhões de habitantes em 1970 tinha um PIB de US$ 50 bilhões, mais do que o dobro da República mexicana que possuía uma população de 54 milhões. Embora a renda *per capita* anual do México tenha dobrado entre 1950 e 1970 para US$ 600, o mesmo valor para os Estados Unidos era de US$ 3 mil.

O apogeu do partido monopolista (1940-1968)

A campanha eleitoral de 1940 caracterizou-se por fraude e violência generalizada. A administração estava determinada a garantir, a qualquer custo, a eleição de Manuel Ávila Camacho. A divisão da esquerda contribuía para este resultado, e a difusão dos conflitos religiosos da década de 1920 e 1930 garantia os votos dos católicos. A grande abstenção dos *Sinarquistas* ajudou ainda mais na vitória do partido oficial. Os professores rurais, trabalhando pela CNC, desempenharam um papel significativo na obtenção de apoio para Ávila Camacho. A posição conciliadora deste último e a capacidade de neutralizar a oposição permitiram que o partido do governo comandasse o núcleo da política em um momento difícil de conflito

IMAGEM 40. Biblioteca da Universidade Nacional (UNAM), Cidade do México. Projetada por Juan O'Gorman, Gustavo Saavedra e Juan Martínez de Velasco, os principais edifícios da UNAM foram construídos em 1950-1956 durante as Presidências de Miguel Alemán (1946-1952) e Adolfo Ruiz Cortines (1950-1958). A Universidade simbolizava o dinamismo cultural da época pós-revolucionária e os projetos incorporaram motivos de todas as épocas anteriores. O nacionalismo agressivo seria, mais tarde, complementado em uma veia diferente com o Museu de Antropologia em 1964. De acordo com o reitor, em discurso no final de 1998, apenas 24 mil dos 33 mil estudantes que entravam na Universidade terminavam seus estudos.

internacional e polarização interna. Determinado a impedir a repetição da fraude e da violência de 1940, Ávila Camacho alterou a Lei eleitoral de 1918 em dezembro de 1945. Ele, essencialmente, removeu o controle das autoridades locais e estaduais sobre o processo eleitoral e transferiu-o para uma Comissão Federal de Supervisão Eleitoral. O resultado final acabou sendo um reforço adicional ao controle do governo central e da influência presidencial.

A estabilidade política incentivou bastante o capital estrangeiro a voltar ao país, o qual reforçou a altas taxas de crescimento. Ávila Camacho (1940-1946) iniciou o fechamento da brecha entre o regime e a iniciativa privada. Tendo em vista a formação de partidos de oposição, associados ao comércio (como o PAN [Partido de Ação Nacional] em 1939), isso tornou-se uma necessidade política. A maioria desses agrupamentos desapareceu durante a Presidência de Ávila Camacho, deixando apenas a UNS e o PAN como principais organizações oposicionistas, embora fossem completamente distintos um do outro e impossíveis de serem combinados.

Nenhum deles oferecia mais do que uma oposição simbólica. A postura política e a composição social do PRM do período de Ávila Camacho diferiram acentuadamente do PRM original, concebido como uma aliança entre trabalhadores e soldados nas condições políticas altamente carregadas de 1938.

Durante a Presidência de Ávila Camacho, os elementos que compunham o Setor Popular do partido aumentaram de forma considerável a influência que possuíam dentro do regime. Estes interesses de profissionais e do funcionalismo público, juntamente com os dos pequenos agricultores foram agrupados na Confederação Nacional de Organizações Populares (CNOP), em 1943. Dentre os dirigentes da CTM, as divisões contínuas da esquerda levaram a uma influência decrescente de Lombardo Toledano após 1941 e a ascensão do moderado Fidel Velázquez. Sob a liderança de Velázquez a longa relação tripartite entre Estado, trabalho e empresas tornou-se institucionalizada após 1945.

Em 1946, o nome oficial do partido passou a ser Partido Revolucionário Institucional (PRI), o partido da revolução institucionalizada, mas a estrutura corporativa, herdada do período de Cárdenas, foi preservada. Esta mudança de nome reconhecia a transformação do PRM e a modificação do predomínio anterior do CTM. Embora Lombardo Toledano tenha apoiado inicialmente a candidatura de Miguel Alemán, secretário do Interior, o desencanto não demorou a surgir. Alemán desejava claramente que as empresas cooperassem com o regime. Tal fato levou Lombardo Toledano a romper com o PRI e o regime passou a receber a oposição do Partido Popular Socialista (PPS), que não tinha qualquer chance de sucesso eleitoral.

A estreita relação entre o governo e as empresas, que se mantiveram fora da estrutura formal do partido, já tinha sido prefigurada durante o período de Calles entre 1924 e 1934. O governo de Alemán (1946-1952) retomou esse padrão após 1946. Os empresários que tinham feito fortuna nas décadas de 1920 e 1930, imediatamente após a Revolução, exerceram uma influência considerável na administração. Embora a esmagadora maioria dos membros do partido oficial pertencesse aos setores dos trabalhadores e camponeses, eles não foram a influência predominante do governo neste período. Mesmo assim, a Lei de reforma agrária de Alemán (dezembro de 1946) acelerou a desintegração das grandes propriedades, embora o objetivo fosse o incentivo das pequenas propriedades privadas com limites definidos de acordo com o tipo de terreno. Em seus níveis superiores, no entanto, as pequenas propriedades estavam rapidamente transformando-se em grandes propriedades.

O processo de seleção do candidato presidencial fazia parte do núcleo do sistema político. A observação do princípio da não reeleição restringiu a questão explosiva da sucessão. No entanto, os mistérios que cercavam o processo de seleção permaneciam impenetráveis. Até 1970 acreditava-se amplamente que os ex-presidentes desempenhavam algum papel no processo de sucessão, mas que a escolha do sucessor encontra-se efetivamente nas mãos do presidente titular. Os critérios da sucessão nunca foram elaborados publicamente: da mesma forma, o número de participantes (ou seu escalão) do processo não era conhecido. Desde 1934, todos os sucessores haviam ocupado algum cargo na administração de seu antecessor e, mais precisamente, foi selecionado por ter desempenhado algum serviço decisivo para tanto. O papel de Ávila Camacho, como secretário da Defesa em 1938, é um exemplo disso. Depois de 1970, o processo colegiado anterior foi deixado de lado e o presidente titular conseguiu fazer a escolha de seu sucessor. Em todo o período do domínio do partido monopolista, o cargo de presidente manteve-se no cume da pirâmide política. Cosío Villegas, na verdade, descreveu o sistema político como uma "monarquia absoluta de seis anos". Poderíamos ir mais longe e descrever o México do século XX como um Império eletivo disfarçado de República Federal.

OS PONTOS FORTES E FRACOS DA EXPANSÃO

Em muitos aspectos, os anos de guerra foram, em si, a plataforma decisiva de uma expansão posterior. Uma combinação de fatores externos e internos que uniram-se para o crescimento econômico podiam ser vistos claramente na época. Enquanto os fatores externos precisariam sempre ser levados em consideração e, aliás, continuariam a determinar se a economia mexicana entraria em crise ou não, o país, desde o período de Díaz, havia construído uma infraestrutura básica e já lançado as bases para o crescimento futuro das indústrias nacionais. Problemas de tecnologia, investimento, empresas empreendedoras e um mercado limitado bloquearam o crescimento econômico antes de 1910. A guerra revolucionária da década de 1910 descapitalizou a economia e, após 1914, fechou o acesso do México ao crédito internacional. O conflito interno obscureceu as tendências econômicas e retardou a recuperação. Em 1942, o México conseguiu obter seu primeiro empréstimo internacional desde a época de Limantour.

A Nacional Financiera tornou-se a intermediária entre o governo mexicano e os investidores estrangeiros durante a década de 1940. O próprio governo atuou como mediador entre os setores público e privado. Este último setor ainda era responsável por cerca de 70% do investimento doméstico após 1940. A indústria têxtil de algodão foi um destinatário notável destes investimentos. A partir da década de 1940, a economia mexicana foi capaz de manter um ritmo de crescimento que durou substancialmente até a crise da dívida de 1982.

A base para a futura estabilidade política e para a expansão econômica foi estabelecida durante a Presidência de Ávila Camacho. Posteriormente, entre 1946 e 1954, o país movimentou-se rapidamente no sentido da industrialização, sendo que a importante indústria do petróleo estava sob controle do Estado. O governo, durante a década de 1940, investiu pesadamente em infraestrutura básica. Em 1951, a indústria ultrapassou a agricultura pela primeira vez. Durante a década de 1960, a produção industrial dobrou, enquanto a produção agrícola cresceu apenas um terço. O crescimento econômico foi acompanhado por altos gastos do governo em política social. Para a consecução de tais objetivos era necessário a existência de uma base tributária maior do que a existente no México. Mesmo assim, a taxa de inflação manteve-se praticamente estável, particularmente após a desvalorização de 1948. A taxa anual da inflação mexicana ficou em 8,4% entre 1948 e 1954, em contraste com a taxa de 2% nos Estados Unidos.

O EQUILÍBRIO INQUIETO:
NACIONALISMO ECONÔMICO E A INICIATIVA PRIVADA

Apesar da atmosfera política claramente diferente da época de Cárdenas, o nacionalismo econômico manteve-se vivo durante as décadas de 1940 e 1950. Após o fim da Segunda Guerra Mundial, os industriais mexicanos pressionaram o governo por tarifas superiores para protegê-los das importações estrangeiras, principalmente das originadas dos Estados Unidos. O governo de Alemán respondeu com políticas que estabeleciam quotas e licenças de importação, introduzidas a partir de 1947 em diante, projetadas para proteger as indústrias nacionais. Essas políticas econômicas nacionalistas, que surgiram dez anos antes no rescaldo da nacionalização do petróleo, projetavam isolar o mercado interno da concorrência externa. Ao mesmo tempo, o governo procurou proteger os investidores mexicanos, criando barreiras contra o investimento estrangeiro com objetivo de "mexicanizar" a economia. Isso foi uma reação à abertura dos investimentos do governo de Díaz. No entanto, a longo prazo, ela teve o efeito de limitar a expansão e incentivar o Estado a financiar o crescimento por meio de seu maior acesso ao crédito externo.

A curto prazo, a economia política de substituição de importações diminuiu a dependência do México em relação aos fornecedores internacionais. Isso revelou a dívida das administrações pós-revolucionária ao desenvolvimento pré-revolucionário das indústrias nacionais. A economia fechada, no entanto, ocultou as ineficiências e limitações tecnológicas dos principais setores da indústria mexicana. Estas passaram a ser sérios obstáculos ao crescimento com a desaceleração da economia em meados da década de 1960 e geraram problemas após 1970. Por um breve período na década de 1960, a substituição de importações foi um considerável sucesso e a indústria mexicana conseguiu suprir a maior parte dos mercados de têxteis, calçados, alimentos, bebidas, tabaco, borracha e vidro. O crescimento industrial durante o período de 1950 até a década de 1970 pode ser explicado pela demanda interna.

O Estado desempenhou um papel ativo dentro da economia e os serviços estatais expandiram-se de forma considerável. Os subsídios e as isenções fiscais, combinadas com o crédito da Nacional Financiera contribuíram para a abertura de novas empresas. O México, entre 1940 e 1980, possuía o maior setor público da América Latina. Em 1975, por exemplo, os investimentos públicos foram responsáveis por 42% do capital nacional total investido. Surgiram novas indústrias nos dois setores: em 1947, foi estabelecida uma indústria de fibras sintéticas, projetada para substituir as importações; uma indústria de motores elétricos, inaugurada em 1948, operava, em 1966, por meio de 16 fábricas estabelecidas no Distrito Federal, San Luis Potosí e Guanajuato. Em 1959, a Pemex [Petróleos Mexicanos] começou o desenvolvimento de uma indústria petroquímica; em 1965, a demanda interna já absorvia mais de 98% da produção do cobre para o transporte de eletricidade, desenvolvida depois de 1943; em 1954, o México começou a construir vagões de trens para serem utilizados internamente em um sistema ferroviário que já era 85% público.

A Presidência de Alemán, intensamente criticada pela esquerda, tanto antes quanto depois, não representou a quebra total com os princípios revolucionários que geralmente é atribuída a ela. O *alemanismo* tentou oferecer às empresas, nacionais e estrangeiras, a maior liberdade possível dentro do contexto dos princípios gerais do nacionalismo econômico. Isso

CAPÍTULO 7 – O PARTIDO MONOPOLISTA (1940-2000) | 281

pressupunha a continuação e o reforço do setor estatal de alto nível em uma economia mista. Muito foi feito a partir dos novos direcionamentos após 1946. Durante as Presidências de Luis Echeverría Álvarez (1970-1976) e José López Portillo (1976-1982), um novo estatismo foi combinado com o aumento de poder presidencial e com um populismo oportunista. A tensão entre as empresas comerciais nortistas de Monterrey e as estas duas administrações comprometeram seriamente o entendimento tácito, desenvolvido durante as administrações anteriores, entre a iniciativa privada e o partido monopolista. Para entendermos o grau de gerenciamento do Estado e o patronato inerente na vida econômica do país, basta considerarmos quanto da economia mexicana ainda podia ser aberta na década de 1980 e início dos anos 1990 durante a experiência "neoliberal" de Salinas.

"Desenvolvimento estabilizado" (1954-1971)

Esse nome dado ao período entre 1954 e 1971 esconde os problemas estruturais a longo prazo que não foram resolvidos na época. Ademais, os objetivos do governo eram a manutenção de uma inflação baixa e de uma taxa de câmbio estável, ao mesmo tempo que controlava as despesas públicas e a oferta de moedas. Essencialmente, esta política originou-se da desvalorização de 1954. O contexto da desvalorização encontra sua explicação nas novas condições internacionais. O impacto da Guerra da Coreia (1950-1953) causou aumento nos preços mundiais, ofereceu oportunidades para as exportações mexicanas e trouxe a entrada de capital estrangeiro. Ao mesmo tempo, no entanto, esta expansão ameaçava alimentar a inflação e aumentar as importações. Quando a expansão da Guerra chegou ao fim, o México enfrentou uma crise de seu balanço de pagamentos. O novo presidente, Ruiz Cortines, ex-secretário do Interior do governo de Alemán e também ex-governador de Veracruz, herdou um sentimento generalizado de descontentamento em relação à corrupção do governo anterior.

O aumento dos preços e a deterioração da qualidade de vida da classe baixa apresentavam grandes problemas políticos e econômicos. A administração promoveu o corte de despesas e fez campanha contra a corrupção. Ao mesmo tempo, e apesar da objeção do setor privado, o governo tentou deter o aumento dos preços dos alimentos por meio de sua participação na distribuição de milho e feijão em 1952-1953. A deterioração da posição da moeda apontava para uma inevitável desvalorização do peso. Em abril de 1954 o peso desvalorizou 30,8%, de 8,65 pesos para 12,50 pesos em relação ao dólar dos Estados Unidos. Ela ocorreu na sequência da desvalorização anterior em 1948 e levou a taxa de inflação de 6% em 1954 para 15,7% em 1955; mas, apesar disso, a inflação foi posteriormente controlada. As taxas de inflação mexicanas nas décadas de 1950 e 1960 – uma média anual de 2,8% – sempre foram muito diferentes dos elevados valores da Argentina, do Brasil ou do Chile.

Nas indústrias, os salários caíram 4,5% em 1955, mas no ano anterior haviam aumentado 10,9%. Em maio de 1954, o descontentamento popular obrigou o governo a conceder um aumento salarial de 10% para todos os trabalhadores do setor público, mas isso não foi suficiente para equilibrar a perda do poder aquisitivo causada pela desvalorização. A CTM manteve sua política quiescente, Velázquez ameaçava o governo com uma greve caso não houvessem maiores aumentos dos salários. As divisões trabalhistas foram contidas pelo secretário do Trabalho, Adolfo López Mateos, que recorreu ao Conselho Federal de Conciliação e Arbitragem. Este último permitiu que administração passasse de forma relativamente tranquila por esse período de graves descontentamentos trabalhistas. Uma série de aumentos modestos dos salários e o aumento do salário mínimo conseguiram desarmar a crise do verão de 1954. A posição decisiva de López Mateos contribuiu substancialmente para a sua seleção como sucessor de Ruiz Cortines em 1958.

A desvalorização de 1954 lançou as bases para a política da administração chamada de "Desenvolvimento estabilizado". O governo forneceu estímulos ao setor privado e levou em frente o processo de substituição de importações por meio de tarifas, quotas de importação e isenções fiscais para as novas indústrias. Por um tempo, o mercado interno continuou a ser o principal motor do crescimento. Os objetivos da política eram combinar o crescimento rápido com preços estáveis e um balanço de pagamentos estável, mantendo uma taxa de câmbio fixa nos níveis de 1954. Esta última medida passou a ser a ortodoxia do período e, como resultado, o governo não conseguiu usar a taxa de câmbio como um mecanismo para corrigir o déficit da balança comercial. A economia, ao mesmo tempo, foi incapaz de criar empregos suficientes. Embora os setores estratégicos da economia tenham se expandido desde a década de 1940, a tensão do fornecimento de crédito a uma sociedade com baixa tributação já podia ser sentida no sistema financeiro.

Entre 1950 e 1962, o produto interno bruto aumentou para impressionantes 5,9% ao ano, porém, conforme demonstrado por Enrique Cárdenas, ocorreram flutuações neste período. Entre 1954 e 1957, por exemplo, o PIB cresceu à taxa anual de 8,2%, mas, entre 1959 e 1962, ficou relativamente estagnado em 5,2%, momento em que já eram perceptíveis os sinais do que estava por vir. A indústria de eletricidade, que a administração de López Mateos nacionalizou em 27 de setembro de 1960, definiu o ritmo a uma taxa de crescimento de 9,1% no período mais longo, com a indústria petrolífera estatal em 7,8%, em segundo lugar e a de fabricação em 7%. A agricultura ficou para trás com um ritmo de 4,4% em termos reais. Esses números devem ser entendidos em termos da capacidade da economia para atender às demandas impostas pela sociedade em um momento de crescimento demográfico elevado à taxa anual de 3,5% durante as décadas de 1950 e de 1960.

No auge da expansão – entre 1963 e 1971 – a taxa de crescimento médio anual subiu para 7,1%, comparável à taxa brasileira e próxima dos níveis da Alemanha Ocidental (7,5%) e Japão (9%). O México, juntamente com o Brasil e a Venezuela, pareciam compartilhar os milagres econômicos do pós-guerra experimentados pelo Japão, Alemanha e Itália. Os últimos três países, no entanto, estavam se recuperando dos danos da guerra. Eles não eram sociedades do "terceiro mundo" tentando transformar suas estruturas tradicionais ou semidesenvolvidas em modelos modernos e tecnologicamente avançados. Após o Japão, a Alemanha Ocidental e a Itália terem passado pelo processo imediato de reconstrução, eles poderiam, depois disso, construir sobre os alicerces estáveis estabelecidos pelas gerações anteriores.

No entanto, as altas taxas de crescimento passaram a exercer pressão sobre o balanço de pagamentos. As taxas aceleradas exigiam crédito externo para financiar a expansão contínua. O problema central deste período de desenvolvimento era a seguinte: se o governo tentasse refrear a expansão a fim de reduzir sua dependência de crédito, o mercado de trabalho ficaria contraído. Em um momento em que a economia já era incapaz de oferecer um número suficiente de empregos, isso resultaria em graves consequências sociais. Os governos procuraram manter as altas taxas de crescimento, enquanto, ao mesmo tempo, mantinham-nas abaixo de 7,5%. Em 1965, 1969 e 1971, as taxas de crescimento foram reduzidas e isso causou um efeito depressivo sobre o mercado de trabalho. Entre 1964 e 1967, os salários reais no setor industrial caiu quase 25%. Tendo em vista que o setor agrícola estagnou na década de 1960, o problema do trabalho agravou-se. No final da década de 1960, a economia mexicana mostrava-se cada vez mais incapaz de financiar-se.

284 | HISTÓRIA CONCISA DO MÉXICO

As altas taxas de crescimento da população mexicana causariam problemas futuros se a economia entrasse em recessão, especialmente tendo em conta o fraco desempenho do setor agrícola. A indústria mexicana ainda sofria com problemas estruturais, herdados do passado; o principal deles era seu atraso tecnológico. Em muitos aspectos, ela devia sua existência à proteção tarifária. Ela mostrou-se surpreendentemente incapaz de dominar o comércio de exportação, uma perspectiva que poderia ter levado a um modelo de crescimento baseado em exportações semelhante ao que ofereceu prosperidade ao sudeste e leste da Ásia antes do colapso de 1997-1998. A política do governo, em qualquer caso, procurou limitar as exportações a favor da expansão do mercado interno por meio da política de substituição de importações. As exportações, na verdade, caíram em relação ao PIB de 25,3% em 1960 para 20,3% em 1970. A contração das exportações em um momento em que o México precisava cobrir o crescente déficit de seu balanço de pagamentos apresentou-se como um sério problema estrutural. Ao limitar a exportação, o governo mexicano cometeu um erro estratégico. A indústria mexicana, no entanto, não conseguia competir com seus concorrentes estrangeiros em termos de custo ou qualidade. A tecnologia e o capital necessários para transformar a produtividade da indústria nacional precisaria vir do exterior. A indústria siderúrgica, originada em Monterrey, em 1900, ainda estava produzindo em níveis relativamente baixos durante a grande expansão da década de 1960.

O foco geográfico das indústrias mexicanas ainda estava desequilibrado. Novo León produzia cerveja, têxteis, calçados, papel, vidro, aço e produtos elétricos e, dessa forma, foi responsável por 10% da produção industrial nacional durante a década de 1960. A população de Monterrey aumentou para cerca de 900 mil em 1960 e chegaria a 1,2 milhão no início de 1980.

A fronteira mostrou ser o elo mais fraco do nacionalismo econômico mexicano. Apesar de décadas de nacionalismo econômico, 50% dos bens fabris do México eram controlados por empresas multinacionais. A expansão da manufatura nas cidades de fronteira era responsável por grande parte deste investimento. Em contraste com sua história anterior, a zona de fronteira tornou-se a região mais urbana do México. Em 1970, a porcentagem de habitantes urbanos em toda República tinha subido para 60% – mas para 85% nos estados de fronteira. A indústria atraiu migrantes de todo o país. População e indústria demostraram uma forte tendência para concentrarem-se em cidades como Tijuana, Mexicali e Cidade Juarez ao longo da fronteira dos Estados Unidos, beneficiando dos investimentos americanos em fabricação de bens com mão de obra barata e no comércio transfronteiriço. Em 1970, apenas 35% dos 300 mil habitantes de Tijuana (21 mil em 1940) eram originalmente da Baixa Califórnia.

As principais cidades de têxteis-algodão ainda eram as mesmas do período de Díaz: Cidade do México, Monterrey, Guadalajara, San Luis Potosí, Puebla e Orizaba. A maior concentração de produção manufatureira e emprego, no entanto, estava no Distrito Federal, a imagem refletida da concentração do poder político. No final da década de 1960, a indústria metalúrgica do Distrito Federal era responsável por um quarto da produção nacional, e os produtos químicos, têxteis e alimentos pela metade da produção. Outras indústrias agruparam-se em torno de seu perímetro, partilhando o grande bolsão de trabalhadores sem qualificações e disponibilidade de habilidades gerenciais e educacionais, bem como captando o mercado consumidor metropolitano. Esses fatores foram componentes da predominância da Cidade do México e de suas áreas adjacentes no sistema econômico e político, independentemente do federalismo reafirmado pela Constituição de 1917.

O "Desenvolvimento estabilizado", apesar da expansão da infraestrutura, da educação, dos serviços sociais e das altas taxas de crescimento, ocultava elementos desestabilizadores. Esses elementos juntaram-se para questionar o modelo de desenvolvimento adotado desde a década de 1940. A substituição de importações já ia além dos meros bens de consumo no final da década de 1960, mas a transferência para os bens de capital iria requerer importações que precisariam ser pagas por meio do aumento das exportações. O setor de exportação continuava fraco. Havia a urgência de transformar a estrutura da indústria nacional. Algo muito mais fácil de dizer do que fazer. Em primeiro lugar, o mercado de capitais era insuficientemente forte para poder fornecer os investimentos necessários para sustentar uma forma mais avançada de substituição de importações. O investimento estrangeiro não foi incentivado por razões políticas. O nacionalismo econômico, a reação à economia liberal do final do século XIX, tornou-se uma mão morta na década de 1970, mas, mesmo após sua morte, ele ainda estava vivo. Em 1973, por exemplo, a administração de Echeverría reafirmou as restrições ao capital estrangeiro, quando a economia necessitava exatamente do oposto.

Pior ainda, as sucessivas administrações não conseguiram reformar a estrutura tributária. Todas as tentativas de Ortiz Mena (1958-1960, 1961-1962 e 1964-1965) fracassaram, em parte por obstrução do Congresso e em parte por desconfianças do setor privado. Como resultado, a base tributária continuava pequena: em 1970, apenas 18% dos impostos vinham da capital e a maior parte de salários. Em 1972, a reforma fiscal planejada por Echeverría também fracassou. Um mercado de capitais inadequado e os impostos baixos obrigaram o governo a pedir empréstimo no exterior para manter as altas taxas de crescimento.

O SETOR AGRÍCOLA:
CRESCIMENTO E PROBLEMAS

A agricultura, que estava estagnada desde o final do período de Díaz, começou a renascer durante a década de 1940 e, por um tempo, tornou-se o principal motor do crescimento. De 1946 a 1958, o setor agrícola cresceu a uma taxa de 7,7% ao ano, mais do que a economia como um todo. Os investimentos em infraestrutura desde a década de 1920 e a expansão da área cultivada como resultado das reformas agrárias ajudam a explicar este crescimento rápido. Entre 1940 e 1950, a área de terras irrigadas em propriedades privadas quase dobrou, em contraste com um aumento de 23% no caso dos *ejidos*. A pressão revolucionária sobre as grandes propriedades privadas causou o resultado imprevisto de obrigar as propriedades menores que haviam sobrevivido a se tornarem mais eficientes por meio da adoção de tecnologias agrícolas. A expansão da indústria têxtil nacional estimulou a demanda por algodão, por meio de créditos governamentais para terras irrigadas, especialmente no Norte. A desvalorização de 1954 ajudou o setor de exportação, o qual enfrentava a queda dos preços do mercado mundial no período imediatamente após a Guerra da Coreia. Durante o restante da década de 1950, no entanto, o aumento da produtividade, particularmente em setores vitais de exportação com alta demanda, foi responsável pelo crescimento. A produção de algodão atingiu o seu volume máximo em 1955, mas a queda do preço internacional em 1958 reduziu sua rentabilidade. Após 1968, o algodão passou por uma queda prolongada.

Em 1950, 1.788.000 hectares mantinham-se em mãos privadas, enquanto 1.221.000 de hectares pertenciam aos *ejidos*. Dez anos mais tarde, mais de 5 mil dos 18.699 *ejidos* da República ainda estavam insuficientemente irrigados. As décadas posteriores a Cárdenas expuseram as deficiências dos *ejidos*; e, como resultado, uma quantidade considerável de terras foram convertidas em lotes individuais entre 1940 e 1960 com a ajuda do crédito oferecido pelo Banco Ejidal, especialmente durante o período de Alemán. A maioria dos ejidos continuava a ser pouco mais do que lotes de subsistência sem possibilidades de crédito. As exceções eram as cooperativas de açúcar de Morelos. Mesmo assim, o ejido foi estendido na década de 1930 não por razões econômicas, mas políticas, a fim de aliviar a pressão camponesa por terras e para impedir que os movimentos de oposição obtivessem o apoio rural em massa. Embora o número de ejidatários tenha aumentado de 1,6 milhão em 1940 para 2,5 milhões em 1960, o ejido como tal, tinha pouco futuro econômico, especialmente por que o futuro da agricultura estava em adaptar-se à avançada tecnologia dos maquinários. O princípio de terras comunais restauradas manteve-se, no entanto, como um ideal revolucionário quase sagrado.

Parcialmente em resposta à deterioração das condições na terra, López Mateos, Díaz Ordaz e Echeverría trouxeram de volta as políticas de reforma agrária herdadas da década de 1930 e do início dos anos 1940. Entre 1958 e 1976, estas três administrações distribuíram (pelo menos em princípio) um total de 41.739.800 hectares para 802 mil famílias camponesas. Os eventos ocorridos nas localidades, uma vez que a retórica da reforma havia desvanecido, mostraram, às vezes, um resultado diferente. Em Chiapas, por exemplo, com um nível de analfabetismo de 40%, as condições da maior parte da população rural agravaram-se significativamente entre 1950 e 1980, apesar deste estado ter se tornado uma das principais zonas de produção de alimentos do México. A criação de gado vinha-se espalhando por Chiapas em terras que, anteriormente, eram aráveis. Quando Díaz Ordaz concedeu 50.000 hectares de terras para a cidade de Venustiano Carranza em 1967, descobriu-se que 20.000 hectares já estavam ocupados por pecuaristas, que se recusavam a sair. Em 1976, dois anos após o fracasso do governo federal em remover os fazendeiros, os camponeses locais ocuparam as terras e começaram a plantar. A questão então passou a ser de lei e da ordem, e o exército foi enviado para removê-los. Em 1978, os camponeses tomaram a prefeitura e, no ano seguinte, ocorreu uma segunda ocupação que também foi desfeita. Tais eventos não eram excepcionais em Chiapas, mas característicos.

Entre 1959 e 1963, o setor agrícola cresceu a taxas menores do que o crescimento da população. Parte da explicação está no encaminhamento dos investimentos públicos para a indústria, as comunicações e a urbanização. O problema flagrante passou a ser o retardo da produção agrícola em relação às necessidades nacionais de consumo de alimentos. A debilidade econômica dos ejidos combinou-se com a crescente pressão populacional sobre a terra e com a tendência dos pequenos lotes de terra ou minifúndios que eram incapazes de prover meios de subsistência para a maioria das famílias camponesas. A questão de como aumentar a produtividade caiu no esquecimento. As políticas de subsídio do governo, projetadas para manter os preços dos alimentos baixos, tornaram-se um desincentivo ao investimento. No final dos anos 1960, o México transformou-se em importador líquido de cereais. Na década entre 1965 e 1975, o setor agrícola mal cresceu – a uma taxa anual média de 1% – em contraste à economia como um todo à taxa de 6,3% por ano. O declínio da agricultura dos últimos anos da década de 1950 teve repercussões em toda a economia. Isso contribuiu bastante para os problemas estruturais evidenciados durante a década de 1970.

A partir da década de 1960, a combinação da fraqueza do setor agrícola e do alto padrão de vida de classe média fez com que aumentasse as disparidades entre ricos e pobres. Além disso, a deterioração das condições na terra já havia acelerado a rápida urbanização durante os anos 1960. A população da Cidade do México, por exemplo, cresceu de 5,2 milhões em 1960 para 8,9 milhões em 1970 e 10 milhões em 1976. As favelas se proliferaram ao redor de todas as principais cidades. Em 1970, o processo de substituição de importações, iniciado no México durante o final do período de Díaz e retomado na década de 1940 já havia exaurido, em grande parte, sua capacidade. Quando a economia começou a deteriorar-se durante a década de 1970, os contrastes sociais, parcialmente obscurecidos pela expansão, já estavam expostos.

ELEIÇÕES, OPOSIÇÃO
E DESCONTENTAMENTO CRESCENTE

Com efeito, o presidente dominava os processos políticos, não o partido. O partido monopolista disfarçava o absolutismo crescente do poder executivo. A ausência de competição política – exceto no seio da administração e dentro da estrutura do partido – permitiu que o poder presidencial se expandisse. Embora cada presidente individual entregasse seu cargo de forma definitiva após o final de seu mandato de seis anos, o poder presidencial, como tal, continuava a crescer. A questão da responsabilização, juntamente com outras questões constitucionais, tais como o relacionamento entre os poderes e a participação efetiva da sociedade civil nos processos

CAPÍTULO 7 – O PARTIDO MONOPOLISTA (1940-2000) | 289

políticos, caiu no esquecimento. A expansão econômica e um sentimento generalizado de melhoria, especialmente durante o período de 1954 a 1968, mantiveram estas grandes questões fora do centro do debate.

O partido oficial tornou-se um instrumento por meio do qual os antagonismos sociais poderiam ser conciliados sem recurso à violência. A função real do partido sempre foi uma questão disputada entre os analistas. O partido, ao longo de suas três fases, foi sempre uma criatura do Estado, não das bases. Como tal, o Estado desejava que ele reforçasse a posição da administração titular. Ele não era um meio autônomo das reivindicações populares e pressões que, mesmo assim, ganhavam expressão por meio de seus órgãos. Ele não controlava a liderança, que funcionava em uma base nacional e por meio de apelos diretos aos grupos sociais, independentemente do partido de origem dos membros do governo. Assim, o partido não desempenhava nenhum papel decisivo na questão sucessória.

O apoio de dois ex-presidentes e do presidente, na época, garantiu a sucessão de López Mateos em 1958 e manteve-o no cargo depois disso. López Mateos, vindo do estado do México, foi educado no Instituto de Ciências e Literatura de Toluca. Ele começou sua carreira política como secretário particular do governador do estado, em 1928, mas então se opôs a campanha antirreeleição de Vasconcelos no ano seguinte. Após sua afiliação ao PNR, no entanto, ele tornou-se, em 1946, senador de seu estado natal e, no início de 1950, secretário-geral do PRI e líder da FSTSE, o sindicato da burocracia do governo federal. Ele obteve o apoio de Cárdenas por sua experiência no Tesouro e havia obtido a amizade de longa duração de Alemán. Ele tomou posse como secretário do Trabalho e Segurança Social de Ruiz Cortines em 1952. Essa experiência influenciou a sua criação do Instituto de Seguridade e Serviços Sociais para os Trabalhadores do Estado (ISSSTE) em dezembro de 1959, um instituto de assistência social do estado para seus próprios empregados, uma vasta e dispendiosa burocracia.

Durante o governo de López Mateos, a política financeira permaneceu sob controle do altamente bem-sucedido Ortiz Mena. O descontentamento dos trabalhadores, no entanto, provou ser o bicho papão da administração de López Mateos. O desenvolvimento econômico acelerado e a estabilidade monetária tiveram consequências sociais que produziram uma tensão entre a administração e os setores ligados ao partido oficial. A oposição dos trabalhadores à liderança do sindicato oficial ameaçava o controle estatal das organizações do trabalho. A administração de López Mateos aproveitou a oportunidade do movimento dos trabalhadores ferroviários

290 | HISTÓRIA CONCISA DO MÉXICO

de 1958-1959 para restabelecer o forte controle estatal. Outras disputas levaram à prisão de Demetrio Vallejo, líder dos trabalhadores ferroviários, em 1962. A repressão trabalhista mostrou a outra face da administração de López Mateos.

A administração, já criticada no início da década de 1960 pela suposta utilização da máquina política e eleitoral para proveito próprio, procurou esfriar as coisas ao modificar ligeiramente a composição do Congresso. Nas eleições do Congresso de 1958, o PRI ganhou 153 dos 162 assentos; apenas 6 foram para o PAN, percebido como o principal partido da oposição. A Lei eleitoral de 1962 garantia cinco cadeiras do Congresso para quaisquer partidos que recebessem 2,5% dos votos, até um máximo de 20 assentos, mesmo que o partido não tivesse, na verdade, vencido em um círculo eleitoral. Nas eleições do Congresso de 1964, o PAN ganhou 18 lugares como resultado da Lei dos 2,5% e recebeu dois outros assentos por meio de eleições diretas. No entanto, o PRI, na realidade um organismo do governo, continuava a ser o partido esmagadoramente predominante com 175 lugares, todos por eleição. Antes da reforma eleitoral, os partidos da oposição haviam conseguido apenas 9 dos 162 assentos; em 1964, conseguiram, incluindo os assentos do PPS e PARM [Partido Autêntico da Revolução Mexicana], 35 de um total de 210. Essa modificação não deve ser entendida como uma evolução gradual do sistema político mexicano no sentido de um sistema multipartidário ou da democracia participativa.

O CAMINHO DA DESILUSÃO

Todas as consequências do absolutismo presidencial foram experimentadas pela administração de Gustavo Díaz Ordaz (1964-1970). Vindo da Cidade Serdán (Puebla) e formado em direito em 1937, Díaz Ordaz havia sido adjunto do Congresso em 1943-1946 e senador de Puebla em 1946-1952. Ele ocupou o Ministério do Interior no governo de López Mateos entre 1958 e 1963. Como presidente, ele manteve o ministro das Finanças de López Mateos, Ortiz Mena. Durante esta Presidência, dois territórios de fronteira foram integrados à República mexicana por meio de acordos com os Estados Unidos. Em dezembro de 1968, El Chamizal, a zona ribeirinha entre El Paso e Cidade Juarez, passou para o México, após a recanalização do Rio Bravo del Norte, e em agosto de 1970, Ojinaga, na confluência entre os rios Conchos e Bravo, que estava sob controle dos Estados Unidos desde 1895, voltou para o México. A administração de Díaz Ordaz reintroduziu (com alta publicidade presidencial) as políticas de redistribuição

CAPÍTULO 7 – O PARTIDO MONOPOLISTA (1940-2000) | 291

de terras em localidades remotas, tentou promover, em 1967, as oportunidades comerciais do México na América Central e assinou o Tratado de Tlatelolco, em 1969, que proibia o desenvolvimento de armas nucleares na América Latina.

A política doméstica lançou o governo de Díaz Ordaz para fora da engrenagem. O monopólio do PRI em todo o sistema político permanecia, em grande parte, incontestado. O crescimento do poder presidencial, administrado de forma relativamente discreta durante os governos de Ruiz Cortines e López Mateos, parecia um flagrante abuso na administração de Díaz Ordaz, que revelava uma tendência confrontacionista. Isto levou a um derramamento de sangue em 1968. A administração enfrentava a oposição não tanto de grupos de camponeses ou do trabalho organizado, mas de dentro das classes profissionais, uma circunstância não esperada pelo governo. Díaz Ordaz via as críticas como um ataque contra o cargo presidencial e considerava as pressões públicas como perturbações que tinham o objetivo de desestabilizar o regime e fomentar a anarquia. Neste espírito, os erros de cálculos políticos de Díaz Ordaz permitiram que uma disputa dos médicos de hospitais que trabalhavam no setor público, em dezembro de 1964 e no início de 1965, por melhores salários e condições de trabalho fosse transformada em um movimento grevista. O presidente tentou por duas vezes impor uma solução por decreto, em fevereiro e abril de 1965, indicando que a pressão externa não conseguiria quaisquer concessões e, finalmente, ordenou que os médicos voltassem ao trabalho sob pena de perderem seus cargos e salários. Nesse ínterim, o governo procurou dividir e enfraquecer as associações de médicos recém-formados. Em setembro, o movimento entrou em colapso.

Alguns indivíduos dentro do PRI, conscientes da imagem negativa do partido, tentaram uma reforma. O principal proponente foi Carlos Madrazo, anteriormente governador de Tabasco (1959-1964), feito presidente do partido por Díaz Ordaz. Madrazo tentou abrir o processo de tomada de decisões no âmbito do PRI e acabar com a prática da imposição de candidatos oficiais de cima e de fora. As reformas mostraram-se inaceitáveis por Díaz Ordaz, que repudiou Madrazo. Lançado para o limbo, Madrazo, em vez de manter um silêncio receoso, entrou em total oposição à administração e chamou a atenção para a natureza não representativa do partido, um caminho perigoso. Madrazo morreu em um acidente de avião inadequadamente explicado em 1969.

Os abusos locais levaram à derrota eleitoral do PRI em 1967 e 1968. O PAN ganhou controle da prefeitura de duas capitais, Mérida (Yucatán) e Hermosillo (Sonora), em 1967. Em uma ação inédita, o governo federal permitiu que a oposição tomasse posse. Os novos governos municipais, no entanto, enfrentaram obstruções contínuas das legislaturas estatais controladas pelo PRI e não receberam qualquer apoio do centro. O PAN conseguiu manter-se em Mérida por três anos. Em 1969, o partido tentou ganhar o controle do governo do estado, mas em uma violenta campanha, o PRI obteve uma vitória amplamente contestadas. A permissão do governo federal para que um partido de oposição, que havia vencido uma eleição, tomasse posse não deve ser considerada como uma nova tendência. Quando, por exemplo, o PAN pareceu ter vencido as eleições para prefeito em Tijuana e Mexicali (Baixa Califórnia do Norte) em 1968, a Assembleia Legislativa do estado anulou as eleições e não permitiu que o partido de oposição recebesse o cargo.

O papel flexível do Congresso durante o período de Díaz Ordaz pode ser notado pelas manobras do governo para provocar a queda do chefe do Distrito Federal, Ernesto Uruchurtu, em outubro de 1966. Este era um cargo executivo e Uruchurtu havia sido nomeado em 1952 por Ruiz Cortines. Durante os catorze anos subsequentes, a população e as características da capital foram transformadas. Em meados da década de 1960, ela tornou-se uma metrópole reluzente, moderna, que também ostentava o Museu de Antropologia. A população, no entanto, havia dobrado para 6 milhões e os problemas de congestionamento e poluição já possuíam uma importância premente. Uruchurtu dava pouca atenção aos procedimentos judiciais em suas tentativas de acelerar a modernização urbana, demolindo mercados anti-higiênico e removendo posseiros. O governo estava envolvido no planejamento para os Jogos Olímpicos da Cidade do México, em outubro de 1968, mas as demolições dos barracos de posseiros no perímetro sul da cidade (outono de 1966) efetuadas por Uruchurtu com a finalidade de construir o Estádio Azteca suscitou forte oposição local. Muitas famílias afirmavam possuir título de propriedade das terras envolvidas. Díaz Ordaz usou esta controvérsia como um meio para derrubar o poderoso Uruchurtu, que era funcionário público há quarenta anos. O presidente começou a apoiar as famílias despossuídas por meio do Departamento de Saúde. A discórdia óbvia entre o presidente e o chefe do Distrito Federal sinalizava ao sistema político que este último estava marcado para perder seu cargo. Nesse sentido, o Congresso iniciou uma campanha para desacreditá-lo e esta foi seguida por uma campanha paralela na imprensa. Depois disso, a queda de Uruchurtu era simplesmente uma questão de tempo.

Assim como na Europa e nos Estados Unidos, os movimentos de protestos de 1968 tiveram um profundo impacto no México, onde a memória desses momentos se mostraria duradoura. O período de Díaz Ordaz ainda é permanentemente ofuscado pela brutal repressão do movimento estudantil de agosto-outubro de 1968, na véspera dos Jogos Olímpicos. A escolha da Cidade do México para os jogos foi o primeiro grande evento internacional organizado no país desde o centenário da Independência em 1910. Por conseguinte, a administração estava hipersensível durante os últimos meses que antecederam o evento. Sempre impopular e normalmente dado a reações exageradas, a reputação de Díaz Ordaz nunca mais recuperou-se do massacre de 1968.

Os protestos estudantis eram parte de uma oposição mais ampla às ações repressivas do governo de Díaz Ordaz. A credibilidade moral e a competência política da administração já haviam sido significativamente prejudicadas antes mesmo do movimento estudantil na cidade capital ganhar força. Após uma manifestação na Universidade em Morelia, Díaz Ordaz – em 6 de outubro de 1966 – ordenou que tropas federais ocupassem os edifícios sob o pretexto de procurar por armas. Ao mesmo tempo, ele aproveitou a oportunidade para destituir o governador de Michoacán. O movimento na Cidade do México começou de forma inocente com um conflito entre os grupos rivais de estudantes em 22 de julho de 1968. A intervenção da força especial da cidade, os granadeiros, transformou isso em um conflito com a polícia e, em seguida, em um movimento de protesto generalizado contra a violência do governo. Antes de 1968, os estudantes não eram uma força política importante no México. Em 26 de julho, os manifestantes tentavam chegar ao *Zócalo*, a praça central reservada para manifestações organizadas de apoio ao presidente. Díaz Ordaz considerou o movimento como uma afronta à dignidade do México.

A ocupação militar da Escola Preparatória Nacional, uma violação às imunidades constitucionais, levou a uma marcha de 50 mil pessoas, tendo o reitor da Universidade Nacional (UNAM) como líder. Ainda não havia ocorrido protesto semelhante no país. Além disso, as manifestações estavam fora do controle do PRI. Os protestos originais escalaram em exigências de respeito aos direitos constitucionais. Em 13 de agosto, 100 mil pessoas, não apenas estudantes, protestavam no zócalo contra o desrespeito do regime às liberdades públicas e contra a presença de tanques nas ruas da cidade. O governo viu este movimento como uma conspiração revolucionária, fomentada principalmente por Cuba, com o objetivo de destruir a ordem política existente. Apelações ingênuas feitas pelos estudantes a heróis da extrema-esquerda da década de 1960, como Che Guevara, inadvertidamente, deram crédito ao ponto de vista do governo. Tendo em conta o contexto mexicano e, acima de tudo, a composição social do movimento, as exigências por liberdades civis, e não uma tentativa de revolução, explicam o tamanho do protesto. A administração não fez nenhuma tentativa de diálogo. Em vez disso, um protesto silencioso ocorrido no dia 13 de setembro no Paseo de la Reforma foi seguido, cinco dias depois, pela ocupação militar da Universidade Nacional até o final do mês, novamente em violação as suas imunidades.

Um grande número de detenções e o flagrante uso das forças armadas enfraqueceram seriamente o movimento de protestos. As manifestações de Tlatelolco, por conseguinte, devem ser vistas como uma tentativa atrasada para a obtenção de apoio após o fim do principal impulso do movimento. O número total de pessoas mortas na noite de 2 de outubro, quando os soldados e a polícia abriram fogo contra essa reunião na *Plaza de las Tres Culturas*, ainda é uma questão disputada. O massacre ocorreu em frente ao edifício do Ministério das Relações Exteriores. Um grande número de pessoas que trabalhavam ali foram testemunhas do evento. O horror deste incidente foi agravado pelo grande número de pessoas presas ou que desapareceram depois disso. O derramamento de sangue não esperado na Cidade do México, em vista dos meios de comunicação internacionais, provocou uma longa crise entre os intelectuais da classe média e o regime do PRI – que, até aquele momento, apoiavam e eram beneficiários do regime. Mais de trinta anos após o evento, a questão de quem deu a ordem para abrir fogo ou como começou continua a ser disputada. Até hoje, ninguém foi responsabilizado judicialmente.

O massacre, que efetivamente encerrou o movimento de protestos, deu origem a novas formas de oposição que corroeram o apoio ao partido do governo. Embora não fossem uniformes, estes movimentos de oposição passaram a ser um desafio para o PRI, vindo de fora dos processos estabelecidos e de dentro da sociedade civil. Os acontecimentos de 1968 passaram a ser a linha divisória da história moderna do PRI e da vida política mexicana em geral. Muito do que aconteceu desde então tem sido interpretado em relação a estes eventos.

IMAGEM 41. Gustavo Díaz Ordaz com seus generais no Dia do Exército, em março de 1969. Foto tirada após o massacre de Tlatelolco (outubro de 1968), que acabou com o movimento estudantil durante o verão daquele ano. Presidente Díaz Ordaz (1964-1970) alegou ter salvo o país de uma conspiração internacional e uma guerra civil. Sua Presidência continua a ser a mais controversa da segunda metade do século XX.

O reexame dos acontecimentos de 1968, durante o ano de 1998, não conseguiram desvendar novas provas, em grande parte por causa do controle estatal das informações. As declarações do ministro do Interior de Díaz Ordaz, Echeverría, que se tornou seu sucessor em 1970, pouco fizeram para esclarecer a situação. Echeverría alegou não ter nenhum conhecimento do massacre de Tlatelolco e só ficou sabendo dele por telefone. Como secretário do Interior, ele afirmava não ter qualquer controle sobre as forças armadas. O próprio Díaz Ordaz afirmou que havia salvado o país da guerra civil e de uma conspiração internacional para minar as suas instituições, embora nunca tenha dito qual país estrangeiro estava tentando desestabilizar o México e por qual motivo. Em um exame televisivo desses eventos que foi ao ar em abril de 1998, Díaz Ordaz, em uma gravação feita no final de sua Presidência, responsabilizou-se integralmente pelas decisões tomadas em setembro de 1968 e, desse modo, abriu o caminho para ascensão de Echeverría à Presidência. Significativamente, ninguém pediu demissão do governo em protesto contra o massacre. Além disso, o controle rigoroso do trabalho urbano efetuado pelo PRI garantiu que o cenário visto em Paris (maio de 1968), no qual trabalhadores radicais uniram-se às manifestações estudantis, não aconteceria no México.

Parte II
Crise econômica
e divisões políticas (1970-2000)

A catástrofe moral e política de 1968 deu início ao declínio longo e doloroso do PRI. Esta decadência política foi acompanhada pelo declínio econômico. Já em agosto de 1969, Ortiz Mena tinha avisado na reunião anual do FMI e do Banco Mundial que o desenvolvimento mexicano ainda não era irreversível e que "o que havia sido adquirido podia ser perdido com relativa facilidade". Depois de 1970, os elementos negativos, presentes abaixo da superfície durante os anos de expansão – que tinha possibilitado a prosperidade da classe média e superior – tornaram-se evidente pela primeira vez, depois penetrantes e, por fim, predominantes. Mesmo assim, a expansão do petróleo entre 1977 e 1981 pareceram ter reavivado a boa fortuna da economia mexicana após a grave crise financeira de 1976 e desde a primeira desvalorização do peso em 1954. A reforma política, prometida após os eventos de 1968, mas retardada até abril de 1977, parecia apontar para um pluralismo em desenvolvimento na cultura política mexicana. Nenhuma dessas promessas cumpriram suas expectativas. Nesse sentido, o desastroso colapso financeiro de 1982, que deixou o México exposto como o segundo Estado que mais devia no mundo depois do Brasil, minou o apoio de grandes setores em relação às estruturas políticas construídas desde a década de 1940.

O caminho para o desastre:
a economia entre 1970 e 1982

A nova administração abandonou o "Desenvolvimento estabilizado", pois o via como uma política socialmente divisionista, substituindo-a pelo "Desenvolvimento compartilhado". O objetivo proclamado era a promoção de uma distribuição de riqueza mais justa a partir de ações do Estado. O crescimento do setor público levou ao debate sobre a relação entre o Estado e o setor privado durante o período de Echeverría. O antagonismo entre os dois gerou à perda de confiança dos empresários. Entre 1973 e 1976, a administração estava em conflito aberto com o grupo de Monterrey, no centro desses problemas, desde 1974, estava o Grupo Industrial Alfa, presidido por Bernardo Garza Sada. A família Garza Sada, proprietária de cervejarias desde a década de 1890, controlava uma grande rede de indústrias e bancos, principalmente em Monterrey. Após 1978, a Alfa entrou em acordo com empresas multinacionais. Em 1981, o Grupo Alfa empregava cerca de 250 mil pessoas. O setor estatal da economia, no entanto, expandia-se, apesar de não ter conseguido introduzir as reformas fiscais em 1972 que objetivavam aumentar as receitas e apresentar uma distribuição mais justa da riqueza. Nesse sentido, o Estado mexicano recorreu a empréstimos externos para financiar o aumento das despesas públicas. A dívida externa cresceu em alarmantes proporções e o custo de seu serviço drenou os potenciais fundos de investimento da economia interna. Embora a administração de López Portillo tenha feito propostas aos empresários de Monterrey, a descoberta de grandes depósitos de petróleo e gás natural renovou a importância da Pemex e aprofundou a dependência do regime em relação ao apoio do setor público.

Em uma análise completamente equivocada, a esquerda retratou as crises de 1976 e 1982 como a crise da "ordem capitalista", quando, na verdade, o setor estatal, que estava ultra pesado, era parte do problema. Certamente, as administrações de Miguel de la Madrid (1982-1988) e Carlos Salinas de Gortari (1988-1994) concluíram que não havia capitalismo suficiente no México. O último, em particular, começou seu mandato garantindo que haveria um grande desmantelamento do setor público, mas ele refreou sua atitude em relação à desnacionalização da indústria do petróleo. A gravidade da crise de 1982, garantiu que os estrangulamentos das primeiras vacas sagradas ocorressem quase sem gemido. O Estado controlado pelo PRI, no entanto, certificou-se de que a mais sagrada, o Pemex – criação de seu partido antecessor – continuaria a pastar em prados verdejantes.

O aprofundamento das dificuldades depois de 1982 marcou a crise do nacionalismo econômico e da economia mista defendida durante o período de Cárdenas. A crise econômica da década de 1980 não produziu uma crise política paralela e, além disso, não ameaçou, de forma alguma, derrubar o regime responsável pela bagunça. Em vez disso, os mexicanos demonstraram uma notável resiliência em viver em uma condição de incerteza econômica permanente. Isso permitiu que o regime do PRI ganhasse tempo para tentar limpar a sua imagem e, assim, continuar no poder.

O DECLÍNIO POLÍTICO

Quando Echeverría assumiu o cargo em dezembro de 1970, com a idade de 48 anos, ele prometeu reformar o sistema político do México. E ele prometeu muito mais do que isso. Echeverría retratava-se como um reformador social radical dedicado à redistribuição de renda em favor da maior equidade "até que os mais pobres tenham atingido um nível de vida adequado". Ele afirmou que a "excessiva concentração de renda e a posição marginal dos grandes grupos ameaçam a continuidade harmoniosa do nosso desenvolvimento". Ele mostrava sua fé nas empresas mexicanas e afirmava que "o investimento estrangeiro não deve deslocar o capital mexicano". O gabinete de Echeverría era o mais jovem desde a época de Alemán. Seus membros, no entanto, não tinham experiência com eleições diretas para os cargos como parte de suas carreiras políticas, pois a maioria deles havia passado da Universidade para cargos administrativos e técnicos da burocracia federal. Isso deu ao gabinete uma aparência "tecnocrata".

Durante todo o período de sua Presidência, a preocupação central de Echeverría foi a condição do PRI como resultado da erosão da legitimidade desde os acontecimentos de 1968. A urgência da questão pode ser notada pelos resultados das eleições para o Congresso, realizadas em julho de 1973; os votos dados aos candidatos da oposição substituíram, pelo menos por um tempo, a prática comum da abstenção em massa. O voto é obrigatório no México, mas a taxa de abstenção aumentou ao longo do período entre 1961 e 1979, indo de 31,5% para 50,8%, mesmo com a redução da idade de voto de 21 para 18 anos em 1969. Em julho de 1973, o PRI recebeu ainda 51,7% dos votos, mas o PAN mostrou-se forte em cidades importantes, como Puebla, Guanajuato, Cuernavaca, Toluca, León e Cidade Juarez, mesmo com a falta de uma organização nacional do partido capaz de explorar esses ganhos. No rescaldo da erosão generalizada do apoio nos centros urbanos após 1968, Echeverría, seguindo as políticas de seu antecessor, acelerou a reforma agrária com o objetivo de aproximar o setor camponês ao partido oficial.

A Lei Orgânica do Distrito Federal (1970), que reconstituiu a administração da capital do país, não causou qualquer efeito até 1977, com a reforma de López Portillo. Embora o Regente (prefeito) do Distrito Federal ainda fosse um candidato presidencial, como ele tinha sido desde 1928 (e assim permaneceria até julho de 1997), a reforma política introduziu um elemento eletivo maior nos níveis da administração municipal. O problema para o PRI passou a ser como impedir que os partidos de oposição obtivessem acesso aos cargos eletivos nas comissões de moradores (*juntas de vecinos*), cujos 16 presidentes agiriam como Comitê Consultivo do prefeito.

No âmbito da reforma política, o governo reservou 100 dos 400 assentos da Câmara dos Deputados para os partidos da oposição. O PRI ainda mantinha o controle de todo o aparato do Estado, mas o executivo tentou integrar oficialmente e de forma mais plena os partidos da oposição aos processos políticos. O governo legalizou vários partidos para que a multiplicidade fosse mutuamente contraditória. Nas eleições intercalares de 1979, a indiferença inicial da população levou à maior taxa de abstenção da história. Nas eleições presidenciais de julho de 1982, que ocorreria em um momento de circunstâncias econômicas diferentes, o número de votos aumentou para 74,9%, e 50,1% dos votos foram dados ao PRI.

A violência da repressão de 1968 gerou uma nova onda de movimentos de oposição, preparados para o confronto imediato com o Estado. Em certas áreas rurais, as relações políticas ficaram completamente desintegradas durante a década de 1960. Um grande movimento de guerrilha desenvolveu-se no estado de Guerrero, em 1971, envolvendo 5 batalhões do Exército e 10 mil policiais com apoio aéreo. O foco estava em trinta e duas comunidades, principalmente na Serra de Atoyac. Sua figura central era Lucio Cabañas, líder do "Partido dos Pobres" que estava na clandestinidade desde maio de 1967 e foi morto no final de 1974. Táticas militares de contrainsurgência destruíram o movimento, mas a política de Guerrero manteve-se turbulenta ao longo das décadas seguintes. A Rebelião de Cabañas, vista em retrospecto, ofereceu o protótipo para a Insurreição de 1994 em Chiapas. Os sobreviventes dos grupos esquerdistas que participaram dos eventos em Guerrero reagruparam-se novamente no final da década de 1980. A revolta de Chiapas levou à recrudescência das atividades e à assassinatos preventivos em Guerrero. Em junho de 1996, doze organizações semelhantes mesclaram-se para formar o Exército Popular Revolucionário (EPR).

Após 1968, estudantes, camponeses e trabalhadores urbanos de Oaxaca aliaram-se e em 1972 formaram um movimento político independente do PRI. Este foi o precursor da Coalizão Operária Camponesa e Estudantil do Istmo (COCEI) dois anos mais tarde. O confronto da oposição com o governo do estado em 1975-1977 levou à intervenção federal na Universidade Benito Juárez e à ocupação da capital do estado e das principais cidades pelas Forças Armadas. Em 1977, a organização de facções rivais pelo PRI levou a confrontos violentos em Juchitán em 1977. Três anos mais tarde, o COCEI venceu as eleições municipais em Juchitán, mas acabaram sendo submetidos ao assédio da legislatura estatal controlada pelo PRI. Em dezembro de 1982, o Conselho do COCEI foi dispensado e 300 pessoas foram presas em uma tentativa governamental de minar as organizações de oposição. O movimento recuperou-se em 1987 e ganhou o controle do

300 | HISTÓRIA CONCISA DO MÉXICO

Conselho municipal pela segunda vez em setembro de 1989, mas em uma diferente situação política nacional.

O "BOOM" DO PETRÓLEO DE 1977-1981

No rescaldo da crise financeira de 1976, a administração de López Portillo não conseguiu construir uma base sólida para a economia. Em vez disso, encontrou-se como o beneficiário da nova expansão da indústria de petróleo. Em 1972, as novas descobertas em Chiapas e Tabasco aumentaram a capacidade produtiva do México de forma substancial e reduziram as contas das importações, especialmente por que o México, desde o final da década de 1960, não mais conseguia suprir as necessidades petrolíferas do país. O impacto dos novos eventos chegou tarde demais e não conseguiram salvar a cara administração de Echeverría de uma desvalorização da moeda de 59% em setembro de 1976, quando a inflação já estava em 22%.

O "boom" do petróleo de 1977-1981 deu início ao último período de altas taxas de crescimento até o final da década de 1990. Ele forneceu a solução da administração para o colapso da estratégia de substituição de importações perseguida por seus antecessores. Em certo sentido, isso marcou o retorno à estratégia de expansão orientada para a exportação de antes de 1938. No entanto, o governo ainda enfrentou o problema de como financiar a expansão de uma economia de baixa tributação. Nesse sentido, recorreu-se ao crédito estrangeiro. A necessidade de capital para o desenvolvimento do petróleo e do gás natural foi cinco vezes mais alto que o valor investido entre 1971 e 1976. A perfuração marítima na costa de Campeche normalmente envolvia concessões privadas para a perfuração e a venda de direitos, sobre as quais poucas questões foram levantadas. A dívida externa já tinha aumentado durante o período de Echeverría de US$ 4,5 bilhões para US$ 19,6 bilhões entre 1970 e 1976. Em 1976, o serviço da dívida subiu para 32,3% do valor das exportações. A expansão do petróleo, no entanto, causou a sobrevalorização do peso. Este e outros fatores alimentaram a inflação, que estava em 30% quando López Portillo assumiu o cargo, mas alcançou 60% em 1982 e 100% no outono do mesmo ano. Por um tempo, o "boom" do petróleo levou as taxas de crescimento aos níveis da década de 1960: 8,5% ao ano em 1978-1981. Sob a euforia, no entanto, o fosso entre ricos e pobres crescia ainda mais.

Em 1981, o México tornou-se o quarto maior exportador de petróleo do mundo. As descobertas de petróleo tiraram o México da crise de 1976 e renovaram a confiança internacional no país, particularmente da comunidade bancária, que requisitava por empréstimos ao país. López Portillo gerenciou o setor petrolífero em conjunto com o diretor-geral da Pemex, Jorge Díaz Serrano, engenheiro mecânico vindo de Sonora e representante da General Motors no México entre 1969 e 1983. Juntos, eles decidiram a política do petróleo em grande parte sem ajuda do resto do gabinete. Díaz Serrano, que tinha ambições presidenciais, foi forçado a sair do cargo em junho de 1981 por causa da questão dos limites máximos da produção de petróleo.

A demanda externa pelo petróleo e gás natural do México gerou problemas políticos. Os partidários da economia nacionalista expressaram medo em relação à uma nova dependência da economia dos Estados Unidos. Em 1978, a produção de petróleo chegou a 485,3 milhões de barris, o dobro de 1921 (anterior auge de produção). Mesmo assim, petróleo e petroquímica foram responsáveis por apenas 49% das exportações em 1979, uma clara indicação de que o México não era exclusivamente um país exportador de petróleo. Além disso, a nacionalização de 1938 garantiu que o petróleo mexicano não caísse nas mãos das políticas de preços das empresas multinacionais. A produção de petróleo aumentou de 202.100 barris por dia em 1977 para 1.098.000 barris em 1981. A administração, no entanto, acreditava que os preços do petróleo mundial continuariam a subir e, por este motivo, ignoraram os sinais de queda posteriores a maio de 1981. As despesas públicas e os compromissos da dívida externa continuavam a aumentar. A fuga de capitais, principalmente para os Estados Unidos, incentivou o governo de López Portillo a tomar grandes quantidades de crédito a curto prazo que seriam muito difíceis de pagar.

O colapso dos preços do petróleo mundial durante o curso de 1981 deixou a economia mexicana, recém dependente do petróleo, em turbulência. A isso seguiu-se uma série de desvalorizações, a primeira ocorreu em fevereiro de 1982, quando a taxa de câmbio caiu para 47 pesos por US$ 1; no final do ano, o dólar estava custando 144 pesos. A comunidade financeira internacional entrou em pânico, avisando ao México, em julho, que ele não receberia outros créditos. Como resultado, o ministro das Finanças, Jesús Silva Herzog, viu-se obrigado, no mês seguinte, a admitir que o México seria incapaz de pagar suas dívidas de curto prazo, as quais estavam em US$ 10 bilhões. A dívida total estimada chegou a US$ 84,10 bilhões. Durante o período morto entre as eleições presidenciais e a transferência de poder, López Portillo buscou um caminho político para sair do colapso financeiro, nacionalizando os bancos privados em setembro de 1982. O regime retratou a ação como patriótica, o auge das etapas do nacionalismo econômico, o qual foi iniciado em 1938 com a nacionalização do petróleo e prosseguiu com a nacionalização da eletricidade em 1960. Na realidade, foi um ato oportunista e sem escrúpulos que objetivava disfarçar as manobras políticas frenéticas de uma administração desacreditada.

A TAREFA DA RECUPERAÇÃO

O tamanho da crise de 1982 levantou a questão de saber se ela representava a crise final do modelo de desenvolvimento pós-1940 e as práticas políticas que o acompanharam. A perspectiva mais ampla da década de 1980 indicou que este era exatamente o caso. Por conseguinte, a administração de De la Madrid precisou enfrentar duas tarefas principais: como estabilizar a economia e sobreviver à crise imediata e como encontrar algum modelo alternativo de desenvolvimento para o país. Esta última via tinha a possibilidade de também causar uma mudança do rumo político. Embora as tarefas econômicas parecessem quase insuperáveis na década de 1980, os problemas políticos do regime apresentavam problemas ainda mais complexos. Durante o período entre 1940 e 1982, a presidência tornou-se mais poderosa não apenas em relação ao poder legislativo e aos estados, mas também em relação ao resto do gabinete, à burocracia e ao partido. Tanto Echeverría quanto López Portillo haviam tentando combinar o populismo renovado com o absolutismo executivo. Assim como nas presidências anteriores, o modelo econômico consistia no rápido desenvolvimento por meio da industrialização em uma economia relativamente fechada e com a participação pesada do Estado. Como no período de Díaz, a liberalização política e a aplicação dos preceitos constitucionais tinham sido mantidas em suspenso. Igualmente, a justificação para isto havia sido o aparente sucesso do governo no plano econômico. O colapso do modelo, ocorrido em 1981-1982, levantou o problema sobre o que deveria ser feito politicamente, uma vez que a principal justificativa para deixar a reforma de lado já não existia mais.

O governo De la Madrid, finalmente, adotou a política de liberalização da economia, a fim de derrubar a inflação. Já que a inflação apresentava graves problemas sociais, esta política também teve profundas implicações políticas. A administração enfrentou o problema de como evitar greves e conflitos sociais em tempos de dificuldades generalizadas. Fidel Velázquez desempenhou um papel central de sustentação do governo neste momento por meio de concessões aos sindicatos oficiais, controles de preços e alterações na lei trabalhista federal. Mesmo assim, o poder de compra dos salários caiu 8,3% entre 1983 e 1988, enquanto o custo de vida subiu 90%. A renda per capita mexicana, que tinha sido estimada em US$ 2.405 em 1982, caiu para US$ 1.320 no final de 1987. A continuidade dos problemas no setor agrícola significava que 6 milhões de toneladas de alimentos precisariam ser importados dos Estados Unidos por meio de um acordo realizado em março de 1983.

No período entre 1982 e 1985, o governo De la Madrid começou uma série esperada de mudanças estruturais econômicas. O alto setor estatal e os grandes subsídios estatais tinham chegado ao fim. As estruturas econômicas estabelecidas desde a década de 1930 e já em crise depois de 1970 não tinham como ser mantidas. Grande parte do sistema do partido monopolista, no entanto, mantinha-se intrinsecamente relacionado a estas estruturas agora antiquadas sob a forma de sindicatos aprovados pelo Estado, do clientelismo e da corrupção. A reforma econômica exigiria inevitavelmente uma modificação substancial da cultura política vigente. O estilo autoritário da presidência garantiu que estas reformas seriam impostas de cima por um partido e uma burocracia recalcitrante. Mesmo assim, a administração não tinha intenção de acabar com monopólio do poder exercido pelo PRI.

As reformas econômicas liberalizaram o mercado com o objetivo de atingir uma medida de crescimento sustentável. As empresas comerciais, antagonizadas no governo de Echeverría e deixadas de lado em 1981-1982, voltaram a oferecer cooperação tácita ao regime durante estes anos. O próprio De la Madrid foi um conservador fiscal que, instintivamente, rejeitou o neopopulismo predominante desde 1970. A entrada dos tecnocratas simbolizou a exclusão definitiva da influência de Echeverría sobre a administração. Em um ano de nacionalizações, 34% do sistema bancário já tinha regressado à propriedade privada. O défice do setor público foi reduzido para a metade durante 1983, por meio do controle de gastos, do aumento do IVA e por meio do imposto de renda pessoal. A inflação foi reduzida para 53,8% durante os primeiros oito meses do ano. Não obstante, a manufatura diminuiu 40% e estima-se que dois quintos dos mexicanos ainda não possuíam trabalho regular. A dívida externa era de US$ 89 bilhões no final de 1983. A comunidade bancária internacional tomou medidas substanciais para ajudar o México em sua luta para sobreviver à crise financeira. Tendo em vista que os critérios do FMI de redução do déficit orçamental foram atendidos, a administração ganhou uma reputação favo-

304 | HISTÓRIA CONCISA DO MÉXICO

rável no exterior. No dia 30 de dezembro, os bancos concederam um empréstimo de US$ 3,8 bilhões por dez anos, designado para responder às necessidades de 1984. Entre 1976 e 1995, o México assinou sete cartas de intenções para o FMI.

As relações econômicas com os Estados Unidos permaneciam tão importantes quanto antes. No final de 1982, 15% das importações de petróleo dos Estados Unidos vinham do México, ligeiramente acima do valor importado da Arábia Saudita. Em uma tentativa de aliviar a dependência que tinha do mercado dos Estados Unidos e para elevar o seu preço, o México decidiu coordenar sua estratégia de marketing com a OPEP, a organização dos países exportadores de petróleo. Quando ficou claro que a OPEP pretendia segurar a produção a fim de forçar os preços, o México deixou de participar das reuniões como observador informal depois de dezembro de 1985 e voltou a sua própria política de preços. Naquele momento, 50% do petróleo mexicano ia para os Estados Unidos, além de 25% para a Europa e 10% para o Japão. Novamente, o governo mexicano, apreensivo com sua excessiva dependência dos Estados Unidos, estabeleceu um limite de 50% de exportação de petróleo para este país. Mesmo assim, os produtos petrolíferos refinados continuavam a ser as principais importações vindas dos Estados Unidos.

A tensão entre México e Estados Unidos aumentou por causa do impacto das crescentes taxas de juros dos Estados Unidos sobre os países devedores. O gigantesco déficit dos Estados Unidos (aproximadamente US$ 200 bilhões por ano) forçou a elevação dos juros, especialmente por que os Estados Unidos estavam competindo no mercado internacional de capitais para financiar o seu déficit, causado em parte por seus pesados gastos com defesa. A isto juntou-se o alto custo do financiamento dos Estados Unidos aos movimentos de contrainsurgência da América Central, concebido principalmente para desestabilizar a Nicarágua controlada pelos Sandinistas desde a revolução de 1979. O governo mexicano (juntamente com outros na América Latina) desaprovou fortemente esta política. Já que o aumento nas taxas de juros dos Estados Unidos conduzia ao aumento da dívida latino-americana, os Estados devedores estavam, na verdade, financiando as políticas americanas às quais se opunham. Ao mesmo tempo, as exigências do FMI de que os Estados devedores reduzissem suas despesas públicas contrastavam fortemente com as políticas adotadas pelos Estados Unidos. Em uma época em que dois terços do comércio mexicano ocorriam com os Estados Unidos, as altas taxas de juros elevaram o valor do dólar e, portanto, o custo das importações mexicanas. Em desvantagem no seu setor de importação, o México também enfrentava medidas protecionistas dos Estados Unidos contra suas exportações. A comunidade bancária internacional também manifestou a sua preocupação, pois a políticas dos Estados Unidos de meados da década de 1980 obstruía o pagamento das dívidas.

Em setembro de 1985, o terremoto ocorrido na Cidade do México – que resultou em um número incalculável de mortos e desaparecidos e distendeu os recursos hospitalares ao limite – prejudicou severamente a estratégia econômica do governo e sua reputação política por não ter conseguido reagir prontamente. No longo prazo, no entanto, a recuperação econômica estava em andamento. O endividamento total situava-se em US$ 95 bilhões e parecia estar sob controle e, além disso, foi registrado naquele ano um superávit de US$ 541 milhões. Em muitos aspectos, 1985 mostrou-se como um importante ponto de inflexão, pois o governo tomou a decisão de aderir ao Acordo Geral de Tarifas e Comércio (GATT). A adesão ao GATT, concluída em 1986, teve implicações significativas para o México, uma vez que envolveu a abertura da economia e a eliminação dos subsídios do Estado em toda a economia. O fim dos subsídios foi visto como um obstáculo injusto para liberar as relações comerciais entre os membros participantes. Essa exigência, no entanto, era contrária à política econômica mexicana tradicional, estabelecida desde a década de 1930. Nesse sentido, o Banco Mundial, que já tinha contribuído com US$ 300 milhões para recuperação após o terremoto, forneceu (para facilitar a entrada no GATT) mais US$ 500 milhões como um empréstimo para o ajustamento comercial do país. A consequência imediata da liberalização do comércio foi um déficit de US$ 1,93 bilhão no final de 1986.

Os países endividados buscaram coordenar uma resposta aos seus credores na Cúpula de Cartagena de abril de 1985, especialmente tendo em conta a preferência dos banqueiros internacionais para as relações específicas com cada um dos diferentes governos. O Plano Baker, originado dentro do governo norte-americano e apresentado ao FMI em outubro, foi a resposta ao impasse. Os recursos atribuídos pelo Plano, no entanto, cobriram apenas 25% dos pagamentos dos juros devidos por quinze países mencionados entre 1986-1988. Ele reconheceu, no entanto, a urgência de reduzir não só o os juros, mas também parte da dívida principal, a fim de permitir que a economia dos países endividados retomasse o crescimento. Os governos desses países deveriam introduzir políticas que facilitassem o crescimento, especificamente o abandono do nacionalismo econômico a favor de economias abertas. O subsequente Plano Brady de março de 1988 desenvolveu estes princípios de forma mais profunda. O tema central era a redução da dívida. O crescimento renovado ofereceu um meio para a retomada dos pagamentos. O México, a Venezuela e a Costa Rica foram os principais beneficiários.

Como resultado do colapso dos preços do petróleo mundial, o México precisou diversificar seus padrões de exportações. Em 1990, o padrão de 1982 inverteu-se: mais de dois terços de um valor total de US$ 27 bilhões estava concentrado principalmente em produtos não petrolíferos, principalmente em novos produtos industrializados. No entanto, uma proporção cada vez maior das exportações – de 52% do total em 1982 para 70% em 1989 – ia para os Estados Unidos. Tendo em vista que a porcentagem japonesa também estava caindo, isto realçou ainda mais a vulnerabilidade mexicana em relação às tendências econômicas dos Estados Unidos. A partir de 1980, além disso, o gás natural também passou a ser exportado para o mercado norte-americano. O Japão, que era o quarto maior investidor no México, dobrou seus investimentos entre 1983 e 1988 e, assim, reentrou no mercado mexicano de forma significativa. Embora as empresas japonesas não simpatizassem com a forte presença dos sindicatos na indústria petroquímica e da pesca, o aumento do investimento procurou facilitar as exportações de petróleo provenientes das zonas de produção para a costa do Pacífico. Tanto o governo mexicano quanto os investidores japoneses estavam de olho na posição do México na bacia do Pacífico e, por este motivo, o capital japonês passou a entrar na infraestrutura petrolífera, na promoção de exportações e, após 1972, no complexo siderúrgico da costa do Pacífico, a Sicartsa II, Honda, Nissan e outras empresas japonesas já produziam no México em 1987, frequentemente como resultado da conversão de dívidas por capital. Ao mesmo tempo, o relaxamento das leis sobre os investimentos permitiu que o capital japonesa entrasse nas indústrias maquiladoras, isto é, das fronteiras.

O declínio dos preços do petróleo afetou a balança de pagamentos de forma adversa e reduziu a capacidade de gasto do tesouro. Entre outubro de 1987 e outubro de 1988, o preço do petróleo bruto do Istmo caiu de US$ 17,83 para US$ 10 por barril, quando em 1982 o preço tinha sido de US$ 30,90 para o barril de petróleo bruto leve e US$ 25,50 para o pesado. Tendo em conta a escalada de preços durante 1987, este declínio foi muito grave. No verão, a taxa de inflação subiu para desastrosos 110% e no final do ano para 461,4%, muito acima das metas do FMI de 80% a 85%. Com empréstimos adicionais e obrigações pendentes da dívida, a dívida externa subiu para US$ 101,8 bilhões em 1988. Este valor isolado dá a impressão errônea de uma economia em colapso. No entanto, a recuperação geral em todo o setor manufatureiro ocorria ao mesmo tempo. O governo conseguiu conter a crise com sucesso e, assim, manteve a confiança internacional no desempenho geral do país. A inflação caiu para 46,6% para os preços ao consumidor e 33,4% para os preços ao produtor (em comparação com as taxas de inflação brasileiras e argentinas de 816% e 372%, respectivamente, no mesmo ano). É vital perceber que a questão da dívida foi causada não por atraso ou estagnação, mas por excesso de zelo com a expansão, por um período de flutuação e pelo entusiasmo excessivo da comunidade de empréstimos. Os banqueiros colocaram o México, o Brasil, a Venezuela e outros na posição de países endividados em que eles se inexoravelmente se encontravam em 1982. Nesse sentido, os países endividados encontraram dificuldades de beneficiarem-se com a recuperação econômica geral do "primeiro mundo" na última parte da década de 1980. Pior ainda, eles viram-se, depois de 1989, competindo com as antigas economias socialistas do "Segundo Mundo" por crédito e investimento no rescaldo do colapso do bloco soviético.

O "NEOLIBERALISMO" E AS RESPOSTAS PÓS-CRISE

As eleições presidenciais de julho de 1988 foram as mais contestadas desde 1929, pois elas envolviam um desafio direto ao sistema de governo. Este desafio, no entanto, veio de dois partidos da oposição, o PAN e a FDN [Frente Democrática Nacional]. Segundo os resultados oficiais contestados, o PRI ganhou 50,7% dos votos, a FDN, 31,06%, e o PAN, 16,81%. Até mesmo os números oficiais mostraram que apenas 25,3% do eleitorado total tinha votado para o PRI. Muitos críticos do regime argumentaram fortemente que o FDN tinha, de fato, vencido as eleições e alegavam fraude, especialmente por que os computadores eleitorais gerenciados pelo PRI quebraram quando os resultados estavam sendo calculados. Após as eleições, Salinas procurou desarmar a oposição, proclamando o fim do sistema de partido único, apesar da oposição dentro do PRI. Entre 1988 e 1993, a reforma política estava no ar, mas com poucos resultados. No entanto, a questão da fraude de 1988 assegurou que o governo fosse praticamente obrigado a reconhecer as vitórias da oposição. Entre 1988 e 1991, por exemplo, os partidos da oposição receberam 240 das 500 cadeiras na Câmara dos Deputados.

As reformas econômicas introduzidas pela administração Salinas provocaram outros debates e controvérsias. Com a exceção ostensiva da Rebelião de Chiapas em janeiro de 1994, elas não levaram a um confronto direto. Pelo contrário, poucos adversários conseguiram encontrar outra alternativa convincente, senão apelar pelo retorno a um passado mais corporativo e dominado pelo Estado. Muitos comentadores e certamente aqueles que gravitavam em torno do regime, pareciam hipnotizados pelas reformas, que pareciam ser um abandono radical das políticas econômicas nacionalistas tradicionais. A consequente adoração à Salinas assemelhou-se à bajulação dada a Porfirio Díaz. A apregoada política da administração de levar o México ao "Primeiro Mundo" assemelhava-se à euforia que acompanhou o "boom" do petróleo de 1977-1981 durante a era de López Portillo.

Os motivos das reformas econômicas de Salinas foram o aspecto menos discutido. As reformas foram iniciadas pelo executivo. Eles não foram o resultado de um consenso nacional ou de um debate de longo alcance. Nesse sentido, foram impostas de cima sem discussão e, assim, serviram para reforçar o poder presidencial mais ainda. Típico deste procedimento foi a reforma do artigo 27, um ponto alto da Constituição de 1917. A administração, ao mesmo tempo que fazia apelos à tradição de Zapata, parecia estar invertendo um dos princípios mais fundamentais da revolução e os princípios sagrados do período de Cárdenas. A Reforma pôs fim à responsabilidade do governo em relação à redistribuição das terras privadas aos camponeses que, acima das leis estabelecidas, as reclamavam com a intenção de formar ejidos. Ao mesmo tempo, foi autorizado que membros individuais dos ejidos se tornassem proprietários privados em direito próprio assim que o ejido em si aceitasse participar dos novos procedimentos.

A intervenção do governo central nos estados aumentou a proporções quase semelhantes ao do período de Cárdenas, embora em circunstâncias completamente diferentes. Durante sua luta com Calles, Cárdenas substituiu 19 governadores de estado; Salinas removeu 17 de um total de 32, sendo nove deles como resultado de questões eleitorais. As circunstâncias locais resultaram na eleição de quatro governadores de estado, representando o PAN em meados da década de 1990 – na Baixa Califórnia do Norte, Chihuahua, Jalisco e Guanajuato. O PAN também recebeu cargos importantes nas cidades de Aguascalientes e Jalapa.

As privatizações da década de 1990 foram uma resposta ao problema do déficit orçamental, que atingiu $ 150 milhões de pesos em 1986. Nesse sentido, o governo concebeu-as como a principal forma de derrubar a inflação – a prioridade de sua estratégia. O valor de 19,7% de 1989 demonstra a medida do sucesso alcançado. Em maio de 1990, a administração Salinas reprivatizou os bancos nacionalizados em 1982. Ademais, privatizações subsequentes marcaram a inversão de tendências profundamente enraizadas na economia política mexicana desde a década de 1930. Entre 1920 e 1982, o número de empresas públicas aumentou para 1.155, a maioria delas trazidas para o setor estatal durante a década de 1970 e início dos anos 1980. O governo de Salinas aproveitou a oportunidade da falência de várias indústrias proeminentes estatais para acelerar o programa de privatização. Pela primeira vez desde 1982, ocorreu uma transferência líquida de fundos para o México.

Tendo em conta as ligações econômicas cada vez mais estreitas, Salinas pressionou a administração dos Estados Unidos em 1990-1991 para a formação de uma área de livre comércio da América do Norte, que também incluiria Canadá. O objetivo era ligar a economia mexicana, em seu estado reformado, de forma mais estreita à economia dos Estados Unidos, a fim de envolver os Estados Unidos no processo de manutenção do partido único no poder. O argumento foi vendido para a administração de Bush em termos de fortalecer, em tempos de recessão nos Estados Unidos, a concorrência norte-americana com a área de livre comércio estabelecida na Europa e com as economias em crescimento do leste e sudeste da Ásia. O acordo foi assinado em dezembro de 1992 e entrou em vigor em janeiro de 1994. O Nafta refletia a percepção do governo de Salinas a respeito do caminho do futuro econômico do México, que seria integrado ao mercado internacional e cujo representante mais próximo e mais poderoso era os Estados Unidos. As intenções do governo mexicano eram, ao mesmo tempo, negociar acordos bilaterais de comércio com a Costa Rica, Chile, Venezuela e Colômbia e estabelecer uma relação comercial com a Comunidade Econômica Europeia [CEE]. O Nafta, no entanto, diferia radicalmente da CEE (ou União Europeia, como passou a ser conhecida posteriormente), pois não tinha uma dimensão política que visava promover a integração subcontinental. Da mesma forma, nenhum projeto existia naquele momento para o movimento no sentido de uma moeda comum.

A "Salinização" representou a segunda e maior fase da restruturação da economia mexicana iniciada no governo de De la Madrid. As reformas destinavam-se a remover as barreiras que impediam que a economia se tornasse cada vez mais eficiente e competitiva. Ao mesmo tempo, o governo abriu o mercado mexicano ao capital estrangeiro: uma nova Lei em dezembro de 1993 substituiu as restrições de 1973 (as quais datavam da década de 1940) para o investimento de capital privado estrangeiro no país. A privatização objetivava reduzir as despesas do governo de forma permanente e, ao mesmo tempo, reduzir o peso morto da burocracia em toda a economia. O governo descobriu rapidamente, no entanto, que teria de lidar com urgência com a deterioração da balança de pagamentos, devido ao aumento das importações entre 1988 e 1993.

O RETORNO DA IGREJA CATÓLICA
COMO OPONENTE POLÍTICO

Em fevereiro de 1993, o governo de Salinas introduziu um novo fator na política interna do país ao autorizar o restabelecimento das relações diplomáticas com a Santa Sé, desfeitas desde a época de Juárez, em 1867. O Monsenhor Girolamo Prigione, delegado apostólico que já possuía um conhecimento substancial sobre as condições mexicanas, ocupou o cargo de núncio apostólico até outubro de 1997. Apesar de ter sido uma medida inicialmente controversa, Prigione teve o cuidado de não provocar o sentimento anticlerical latente dos círculos políticos. Um conservador aprovado pelo Papa, Prigione tornou-se o centro da oposição entre os elementos progressistas da igreja e os opositores do governo. Ao mesmo tempo, ele ganhou a inimizade do cardeal-arcebispo Ernesto Corripio Ahumada, que se ressentia de seu envolvimento nos assuntos internos da Igreja mexicana e que pressionou o Vaticano pela sua remoção. Mesmo assim, o reconhecimento diplomático do papel do Vaticano no que ainda restava de um país em grande parte católico ofereceu aos bispos mexicanos uma oportunidade para criticar a política do governo e o aprofundamento da corrupção e da violência cotidiana no país.

Um sintoma disso foi a morte inexplicável do arcebispo de Guadalajara, o cardeal Juan Jesús Posadas, em maio de 1993, alegadamente "pego no fogo cruzado entre quadrilhas de traficantes rivais" no estacionamento do aeroporto de Guadalajara, onde ele tinha ido para aguardar a chegada do Núncio. Posadas foi um forte crítico do tráfico de drogas e alegava a existência de ligações deste com o partido monopolista. Poucos estavam dispostos a explicar como um cardeal-arcebispo da Igreja Católica Romana podia ser pego em meio a um tiroteio entre os chefes do tráfico. O mistério que envolve o evento levantou suspeitas de que Posadas havia sido um alvo específico, mas ninguém soube dizer de quem. Alguns comenta-

CAPÍTULO 7 – O PARTIDO MONOPOLISTA (1940-2000) | 311

ristas sugeriram a existência de maquinações do cartel de Tijuana, o qual, acreditava-se, possuía conexões com o PRI na Baixa Califórnia: parece que os pistoleiros viajaram para Tijuana em um voo regular após o crime. Os dois principais membros, soube-se posteriormente, tinham, de fato, tinham visitado o escritório do Núncio alguns meses antes e saíram pela porta dos fundos para evitar o escrutínio dos guardas de segurança.

O restabelecimento das relações com a Santa Sé implicou um contato mais próximo entre a hierarquia mexicana e o papado de João Paulo II. A livre expressão das práticas religiosas em público significou uma profunda modificação da herança do movimento de reformas de 1855-1876. Ao mesmo tempo, ela afastou ainda mais o partido governista de suas raízes anteriores, estabelecidas pelos conflitos entre Igreja e Estado nas décadas de 1920 e 1930. O catolicismo sempre foi uma tendência poderosa, mesmo durante os períodos da Reforma e o revolucionário. A tendência, embora ainda não dominante, ficou mais forte durante a década de 1990. Certas tendências fundamentalistas começaram a surgir em vários níveis: como as tentativas dos conselhos municipais do PAN em remover o nome de Juárez de ruas, ou a afirmação do Primaz, cardeal Norberto Rivera Carrera, de que os pacotes dos preservativos deveriam conter uma advertência do Ministério da Saúde semelhantes às dos maços de cigarro. A condenação do cardeal Rivera em relação aos mexicanos que "se deixam seduzir pela educação liberal", que ele acreditava ser sustentado pelo Estado mexicano, implicava em críticas a toda uma tradição de educação secular, estabelecida desde a era da reforma. Novamente, a ênfase estava na falta de observação dos preceitos morais do catolicismo conforme ensinados pelo clero. O cardeal Rivera foi acusado de intolerância, pois culpava os homossexuais, as feministas e outras "minorias" pelos males do México contemporâneo. A crítica episcopal do modelo neoliberal, alegando que ele exacerbada as carências sociais, somou-se a ataques à conduta sexual liberal para dar a impressão de que a igreja oficial estava envolvida, ao mesmo tempo, em uma crítica concertada ao liberalismo da esquerda e da direita.

Na situação pós-1993, a Igreja Católica procurou exercer uma significativa pressão política sobre o governo e a sociedade em um ponto de inflexão crucial do desenvolvimento mexicano recente e antes do estabelecimento adequado de práticas democráticas no país como um todo. Mesmo assim, o costume geral dos mexicanos de ignorar regras fixas e elaborar soluções adequadas às circunstâncias particulares provavelmente funcionariam como um freio eficaz para as aspirações clericais de controle mais rigoroso do comportamento público.

O DESAFIO POLÍTICO E A QUESTÃO DA DURABILIDADE DO REGIME

A reforma política, no sentido de dar caminho para o pluralismo, garantindo o sufrágio efetivo e respeitando os direitos constitucionais não acompanharam a reforma econômica. O governo de Salinas, é verdade, afastou-se da prática geral "permitindo" que os candidatos vitoriosos da oposição tomassem posse em vários casos. Para os estrangeiros, esta política parecia pressagiar a reforma política e o surgimento um sistema constitucional operacional no México. Tal interpretação, entretanto, mostrou-se enganosa no longo prazo. Houve uma ligeira redistribuição do poder político, embora sem comprometer de qualquer forma a dominância do partido monopolista. Em 1989, o PAN venceu as eleições para o cargo de governador da Baixa Califórnia do Norte, a primeira vez que um partido da oposição ganhou um cargo de governador de estado. Na tentativa de restaurar a credibilidade, Salinas, por intermédio de Luis Donaldo Colosio, presidente do PRI, ordenou ao PRI local que aceitasse a vitória do PAN. Isto, com efeito, significou a remoção de uma estrutura bem estabelecida e altamente corrupta do partido local, cujos membros seniores ferveram de ressentimento com a administração de Salinas depois disso.

O assassinato de Colosio, candidato oficial do PRI à Presidência, em Tijuana, em março de 1994 aprofundou ainda mais a crise da administração de Salinas. A credibilidade do regime tornou-se rapidamente mais oca assim que ficou claro que ninguém seria convincentemente responsabilizado pelo assassinato. O assassinato ocorreu logo após Colosio ter iniciado sua campanha para presidente. Embora não estivesse eleito (como Obregón no momento do seu assassinato em 1928), o assassinato levou o governo de Salinas a uma extrema consternação e o país a um estado de alarme. Brotaram várias teorias da conspiração, especialmente tendo em conta a perda de credibilidade do governo de Salinas em relação à rebelião de Chiapas. O assassinato de Colosio significava que o candidato do PRI à Presidência seria Ernesto Zedillo Ponce de León, que não havia sido preparado por Salinas para a sucessão. Zedillo foi obrigado a recolher o que fosse possível do legado de seu antecessor. A situação agravou-se ainda mais com o assassinato de José Francisco Ruiz Massieu, secretário do partido do PRI, em setembro de 1994. Alegou-se a cumplicidade do irmão do presidente, Raul Salinas de Gortari.

A desintegração do governo de Salinas, dessa forma, trouxe uma crise de longo alcance para o partido monopolista, que, por vezes, parecia

CAPÍTULO 7 – O PARTIDO MONOPOLISTA (1940-2000) | 313

IMAGEM 42. Cuauhtémoc Cárdenas (n. 1934) faz o juramento como presidente da Câmara da Cidade do México, em 1997. Filho do presidente Lázaro Cárdenas (1934-1940) e, ele próprio, ex-governador de Michoacán (1980-1986) pelo PRI, Cárdenas tomou posse como primeiro *regente* eleito do Distrito Federal em 5 de dezembro de 1997. Desse modo, ele apresentava uma séria ameaça política para o partido no poder. Cárdenas rompeu com a liderança do PRI na década de 1980 em defesa das políticas tradicionais de esquerda, ajudou a formar a "Tendência Democrática" em 1986 e liderou a Frente Democrática Nacional (FDN), formada em janeiro de 1988 para desafiar Carlos Salinas de Gortari (PRI) nas eleições presidenciais daquele ano. Cárdenas parece ter ganhado 31%, embora o FDN tenha afirmado que o PRI venceu apenas por meio de fraude. Ainda há controvérsias sobre esta eleição. Após as eleições de 1988, Cárdenas fundou o oposicionista Partido Revolucionário Democrático (PRD), que, nas eleições de 1994, recebeu apenas 17% dos votos. Cárdenas foi candidato presidencial pela terceira vez no ano 2000.

terminal. Ao contrário, a administração evitou deliberadamente a reforma política, uma vez que acreditava que reforma econômica iria renovar as bases de dominação do PRI e, mais especialmente, aproximaria mais o país à economia dos Estados Unidos. O Nafta foi a base desta estratégia, e os frutos foram colhidos quando o governo de Clinton, apesar do ceticismo do partido democrático ao Tratado, decidiu afiançar a administração mexicana após o colapso financeiro de dezembro de 1994. As reformas econômicas, no entanto, formam o cume de um processo mais longo, que tinha começado no rescaldo da crise da dívida de 1982. O desmantelamento de grande parte do setor estatal da economia e a ameaça aos interesses associados a ele tinha enfraquecido a posição do PRI e, ao mesmo tempo, abriram o sistema político para a efetiva competição eleitoral. Mais uma vez, o princípio de Madero do sufrágio eficaz não foi cumprido.

A crise financeira de dezembro de 1994, a mais grave desde 1982, surpreendeu a administração, e consequente e precipitada desvalorização aprofundou a desilusão já difundida em todo o país. Assim como De la Madrid havia herdado as catástrofes do período de López Portillo, Zedillo (1994-2000) herdou as consequências da presidência de Salinas. Como resultado da crise de dezembro de 1994, o PIB caiu 6,9% em 1995; em comparação, o colapso de 1983, causou uma queda de 4,15 % e o de 1986, 3,82%. Uma das causas primordiais da crise foi a tentativa do governo de Salinas em evitar a desvalorização do peso por meio de uma taxa de câmbio fixa em relação ao dólar. A explicação para isso está na tentativa do governo em garantir o contínuo afluxo de investimentos, atraídos por uma moeda (peso) forte e por altas taxas de juros. O governo chegou a transferir os lucros dos investimentos em dólares, em vez de pesos. A nova administração de Zedillo, no entanto, não estava amarrada a uma política de taxas de câmbio fixas. Além disso, a vitória eleitoral do PRI em agosto significava que, no curto prazo, não existiriam consequências políticas adversas causadas pela desvalorização.

A questão da desvalorização já pairava no ar desde março de 1994. O contexto foi o agravamento do déficit comercial, pois o peso valorizado entre 1989 e 1993 havia corroído a capacidade de exportação do país e levou a um "boom" de importações. A política de altas taxas de juros do período final do governo de Salinas contribuiu para a paralisação do crescimento da economia interna. O aprofundamento da incerteza sobre a desvalorização dificultou os fluxos de capital, apesar da política do governo e obrigou o governo a cobrir o déficit em conta corrente por meio de suas reservas. Em dezembro, a flutuação do peso significava, em última análise, que o custo do cumprimento das obrigações das dívidas (que aumentaram de US$ 3,10 bilhões em março para US$ 29,20 bilhões em dezembro) indexadas ao dólar Tesobonos dobrariam. Este enorme endividamento a curto prazo excedeu até mesmo aquele de 1982.

O pacote de ajuda da administração Clinton (fevereiro de 1995) e os novos empréstimos tomados do FMI e de uma variedade de bancos, totalizando US$ 50 bilhões, bem como as políticas de estabilização introduzidas em março contribuíram muito para a rápida recuperação da economia mexicana. Depois disso, a comunidade financeira internacional voltou, surpreendentemente, a confiar no país. Durante o ano de 1996, houve muita conversa sobre o México "estar de volta ao círculo". A recuperação da indústria, exportações, emprego e a queda da inflação deram credibilidade a essa perspectiva. Mesmo assim, dois pontos precisam esclarecidos no que diz respeito à crise de dezembro de 1994. Em primeiro lugar, ela revelou novamente a vulnerabilidade da economia mexicana aos choques externos. Isso em si reflete o grau de integração da economia no mercado internacional, uma situação que aprofundou-se consideravelmente em consequência das políticas de liberalização do comércio, implementadas depois de 1985. Ela expôs ainda mais o problema perene da escassez de capital nacional e o baixo nível da poupança interna. Por outro lado, este mesmo grau de integração também representa a fonte de força da economia mexicana. Os elos envolvidos, particularmente com a economia dos Estados Unidos (e por meio do Nafta) significava que a retomada econômica subsequente seria a consequência provável de uma desordem interna causada por erros de cálculo na política fiscal e monetária. No final da década de 1990, a força da economia dos Estados Unidos podia ser vista na resiliência das 2.624 *maquiladoras*, que empregavam 861.143 pessoas, muitas delas mulheres. Elas eram responsáveis por 40% das exportações mexicanas, sendo que importavam quase tudo o que produziam, devido a avançada tecnologia empregada por elas. As *Maquiladoras* especializaram-se em automóveis, eletrônicos e computadores e, embora tudo isso estivesse combinado a níveis salariais baixos, demonstravam um elevado nível de eficiência, qualidade e capacidade de adaptação. Elas foram seriamente atingidas pelo colapso do peso de dezembro de 1994, mas recuperaram-se bem depois disso. A resistência geral da economia mexicana, no entanto, apesar de vários choques, contrastava bastante com a desintegração social e com o desencanto político que continuava a caracterizar o país em geral.

316 | HISTÓRIA CONCISA DO MÉXICO

Apesar da contínua engenharia eleitoral e das promessas de reforma política, o apoio eleitoral ao PRI continuou a se desgastar ao longo de um período mais amplo a partir 1976. A crescente divergência entre os processos eleitorais controlados pelo PRI revelou-se novamente nas eleições intercalares de 5 de julho de 1997, quando ambos os partidos de oposição obtiveram ganhos significativos. As eleições de julho para o Congresso deram aos partidos da oposição em conjunto um total de 261 assentos (sendo 125 para o PRD e 122 para o PAN) na Câmara dos Deputados, contra 239 para o PRI. Pela primeira vez, o partido do governo perdia sua maioria na câmara baixa, embora ele ainda mantivesse a maioria no Senado. As inversões eleitorais agravaram-se nas eleições municipais de 20 de outubro de 1997, quando o PRD obteve o controle de Jalapa. O PAN obteve o controle de Orizaba, Córdoba e Veracruz. Em Veracruz, o governador do estado emitiu uma declaração, afirmando sua disponibilidade em "aceitar e ver instaladas" as novas autoridades municipais, independentemente de partido. Mas devemos levar em conta o impressionante absenteísmo de 50% a 60%, antes de concluirmos qualquer coisa a respeito desses ganhos.

A clara incapacidade do governo para defender a lei básica e a ordem nas principais cidades estava evidente para todos os habitantes. A vitória eleitoral de Cuauhtémoc Cárdenas na Cidade do México poderia ter explicado a falta de entusiasmo do governo para adotar tais medidas. Cárdenas ganhou a primeira eleição para prefeito do Distrito Federal, e a nova administração da capital, administrada pelo PRD, tomou posse em 5 de dezembro. Esta posição é geralmente considerada como a segunda de maior poder no país. Tendo em conta os problemas aparentemente insuperáveis da habitação popular, educação, trânsito urbano e infraestrutura, lei e ordem e poluição na região metropolitana, as conquistas ou fracassos da nova administração seriam o teste de credibilidade do PRD. Os interesses do PRI juntaram-se para impedir o bom funcionamento da administração municipal do PRD.

Por outro lado, o país começou a adquirir uma má reputação na comunidade internacional por violações dos direitos humanos, narcotráfico e corrupção. Denúncias da Anistia Internacional e das Organizações Não Governamentais [ONGs] foram atendidas por representantes do governo, mas as causas não foram revertidas. Nos últimos meses de 1997, o perfil do país havia se tornado tão negativo que ele ameaçava pôr em causa o estabelecimento de uma relação de trabalho comercial com a União Europeia. Este acordo foi finalmente assinado em Bruxelas em 8 de dezembro

IMAGEM 43. Tensão em Agua Tinta, Chiapas, em 1998. O Exército Zapatista de Libertação Nacional (EZLN) ou Rebelião Zapatista na região de Chiapas ocorreu em 1º de janeiro de 1994 para coincidir com a entrada do México no Tratado Norte-Americano de Livre Comércio (NAFTA) e enervou a administração Salinas que estava assolada por profundos problemas econômicos. As antigas reivindicações dos camponeses na área de San Cristóbal e seu interior Lacandoniano foram retomadas por um pequeno grupo de guerrilha esquerdista, liderada pelo "Subcomandante Marcos". Usando sempre uma balaclava e fumando um cachimbo, "Marcos" tornou-se um propagandista inteligente, fazendo pleno uso da Internet. A incapacidade do governo para encontrar uma solução para o problema de Chiapas lançou foco sobre as questões indígenas em toda a República. A cobertura da mídia no México e a atenção internacional limitavam as opções do governo nacional. Em Amparo Agua Tinta, cerca de 800 zapatistas são fotografados durante uma marcha em maio de 1998 em apoio às autoridades rebeldes do município de Tierra y Libertad (nomeado em homenagem ao grito de guerra zapatista original da década de 1910) depostos em 1º de maio e em protesto contra a presença militar na área.

de 1997 e ofereceu ao México um potencial de abertura que poderia contrabalançar, mesmo que de forma leve, sua pesada dependência do Nafta. No entanto, isso ainda exigiria uma árdua escalada, uma vez que o comércio do México com a União Europeia caiu de 11,4% em 1990 para 6,1% em 1996.

Ainda não há como prever qual o impacto global da implementação da União Monetária Europeia a partir de 1º de janeiro de 1999 (um regime originalmente projetado em 9 de dezembro de 1991) para o Nafta e para o México em particular. A adoção do Euro por onze dos membros participantes (de quinze) pode simplificar as relações comerciais do México com a União Europeia, já que o dólar não continuará a ser o principal meio de troca. A capacidade do México para explorar aberturas comerciais na Europa, no entanto, dependia do desempenho global da economia durante 1999-2000.

A questão de Chiapas e o problema indígena

O ano das calamidades, 1994, pôs fim à credibilidade do governo de Salinas, começando com a revolta de Chiapas em 1º de janeiro. Altamente consciente de mídia, os rebeldes calcularam a data da ocupação de San Cristóbal de Las Casas e Ocosingo para coincidir com a entrada em vigor do Nafta. Sua principal figura, o "Subcomandante Marcos" (Rafael Sebastián Guillén, n. junho de 1957), veio de uma família de pequenos empresários do porto de Tampico. Sendo produto da UNAM, onde estudou filosofia, ele lecionou na UAM, afiliando-se em seguida a organizações de guerrilha esquerdista e, em 1981, passou por um período de treinamento na Nicarágua Sandinista e, em 1982, em Cuba e antes de aparecer em Chiapas, em maio de 1984. O Exército Zapatista de Libertação Nacional (EZLN), um nome para relembrar o líder agrário de Morelos da década de 1910, procurou tirar vantagem das antigas e variadas queixas indígenas. Isso permitiu que ele estabelecesse uma zona militar na área da Floresta de Lacandona sob seu controle exclusivo, seguindo o modelo revolucionário cubano e declarando a região como "território livre" de Las Cañadas. De tal forma, o EZLN apresentou ao governo mexicano, tomado completamente de surpresa, uma situação de revolta que exigia uma solução política, bem como uma solução militar. Desde janeiro de 1994, nenhum governo conseguiu encontrar uma solução para este problema que tornou-se uma infecção indefinida.

O EZLN via-se como uma oposição armada contra a ideologia dominante do neoliberalismo. As declarações de janeiro de 1994 e 1995 chamavam o povo para a derrubada do regime, a formação de um governo de transição, a convocação de novas eleições e a formulação de uma nova Constituição. Apesar da resposta da guerrilha para questões contemporâneas, os antecedentes da questão indígena voltaram a fazer parte da história de Chiapas. Ocorreram revoltas camponesas significativas em 1711-1712 (quando a província ainda fazia parte do Reino da Guatemala) e em 1868-1869 nas mesmas áreas de Tsotsil e os Tseltal, onde a diocese de San Cristóbal promoveu a mobilização camponesa da década de 1970. A recessão do dinâmico setor cafeicultor da planície durante a década de 1980 acabou com a viabilidade da migração camponesa que, saindo das comunidades indígenas do planalto, dirigia-se para esse lucrativo trabalho sazonal. A fim de reduzir a pressão camponesa por terras, o governo autorizou a colonização da Floresta de Lacandona, onde cerca de 100 mil pessoas estabeleceram suas casas na década de 1970. Os ejidos formados recentemente pareciam estar sob ameaça pela reforma do artigo 27 da Constituição em 1992 feita por Salinas.

Embora fosse composto por não mais de 300 guerrilheiros armados, a rebelião paralisou o governo e o exército, nem dos dois desejava pagar os riscos políticos de um confronto direto. Uma parte da imprensa de oposição da capital, tais como o ostensivamente esquerdista *La Jornada*, partidário do PRD, assumiu a rebelião como uma questão por meio da qual poderia castigar o governo. Mesmo assim, nenhum movimento nacional a seguiu, apesar da invocação do nome de Zapata e, assim, um apelo à tradição revolucionária da década de 1910. A revolta dividiu a zona rural entre o EZLN e seus oponentes e aumentou a brecha entre os zapatistas e a Igreja Católica.

O bispo de Chiapas, Samuel Ruiz, assumiu o papel de mediador entre os rebeldes locais e as autoridades e ganhou bastante inimizade dentro do PRI por essa razão. A ambiguidade da relação entre Ruiz e "Marcos" foi uma característica constante dos noticiários. Poucas oportunidades para desacreditar Samuel Ruiz eram perdidas nos círculos oficiais. Desde a sua chegada em Chiapas, em 1960, o bispo tinha tentado uma reconquista eclesiástica da população indígena dos Altos de Chiapas, a zona das montanhas ao redor de San Cristóbal e nos assentamentos da Floresta de Lacandona. Em 1974, realizou-se um Congresso indígena em San Cristóbal para estimular a mobilização e a politização dos camponeses. Os objetivos eram a remoção dos delegados do governo e a invasão das propriedades de grande porte. Ruiz patrocinou grupos indígenas de autodefesa durante a década de 1970. Uma intensa luta pelo controle de terras passou a ser travada a partir de 1976. Na segunda metade da década seguinte, no entanto, os zapatistas penetraram estas organizações e desse modo passaram a ameaçar o controle diocesano.

O governo de Zedillo tentou por várias vezes chegar a um acordo sobre a questão de Chiapas a fim de reduzir um possível conflito armado; tais tentativas abriram caminho para o aumento das pressões por um novo assentamento constitucional com base na concessão de autonomia para áreas com maioria indígena. As implicações políticas práticas permanecem obscuras. Tais questões não eram exclusivas do México, muito menos de Chiapas, mas a ideia de um estatuto constitucional separado para as zonas indígenas parecia ameaçar a volta ao corporativismo e o rompimento da integridade territorial. Os protagonistas de tal solução afirmavam que as demandas por autonomia indígena no final do século XX revelavam o fracasso do liberalismo do século XIX na América Latina. O debate sobre essa questão específica continuará durante as próximas décadas.

Os últimos anos do governo de Zedillo

A administração de Zedillo, em dezembro de 1997 e janeiro de 1998, parecia estar totalmente desorganizada com mudanças ministeriais nos principais cargos, a saber, Finanças, Interior e Relações Exteriores. A saída do ministro do Interior foi anunciada antes de ser encontrado um novo ministro das Finanças, após a transferência de Guillermo Ortiz, para o cargo de governador do Banco Central. A entrada do secretário de Interior, Francisco Labastida, um antigo governador de Sinaloa, cuja eleição em 1986 ocorreu em meio a acusações de fraude eleitoral por seus adversários panistas, foi um economista da UNAM e ocupou seu primeiro cargo durante o governo de Echeverría. Zedillo transferiu o secretário das Relações Exteriores, José Ángel Gurría, para o ministério das finanças, em 5 de janeiro, um movimento que deixou vago o Ministério das Relações Exteriores. Antes que a notícia da substituição pudesse ser anunciada, o governador de Chiapas renunciou em 7 de janeiro. Tendo em conta essa substituição, cinco governadores administraram Chiapas desde que Zedillo assumiu o cargo em dezembro de 1994 e onze desde 1976. No total, dez governadores de estado durante duas décadas não conseguiram concluir seus mandatos constitucionais. Zedillo escolheu a senadora pelo PRI, Rosário Green, para ocupar o cargo de secretária das Relações Exteriores; ela era graduada em Ciências Políticas pela UNAM e foi subsecretária em 1992 no período em que Fernando Solana era ministro.

Em 1998, o México parecia estar se aproximando de um novo período de recessão, cujas profundezas eram imprevistas. Duas principais influências: o final da fase de crescimento das economias asiáticas e o colapso dos preços do petróleo mundial. O primeiro fator, a depreciação de mais de 200% da moeda asiática, teve influências indiretas nas economias latino-americanas e levou, como tinha feito o anterior colapso do bloco soviético, ao desvio do apoio financeiro internacional. O governo dos Estados Unidos começou a preparar um pacote de ajuda para os antigos "tigres" da Ásia Oriental. O segundo fator afetou o México de forma direta, apesar de fontes do governo terem afirmado com frequência que, desde o colapso de 1982, o México não dependia mais do petróleo. A resposta de Gurría foram três rodadas de cortes no orçamento, que supostamente não afetariam os grandes programas, mas previa-se amplamente que as conse-

CAPÍTULO 7 – O PARTIDO MONOPOLISTA (1940-2000) | 321

IMAGEM 44. A Bolsa de Valores da Cidade do México. Excelente exemplo da arquitetura modernista da década de 1980, este é o símbolo do renascimento do capitalismo na economia aberta daquela década e da seguinte. A *Bolsa Mercantil* representava uma peça exemplar da época de Salinas, que culminou com a ratificação do Nafta, em 1993. A quebra de dezembro de 1994, o colapso dos "tigres" asiáticos em 1997 e a instabilidade financeira mundial do final de 1998 constituíram um duro golpe ao mercado mexicano de ações e à taxa de câmbio.

quências seriam opostas, especialmente em matéria de educação. O Banco Central ajustou a taxa de crescimento do PIB para baixo, de 5,7% para um ainda otimista 5% no final de janeiro de 1998.

A crise do petróleo destacou a antiga crença dos círculos financeiros de que o peso mexicano (a uma taxa de $ 8,5) estava sobrevalorizado em relação ao dólar. O governo, temendo o impacto político da desvalorização, procurou refrear as consequências monetárias da queda dos preços do petróleo por meio do Banco Central. Embora a economia (em termos de PIB) tenha crescido à uma taxa impressionante de 7% em 1997, os movimentos macroeconômicos no decorrer do ano seguinte ameaçavam abrandar esse crescimento. Os industriais de Monterrey, no final de janeiro de 1998, pediram por uma desvalorização de razoável, a fim de evitar uma catástrofe futura, mas isso passou despercebido. O objetivo era promover as exportações e incentivar o investimento a fim de evitar uma recessão em grande escala durante o ano de 1999. No início de 1999, a taxa de câmbio do dólar oscilou em torno de 10 pesos.

A exportação mexicana de petróleo bruto cresceu firmemente durante meados da década de 1990, de 1.307.000 barris por dia em 1994 para 1.721.000 barris em 1997. O colapso dos preços mundiais ocorreu quando as exportações haviam atingido seu cume de 1.844.000 barris entre janeiro e março de 1998. Nesse sentido, foi assinado um acordo, em 22 de março, entre México, Venezuela e Arábia Saudita para reduzir as exportações para 100.000 barris por dia. Isso reduziu a estimativa de abril a dezembro para 1.744.000 barris, mas com a possibilidade de uma segunda rodada de cortes no final do ano. A visita de Zedillo à Venezuela resultou em um Acordo de Cooperação Energética em 16 de abril, mas os detalhes da implementação ainda devem ser apurados. No início do ano, o governo mexicano havia estimado o preço do petróleo a US$ 15 por barril, que foi reduzido na época dos primeiros cortes do orçamento para US$ 13. No entanto, o preço do mercado mexicano para o petróleo bruto misto até meados de 1998 alcançou apenas US$ 11 por barril. Os preços caíram drasticamente durante o resto do ano.

Durante o resto do ano, ocorreu a corrida entre os candidatos presidenciais. Durante a primavera de 1998, o governo de Zedillo parecia ter abandonado a prática de escolha do candidato presidencial oficial do PRI para as próximas eleições presidenciais. Isso deixou a candidatura aberta para todos os contendores e várias personalidades controversas – tais

CAPÍTULO 7 – O PARTIDO MONOPOLISTA (1940-2000) | 323

IMAGEM 45. Manifestantes deixam suas faixas de protesto (em inglês e espanhol) do lado de fora do palácio do governador com vista para o *Zócalo*, a praça central, na cidade de Oaxaca, em novembro de 1998 (foto do autor).

como Manuel Bartlett Diáz, governador de Puebla (1992-1998), um linha--dura tradicionalista do PRI – colocarem seus nomes na lista, esperando tirar Cárdenas do centro das atenções, um candidato em potencial para o PRD e do candidato autoproclamado do PAN, Vicente Fox Quesada, governador de Guanajuato. As deserções do PRI em muitos estados-membros e os desafios às hegemonias locais em Chiapas, Oaxaca, Guerrero e em outros lugares pareciam sugerir a iminência da derrota, nas eleições em si ou por meio de uma prévia desintegração interna. No entanto, o resiliência e mesmo a imprevisibilidade do PRI continuavam sendo valores desconhecidos. Poucos estavam dispostos a prever o resultado das eleições presidenciais.

O PRI recuperou um considerável terreno eleitoral durante a segunda metade do ano, mantendo o cargo de governador de Oaxaca e, em agosto, ganhando de volta o cargo do PAN em Chihuahua. O PRI ganhou nos estados de Puebla e Sinaloa em novembro, mas perdeu em Tlaxcala para uma coalizão de oposição local que incluía o PRD. O PRD também assumiu o controle do Distrito Federal e o cargo de governador em Zacatecas. No início de 1999, o PAN possuía o cargo de governador nos dois estados de fronteira, Baixa Califórnia do Norte (onde fica Tijuana) e Novo León, bem como em Querétaro, Guanajuato, Jalisco e as prefeituras das cidades de Puebla, Oaxaca, Mérida e Cidade Juarez, mas Culiacán ter sido perdida em novembro de 1998 para o PRI. Essas eleições, no entanto, demonstraram a incapacidade do PAN para se aproveitar do descontentamento popular.

Manuel Bartlett (n. 1936, Puebla), que anunciou sua candidatura em abril de 1998, era filho de um antigo governador de Tabasco e havia sido afastado de seu cargo por seu rival, o mesmo Carlos Madrazo que morreu em circunstâncias misteriosas em 1969. Bartlett era geralmente considerado o principal dinossauro do PRI dentre três adversários potenciais para a sucessão; os outros dois eram Robert Madrazo Pintado, governador de Tabasco desde 1994, filho de Carlos Madrazo e Labastida, que era naquele momento secretário do Interior e tinha sido secretário de comércio de De la Madrid. Bartlett e Madrazo tinham criticado a administração de Zedillo. Embora Labastida fosse uma personagem controversa dentro do México, verificou-se que Washington não descartava sua vitória. Bartlett e Madrazo, no entanto, tinham reputações e alegadas conexões que poderiam estragar suas nomeações rivais como sucessores. Bartlett tinha sido secretário do Interior no governo de De la Madrid e presidiu a campanha eleitoral de 1988, quando o computador que decidiria os resultados finais quebrou no momento crucial. Madrazo, que tinha se colocado sob a asa de Echeverría, apesar da morte inexplicável do pai, entrou em controvérsias relativas às despesas da eleição de 1994, que haviam ultrapassado em muito os limites prescritos. Nas primárias de novembro de 1999, o partido escolheu, por meio de um novo procedimento que representava os 10 milhões de membros do PRI, Labastida como seu candidato presidencial. O líder do PRD, Porfirio Muñoz Ledo, ex-PRI como Cárdenas, era o desafiante à esquerda.

Muitos comentadores argumentaram na época que a eleição presidencial de 2000 seria um momento decisivo na história do México. Pelo menos, o resultado poderia decidir o destino do PRI. Era verdade que o México era um estado de direito, mas nunca um partido de oposição havia ocupado o cargo como resultado da vitória em uma eleição nacional. A sucessão presidencial de 2000 foi uma transição notável, que surpreendeu muitos mexicanos. A vitória de Fox em 2 de maio significou que, pela primeira vez em memória viva, um partido político diferente do PRI (ou seus antecessores) iria governar o país. O partido derrotado, atordoado e dividido, posteriormente começou a reagrupar-se em torno de Madrazo, que parecia ser sua figura mais forte. Fox, no entanto, representava uma força desconhecida, fracamente ligada a seu partido, que, em qualquer caso, tinha outros líderes. Os predominantes problemas econômicos e sociais do México foram deixados para que a nova administração lidasse com eles da melhor maneira possível. Sua orientação para os negócios garantia que as políticas da época de Salinas e Zedillo teriam continuidade. As boas relações pessoais entre Fox e o presidente George W. Bush, anteriormente governador do Texas, pareciam pressagiar um melhor relacionamento entre os dois vizinhos.

capítulo 8

O GOVERNO DE FOX
(2000-2006)

A ECONOMIA

O governo de Fox beneficiou-se por uma economia em grande parte estável e em expansão. O peso ganhou uma nova estabilidade após um período de fraqueza entre 1997 e 2000 e tornou-se mais forte no final de 2005. Os preços permaneceram relativamente estáveis, e as receitas do petróleo adquiriram uma elasticidade natural. O panorama, no entanto, não era inteiramente "cor-de-rosa", especialmente tendo em conta as implicações da contínua dependência entre o governo e as receitas do petróleo. Embora o aumento dos preços do petróleo tenha beneficiado o México de forma considerável, pois isso removeu a necessidade dos cortes orçamentários em educação ou saúde, os interesses dos Estados Unidos acreditam ter sido afetados negativamente. A economia manteve-se vulnerável às fraquezas e flutuações dos Estados Unidos, pois 88% das exportações do México, em 2005, ainda tinham este país como destino. Mesmo assim, até setembro de 2005, o México contava com um superávit comercial de US$ 52,2 bilhões com os Estados Unidos. A orientação para os negócios da administração Fox não conduziu a mudanças radicais do direcionamento político, pois Salinas já havia posto em marcha condições que favoreciam o setor privado. Em muitos aspectos, a administração Fox, apesar da mudança do partido detentor do poder, representou, na prática, pouca mudança no que diz respeito à política econômica.

Em 2000, o governo mexicano recebeu 37% de sua receita total da indústria do petróleo dominada pela estatal Pemex. A queda de US$ 1 por barril no preço de exportação do petróleo mexicano fazia com que o tesouro mexicano perdesse US$ 600 ou mais em suas receitas. O governo encontrou-se preso entre o desejo da Pemex por mais investimentos e maior liberdade de gestão, por um lado, e a pressão dos Estados Unidos para que o México abrisse sua indústria de petróleo para o investimento estrangeiro e aumentasse a oferta para o mercado norte-americano, por outro lado. A maior parte do petróleo mexicano direcionou-se para o mercado dos Estados Unidos. Em 2004, por exemplo, o México exportou 1,87 milhão de barris por dia, dos quais 1,65 milhão foram para os Estados Unidos. Desde 1998, o México tem cooperado com a Venezuela e a Arábia Saudita para garantir o aumento dos preços do petróleo. O preço de exportação do petróleo bruto subiu de baixos US$ 6 por barril em 1998 para US$ 12,45 em 1999. O preço médio de exportação em 2001 atingiu US$ 20 por barril e, em março de 2002, o governo mexicano orçou-o a US$ 17, mas ele atingiu US$ 19,3. Este aumento gerou mal-estar nos Estados Unidos, especialmente tendo em conta a deterioração da situação no Iraque. Mantendo sua política externa distinta dos Estados Unidos sobre a questão do Iraque, o governo mexicano viu o preço médio de exportação do petróleo aumentar para US$ 24,6 por barril durante o primeiro semestre de 2003. Ele subiu até US$ 38,13 em março de 2004, quando a administração havia avaliado que seu preço seria US$ 20. Essa tendência continuou até 2005 e, em agosto, o preço do petróleo bruto mexicano atingiu US$ 48 por barril, com um nível de produção de 3,4 milhões de barris por dia.

Uma grande porcentagem da produção mexicana de petróleo permaneceu no país para o processamento de combustíveis. Este tinha sido o objetivo inicial da nacionalização da indústria efetuada pelo governo de Cárdenas em 1938. Esperava-se que a produção total chegasse a 3,8 milhões de barris por dia até o final de 2006. Embora nenhum governo tivesse até aquele momento se atrevido a desmantelar a Pemex, a necessidade de desenvolver outros campos marítimos levantou a questão sobre a origem desses investimentos. Tendo em vista que a Pemex pagava um imposto de 62% para o estado do México, ela não possuía capital disponível para investir em projetos importantes. Isso, por sua vez, concentrou a discussão em torno da reforma energética, que até 2005-2006 já tinha se transformado em uma grande – e controversa – questão. Dada a flutuação dos preços de exportação do petróleo, a administração de Fox estava disposta a reduzir o imposto para 55%, uma política que precisaria da aprovação do Congresso. O Senado mexicano opunha-se, em princípio, a qualquer medida do governo destinada a flexibilizar o monopólio da Pemex sobre a exploração marítima de petróleo. A necessidade de investimentos para manter e aumentar

IMAGEM 46. Manifestação organizada pelo "Los Amigos de Fox", um grupo organizado para promover a candidatura de Fox – Teatro Calderón em Zacatecas, 31 de julho de 1999. Os fazendeiros ricos e bem alimentados do Centro-Norte são a maioria aqui (fotografia do autor).

os níveis de produção, no entanto, levou, no segundo semestre de 2005, à autorização da Pemex para que as empresas estrangeiras operassem nos campos marítimos do norte de Veracruz, particularmente em Chicontepec, onde as condições geológicas apresentaram sérias dificuldades. Em 2006, a prática seria estendida a outros campos. O diretor da Pemex afirmou que a produção poderia dobrar para 7 milhões de barris por dia se o investimento estivesse disponível. Se não estiver, o ministro da Energia advertiu sobriamente no início de 2005, então a produção cairá tanto em um futuro próximo que o México, daqui uns doze anos, poderá encontrar-se na posição extrema de precisar importar petróleo bruto. Até o momento desta edição,* as questões energéticas ainda não foram resolvidas. Além disso, a condição precária da economia dos Estados Unidos – com um déficit da balança comercial em US$ 60 bilhões por mês no primeiro semestre de 2005 – ameaçou desestabilizar não apenas a economia mexicana, mas também a ordem financeira global.

Em 2003, o México deixou de ser a segunda fonte de importações dos Estados Unidos (depois do Canadá), dando origem a mais preocupações.

---

*   A edição original desta obra foi publicada em 2006. (N.E.)

330 | HISTÓRIA CONCISA DO MÉXICO

Em termos relativos e apesar do crescimento global, as exportações mexicanas para os Estados Unidos vinham caindo de forma constante. O crescimento, no entanto, era muito lento e pode ser em grande parte explicado pelos altos preços das exportações de petróleo. Como resultado, a China ultrapassou o México e tornou-se o segundo maior fornecedor dos Estados Unidos. Em 2004, a China era responsável por 14% das importações dos Estados Unidos e conseguiu ultrapassar o Japão como o país com o maior superávit comercial com os Estados Unidos. Em muitos aspectos, o fortalecimento do déficit comercial dos Estados Unidos dependia da China e de outros países asiáticos que compravam continuamente seus títulos e ações. A força prolongada do peso inibiu ainda mais as exportações mexicanas. A China conseguiu prejudicar o México no mercado dos Estados Unidos, por causa dos subsídios estatais a suas indústrias de exportação e pela manipulação das taxas de câmbio. A liderança chinesa sobre o México no mercado dos Estados Unidos parece que só tende a aumentar. O México, paralelamente, enfrentava a concorrência chinesa nos produtos têxteis de seu mercado interno.

Durante a segunda metade do mandato de Fox, a criação de empregos tornou-se uma questão política fundamental. Apesar de a administração ter atribuído a perda de postos de trabalho no México à desaceleração econômica dos Estados Unidos após 2000-2001, também estava evidente que a economia mexicana não era capaz de absorver o número crescente de pessoas que entravam no mercado de trabalho a cada ano. A partir de meados de 2003, a produção industrial declinou – e com isso os gastos do consumidor. Em setembro de 2005, o Banco Central baixou sua previsão de crescimento para 3%. Como resultado, o desemprego continuou a ser um problema persistente na capital, em Monterrey e nas outras principais cidades industriais. Os números continuam a ser disputados, mas existe a possibilidade de que mais de 12% da força de trabalho urbana ainda esteja desempregada, e que apenas menos de 30% opere dentro da economia informal.

O LUGAR DO MÉXICO NO MUNDO

O presidente Fox e seu primeiro-ministro, Jorge Castañeda, esperavam dar ao México um papel mais proeminente no mundo dos negócios. Fox fez um grande número de viagens ao exterior em seus primeiros anos no cargo, em parte para promover este objetivo e, em parte, para restaurar a imagem do México no mundo como uma democracia que respeita os

CAPÍTULO 8 – O GOVERNO DE FOX (2000-2006) | 331

direitos humanos. Na metade de seu mandato, no entanto, tornou-se claro que o governo mexicano tinha muito pouco impacto internacional. Fox recebeu críticas por sua falta de habilidade diplomática. Inevitavelmente, as relações com os Estados Unidos continuaram a dominar as relações exteriores do México. Fox favoreceu a transformação do Nafta, uma área de livre comércio, em uma União Aduaneira com a livre circulação de trabalhadores em um prazo de dez anos – uma posição que possui pouco apoio dos Estados Unidos. Algumas questões, como as proibições recíprocas de importações – atum, manga e açúcar do México ou carne e damasco dos Estados Unidos –, causam desagrado nas relações, sem perturbá-las radicalmente. As suspeitas mexicanas em relação às intenções protecionistas dos Estados Unidos continuavam fortes. Assuntos pendentes, como o controle e a distribuição das águas do Rio Bravo del Norte (Grande), estabelecidas pelo Tratado de 1994, foram resolvidos.

No entanto, continuava o conflito sobre a imigração mexicana para os Estados Unidos. Os comentaristas dos Estados Unidos chamaram a atenção para o fato de que em 1990 o componente populacional conhecido como "Hispânico" compunha apenas 9% do total. Em 2000, este número aumentou para 12,5%, em grande parte como resultado da elevada taxa de natalidade de 4,3%, em contraste com o restante da população: 0,8%. O número de mexicanos nos Estados Unidos aumentou de 13,5 milhões, em 1990, para 20,6 milhões, em 2000. Entre 3 milhões e 3,5 milhões deles estavam ali de forma ilegal. Até o momento, nenhuma das partes chegou a qualquer solução satisfatória. Durante os primeiros cinco meses de 2000, patrulhas de fronteira dos Estados Unidos expulsaram do Arizona 200 mil imigrantes sem documentos. As autoridades mexicanas levantaram diversas vezes a questão do assassinato dos imigrantes ilegais por fazendeiros do Arizona ou por agentes da patrulha de fronteira do Texas – 340 nos primeiros oito meses de 2000. De acordo com os cálculos dos Estados Unidos, 300 mil imigrantes ilegais entram nos Estados Unidos anualmente. Os críticos mexicanos da administração Fox acusaram-na por seu fracasso em garantir que os direitos humanos dos trabalhadores migrantes fossem respeitados nos Estados Unidos.

Apesar das boas relações pessoais iniciais entre Fox e o recém-eleito presidente George W. Bush – ambos fazendeiros voltados para os negócios e impacientes com as burocracias entrincheiradas – as prioridades da política externa dos Estados Unidos abandonaram rapidamente o México durante 2001. Esta situação tornou-se mais óbvia no rescaldo dos atentados terroristas de 11 de setembro em Nova York e Washington. O agravamento das relações entre a administração dos Estados Unidos e da União Europeia, o aprofundamento do envolvimento no Oriente Médio e a preocupação crescente com a China e o Extremo Oriente deixaram a América Latina – e México – relegados a assuntos menos importantes. Isto não significa que os eventos da região não possuíam importância para os Estados Unidos. Significava que a administração americana optou por não dar atenção a eles. Em 2005, a imigração ainda era um problema entre os dois países, apesar das novas reuniões entre os dois presidentes. Em agosto de 2005, os governadores dos estados do Novo México e do Arizona declararam estado de emergência ao longo da fronteira mexicana, argumentando que a imigração ilegal estava fora de controle.

O México recebeu um dos dois assentos latino-americanos do Conselho de Segurança das Nações Unidas no período entre 2002 e 2004. Isto coincidiu com o agravamento da crise internacional no Iraque. O governo mexicano se opôs à intervenção unilateral contra o Iraque pelos Estados Unidos e associados e adotou a posição da França, Rússia e China, três membros permanentes do Conselho de Segurança. Ao mesmo tempo, o governo manteve-se aberto para a possibilidade de retaliação dos Estados Unidos, recusando-se a fazer concessões sobre a imigração.

O 10º aniversário do Nafta, em 9 de dezembro de 2002, caiu no meio desta crise. Os três líderes fundadores, George Bush pai, Brian Mulroney do Canadá e Carlos Salinas do México chegaram em Washington, juntamente com os presidentes daquele momento para a celebração. A aparição do desacreditado Salinas, em exílio autoimposto desde a sua saída do cargo em 1994, causou desconfianças no México. Na reunião, Fox expressou mais uma vez seu desejo de ver o Nafta evoluir para uma união aduaneira. Exageradamente otimista, ele propôs 2005 como a data da transformação. Havia pouquíssimas chances de isso acontecer. No entanto, Fox chamou a atenção para a extensão do comércio entre México e Estados Unidos e para o fato de que o México havia, agora, tornado-se a 9ª maior economia do mundo. No entanto, os benefícios conquistados pelo Nafta haviam sido irregulares. As fábricas de peças automotivas conseguiram desenvolver-se, já a pecuária teve problemas com a perda da proteção aduaneira no início de 2003. Além disso, os produtores camponeses do México também iriam provavelmente amargar perdas no futuro próximo. O Tratado de 1992 havia isentado o milho mexicano da aplicação das disposições do Nafta, uma posição que, segundo Fox, não duraria – e, com ela, nem o contínuo financiamento estatal dos produtores de alimentos de baixo rendimento.

O México sediou duas conferências internacionais em 2002. A primeira delas foi a Conferência das Nações Unidas sobre o Financiamento do Desenvolvimento realizada em março, em Monterrey. Bush, Fidel Castro, Jacques Chirac e outros cinquenta chefes de Estado ou de governo estiveram presentes; a reunião acabou com poucos resultados. No final de outubro, o México sediou a Cúpula da Cooperação Econômica Ásia-Pacífico Asiático em Los Cabos (Baixa Califórnia do Sul). A APEC foi estabelecida em 1994 para promover o livre comércio e o aumento dos investimentos entre os Estados-membros em duas fases (2010 e 2020), bem como para harmonizar os sistemas financeiros e bancários. Questões como as relações comerciais do México com o Japão e as imigrações para os Estados Unidos reapareceram durante as discussões. O governo mexicano via os países recentemente industrializados da APEC como sócios potenciais em relação às economias desenvolvidas, especialmente no que se refere à observação destes últimos aos acordos sobre tarifas da Organização Mundial do Comércio. O comunicado final repreendeu os países desenvolvidos, tais como Japão, os membros da União Europeia e os Estados Unidos, por seus subsídios agrícolas à exportação. A V Cúpula Ministerial da OMC, realizada em Cancun, em meados de setembro de 2003, foi desfeita por causa desta questão após um conflito entre Brasil e Estados Unidos. Cancun, no entanto, viu o surgimento do Grupo dos 23, com Brasil, China, Índia e África do Sul, na vanguarda, apesar dos esforços dos Estados Unidos para desfazê-lo. O México também uniu-se a este grupo de países em desenvolvimento, junto com o Paquistão, Turquia, Indonésia, Tailândia, Filipinas, Nigéria e vários outros países da América Latina. A pressão continuava a ser dirigida contra os Estados industrializados, que diziam querer o livre comércio, mas recusavam-se a liberalizar seus próprios setores agrícolas.

Na Cúpula dos 21 membros da APEC realizada em Santiago (Chile), em novembro de 2004, Fox novamente trouxe a Bush as questões da migração transnacional e o *status* dos residentes mexicanos sem documentação nos Estados Unidos. Bush garantiu à Fox que o governo dos Estados Unidos considerava o assunto como uma prioridade, mas via-o em termos da segurança das fronteiras e da "guerra contra o terrorismo". Após a reeleição de Bush no início do mês, o Partido Republicano, pela primeira vez em 70 anos, ganhou o controle das duas casas do Congresso americano, mas a oposição conservadora continuava a postergar quaisquer acordos sobre a legalização dos imigrantes. Além disso, a maioria dos países da América Latina, incluindo o México, opuseram-se à invasão do Iraque e, como resultado, as relações com os Estados Unidos ficaram consideravelmente azedas a partir de março de 2003. Bush usou a Cúpula para expor ainda mais sua doutrina sobre a "guerra contra o terrorismo", na qual pouquíssimos latino-americanos estavam interessados.

A figura principal desta Cúpula acabou não sendo Bush, mas o presidente chinês, Hu Jintao, que suplantou seu colega dos Estados Unidos ao propor um grande investimento chinês nas empresas e infraestrutura latino-americanas e apontar para uma relação comercial mais estreita entre as duas áreas geográficas. Hu Jintao, além disso, participou do encontro após ter visitado o Brasil e a Argentina, onde concluiu acordos atuais e discutiu outros para o futuro. A China, com 1,3 bilhão de habitantes, possui atualmente a economia com crescimento mais rápido no mundo à taxa de 9% ao ano, alimentada por altos níveis de tecnologia de produção e um mercado de trabalho com salários baixos. A América Latina já havia se tornado o segundo maior destino dos investimentos estrangeiros da China (36,5%) depois da Ásia (52,6%) em 2003. Chile, Brasil e Argentina, em particular, deram boas-vindas à aproximação dos chineses, o que estimulou as exportações de soja, carne, lã, gás, aço, cimento, borracha e uma variedade de minerais, começando com o cobre chileno. O México, no entanto, tendia a ver a crescente presença chinesa nas Américas como uma ameaça tanto para a indústria têxtil doméstica quanto a sua posição no mercado dos Estados Unidos. Isso apontou para a necessidade de maior produtividade no México e uma maior compreensão do mercado chinês pelos empresários mexicanos. Uma visita de estado de dois dias por Hu Jintao, em setembro de 2005, enfatizou estas necessidades. O México, entretanto, tentou negociar uma maior importação chinesa de frutas mexicanas e esperava garantir maior participação de suas empresas no mercado interno chinês. A pressão comercial dentro México instou a liberalização das indústrias de petróleo e de eletricidade – esta última ainda um tabu político. A demanda rival por petróleo mexicano nos Estados Unidos poderia abalar as possíveis exportações de petróleo para a China.

Nem a visita ao México por Condoleeza Rice, a nova secretária de Estado norte-americana, nem a reunião tripartida dos três presidentes norte-americanos na fazenda Crawford de Bush, ambas em março de 2005,

CAPÍTULO 8 – O GOVERNO DE FOX (2000-2006) | 335

tiveram resultados significativos, sobretudo no que se refere ao estatuto legal dos imigrantes mexicanos nos Estados Unidos. Essas duas reuniões, além disso, ocorreram no contexto de observações depreciativas sobre o México feitas pelos funcionários da CIA, pelo Departamento de Estado dos Estados Unidos e pela declaração do embaixador dos Estados Unidos, dizendo que o México apresentava uma situação de segurança instável. No primeiro semestre de 2005, as relações entre os dois países continuaram amargas. Os funcionários seniores do governo dos Estados Unidos pareciam ter perdido completamente o interesse pelo México. O governo mexicano enfrentou outra humilhação significativa quando a Organização dos Estados Americanos selecionou o rival da Secretária mexicana de Relações Exteriores, o chileno José Miguel Insulza para ser o seu secretário-geral no final de abril de 2005. O Brasil, cada vez mais no centro das iniciativas políticas sul-americanas, apoiou o candidato chileno, o qual os Estados Unidos também afirmam ter apoiado.

NARCÓTICOS

O México, em comum com a Colômbia e outros países da América Latina, continuava opondo-se à política dos Estados Unidos de "certificação" por considerá-la humilhante. Por meio desta política, os Estados Unidos – o principal consumidor de entorpecentes – atribuía a si o direito de fazer julgamentos morais sobre outros países, que os consumiam em um grau muito menor. Eles eram os produtores ou os canais de trânsito do tráfico de narcóticos. Em março de 2000, os Estados Unidos "certificaram" que tanto México quanto Colômbia (em um total de 26 países) estavam cooperando com a luta contra o tráfico de drogas. "Certificação" significava que eles não receberiam sanções dos Estados Unidos. Mesmo assim, o governo dos Estados Unidos ainda considerava o México como o principal canal de cocaína destinada aos clientes do centro-oeste dos Estados Unidos.

O governo de Salinas havia colocado o Exército mexicano no centro das operações contra os traficantes de drogas. A cumplicidade de diversos oficiais superiores acabou enfraquecendo esta política em seus estágios iniciais. O principal oficial antidroga do presidente Zedillo, o general J. J. Gutiérres Rebollo, havia sido, na verdade, condenado por fazer parte dos pagamentos de um dos barões da droga. A administração Fox, nesse sentido, tendia a relativizar o papel do exército e fazer maior uso da polícia e de unidades especiais. No entanto, sua política de prender os principais líderes das gangues levou, muitas vezes, a lutas de poder dentro dos cartéis e gerou o aumentou da violência. Isso ficou fora de controle no final de 2005, com o aumento da taxa de homicídios relacionados às drogas nos estados fronteiriços e em Sinaloa.

Tijuana, Cidade Juarez e Novo Laredo tornaram-se os locais mais violentos do México como resultado do comércio de drogas. O cartel de Tijuana – originado na década de 1980 e comandado pelos irmãos Arellano Félix, que eram bem-educados e fluentes em inglês – dominou o comércio da cidade de fronteira, tinha contatos entre os mexicanos ricos e mantinha um refúgio em San Diego. O grupo, que inicialmente era de contrabandistas, cresceu e graduou-se em narcóticos. Este cartel continuou, no início da década de 2000, a brigar por supremacia com o cartel de Sinaloa e outras gangues rivais em Cidade Juarez e Guadalajara.

Durante os primeiros meses de 2002, os governos dos Estados Unidos e do México agiram paralelamente contra o cartel de Tijuana, em ambos os países. As prisões feitas pelo FBI em San Diego limitaram a lavagem de dinheiro e atingiram a base financeira das operações transfronteiriças do cartel. Em fevereiro, um tiroteio com a polícia de Mazatlán resultou na provável morte de Ramón Arellano Félix. Em 9 de março, as unidades do exército prenderam Benjamín Arellano Félix em Puebla. É quase certo que a liderança do cartel, que ainda continuava a existir, tenha passado para Javier, um outro irmão.

Na primeira parte de 2005, a Estratégia de Controle Internacional de Narcóticos do Departamento de Estado Norte-Americano afirmou que 90% da cocaína consumida nos Estados Unidos vinha do México, e que o México era o segundo maior fornecedor de heroína. O órgão de combate às drogas dos Estados Unidos (DEA), identificou os estados mexicanos da fronteira como a principal fonte do problema de trânsito, particularmente a cidade de Novo Laredo, o foco do comércio de fronteira em grande escala e de contrabando. O DEA também propôs aumentar o seu número total de agentes que operavam no interior do México de 32 para mais de 40. Em Novo Alaredo, os tiroteios frequentes levaram ao fechamento do Consulado dos Estados Unidos em julho de 2005. Nesse meio tempo, o cartel do Golfo lutava com o cartel de Sinaloa pelo controle do tráfico. O cartel do Golfo era liderado por Osiel Cárdenas, que está na prisão de alta segurança de La Palma desde março de 2003. Cárdenas havia recrutado um exército particular, conhecido como os "Zetas", a partir de ex-combatentes das forças paramilitares do governo.

A Igreja Católica

Após a vitória eleitoral de Fox em 2000, rapidamente tornou-se claro que a ala de negócios do PAN teria precedência sobre quaisquer tentativas de reivindicação religiosa, conforme desejada pela direita católica. A nova administração não tentou desfazer as leis de reforma, apesar das ações para tentar denegrir o caráter e o legado de Benito Juárez como um dos elementos mais selvagens do PAN. A Igreja mexicana, por sua vez, continuava a pressionar para que pudesse ministrar a educação religiosa nas escolas primárias estatais, criticava a educação secular, denunciava as práticas sexuais liberais e investia contra filmes controversos – como *El crimen de Padre Amaro* (2002) – ou programas de TV. Ao mesmo tempo, ela fez muita pressão para a canonização de Juan Diego, o índio que, segundo afirma-se, teve visões da Virgem de Guadalupe em 1531. No entanto, um prior expansivo da comunidade religiosa de Guadalupe tinha incorrido em críticas do Vaticano por expressar dúvidas, no final de 1999 sobre as visões e, muito mais, sobre a própria existência de Juan Diego. Em agosto de 2002, o papa João Paulo II fez a sua quinta visita ao México. Na chegada, o presidente Fox fez o gesto sem precedentes e controverso de beijar o anel do papa, uma ação contrária a toda a tradição *juarista*. No decurso desta visita, o Papa canonizou Juan Diego e beatificou dois índios zapotecas que foram mortos por outros aldeões por terem denunciado a celebração de ritos clandestinos às autoridades coloniais espanholas. Apesar de a canonização ter sido bem recebida por grandes multidões, estas duas ações do Papa receberam críticas consideráveis.

Desde sua primeira visita logo após a sua ordenação, o papa João Paulo nunca vacilou em sua atenção aos problemas mexicanos e em suas tentativas de reforçar a Igreja mexicana. Em 1992, ele beatificou em Roma os mártires da Cristiada em uma solene Missa do Cristo Rei. Vinte sacerdotes e leigos, que tinham sido assassinados por seções do Exército Federal durante a repressão da zona rural de Jalisco, no momento da Rebelião Cristera de 1926-1929. Na verdade, nenhum dos mártires tinham tomado parte da rebelião armada. João Paulo canonizou-os em 2000. Ele os viu como vítimas do Estado revolucionário moderno. A hierarquia mexicana patrocinou a criação de um novo santuário na aldeia de Santa Ana de Guadalupe, não muito longe do grande centro de peregrinação de San Juan de los Lagos, situado na região de Altos de Jalisco. Santa Ana foi a casa do padre (agora Santo) Toribio Romo. Esse padre foi arrastado para fora de seu

IMAGEM 47. O novo Santuário de Santa Ana de Guadalupe, casa da família do recém canonizado Santo Toribio Romo, em Altos de Jalisco, dedicado aos mártires mortos por forças federais na época da Rebelião Cristera (1926-1929) (foto do autor, setembro de 2003).

esconderijo e baleado com a idade de 28 anos na frente de sua irmã por uma patrulha da Cavalaria Federal, que procurava por sacerdotes e aqueles que trabalham próximo deles, desafiando as proibições do governo.

Inevitavelmente, a hierarquia católica ganhou uma maior visibilidade devido à restauração das relações diplomáticas entre o Estado e a Santa Sé, em 1993. Isso garantiu o contínuo interesse público no caso ainda não resolvido do cardeal Posadas de Guadalajara e no caso da suposta lavagem de dinheiro de seu sucessor, Juan Sandoval Iñiguez, em nome dos cartéis de drogas. A Igreja sempre rejeitou a explicação do governo – conforme afirmado por Jorge Carpizo, procurador-geral da administração de Salinas – pela morte de Posadas, isto é, de que ele havia sido pego acidentalmente em um tiroteio no aeroporto entre os cartéis de drogas de Tijuana e de Sinaloa. A hierarquia católica acreditava que Posadas, anteriormente bispo de Tijuana, havia sido escolhido pelo governo de Salinas, porque ele tinha informações que ligavam a administração aos traficantes de drogas. Um adjunto do Procurador-geral da administração de Fox reabriu, oficialmente, o caso Posadas em junho de 2002. Depois de sua prisão no início daquele ano, Benjamín Arellano Félix afirmou que o governo de Salinas havia dado imunidade aos dois irmãos em relação às ocasiões em que haviam conversado com o então núncio, Girolamo Prigione. Isso foi negado por Carpizo. No entanto, verificou-se que estavam faltando 1.000 páginas do arquivo do caso Posadas.

Carpizo foi a figura central das alegações contra Sandoval, feito primeiramente em 1996. As relações entre as duas figuras públicas nunca foram cordiais. A Procuradoria Geral da República estava obrigada a investigar o caso. Sandoval havia sido bispo sufragâneo de Cidade Juarez a partir de 1988, e antes disso atuou como vice-reitor do Seminário Diocesano de Guadalajara de 1971. As alegações eram que ele tinha aceitado as contribuições dos traficantes de drogas na época em que havia ocupado aquele cargo. Já que Sandoval foi um dos quatro cardeais da Comissão de Finanças do Vaticano, estas alegações tinham sérias implicações. Sendo arcebispo de Guadalajara, parece possível que Sandoval tenha procurado conexões com os ricos da cidade e é provável que vários deles podiam ter ligações ou ser narcotraficantes. Sandoval afirmou que a intenção de Carpizo era reprimir suas tentativas para manter o caso Posadas na agenda nacional.

Enquanto a Procuradoria Geral investigava o caso depois de maio de 2003, a hierarquia católica mexicana deixou claro seu apoio à inocência de Sandoval, por meio da mídia e por meio da mobilização do apoio paroquial. Em setembro, Sandoval tentou envolver o presidente Fox, afirmando publicamente que o Presidente tinha dito que o caso estaria acabado em duas semanas. Fox, já constrangido pela presença do Cardeal-arcebispo nas celebrações de aniversário de sua mãe em Guanajuato, negou qualquer interferência do executivo em processos judiciais. O Procurador-geral tentou limitar os danos ao judiciário, afirmando a independência da PGR e negando qualquer intenção do governo de desacreditar a Igreja ou dar início de um conflito entre Igreja e Estado. Nesse ínterim, o Núncio foi para Roma para consultar-se com a Secretaria de Estado do Vaticano sobre o caso. Em 26 de dezembro de 2003, a PGR finalmente retirou todas as acusações contra Sandoval, que no mês anterior havia recebido a presidência do Comitê dos Bispos Mexicanos e que era considerado em alguns círculos como potencial candidato para a sucessão papal. Isso ocasionou uma declaração feita em 1º de fevereiro de 2004 pelo Primaz mexicano, o cardeal Rivera, afirmando que o aborto e a contracepção de emergência (a pílula do dia seguinte) constituíam crimes piores do que o tráfico de drogas. Rivera então atribuiu o clamor que se seguiu a uma corrente atual do anticlericalismo na sociedade mexicana.

Entre 1950 e 2000, a proporção de pessoas que se declaravam católicas no México caiu em relação ao crescimento global da população. Da mesma forma, o número de vocações também diminuiu em termos relativos, embora tenha permanecido mais elevada no México do que na Europa e no restante da América Latina. Dentre os cerca de 15 mil sacerdotes de um país com aproximadamente 100 milhões de habitantes, uns 2.500 estavam com a idade de se aposentar (75 anos) em setembro de 2003.

Problemas e avanços políticos

Fox recebeu 42,5% dos votos na eleição presidencial de 2 de julho de 2000. Tendo em vista que as pesquisas de opinião pública haviam subestimado o seu nível de apoio, essa vitória surpreendeu muitos observadores. Claramente, muitos eleitores trocaram de lealdade no último minuto, pois a perspectiva de remover o PRI do poder pela primeira vez desde sua formação em 1946 tornava-se algo possível. O PRI recebeu 36% dos votos e o PRD, 16,6%. As eleições do Congresso reduziram os assentos do PRI para 211 das 500 cadeiras da Câmara Baixa, sendo que 225 vagas foram dadas aos deputados pró-Fox (nem todos eles pertencentes ao PAN) e 60 para o PRD. O PRI continuava a ser o maior partido no Senado, com 47 lugares; o PAN tinha 40. O PRI, então, continuava forte no Congresso e no país. O partido controlava dois (o estado do México e Veracruz) dos cinco estados (incluindo o Distrito Federal) com o maior número de assentos no Congresso e 42% do eleitorado. Ele controlava 19 das 32 governadorias de estado e começou a obter novos ganhos eleitorais, particularmente em Oaxaca, a partir de outubro de 2001. O partido, no entanto, perdeu Michoacán, o estado de origem de Cárdenas, para o filho de Cuauhtémoc

Cárdenas, Lázaro Cárdenas Batel do PRD, em novembro. O PRD ainda mantinha o cargo de prefeito do Distrito Federal, segundo mais importante cargo político no México depois da Presidência e, em dezembro de 2000, Andrés Manuel López Obrador iniciou seu mandato de seis anos. López Obrador, da esquerda, tornou-se um possível candidato presidencial para as eleições presidenciais de 2006. Ele havia sido o candidato derrotado nas controversas eleições para governador de Tabasco em 1994, mas a vitória foi de Roberto Madrazo, que, após as eleições de 2000, começou a manobrar para a obtenção da liderança do PRI.

Depois de 2000, a posição eleitoral do PAN começou a desintegrar-se. Fox, que era uma figura controversa dentro de seu próprio partido, não requisitou o apoio dos líderes do Congresso e de ex-candidatos presidenciais. O gabinete tentou equilibrar uma matriz de forças contra o PRI, nem todas elas vindas do PAN e algumas delas associadas à direita católica. A Porta-voz de Fox, Marta Sahagún, que também era sua companheira, tornou-se ilustre na administração. Essa foi uma questão controversa, particularmente durante a metade do mandato, quando passou-se a discutir sobre a possibilidade de ela ser candidata presidencial para as eleições de 2006. No primeiro aniversário da vitória presidencial, Fox e Sahagún casaram-se em uma cerimônia civil em Los Pinos, a residência presidencial. Ambos eram divorciados, mas católicos. O cardeal-arcebispo Rivera explicou que, apesar do impedimento dos sacramentos, eles foram autorizados a assistir à missa e não receberam a excomunhão.

Fox procurou reformular a imagem da Presidência, fugindo do estilo Moctezuma de governante, isto é, inescrutável e absoluto para uma forma que mostrasse o presidente como uma figura mais acessível – e falível. O contraste entre a não interferência geral de Fox nos governos dos estados e as intervenções constantes de Salinas era gigantesco. Ele preferiu fazer grandes gestos e declarações, dando pouca atenção aos detalhes da política. Sua popularidade manteve-se alta até 2002, quando o desencanto cobriu todo o espectro social. O não cumprimento dos compromissos assumidos tornou-se a questão central. Raramente sua retórica resultava em ação. Testemunha disso era a taxa de criminalidade crescente da Cidade do México. Grandes fracassos políticos abalaram a imagem da administração. A Suprema Corte bloqueou a liberalização do setor elétrico (nacionalizado em 1960) alegando que era necessária uma nova legislação. A reforma fiscal andava a tropeços e o Projeto de Lei sobre os direitos dos índios enfrentava uma oposição vigorosa do congresso e dos governadores dos estados.

342 | HISTÓRIA CONCISA DO MÉXICO

O objetivo da reforma fiscal era diminuir a dependência das receitas do petróleo por meio do aumento de receitas fiscais provenientes de outras fontes. A administração queria estender o Imposto sobre o Valor Adicionado (IVA) aos alimentos e medicamentos, à taxa de 15%, mas enfrentou forte oposição no Congresso, particularmente dos deputados do PRI, ao longo de 2001. O Congresso somente permitiu que o pacote passasse em janeiro de 2002, após uma considerável diluição. A extensão do IVA foi abandonada, mas a alíquota do imposto de renda foi uniformizada em 35%, taxa que seria baixada para 32% em 2005. Desse modo, houve uma considerável redução do imposto de renda pessoal (antes era 40%), mas isso foi equilibrado pelo aumento do imposto sobre o lucro das empresas e ganhos de capital, pelo imposto de 10% em chamadas de telefone celular e um imposto de 20% sobre os artigos de luxo.

O Projeto de Lei sobre os direitos dos índios respondia ao aumento da conscientização a respeito da questão na década anterior. De acordo com o censo de 2000, um total de 8,65 milhões de indivíduos descreveu-se como "indígena". Dentre eles, 2 milhões viviam em Oaxaca e 1,3 milhão em Chiapas. O projeto tropeçava em duas questões: a definição da autonomia indígena e o direito de constituir novos municípios. O sistema eleitoral também tornou-se um problema. Em estados como Oaxaca, as autoridades indígenas municipais já tinham dispensado os processos eleitorais estabelecidos de acordo com a Constituição de 1917, a favor de seus próprios "usos e costumes". Embora o objetivo fosse impedir o domínio de pessoas de fora, tal ação poderia resultar no domínio eleitoral de clãs locais. O Congresso Federal levou um tempo para aprovar o Projeto de Lei, que ainda enfrentou a oposição do Legislativo de 14 estados, incluindo Oaxaca, onde o Governador, estreitamente associado a Madrazo, esperava apelar para a questão indígena para obter vantagens. A maioria dos estados-membros apoiou o Projeto em agosto de 2001 e o Supremo Tribunal não desafiou sua legalidade. As comunidades indígenas com o sistema eleitoral baseado em seus "usos e costumes" continuam a opor-se a medida. Isto significa que, na verdade, a legislação está suspensa.

Os objetivos de Fox nas eleições para o Congresso de julho de 2003 eram garantir uma maioria clara. No entanto, o PAN perdeu 20% dos assentos e ficou reduzido a 153, já o PRI ganhou 10% e terminou com 224 lugares. O PRD dobrou seu número de assentos para 95, mas seu índice de votação caiu 30% nos três anos desde as eleições de 2000. O PAN perdeu seu antigo reduto de Novo León para o PRI, mas ficou com o cargo de governador de San Luis Potosí, tradicionalmente do PRI, mas com uma longa tradição de oposição desde a década de 1970 liderada por Dr. Nava e também manteve Querétaro, onde havia vencido em 1997.

Durante a segunda metade do mandato de Fox, no entanto, o PRI mostrou sinais crescentes de divisão interna. Isso ameaçou comprometer sua tentativa de recuperar a Presidência em 2006. A ascensão do Madrazo dentro do partido, além disso, provocou oposição. Isso levou à formação de um grupo, popularmente conhecido como o "TUCOM" (Todos Unidos Contra Madrazo), liderado por vários governadores e senadores proeminentes, que ameaçavam nomear um candidato rival para as primárias do PRI que seriam realizadas no final de 2005.

As estruturas do partido tinham sido reformadas em novembro de 2002 e Madrazo fora eleito como o novo líder do PRI para um mandato de quatro anos por uma estreita maioria em fevereiro do ano seguinte. Depois das eleições do Congresso de 2003, Elba Esther Gordillo, principal rival de Madrazo, tornou-se líder do PRI na Câmara Baixa. Ela havia sido líder do poderoso Sindicato Nacional dos Trabalhadores da Educação (SNTE) e ali possuía uma forte base política. Gordillo contava com o apoio dos governadores do estado do México, de Veracruz e de Tamaulipas e possuía contatos e relações amistosas com Fox, Sahagún e Jorge Castañeda, que renunciou seu cargo de ministra das Relações Exteriores, em janeiro de 2003. Também foi dito que ela tinha contatos com o ex-presidente Salinas, que estava de volta ao México desde dezembro de 2001. No final de 2005, Gordillo parecia ter se tornado uma opositora mais ferrenha de Madrazo e caminhava em direção ao "TUCOM". Sua posição era vista como um possível desafio interno do PRI para Madrazo em relação às eleições presidenciais de 2006. O PRI sofreu um grande golpe ao perder Guerrero para o PRD em fevereiro de 2005. A governadoria do estado havia pertencido ao PRI desde a criação do partido. Guerrero, no entanto, era um dos estados mais pobres no México e tinha a maior taxa de analfabetismo. Ao mesmo tempo, o PRD manteve o controle da Baixa Califórnia do Sul. Não obstante, o PRI manteve o controle da governadoria do estado do México em julho de 2005, fato que indicava um importante apoio no estado politicamente mais importante da República.

O PRD continuou a dividir-se e endividar-se. Cuauthémoc Cárdenas renunciou a todos os seus cargos partidários em março de 2004, após uma disputa interna. O potencial candidato do partido, López Obrador, enfrentou inicialmente a acusação de desrespeito ao tribunal por ter ignorado uma liminar, como prefeito, que suspendia os trabalhos de um projeto de construção, que ele havia considerado socialmente justificado. Este caso havia sido iniciado em agosto de 2002. Em 7 de abril de 2005, a Comissão do Congresso que investigava a questão da imunidade do prefeito de ser acusado decidiu retirar dele essa proteção. Como resultado, López Obrador, enfrentando acusações criminais, já não poderia, tecnicamente, oferecer-se como candidato presidencial, mesmo que as pesquisas de opinião mostrassem que ele era o favorito. A administração Fox foi acusada de promover a eliminação de López Obrador, mas Obrador via a mão do ex-presidente Salinas nas maquinações para desacreditar a sua administração da capital e para impedir a sua candidatura em 2006. Fox negou vigorosamente qualquer envolvimento político no caso, afirmando que o assunto era jurídico e não político. Quando mais de 1 milhão de pessoas manifestaram-se silenciosamente pelas ruas da Cidade do México em 24 de abril, o governo, já perturbado pela crítica internacional sobre a questão, ficou atordoado por essa embaraçosa reviravolta. O Procurador-geral demitiu-se em 27 de abril, e em 4 de maio, seu sucessor anunciou que López Obrador, para a consternação do PRI, estaria livre para candidatar-se, após, em 31 de julho, renunciar ao cargo de prefeito e buscar a nomeação pelo PRD. Se fosse eleito em julho de 2006, sua posição de centro-esquerda alinharia o México aos presidentes dos outros principais países da América Latina. Ainda veremos se isso trará uma postura mais forte e mais coerente no que diz respeito à atual administração dos Estados Unidos ou ao mundo dos negócios em geral.

No início de 2004, a atenção centrou-se nas supostas ambições presidenciais de Marta Sahagún, que presidia uma organização pessoal de caridade que os críticos descreveram como um fundo eleitoral. As pesquisas colocavam-na em segundo lugar, após López Obrador. Os partidários de Madrazo no PRI estavam determinados a impedir a candidatura dela, especialmente porque eles temiam a possibilidade de um acordo com Elba Esther Gordillo. Em 14 de março, Sahagún declarou que ela concorreria em 2006, uma declaração que ainda gerava dúvidas. Nesse sentido, em julho, ela precisou declarar-se fora da competição mais uma vez. Durante a primavera de 2005, surgiu a possibilidade de candidatar-se para a prefeitura da Cidade do México.

Tudo isso deixou aberta a questão de quem seria o candidato presidencial do PAN, pois o ocupante do cargo não poderia concorrer para um segundo mandato. O ministro do Interior, Santiago Creel, que representava o centro do partido e não estava identificado com a direita católica, emergiu como um dos três aspirantes pela PAN, juntamente com Alberto Cárdenas, antigo governador de Jalisco e Felipe Calderón, tecnicamente o líder do partido. Creel, no entanto, não teve sucesso em seu relacionamento com o Congresso. Isso seria crucial após 2006, caso as eleições resultassem em uma outra Presidência sem maioria no Congresso. As medidas de Fox foram geralmente dificultadas pelo Congresso. Durante a segunda metade de seu mandato, ele parecia ter perdido completamente sua autoridade e direcionamento. Tal situação poderia bem repetir-se com um novo presidente depois de 2006, a menos que o incumbente mostrasse grande habilidade em ganhar apoio dos partidos da oposição no Congresso e construísse um consenso operacional.

Já estava óbvio na metade de seu mandato que a falta de direcionamento da administração Fox e a pobreza de suas realizações haviam se tornado gritantes durante seus últimos dois anos no cargo. O contexto e a extensão das reformas, que Fox queria que o Congresso aprovasse, permaneceram indefinidos. Em novembro de 2005, o PAN escolheu Calderón, um católico moderado vindo da ala de negócios do partido. Calderón tinha raízes familiares profundas no PAN, um partido ansioso para ir além daquilo que poderia ser chamado de "Foxismo". A determinação da hierarquia católica para estender o seu papel na educação e outros aspectos da sociedade tinha o potencial de dissuadir os o Sindicato dos Professores de Gordillo e outros dissidentes do PRI de associarem-se a Calderón.* López Obrador, favorito no início de 2006, foi o candidato presidencial do PRD.

---

*   Ver nota do editor, na *Cronologia*, p. 21. (N.E.)

capítulo 9

Evolução cultural
desde a Independência

O desenvolvimento de uma distinta tradição ficcional mexicana foi precedido por uma rica tradição historiográfica com raízes no período colonial. Apesar das discrepâncias temporal e de qualidade, ambas cresceram a partir do nascimento de uma consciência nacional no decurso do século XIX. Ao mesmo tempo, ambas beberam tanto das influências externas, quanto das raízes nativas. A historiografia mexicana tornou-se realmente própria com a tentativa de determinar a origem, natureza e implicações da luta pela independência da Espanha. Carlos Maria de Bustamante (1774-1848) em *Cuadro histórico de la revolución de la América mexicana* (1821-1827; segunda edição, 1843-1846) via a derrubada do governo espanhol como a reversão da Conquista. Bustamante participou da Guerra de Independência com Morelos e desempenhou um papel ativo na política depois de 1821. Lucas Alamán, *Historia de México* (5 v., 1846-1852), adotou uma perspectiva diferente. Alamán colocou o problema da relação entre o novo Estado soberano – assolado por divisões internas e ameaças externas – e a tradição colonial espanhola. Na sua opinião, a principal característica do México deriva de sua identidade hispânica e católica. As ideias políticas e históricas de Alamán fundiram em sua menos conhecida *Disertaciones sobre la historia mexicana* (1844-1846). Os comentaristas da tradição liberal, tais como José Maria Luis Mora (1794-1850), estudaram o liberalismo constitucional europeu como modelo para um Estado do século XIX. Liberais tardios inspiraram-se pelas Revoluções francesa e americana. A maioria dos escritores da época pós-Independência levantaram questões sobre a identidade e o caráter do México, algo que seria a preocupação de ensaístas e romancistas das futuras gerações. Dessas fontes férteis surgiriam, mais tarde, as tradições literárias e historiográficas do México.

O período da Reforma tornou-se objeto de uma intensa polêmica e de investigações históricas em 1905-1906, na época do centenário do nascimento de Juárez. Grande parte desta discussão logo mesclou-se à controvérsia sobre os danos causados aos processos políticos pelo extenso governo pessoal de Díaz. A carreira e as ideias de Justo Sierra (1848-1912) resumiram, ao mesmo tempo, as ambiguidades do apoio e da oposição ao governo de Díaz. O liberal radical, Altamirano, havia sido uma influência primordial para Sierra, que mais tarde passou a acreditar em um Estado forte e centralizado, que pudesse exercer uma influência construtiva na sociedade, especialmente por meio da educação elementar universal, pública e secular. Sierra passou a defender esta posição a partir da década de 1880, na tradição de Juárez. Ministro da Educação a partir de 1905, Sierra supervisionou a Fundação da Universidade Nacional em 1910. Sob a influência do positivismo europeu e do darwinismo social, ele via a história do México em termos da evolução de estágios progressivos de desenvolvimento. Ele viu o período da Reforma como o ponto decisivo de estabelecimento das bases para a estabilidade e o progresso material de um Estado laico. Obras como *Mexico: su evolución social* (1900-1902) e *La evolución del pueblo mexicano* (1902) ofereceram expressão histórica a esta posição. Sierra acreditava que a identidade do México fundamentava-se na mistura racial e cultural. Como protagonista do papel predominante do mestiço na sociedade, Sierra concordava com Andrés Molina Enríquez (1868-1940), um forte defensor da reforma agrária nos anos revolucionários e antecipou as ideias de José Vasconcelos, sobre a nova raça cósmica presente no coração da cultura mexicana.

LITERATURA MEXICANA: TEMAS E MÉTODOS

A longa hegemonia colonial foi seguida de influências culturais não espanholas, especialmente as francesas, em grande parte do século XIX. Ainda assim, as realidades mexicanas, tais como a diversidade étnica, a predominância do mundo rural e as lutas entre a falta de leis e uma forma estabilizada de vida, penetraram na historiografia e na ficção. Elementos de clandestinidade e ilegalidade, sempre abaixo da superfície colonial, surgiram após a Independência e transformaram-se em grandes temas literários; como demonstrado, por exemplo, pela preocupação com os contrabandistas e os bandidos. No final do período colonial e logo após a Independência, *El Periquillo Sarniento* (*O periquito sarnento*) (1816) de José Fernández de Lizardi, um romance frouxamente estruturado, formado

CAPÍTULO 9 – EVOLUÇÃO CULTURAL DESDE A INDEPENDÊNCIA | 349

IMAGEM 48. A litografia "Rua Roldán e seu porto" ("La calle de Roldán y su desembarcadouro") feita por J. Decaen fazia parte de um trabalho maior, compilado por Casimiro Castro em 1864, que incluía um grande número de imagens de edifícios bem conhecidos na Cidade do México, tais como "A Casa do Imperador Iturbide", "A Escola de Minas" e "O Palácio Nacional". Uma litografia da Catedral da Cidade do México, durante a ocupação francesa, mostra os soldados norte-africanos da França, os zuavos, vestindo suas pantalonas vermelhas brilhantes. Há também uma imagem esplêndida da Basílica de Guadalupe com peregrinos em 12 de dezembro, o dia da festa da Virgem de Guadalupe. Castro, tão evidentemente fascinado pela introdução das ferrovias como o pintor José Maria Velasco, produziu seu *Album del ferrocarril mexicano* em 1877. (Agradeço ao Dr. Roderick McCrorie (Universidade de Essex) por permitir-me usar esta litografia de sua coleção particular.)

por partes e vinhetas da vida social, tornou-se um *best-seller* após seu lançamento. O disfarce é um tema importante do livro, na tradição picaresca dos romances do Século de Ouro Espanhol. Lizardi, fundador do jornal *El Pensador Mexicano*, na Cidade do México, em 1812, simpatizava com as ideias do Iluminismo europeu e com o sistema constitucional de Cádiz; além disso, criticou as autoridades coloniais, pela qual foi preso em 1814. Começaram a surgir distintos tipos "nacionais" na Literatura, por exemplo, o mexicano rancheiro do romance *Astucia, el jefe de los Hermanos de la Hoja, o los charros contrabandistas de la rama* (Astuto, o chefe dos Irmãos da Folha, ou os peões contrabandistas de tabaco) (1843) de Luis Gonzaga Inclán que tratava de um bandido e os seus seguidores. Em seu livro, Inclán transpôs o tipo de romance popularizado por Alexandre Dumas para o México. O contexto era essencialmente rural e explorava as atividades ilegais também presentes em *El Periquillo*. O livro foi escrito sem pretensões literárias.

Após 1867, o pedido de Altamirano por uma "literatura nacional" não derivada dos modelos europeus não atingiu um campo fértil. Poucos artistas mexicanos preferiam escrever romances, mesmo sendo este o período do florescimento do romance realista na Europa e nos Estados Unidos. Na última parte do século XIX, os mexicanos continuavam fascinados pela evolução intelectual da Europa. Os níveis baixos de alfabetização do país fizeram que os escritores ainda fossem uma elite dentro da elite. Escritores como Altamirano continuaram a usar o romance e a alegoria para promover a identidade nacional. *Clemencia* (1869) e *El Zarco* (escrito em 1888, mas publicado em 1901) tinham a educação das pessoas comuns como objetivo. Eles retrataram didaticamente o amor que atravessa as fronteiras sócio--étnicas como uma contribuição implícita para a integração nacional dentro da tradição liberal mexicana. *El Zarco* também lida com um grupo de bandidos, *Los plateados*. Outra importante figura política da República restaurada, Vicente Riva Palacio (1832-1896), demonstrou maiores poderes da imaginação em sua reconstrução da época colonial, *México através de los siglos* (1884-1889), do que em seus romances. Seu romance histórico, *Los piratas del Golfo* (1869), desenvolve-se durante a época colonial. Não houve segunda edição até 1974. Riva Palacio utilizou o arquivo da Inquisição como fonte material para os seus romances históricos.

Manuel Payno (1810-1894), ministro das Finanças no início da década de 1850, publicou *Los Bandidos de Rio Frío* em forma de série entre 1889 e 1891. Sua importância reside mais na descrição da vida, dos costumes e do interior durante o tempo de Santa Anna do que em profundidade psicológica ou poder da imaginação. É mais romântico que realista, apesar da admiração do autor aos modelos realistas europeus de seu tempo; além disso, o livro é mais uma vasta série de esboços que um romance. Payno, escrevendo em seu exílio na Espanha, fundamentou sua narrativa no caso do coronel Juan Yáñez, um membro do gabinete de Santa Anna que aproveitou-se de sua posição para criar uma rede de criminosos. Ele foi executado em 1839, junto com vários companheiros. Payno foi influenciado pela tradição popular da literatura de folhetim, adquirida nas ruas a preços baixos de vendedores cegos. Essa tradição costumava tratar de ações violentas.

Rafael Delgado (1853-1914), autor de *La calandria* (1890), o primeiro de seus quatro romances, foi considerado por Mariano Azuela (1873-1952), romancista líder da revolução, o primeiro escritor moderno no México do século XIX, em termos de forma, estilo e profundidade psicológica, especialmente em relação aos seus antecessores. Fernando de Fuentes (1894-1958), um dos mais famosos diretores de cinema dos primórdios dos filmes falados, filmou este romance em 1933. Como muitas novelas latino-americanas do final do século XIX e início do século XX, Delgado fundamentou sua escrita em sua área nativa de Orizaba, em Veracruz, trançando os conflitos social e geracional. Mais tarde, as novelas foram descritas por críticos posteriores como romances "crioulos" por causa de sua busca pela identidade nacional por meio da divergência regional e étnica e seu uso frequente do dialeto local e da narrativa descritiva. O tipo *criollista* atingiu o seu auge entre 1915 e 1945.

Os conflitos sociais do final do período porfiriano geraram um de seus extraordinários romances. Heriberto Frías (1870-1925), lida em *Tomóchic* (1894) com uma rebelião milenarista ocorrida nas montanhas do oeste de Chihuahua no início da década de 1890. O conflito centrou-se no culto de Teresa Urrea, conhecida como "la santa de Cabora". O autor era segundo-tenente do Exército Federal, enviado para a rebelião. Após vários fracassos, reflexo da falta de preparo do exército porfiriano, os soldados finalmente aniquilaram os rebeldes. O romance reflete a repulsa do autor aos atos em que ele participou. Sua primeira publicação ocorreu no jornal de oposição, *El Demócrata*, o qual foi reprimido pelo regime e seus editores presos. Frías era soldado, não escritor. Assim, seu trabalho parece mais um relato de experiências do que uma criação literária. No entanto, sua força estava em seu conhecimento do assunto. Este livro influenciou os escritores posteriores da Revolução Mexicana, em particular *Los de abajo* (1915) de Azuela, na abordagem e no estilo direto. Os eventos fornecem o contexto para o livro de Paul Vanderwood, *The Power of God against the Guns of Government. Religious Upheaval in Mexico at the Turn of the Nineteenth Century* [O poder de Deus contra as armas do governo. Agitação religiosa no México na virada do século XIX] (1998).

No livro *Santa* (1903) de Federico Gamboa (1864-1939), a bruta sexualidade masculina, fora de controle, leva à sedução, o que fez com que a personagem feminina, tendo sucumbido a seus próprios desejos sexuais, saísse de sua casa, que ficava na aldeia de Chimalistac (hoje um subúrbio da Cidade do México), e passasse a levar uma vida de prostituição e degradação. O livro tornou-se o romance mais popular desde o *Periquillo* de Lizardi e, em 1927, já estava em sua oitava edição. Gamboa foi fortemente influenciado por Émile Zola e pelo romance naturalista francês e seu posterior homólogo espanhol. Mas o elemento didático cristão do livro permitiu a redenção final de Santa por meio do amor altruísta, afastando-se de forma significativa do determinismo naturalista. Depois de uma juventude desfrutando a baixa vida social de várias capitais, Gamboa voltou para a Igreja Católica em 1902. Entre as décadas de 1890 e 1930, a consciência das tendências literárias europeias, como o naturalismo, o modernismo e o surrealismo demonstrou a prontidão dos artistas e escritores mexicanos para responder e adaptar-se a movimentos mais amplos.

O histórico e a vida profissional de Gamboa revelaram muito não apenas sobre os alinhamentos políticos mexicanos, mas também sobre o papel do escritor em um contexto político mais amplo. Seu pai, por exemplo, fez carreira no exército. Ele lutou contra as forças de invasão dos Estados Unidos na Batalha de Angostura, em 1847, mas juntou-se ao Segundo Império de Maximiliano em 1864-1867. Após um período de eclipse, o general Manuel Gamboa trabalhou como engenheiro na construção da ferrovia mexicana depois de 1874, cargo que o levou para Nova York em 1880, onde seu filho aprendeu inglês e tornou-se, ao longo da vida, um crítico do modo de vida e cultura dos Estados Unidos. Mais tarde, quando foi primeiro secretário da embaixada mexicana em Washington, Gamboa publicou artigos no México denunciando a violência e a corrupção na sociedade dos Estados Unidos. Ele via a humilhação sofrida pela Espanha na Guerra Hispano-Americana de 1898-1899, a ocupação de Cuba e o fomento da Independência do Panamá como provas dos objetivos hostis dos Estados Unidos para a América espanhola. Díaz reabilitou seu pai e essa atitude fez que Federico Gamboa se tornasse um ardente defensor do ditador, mesmo após a sua saída do poder em 1911. Gamboa, como Payno e Riva Palacio antes dele, passaram uma parte considerável de suas vidas em cargos diplomáticos fora do México. Na verdade, sua primeira publicação literária ocorreu um ano após ser nomeado, em 1888, para a embaixada mexicana na Guatemala, onde ele retornaria em 1899-1903 e 1905. Após uma primeira visita à Europa, em 1890, ele foi enviado para Buenos Aires, onde conheceu o poeta nicaraguense, Rubén Darío, então cônsul-geral da Colômbia. Em uma segunda visita a Paris, em 1893, ele teve encontros breves e devastadores com Zola e os irmãos Goncourt. Gamboa começou a trabalhar em seu livro *Santa* durante o segundo período na Guatemala, fortemente influenciado por sua leitura de *Ressurreição* de Leon Tolstoy, que apareceu em 1899. Por meio de seu contato com Sierra, Gamboa foi capaz de publicar seu romance em Barcelona.

Nos 25 anos entre 1890 e 1915, o estilo literário conhecido como modernismo tomou a vanguarda da poesia mexicana. Criada por poetas simbolistas franceses do final do século XIX, o modernismo chegou na Espanha com Darío, em 1892, e espalhou-se pela América Hispânica. O modernismo foi uma reação contra os floreios retóricos do romantismo e buscava uma linguagem mais precisa, enquanto, ao mesmo tempo, exibia um apreço vivo pela cor. Embora não fosse estritamente um modernista, Justo Sierra foi uma influência decisiva do movimento. No México, Manuel Gutiérrez Nájera (1859-1895), fundador da *Revista Azul*, que durou até 1897, tornou-se o precursor do conto mexicano, do ensaio e da poesia, bem como da revisão literária e do texto jornalístico. A *Revista* tornou-se o veículo dos modernistas nesta fase precoce. A partir da virada do século, a Cidade do México substituiu Buenos Aires como a capital do modernismo latino-americano. A *Revista Moderna* (1898-1911), associada principalmente com o poeta Amado Nervo (1870-1919), ofereceu um veículo para a poesia de Manuel José Othón (1858-1906), enraizada no mundo rural de seu estado nativo de San Luis Potosí e Salvador Díaz Mirón (1853-1928), de Veracruz. Ramón López Velarde (1888-1921), nascido na cidade de Jerez, no estado de Zacatecas, tinha raízes provinciais tão profundas quanto as de Othón. Um de seus poemas mais marcantes, apaixonados e evocativos, descreve o poço localizado na entrada da casa de sua família, em Jerez. Hoje, este poço carrega uma placa, homenagem feita a Velarde pelo poeta chileno Pablo Neruda. A maioria das poesias de López Velarde retrata a tensão entre o erotismo e a crença religiosa. Oponente do regime de Díaz, ele afiliou-se primeiro ao movimento de antirreeleição de Madero e, depois, aos constitucionalistas. Durante o governo de Carranza, López Velarde trabalhou na Cidade do México, no Ministério do Interior. Octavio Paz (1914-1998) surgiu em meio a esta tradição poética nativa.

Os críticos da ênfase positivista, predominante no final do período porfiriano, também fundaram sob o patrocínio de Sierra, *El Ateneo de la Juventud* (1906-1912, renomeado para *El Ateneo de México*, 1912-1914). Seus predecessores foram o *Ateneo Mexicano*, fundado em 1840, refundado por Riva Palacio em 1882 e renomeado *Ateneo Mexicano, Literario y Artistico* em 1902. O novo *Ateneo* de 1906 fazia oposição consciente à organização estabelecida e defendia um humanismo fundado na Grécia clássica, combinado com uma visão de futuro do México enraizado na mistura racial e cultural. A chegada de Pedro Henríquez Ureña da República Dominicana ofereceu uma liderança para a nova geração mais jovem de antiporfiristas. Ele se tornou o mentor de vários representantes futuros da vanguarda cultural mexicana, como Alfonso Reyes (1889-1959), Vasconcelos, Azuela, Martín Luis Guzmán (1887-1976) e Salvador Novo (1904-1974). O grupo promoveu o ensaio *Ariel* (1900) do uruguaio José Enrique Rodó, que simbolicamente empregou os protagonistas de *A Tempestade*, de Shakespeare para fazer um contraste negativo entre a cultura "Anglo--saxônica", representada por Caliban e os valores espirituais e estéticos da cultura "Latina". A posição do Rodó lembrava, ao mesmo tempo, a de Gamboa. Reyes, filho do governador Reyes de Novo León, conseguiu o patrocínio necessário para a primeira publicação mexicana de *Ariel* em Monterrey, em 1908. Reyes, que tornou-se o defensor tanto do teatro grego clássico quanto da literatura do Século de Ouro Espanhol, passou parte de sua vida no exílio na Espanha e na França. Sua primeira grande obra, *Visión de Anáhuac*, uma impressão sobre o México pré-colombiano, foi publicada na Europa em 1917. Como Gamboa, Reyes teve uma série de cargos diplomáticos – embaixador na Argentina e no Brasil, por exemplo – entre 1920 e 1939.

A Revolução retomou a exploração da identidade nacional do início do século XIX. Henríquez Ureña somou-se ao movimento no México, que procurava uma identidade latino-americana específica para o país por meio da experiência da revolução em si. Ele tornou-se um dos primeiros a aplicar a imagem do labirinto para este problema e retratá-lo como um rito de passagem. Vasconcelos tornou-se Ministro da Educação na administração de Obregón entre 1920 e 1923. As origens de suas ideias vinham mais do *Ateneo* do que da revolução em si, mas ele via a revolução como um meio de elevar o nível cultural das massas, por meio de uma campanha de alfabetização patrocinada pelo Estado. Ele usou sua posição para oferecer as paredes de muitos edifícios públicos, tais como o auditório da Escola Preparatória Nacional em 1922-1923, a muralistas como Rivera. A ideia ocorreu a Sierra pela primeira vez às vésperas da revolução. Em *La raza cósmica* (1925), Vasconcelos idealiza o processo de mistura racial, que o autor enxergava como a base da identidade mexicana. Ele dava continuidade à tradição da justaposição entre as culturas anglo-saxã e hispânica de Rodó, e afirmava que o futuro da humanidade residia na mistura racial, da qual o México era um exemplo.

O romance da Revolução Mexicana procurou romper o relacionamento com os movimentos literários europeus e elaborar, em vez disso, textos a partir da experiência mexicana. A Revolução, no entanto, trouxe de volta o caudilhismo e o caciquismo para a vanguarda da vida política e social. Porque Díaz não conseguiu oferecer instituições duráveis, isso impediu uma transição pacífica para formas constitucionais de governo. O colapso precipitado do governo central devolveu o poder para as regiões, localidades e para qualquer um que o tomasse com um bando qualquer de homens. Muito do estilo porfiriano reapareceu durante a década de 1920, no governo de Calles, e durou até a construção extemporânea do partido monopolista em 1929. Para os escritores e os artistas, no entanto, a Revolução teve um significado moral, que, muitas vezes, tentavam retratar por meio do simbolismo. Embora tenham posto o mestiço e os trabalhadores de classe baixa da cidade e do país no centro de suas criações, a revolução também trouxe o brutal e grosseiro "México bronco", que não estava muito abaixo da superfície da vida civilizada. O tema latino-americano do século XIX, civilização *versus* barbárie, assumiu uma forma renovada no México revolucionário. Grande parte da ficção mexicana do século XX centrou-se na luta desenfreada pelo poder e no tema da traição que o acompanhava.

Azuela, em *Los de Abajo*, reflete sobre a desintegração do governo central durante os pesados combates da década de 1910. O livro tem como foco um pequeno grupo de combatentes camponeses, liderado por um jovem analfabeto, Demetrio Macías, da localidade; ocorre no momento em que os revolucionários estavam brigando com os soldados federais e uns aos outros. A história vai direto para esse conflito devastador, sem muita atenção para plano de fundo ou para descrições. Sua principal inovação foi a utilização de pessoas comuns, retratadas por personagens, muitas vezes mal desenhados, no centro da ação. O autor, vindo de Lagos de Moreno, nos Altos de Jalisco, baseou o seu romance em sua própria experiência como oficial médico das forças de Villa durante a sua retirada de Guadalajara para o norte, em 1915. Escrito durante as lutas, o trabalho de Azuela foi publicado pela primeira vez em partes semanais, em um jornal de El Paso na fronteira com os Estados Unidos, em outubro e novembro daquele ano. O romance não ressurgiu até 1925, quando o jornal *El Universal* o publicou em forma de série. Depois disso, ele foi impresso em muitas edições e estabeleceu a reputação do autor. Azuela retrata burgueses intelectuais como exploradores da rebelião camponesa para os seus próprios objetivos políticos. Assim que Carranza e seus aliados tomaram o poder, Azuela passou a ser um crítico precoce da natureza mutável da revolução.

IMAGEM 49 (A) E (B). Estas duas xilogravuras foram feitas na célebre *Taller de Gráfica Popular*, oficina de gravadores que floresceu a partir de 1937 até ser fechada em 1959. Elas fazem parte da série "Impressões da Revolução Mexicana" e estão na Coleção de Arte Latino-americana da Universidade de Essex, Inglaterra, à qual sou grato pela permissão de reproduzi-las.

(A) Esta xilogravura, "A Revolução triunfará", apareceu pela primeira vez em 1947 e foi republicada em 1974.

(B). Cena da captura de Zapata durante a luta camponesa de Ignácio Aguirre (1900-1990), apareceu pela primeira vez em 1947 e foi reimpressa em 1974. Leopoldo Méndez (1902-1969) foi um dos fundadores da *Taller*, junto com Pablo O'Higgins (em *Tinisima* de Elena Poniatowska é dito que ele estava em Moscou entre 1930 e 1933). Eles se separaram da *Liga de escritores y artistas revolucionarios* (1934-1937) cujo objetivo original era a educação da classe trabalhadora por meio de imagens e palavras. Méndez e O'Higgins estavam mais alinhados com o comunismo do que com a administração de Cárdenas. A *Liga*, no entanto, foi incluída ao *cardenismo* por meio da oferta de subsídios do governo, em 1937. A influência de Posada na *Taller* pode ser vista pelo reaparecimento dos motivos de esqueletos. A loja imprimiu cartazes e panfletos para alertar dos perigos do fascismo e confirmando a causa republicana durante a Guerra Civil Espanhola. Méndez foi um ilustrador sensacional, que imprimiu xilogravuras de "Porfírio Díaz, o ditador", "Madero e Pino Suárez, os candidatos populares", e "Villa a cavalo", bem como execuções e trens revolucionários.

Esta crítica tornou-se devastadora com *La sombra del Caudillo* (1929) de Gusman. A novela retrata uma hierarquia masculina de poder, na qual os indivíduos iniciam competições implacáveis contra os outros por cargos e riquezas. Oficiais do exército, tal como o protagonista central, Ignácio Aguirre, o jovem e atlético ministro da Guerra, líderes trabalhistas e políticos aspirantes lutam para obter influência no novo sistema em todo o romance. As pesadas competições de bebida atestam a suposta masculinidade dos protagonistas. Não as amizades, mas apenas os interesses pessoais ditam esses alinhamentos táticos. Os intelectuais revolucionários são retratados como parasitas sem princípios e não confiáveis. Guzmán escreveu este romance durante o maximato de Calles (1928-1934). A figura obscura e tortuosa do Supremo Chefe político, o caudilho, – "com olhos de tigre" – fica escondida no pano de fundo. Violência, traição e assassinato são os meios normais de ascensão política. Guzmán foi para o exílio na Espanha em 1925 e lá permaneceu até voltar para o México com a eclosão da Guerra Civil Espanhola em 1936.

O nacionalismo revolucionário, com sua reafirmação da violência e das proezas masculinas, trouxe uma forte reação de dentro do mundo literário. *Los contemporáneos*, que criticavam as novas ortodoxias da revolução e do nacionalismo da década de 1920, surgiram a partir da tradição do *Ateneo*. Ele foram influenciados pelo cosmopolitismo do final do século XIX, representado pelos *Modernistas*. Eles foram mais longe do que os seus progenitores, no entanto, criticando os estereótipos de gênero. Ativos nas revistas literárias e no teatro de vanguarda, eles tomaram como modelo o Iluminismo, Walt Whitman, Oscar Wilde, Marcel Proust e André Gide. Os poetas Xavier Villaurrutia, tradutor de William Blake, e Carlos Pellicer estavam entre seus membros mais notáveis, que também incluíam Jaime Torres Bodet, o pintor Roberto Montenegro, Jorge Cuesta e Samuel Ramos (1893-1959).

Essas correntes contraditórias geraram uma exploração mais intensificada da "Mexicanidade". Isto, pode-se argumentar, foi o menos produtivo ou interessante dos modos literários gerados pela revolução e pelo novo recrudescimento do nacionalismo cultural. Este último, na verdade, pode ser descrito como uma busca pelo exclusivismo, apesar de ter sido influenciado por métodos estrangeiros. Na pior das hipóteses, representava a introspecção e a xenofobia, enquanto ao mesmo tempo servia aos estrangeiros e a uma audiência nacional. Ramos, com *Perfil del hombre y la cultura en México* (1934), iniciou a exploração moderna deste tema, que atingiu o seu auge com o estudo extremamente comentado de Octávio Paz em *El laberinto de la soledad* (1950). Ambos os escritores tomaram como seu ponto decisivo um suposto complexo de inferioridade mexicano derivado do impacto psicológico da conquista espanhola e da subordinação aos valores europeus. O excesso de compensação levou ao *machismo* como um tipo de camuflagem, competitividade extrema entre os homens, a busca por brigas, a exaltação da natureza animal e da virilidade e o menosprezo do feminino e do "civilizado". Paz desenvolveu a visão de que os mexicanos mantinham-se fechados, solitários e indispostos a se comunicar. Por conseguinte, continuava o argumento, eles consideravam a proximidade com outra pessoa e a revelação de si como uma forma de covardia e descontrole. Os "filhos de La Malinche" eram, no entanto, ele postulou, órfãos de pai, relacionando-se melhor com as figuras maternas. Os mexicanos, então, deram preferência à Virgem de Guadalupe e aos filhos de Deus, a vítima de paixão. Essas proposições tendenciosas, preferindo a psicologia à história, fascinou tanto os mexicanos quanto os observadores estrangeiros, talvez sem justificação.

Paz veio de uma família distinta da tradição liberal. Seu avô, Ireneo Paz, foi diretor do jornal satírico, *El Padre Cobos* (1869-1875), que havia criticado a persistência de Juárez no poder. A influência primordial da geração literária espanhola de 1927, particularmente a investigação sobre identidade e desejo na poesia de Luis Cernuda, teve um impacto decisivo em Paz, cujo primeiro livro de poemas foi publicado em 1933. O desenvolvimento europeu do surrealismo – com antecedentes em Blake, Rimbaud e Mallarmé – encontrou a oposição dos nacionalistas culturais no México durante as décadas de 1920 e 1930, apesar do apoio de Villaurrutia. Paz aprofundou sua exposição ao surrealismo quando estava na Europa. André Breton, uma de suas principais figuras, tornou-se um modelo específico para Paz, apesar de rejeitar a dependência entre Breton a Marx e Freud. O surrealismo ia além da razão e explorava a irracionalidade e o subconsciente por meio de alucinações, sonhos e sexualidade. Enquanto estava na Espanha, durante a Guerra Civil, Paz conheceu o diretor de cinema, Luis Buñuel (1900-1983), que, em colaboração com Salvador Dalí, levou o surrealismo para o cinema com o filme *Un chien andalou* [*Um cão andaluz*], (1928). Buñuel exilaria-se posteriormente nos Estados Unidos e depois no México. Paz também encontrou Neruda, membro do Partido Comunista, em Madri.

Breton, no México pela primeira vez em 1938, organizou a 3ª Exposição Internacional Surrealista, na Cidade do México em 1940. No espírito de *Los contemporáneos*, Paz rejeitou a xenofobia nacionalista do México e procurou, como o escritor Carlos Fuentes tem feito, definir a cultura mexicana dentro do contexto dos desenvolvimentos internacionais. De 1945 a 1952, ele foi Adido Cultural mexicano em Paris. Durante este tempo, a sua coleção *Libertad bajo palabra* (1949) apareceu pela primeira vez. Ela teve várias edições na década de 1960 e depois, o conteúdo foi ligeiramente modificado com o tempo, como por exemplo, pode ser notado pela remoção de todas as influências de Neruda.

No serviço diplomático, ele foi nomeado em 1962 como embaixador na Índia; lá ele recebeu consideráveis influências poéticas do Oriente, bem como do Ocidente. A ruptura de Paz com o regime mexicano em relação à repressão dos protestos de 1968 acabou com a sua carreira diplomática. *Posdata* (1970), um tipo de apêndice para a republicação de *El laberinto de la soledad*, relacionava o massacre de Tlatelolco em 1968 com os sacrifícios astecas; e o domínio presidencial do partido monopolista com a tradicional prevalência das estruturas hierárquicas na vida política mexicana. Crítico e comentarista da literatura e da política mexicana, Paz colaborou com diversos periódicos e assumiu a liderança na fundação da Vuelta em 1976, que continua sendo publicada. Paz, que rompeu com Neruda e também criticou a Revolução Cubana, opunha-se às ideologias oficiais, fossem da União Soviética ou de Cuba, ou sob a forma do PRI mexicano. Essa postura formou o quadro ideológico para o seu estudo da vida e arte da Sóror Juana Inés de la Cruz, *Las trampas de la fe* (1982), sem dúvida a sua mais importante obra em prosa e uma importante contribuição para a história literária. O quadro, no entanto, foge um pouco do principal impulso do livro, a saber, a tentativa de repensar a abordagem, o estilo e os temas das poesias e dramas da Sóror Juana.

Ao analisar a novela mexicana a partir da perspectiva de 1947, Azuela concluiu que, até aquele momento, o país não possuía uma tradição ficcional comparável à Europa. Ele preferia Inclán e Delgado a quaisquer outros, mas salientou que os melhores escritores do México, de qualquer forma, haviam sido negligenciados pelo público. Azuela modificou um pouco o seu ponto de vista após a publicação de *Al filo del agua* (1947) de Agustín Yáñez (1904-1980). Apesar de sua admiração pela ousadia da aplicação das técnicas de ficção do romance europeu, ele, no entanto, não gostava de seu caráter episódico ou cinematográfico. Yáñez, assim como Azuela,

CAPÍTULO 9 – EVOLUÇÃO CULTURAL DESDE A INDEPENDÊNCIA | 361

vinha de Altos de Jalisco, e os seus primeiros trabalhos estavam enraizados naquele ambiente do catolicismo tradicional (que ele criticou), no domínio dos fazendeiros e no liberalismo da cidade provincial. Seis romances, em dois ciclos de três anos, escritos entre 1940 e 1970, exploram o impacto rural e urbano da revolução e a relação entre a sociedade e as novas elites revolucionárias.

Al filo del agua [Na beira da tempestade] (*On the Brink of the Storm*, na versão em inglês), o primeiro livro do ciclo rural, centrado em uma pequena cidade em Altos, o que poderia ter sido a casa do autor na cidade de Yahualica. O ambiente *caipira* estava em seu cume e a repressão sexual da cidade seria acompanhada por explosões de violência. Yáñez adotou a técnica do fluxo de consciência e dos monólogos internos, derivados de Virginia Woolf e James Joyce. O grupo de Yáñez em Guadalajara possuía uma revista, a *Bandera de Provincia*, que introduziu Joyce a seus leitores de língua espanhola. A influência de Paul Claudel, o escritor católico francês, também era evidente. A narrativa exibe as reações internas de seus personagens, particularmente suas emoções reprimidas em uma pequena cidade sufocante, no contexto da desintegração do regime de Díaz. Esse trabalho inovador, que abriu caminho para uma geração posterior de escritores, também marcou o fim da fase dos romances sobre a revolução.

As imagens de mulheres de luto e o toque dos sinos da igreja estão impregnados no romance. A revolução é vista como uma lufada de ar puro, uma chuva refrescante, purificadora e libertadora. No entanto, em termos históricos, a realidade estava bem longe disso. *La Creación* (1951), o primeiro romance do ciclo urbano, levou vários destes temas e personagens para o mundo artístico da década de 1920, onde Gabriel Martínez, o misterioso sineiro da novela de 1947, torna-se, depois de dez anos na Europa, um compositor de sucesso no México. Uma panóplia de intelectuais aparece no livro, desde Rivera e do compositor Silvestre Revueltas (1899-1940), até Villaurrutia e a fotógrafa Tina Modotti (1897-1942). Um dos principais esforços de Gabriel é escrever a música que capte o humor da poesia de López Velarde. Em muitos aspectos, o dilema ficcional de Gabriel de integrar a música popular mexicana ao experimentalismo europeu contemporâneo, ocorre em paralelo com o dilema de Revueltas na vida real. Yáñez deu aulas em Guadalajara e tornou-se governador do estado de Jalisco de 1952 a 1958 e secretário de educação pública entre 1964 e 1970, no governo de Díaz Ordaz. Após a publicação das *Obras completas* (1948) de Sierra, um testemunho do apreço do regime por esta figura precoce,

362 | HISTÓRIA CONCISA DO MÉXICO

dedicada ao Desenvolvimento estabilizado, Yáñez publicou, em 1950, o seu próprio estudo sobre as ideias e realizações de Sierra.

O cenário provincial, que ofereceu o ponto de partida inspirador para Yáñez, tornou-se essencial para Juan Rulfo (1918-1986), originário da pequena cidade de Sayula, ao sul do Lago de Chapala, também no estado de Jalisco. Ele começou a sua carreira no Instituto Nacional Indigenista, fundado em 1949, onde ele teria se familiarizado com as perspectivas camponesas e indígenas. *Pedro Páramo* (1955) e a coleção de contos *El llano en llamas* [*Chão em chamas*] (1953) retratam a dissolução da realidade externa, um mundo de alucinação, em que os mundos espirituais e materiais estão imperceptivelmente, mas irrevogavelmente, ligados. Rulfo removeu a barreira entre os mortos e os vivos. Mais uma vez em uma cidadezinha, na mítica Comala, que quase não parecia existir no tempo e no espaço, Rulfo retrata os tipos da aldeia, oprimidos, esquecidos e muitas vezes desorientados, bem como as suas figuras dominantes como *Pedro Páramo*, que governa sem respeitar a lei ou a vida. Aqui, novamente, temos a figura do pai perdido que está sendo procurado pelo filho. Embora Ruflo seja hoje considerado um dos escritores mais importante do México (apesar da sua pequena produção), a obra de Rulfo permaneceu ignorada por alguns anos.

Na década de 1960, o anterior foco regional e rural, que caracterizou o romance da revolução e o romance "crioulo", deu lugar para o meio urbano, um reflexo das rápidas mudanças das duas décadas anteriores. Carlos Fuentes (n. 1928) ilustra esse novo foco urbano em sua novela *La región más transparente* (1958), a qual se passa na Cidade do México. A partir de uma perspectiva levemente esquerdista, o livro critica a sociedade contemporânea – materialista e egoísta – no rescaldo da revolução. Os experimentos com a forma e a técnica mostram as influências externas, nomeadamente a do escritor norte-americano, John Dos Passos. Fuentes, que cresceu em vários países da América em que seu pai serviu como diplomata, estudou Direito na UNAM a partir de 1944 e trabalhou no serviço dos negócios estrangeiros de 1950 a 1962, tornando-se o embaixador da França de 1975 a 1977. Fluente em várias línguas, especialmente o inglês e o francês, o jovem Fuentes conheceu muita gente do cenário político e literário, incluindo escritores latino-americanos, tais como Miguel Angel Asturias, Julio Cortázar e Alejo Carpentier, que estava exilado em Paris por causa das ditaduras de seu país.

Em *La muerte de Artemio Cruz* [*A morte de Artemio Cruz*] (1962), Fuentes faz uma avaliação retrospectiva e crítica da revolução através dos olhos da personagem principal que, em seu leito de morte, lembra-se do passado. A cronologia fica dissolvida em "flashbacks" dissociados. Na tradição de Guzmán, este romance aponta para a busca da riqueza e do poder pela elite pós-revolucionária. Os dois romances tiveram uma boa repercussão. Angeles Mastretta (n. 1949), em *Arráncame la vida* [*Arranca-me a vida*] (1985: traduzido para o inglês com o título "Mexican Bolero", 1989), trata o assunto do abuso de poder dentro do partido monopolista de forma menos experimental do que *Artemio Cruz*. A história é contada pela perspectiva da jovem esposa de um chefe brutal, que emerge das classes mais baixas de uma pequena cidade – neste caso, Zacatlán na Serra de Puebla – tornar-se governador do estado e conselheiro presidencial depois da década de 1930 e início dos anos 1940. O romance traça a crescente percepção da esposa a respeito das práticas políticas inescrupulosas que ocorrem no entorno dela e de suas próprias circunstâncias matrimoniais. A personagem Andrés Ascencio assemelha-se ao personagem analfabeto e grosseiro do romance de Guzmán, o general Encarnación Reyes, chefe de operações militares do estado de Puebla, outro futuro político militar, durante a década anterior. Fuentes levou a sua crítica à ordem pós-revolucionária para o centro da política presidencial com o seu livro *La silla del águila* [*A cadeira da Águia*] (2002).

A influência literária de Fuentes era ampla. Reyes, cujo estilo elegante tinha sido elogiado por Jorge Luis Borges, foi uma forte influência inicial. Ele costumava defender, como Fuentes faria mais tarde, a integração do México à tradição literária europeia. O jovem Fuentes, quando residiu em Buenos Aires, familiarizou-se com o trabalho de Borges, que questionava a natureza da realidade, da história e da língua e defendia o primado da imaginação e dos símbolos. Cervantes, no entanto, foi a sua influência mais profunda, especialmente porque esse autor espanhol do início do século XVII utilizava personagem e linguagem para justapor realidade e imaginação em *Dom Quixote* (1605).

Após o seu primeiro sucesso, Fuentes tornou-se rapidamente um conhecido palestrante no circuito internacional, enquanto mantinha, ao mesmo tempo, uma produção literária grande, variada e muitas vezes experimental, desde a década de 1960 até o presente. A principal preocupação dele era incluir a literatura mexicana em um contexto europeu e pan-americano. Fuentes foi além da pesquisa anterior de Azuela sobre o desenvolvimento de uma novela especificamente mexicana. Em 1969, ele publicou um ensaio, *La nueva novela hispano-americana*, que em 1980 já estava na sexta edição. O ponto de vista de Fuentes não era simplesmente o México, mas a América Espanhola como um todo. Ele discutiu as mudanças da natureza e técnicas do romance sob o impacto de Cortázar, Gabriel García Márquez, Mario Vargas Llosa, José Donoso e outros escritores da explo-

IMAGEM 50. A impressão fotográfica de Mariana Yampolsky (1925-2002). "Since you went away" ["Desde que você foi embora"] (1980) também faz parte da Coleção de Arte Latino-americana da Universidade de Essex. Yampolsky, apesar de ter nascido em Chicago, foi para o México em 1944, juntou-se à *Taller de Gráfica Popular* e permaneceu no país pelo resto da sua vida. A fotografia em preto e branco bem definida (e depois colorida) tornou-se a sua especialidade a partir da década de 1960, com preferência, na tradição do *Taller*, por temas populares e *mestiço*-indígenas. Durante a década de 1980 e 1990, Yampolsky retomou estes temas anteriores e incluiu as construções e paisagens rurais. Esta foto foi tirada em Chilpancingo (Guerrero). A mensagem do cartaz sugere a imagem do pai ausente aludida por Paz em *Labirinto da solidão* e que constitui o tema central de *Pedro Páramo* de Rulfo. O austero contraste entre o vestido branco e a sombra em torno da figura da jovem contrasta com o traje barroco e a pose, quase beirando ao Surrealismo. No final da década de 1980, Yampolsky tirou uma série de fotos de mulheres da tribo Mazahua da região de Metepec, estado do México. Algumas das poses das mulheres assemelham-se a dos jovens feitas em 1931 por Eisenstein para o seu filme no México (ver p. 372).

IMAGEM 51. Detalhe do mural "Dualidade" de Rufino Tamayo. O mural, localizado no saguão de entrada do Museu Nacional de Antropologia na Cidade do México e pintado em 1964, mostra a luta entre a serpente e o jaguar, figuras mitológicas do México pré-colombiano. Tamayo rejeitava a mistura entre política e arte dos muralistas anteriores. Ao mesmo tempo, ele buscou reafirmar uma identidade mexicana específica por meio de formas e cores vibrantes (fotografia do autor, outubro de 1998).

são literária da década de 1960, muitos dos quais foram publicados pela empresa editorial Seix Barral de Barcelona.

Assim como a Guerra Civil Espanhola no final da década de 1930, a Revolução Cubana de 1959 inspirou toda uma geração de escritores latino-americanos e intelectuais, que a viram inicialmente como um desafio corajoso à subordinação com os Estados Unidos. Assim, levou algum tempo para que a frustração se instalasse, mas o maior autoritarismo em Cuba e o contínuo cerceamento da liberdade de expressão acabou suscitando-a. Posteriormente, a Revolução Cubana tornou-se fonte de divisão entre os escritores latino-americanos. As agitações de 1968 na Cidade do México aumentaram a conscientização ainda mais. Elena Poniatowska (n. 1933), que começou sua carreira como jornalista no jornal de qualidade *Excelsior*, fez uma crítica apaixonada da hegemonia do PRI após o massacre de 1968 em seu livro *La noche de Tlatelolco* (1971). Sua narrativa com a característica autobiográfica ou documental concentrava-se normalmente nas esquecidas vozes femininas. A técnica de documentário também produziu resultados impressionantes em *Nada, nadie* (1988), que descreve os horrores sofridos por pessoas comuns durante o terremoto de 1985 como resultado de décadas de corrupção e negligência do governo. Em um trabalho posterior, Poniatowska reexaminou uma das figuras do período imediatamente após a revolução, a fotógrafa Tina Modotti, no romance biográfico

Tinisima (1992) de 663 páginas que a inseriu no contexto artístico e político de sua época. Modotti, fotógrafa pioneira na década de 1920, tornou-se um membro do Partido Comunista e foi expulsa do México em 1930 por ser uma estrangeira indesejável após a ruptura das relações diplomáticas com a União Soviética. Ela treinou como agente soviética em Moscou e mais tarde participou da defesa de Madri durante a Guerra Civil Espanhola. Em 1937, na Conferência Internacional de Escritores em Valência, ela encontrou Pellicer e Paz com a sua primeira esposa, a romancista Elena Garro. Revueltas, que trabalhava como maestro em Madri, Barcelona e Valência, também estava lá, juntamente com André Malraux, Max Aub, Stephen Spender, Neruda e outros poetas hispano-americanos. A presença do contingente mexicano reflete tanto o apoio individual à República espanhola, mas também o empenho da administração Cárdenas pela causa republicana. Na verdade, o ponto culminante do livro *Morte de Artemio Cruz* de Fuentes ocorre quando o cansado revolucionário relembra a morte de seu filho, um dos voluntários mexicanos que lutaram ao lado dos republicanos.

A busca da identidade mexicana, uma das grandes preocupações de Paz, inquietavam Fuentes profundamente, o qual havia sido inicialmente influenciado por ele. No entanto, Fuentes, na década de 1960 e início dos anos 1970, afastou-se da busca mexicana anterior pelas raízes da cultura moderna nos períodos asteca e da Conquista e começou a explorar mais plenamente suas origens espanholas. O resultado foi o livro *Terra Nostra* (1975). Este enorme romance feito de diferentes modos e técnicas não explora apenas a história e o problema de tempo, mas também a natureza da linguagem e da ficção. El Escorial, o palácio-monastério de Filipe II, oferece o ponto de partida por meio do qual ele passa a imaginar histórias hipotéticas e alternativas sobre a Espanha e o seu difícil relacionamento com a América Espanhola. O cerne da questão reside no fechamento da Espanha em relação às influências primárias da Europa durante a última parte do século XVI, que, na opinião do escritor, teve consequências deletérias para seus posteriores domínios americanos. O leque de influências da ficção, desde Cervantes, até Joyce e Borges aprofundou esta complexidade temática e estrutural ambiciosa do romance. As múltiplas e muitas vezes contraditórias naturezas da cultura hispânica entregue para as Américas tornaram-se, inevitavelmente, o tema central do romance. Em um romance histórico posterior, *La campaña* [*A campanha*] (1990) (em inglês: *The Campaign*, 1991), Fuentes contrasta os valores do Ilumi-

CAPÍTULO 9 – EVOLUÇÃO CULTURAL DESDE A INDEPENDÊNCIA | 367

nismo europeu, vindos de Buenos Aires, com as realidades hispano-americanas da família, do patriarcado, dos chefes e seus bandos armados e da igreja tradicional durante as guerras de Independência.

Em muitos aspectos, a década de 1960 tornou-se a década definidora, na qual a Literatura mexicana (e latino-americana) passou a fazer parte da corrente internacional principal. O livro buscou, ao mesmo tempo, relacionar os desenvolvimentos da técnica literária às mudanças da sociedade urbana desde a década de 1940. No entanto, a ênfase recaiu mais na Psicologia do que na Sociologia e mais no subconsciente do que no racional. A influência de Joyce estava bem evidente na literatura da década de 1960 e início da década de 1970. Muitos escritores latino-americanos conheciam as literaturas inglesa, americana e francesa em suas línguas originais e não dependiam estritamente de traduções espanholas tardias. Os escritores latino-americanos exploraram a natureza da linguagem e da realidade e viram mais verdade no simbolismo do que em uma compreensão literal de seu passado. Os romances começaram a lidar com a natureza das mudanças históricas, com temas que normalmente se desenrolavam no passado, não no mundo contemporâneo. Tendo em conta as falsidades disseminadas pelas ditaduras ou partidos monopolistas, bem como os abusos cometidos por eles, a natureza da realidade tornou-se um importante tema literário. Não obstante, a Literatura latino-americana e mexicana em particular, não só continuaram a responder a temas e técnicas europeias e norte-americanas, mas também teve um papel de liderança nos novos desenvolvimentos.

O romance de Fernando del Paso, *Noticias del Imperio* [*Notícias do Império*] (1987), utilizou as técnicas de ficção do final do século XX ao romance histórico, que recebeu um tratamento bem distante de seus primeiros antecedentes do século XIX. Como escritor de ficção, a preocupação do autor aqui é a natureza do romance. Esta preocupação explica a abordagem que Del Paso deu ao assunto da intervenção francesa, o Segundo Império mexicano e a oposição implacável de Juárez a estes temas. No entanto, sua intenção era beber tanto das fontes históricas quanto das formas literárias e, assim, unir as qualidades intrínsecas destes diferentes processos de descobrir o que a realidade, sempre esquiva, pode ser. A ambivalência de Borges em relação à precisão histórica, à verdade e à realidade aparece aqui da mesma forma que aparece no romance de Fuentes de 1990. A ficção do período entre 1915 e 1947 havia tomado a revolução como fonte de seu questionamento. Del Paso foi ainda mais longe e passou a examinar o significado da Reforma, do Império e do legado de Juárez. Por fim, Fuentes voltou à época da Independência. Dessa forma, a ficção mexicana lidou retrospectivamente com os três pilares da historiografia tradicional – Revolução, Reforma e Independência. No entanto, o afastamento do romance realista da revolução não poderia ser mais impressionante. Tendo *Al filo del agua* de Yáñez como o ponto de partida, o Surrealismo surgiu pela primeira vez no romance histórico. Fuentes transformou a Independência em uma ópera bufa, bizarra e impossível de ser levada a sério em qualquer nível, exceto em termos da desastrosa tentativa de eliminar a Espanha da América Espanhola. A América Espanhola ainda paga por esta automutilação. Del Paso via a Reforma e a Intervenção através da memória confusa e das alucinações de uma demente Carlota. A loucura foi transposta para a história, que, desse modo, foi transformada por ela em perspectivas incessantemente mutáveis.

O CINEMA MEXICANO

O desenvolvimento de uma indústria cinematográfica mexicana deve ser visto por duas perspectivas, em parte artísticas e em parte econômica. A indústria cinematográfica, com sua estrutura, técnicas de produção e complexa organização do trabalho, deve ser vista como parte do processo de industrialização do México. Filmes com temas urbanos começaram, no decorrer da década de 1940, a substituir os filmes predominantemente centrados no mundo rural, que abordavam aspectos da revolução. Assim como as indústrias nascentes da América Latina, a indústria cinematográfica mexicana recebeu bastante concorrência da indústria dos Estados Unidos que era mais bem organizada e capitalizada. Mesmo assim ela conseguiu sobreviver. Ao mesmo tempo, ela oferecia atores para os filmes de Hollywood e um refúgio para os exilados políticos europeus e fugitivos de listas negras dos Estados Unidos após a Segunda Guerra Mundial. Os atores mexicanos, os cineastas, como Gabriel Figueroa, e os diretores, como Roberto Gavaldón (1910-1986), também adquiriram experiência em Hollywood e voltaram para o México para enriquecer a indústria nacional. Alguns trabalhavam em ambas as indústrias. Figueroa, por exemplo, ganhou um Oscar por seu trabalho de câmera no filme *Night of the Iguana* [*A noite do Iguana*] (1964) de John Huston, filmado em uma Puerto Vallarta ainda por ser descoberta.

A construção dos estúdios Churubusco ao sul da Cidade do México após o fim da guerra marcou a tentativa de coordenar a produção em resposta ao aumento da concorrência estrangeira. Uma lei de 1949 tentou coordenar a estrutura e o desempenho da indústria, mas contribuiu pouco para o seu renascimento. A indústria mexicana não pode competir com Hollywood nos anos do pós-guerra e enfrentou retaliação comercial dos Estados Unidos contra qualquer tentativa séria de proteger a indústria nacional. Os problemas trabalhistas e a falta de vontade de inovar também assolaram a indústria cinematográfica mexicana. O Estado assumiu o controle do complexo Churubusco a partir da década de 1950, como resposta ao fechamento de muitos estúdios no início da década, mas isso não causou muito impacto sobre a qualidade das produções. No ano do colapso financeiro, em 1982, um incêndio catastrófico destruiu a Cineteca Nacional, inaugurada em 1974, na zona sul da Cidade do México, com a perda de milhares de carretéis de filmes que tinham sido cuidadosamente guardados ao longo dos anos e eram insubstituíveis. A causa parece ter sido a negligência. Em resposta à condição enferma da indústria, o governo estabeleceu o Instituto Mexicano de Cinematografia (IMCINE) no ano seguinte.

O renascimento da indústria cinematográfica espanhola, após o fim da Ditadura de Franco, em 1975, gradualmente tornou-se um polo de atração para atores mexicanos, frustrados pelas oportunidades inadequadas de seu país. A partir da década de 1990, diretores mexicanos, como Guillermo del Toro e Alfonso Cuarón, tornaram-se figuras importantes no cinema dos Estados Unidos e passaram a competir com sucesso na indústria do cinema internacional. Da mesma forma, atores mexicanos, como Salma Hayek, trabalharam em filmes mexicanos e estadunidenses; Daniel Giménez Cacho e Gael García Bernal também atuaram na indústria do cinema espanhol – tendo Pedro Almodóvar como diretor – e em outros filmes estrangeiros. Assolada por problemas contínuos de escassez de capital e por uma burocracia excessiva, a indústria enfrentou o fechamento de salas populares de cinema durante a década de 1990 e viu-se em meio à construção de caros complexos estadunidenses de múltiplas salas em todas as principais cidades do México.

A partir de filmagens de eventos notáveis na época de Díaz e depois de ações da revolução, o primeiro filme mexicano foi realmente *El Automóvil gris* [*O automóvel cinza*] (1919), dirigido por Enrique Rosas. O filme apresentou a síndrome do gangster urbano para o México, mas teve pouco impacto fora do país. O filme mudo naturalmente não apresentava nenhum problema de linguagem. Houve pouco incentivo para o desenvolvimento de um cinema nacional em língua espanhola até a adoção do som

IMAGEM 52 (A) E (B). Filmes mexicanos do período clássico. O período clássico do cinema mexicano iniciou no final da década de 1930 e durou até a década de 1950. A produção cinematográfica foi uma das principais indústrias do México em um momento de transição da sociedade rural para uma sociedade predominantemente urbana. A urbanização forneceu grandes audiências para os filmes.

(A) *Maria Candelaria* (1943) ganhou um prêmio no primeiro Festival de Cannes em 1946, um sinal do reconhecimento internacional ao cinema mexicano. Este filme, com locação em Xochimilco (na época fora da Cidade do México), em 1909, nas vésperas da Revolução destacou a combinação muito popular de dois dos talentos mais marcantes do país, Dolores del Río e Pedro Armendáriz, dirigido por Emilio Fernández de "El Indio" e com cinematografia de Gabriel Figueroa. Esta equipe vencedora realizou quatro filmes entre 1943 e 1944. Dolores del Río já tinha construído uma carreira em Hollywood, mas nunca havia recebido o papel de protagonista. Ela voltou para o México já uma estrela, mas com um papel completamente novo em seu país de origem. Mesmo atuando como uma camponesa humilde e angelical neste filme, ela ainda era extremamente glamorosa. Armendáriz, poderosamente bonito com seus olhos brilhantes, bigode preto e lábios sensuais, atingiu a fama no final de 1930 e continuou a dominar o cinema mexicano por toda a década de 1940. Ele atuou em filmes de Hollywood na década de 1950, embora nunca em um papel principal. Seu filho tornou-se um grande ator do cinema mexicano na década de 1970.

(B). *La Bandida* (1948) era parte do gênero popular de filmes *rancheros* sobre bandidos, um tema favorito da literatura do século XIX, mas desta vez com uma grande estrela feminina no papel principal. (Estes cartazes, reproduções espanholas, foram encontrados pelo autor entre outros na feira dominical de livros de Sant Antoni, Barcelona, em junho de 2005).

no final da década de 1920. Tendo em vista que dublagem e legendagem apresentavam sérios problemas no México, o desenvolvimento de uma indústria cinematográfica nacional tornou-se urgente. *Santa* (1931), baseado no romance de Gamboa, foi o primeiro filme mexicano com som. Embora os atores também tenham obtido experiência em Hollywood durante as décadas de 1930 e 1940, o México desenvolveu a sua própria indústria a partir de seus próprios e ricos recursos culturais, mas com escassos recursos financeiros. Outras influências estrangeiras, no entanto, também estiveram presentes, sobretudo porque a Revolução Mexicana em curso atraiu não só uma variedade de simpatizantes europeus, mas também o interesse da União Soviética, empenhada em um paralelo, mas diferente, processo revolucionário. As relações entre México e União Soviética tinham começado bem; a embaixadora soviética no México de 1926 a 1927 era a renomada poeta, Alexandra Kollontai.

Uma dessas influências foi Sergei Eisenstein, engenheiro do Exército vermelho em 1918, nascido em Riga, em 1898. Eisenstein, desiludido com Hollywood, permaneceu no México por 14 meses entre 1931 e 1932 e manteve contato com os muralistas, particularmente com Rivera, que tinha residido em Moscou durante nove meses entre 1927 e 1928. Outros muralistas, tais como Orozco e Siqueiros, influenciaram profundamente sua representação cinematográfica em *Que Viva México!*, iniciado em 1931. Eisenstein queria uma visão realista do México pós-revolucionário, visto no contexto de sua história, mas por meio de técnicas visuais contemporâneas. Ele já possuía uma rica cinematografia – como *O Encouraçado Potemkim* (1925) – e obras teatrais na Rússia soviética da década de 1920; ele via a Revolução Mexicana pela perspectiva da transformação social que havia testemunhado na Rússia. Ele encontrou o México mais agradável do que Hollywood. Suas cenas urbanas e rurais não usavam atores profissionais. O objetivo era apresentar ao mundo um México mais autêntico do que a imagem em grande medida desfavorável mediada por meio do cinema norte-americano. Ele recebeu um apoio considerável do governo mexicano durante as filmagens, mesmo depois da ruptura das relações diplomáticas com a União Soviética em janeiro de 1930.

Eisenstein retornou à União Soviética, em maio de 1932, mas nunca foi capaz de editar seu filme, tendo em conta os compromissos na indústria do cinema soviético – *Alexander Nevsky* (1938) e as duas primeiras partes de uma trilogia de *Ivan o terrível* (1943-1945) – e subsequentes dificuldades com Stalin. Ele morreu em fevereiro de 1948.

CAPÍTULO 9 – EVOLUÇÃO CULTURAL DESDE A INDEPENDÊNCIA | 373

O período clássico das décadas de 1930 e 1940 viu o surgimento de estrelas, como Pedro Armendáriz, Dolores del Río (1904-1983) e Maria Félix (1914-2002). Del Río, a belíssima atriz de Durango, foi para Hollywood em 1925, onde assinou um contrato com a United Artists. No entanto, ela receberia papéis secundários e "estrangeiros", como no célebre filme de Fred Astaire e Ginger Rogers, *Flying Down to Rio* [*Voando para o Rio*] (1933). Após um romance com Orson Welles, ela voltou para o México em 1942 e trabalhou em estreita colaboração com o diretor Emilio Fernández de "El Indio", com quem teve um romance. Sua volta ao México veio na hora certa. Ela pode aplicar sua experiência em Hollywood na florescente indústria cinematográfica do México e também estabelecer raízes em seu país. Ela apostou contra sua reputação de estrela em filmes como *Maria Candelaria*, retratando uma índia humilde e atuando com Armendáriz. Durante a década de 1960, Del Río atuou principalmente no teatro, mas voltou ao estrelato como a dona de um bordel em *Casa de mujeres* (1966). Armendáriz também trabalhou no cinema dos Estados Unidos e da mesma forma recebeu apenas papéis secundários e sem grandes consequências.

Félix supostamente tinha amantes como os muralistas, Rivera e Orozco e era casada com o cantor-compositor, Agustín Lara (1897-1970) e mais tarde com o célebre cantor *ranchero* Jorge Negrete (1911-1953), o qual também foi uma grande atração do cinema. Nascida em Sonora, Maria Félix mudou-se para Guadalajara onde estudou e, posteriormente, casou-se; daí foi buscar maiores oportunidades na Cidade do México e lá, em 1942, estreou seu primeiro filme ao lado de Negrete. Ela alcançou a fama com *Doña Bárbara* (1943) de Fernando de Fuentes, baseado no romance de Rómulo Gallegos. Félix ficou conhecida por seus retratos de mulheres fortes que se recusavam a ser vítimas dos homens, mas que muitas vezes tentavam destruí-los em uma cultura em que os homens eram o centro da autoridade. *Enamorada* (1947), com Armendáriz, ambientado na revolução, mostra este conflito de forma bem característica. Ela nunca filmou nos Estados Unidos, mas entre 1948 e 1955 atuou na Espanha, Itália, França e Argentina. Ela continuou a trabalhar no cinema até a década de 1960.

Durante o período clássico, os filmes mexicanos ocuparam lugar privilegiado na produção de filmes em língua espanhola. Mesmo com estúdios que não operavam de forma coordenada e com o grande problema da distribuição, a Cidade do México tornou-se a capital latino-americana do cinema em meados da década de 1940. O número de produções aumentou durante os anos de guerra, em parte por causa da escassez de filmes europeus e em parte pelo patrocínio dos Estados Unidos como um aspecto

374 | HISTÓRIA CONCISA DO MÉXICO

da política externa que buscava ganhar apoio dos latino-americanos. Além disso, os próprios mexicanos tinham tentado coordenar a produção nacional por meio de um sistema de estúdios com participação privada e estatal. O patrocínio de Alberto Pani à Cinematografia Latino-americana S.A. (CLASA) em 1935 foi parte importante deste processo. Este continuou sendo o estúdio mais importante da década de 1940. Seu primeiro longa-metragem foi o filme retrospectivamente clássico *Vámonos con Pancho Villa!* (1935), dirigido por Fuentes. Este filme, no entanto, perdeu dinheiro, talvez por causa de seu tema deprimente. Filmado na época de Cárdenas, quando ainda não havia muito apoio à Villa, o filme retratou a triste experiência de seis camponeses que aderiram ao villismo e descobriram apenas a traição, a crueldade e a desilusão. Juárez, no entanto, continuou a ser muito favorável no período de nacionalização do petróleo, e o governo mexicano colaborou com apoio ao filme americano *Juárez*, de 1939, em que, ironicamente, um ator austríaco interpretou o papel principal e a estrela de Hollywood, Bette Davis, retratou a imperatriz Carlota. O trabalho de câmera foi realizado por Figueroa no filme de Azuela Los de Abajo de 1940, para o qual Revueltas compôs a música.

O ator cômico, Mario Moreno (1911-1993) conhecido como Cantínflas, apareceu pela primeira vez no cinema em 1940, o início de uma história de grande sucesso, que abrangeu toda a América Latina e também a Europa. Ao notar seu potencial, a empresa cinematográfica americana, Columbia, distribuiu os filmes de "Cantínflas" em todo o mundo. O humor transcendeu o problema da língua e da legendagem. No México, em particular, novos bordões e contorções linguísticas destes filmes tornaram-se expressões comuns. Este gênero acompanhou o desenvolvimento do drama musical ranchero e popular, cuja estrela principal era Negrete ou seu rival, Pedro Infante (1917-1957). Em muitos aspectos, esta foi a resposta mexicana ao Western dos Estados Unidos, que não tinha como ter um equivalente mexicano direto por causa das dissemelhanças históricas entre as duas sociedades. Em 1941, Fuentes fez *Ay, Jalisco, no te rajes!* com Negrete no papel principal; o filme obteve grande popularidade, especialmente após a distribuição em todo o mundo pela United Artists, mas, apesar disso, ele representou a queda da qualidade para o diretor em resposta ao mercado popular.

O cinema mexicano estagnou na década de 1960 e 1970, apesar de uma série de filmes altamente controversas de Buñuel, incluindo *Nazarín* (1958) e *Viridiana* (1961), este último proibido na Espanha e condenado

CAPÍTULO 9 – EVOLUÇÃO CULTURAL DESDE A INDEPENDÊNCIA | 375

pelo Vaticano. Embora em *Los olvidados* [*Os esquecidos*] (1950), Buñuel tenha explorado, em termos cruéis, a vida nos bairros pobres da Cidade do México, poucos filmes mexicanos deste período realmente lidaram diretamente com os problemas sociais mexicanos de alguma forma comparável ao neorrealismo italiano da década pós-guerra. Mesmo assim, vários filmes importantes ainda estavam sendo realizados. Um deles foi o filme de Julio Bracho (1909-1978), *La sombra del caudillo* (1960) do romance de Guzmán discutido anteriormente. Bracho, que também veio de Durango, era parente de Dolores del Río e da estrela mexicana de Hollywood, Ramón Navarro. Este filme, no entanto, mostrou-se muito controverso em seu retrato da instituição política pós-revolucionária e foi proibido pelo governo até ser finalmente exibido em 1990, após o início da abertura do regime do PRI. Da mesma forma, *Rosa Blanca* (1961) de Roberto Gavaldón foi proibido, pois ele lidava com as maquinações de uma companhia de petróleo dos Estados Unidos para tomar as terras de um proprietário camponês. Gavaldón, um dos diretores mais habilidosos do México, começou a filmar no México em 1944 e fez dois filmes célebres durante a década de 1950, *La Escondida* (1955), que novamente juntou os provocadores Félix e Armendáriz no cenário do início da revolução durante a fase de Madero, e *Macario* (1959). Gavaldón tornou-se um dos fundadores do Sindicato dos Trabalhadores da Produção Cinematográfica do México (STPC). Ele costumava trabalhar em estreita colaboração com o escritor e roteirista, José Revueltas e com o diretor de fotografia Figueroa, mas, em um novo ponto de partida, ele colaborou com García Márquez, já residente na Cidade do México, para filmar uma das histórias de Rulfo, "El gallo de oro" (1964). Gavaldón continuou a filmar até a década de 1970. A repressão dos protestos de 1968 teve uma repercussão curiosa em *Canoa* (1975) de Felipe Cazals, que teve como foco um evento ocorrido em setembro. O ocorrido foi o assassinato e a mutilação por aldeões iludidos de quatro funcionários da Universidade de Puebla em uma viagem ao planalto de Puebla, depois de incitados pelo padre local que levou-os a acreditar que os empregados eram agentes do comunismo urbano.

O renascimento da década de 1980 começou, na verdade, com dois filmes lançados em 1985. *Frida*, um filme popular no México, sobre a vida de Frida Kahlo, a esposa do pintor Rivera. *Doña Herlinda y su hijo* de Jaime Humberto Jaramillo teve, na época, uma distribuição pequena no México, mas foi um grande sucesso internacional. O tema explicitamente homossexual do filme marcou a dramática mudança do cinema mexicano e abriu um novo período exploratório mais aberto aos temas sexuais. Ele também ofereceu uma espirituosa crítica dos valores familiares e apresentou uma sutil predominância doméstica da figura feminina, independentemente de quem eram os componentes da família. Depois disso, vários filmes mexicanos ganharam um amplo público internacional, e vários novos diretores e atores levaram a indústria a novas alturas. Um destes filmes foi *Danzón* (1991) de Maria Novaro; nele, Maria Rojo faz o papel de uma telefonista que é mãe solteira na Cidade do México, cuja principal forma de entretenimento é uma visita regular a um salão de bailes, especializado na dança lenta de origem cubana chamada "danzón". Quando seu parceiro habitual desaparece inesperadamente, ela vai procurá-lo em Veracruz. Nesse ponto, começa uma exploração muito poética e penetrante da vida emocional e da identidade de uma mulher de meia-idade da classe média baixa urbana. A dança associa este filme aos temas de uma geração anterior, mas também carimba a indústria moderna com um estilo distinto e original. Salma Hayek tornou-se uma estrela no México com *El callejón de los milagros* [*O beco dos milagros*] (1993), uma transposição da trilogia de Cairo de Naguib Mafouz para as ruas da Cidade do México. Embora estes filmes fossem inovadores e populares, os problemas perenes de qualidade, produção, distribuição e a inundação de vários tipos de filmes dos Estados Unidos continuavam a prejudicar a indústria doméstica. Uma atriz subutilizada como a expressiva Gabriela Roel, encontrou, no entanto, um magnífico papel na série de TV de longa duração *Callejón de sombras* (1997-1998), com Giménez Cacho e Demián Bichir. A série explorava o funcionamento interno do tráfico de drogas e sua penetração no exército e nos processos judiciais.

No primeiro grande filme de Del Toro, *Cronos* (1993), um velho, interpretado por Federico Lippi, descobre a caixa de um alquimista da época colonial, que concede a vida eterna caso fosse alimentado com sangue. O diretor utilizou várias técnicas do cinema popular neste curioso filme de vampiro. Mais tarde, Del Toro dirigiu o filme hollywoodiano *Mimic* [*Mutação*] (1997) e em seguida o filme espanhol *El espinazo del diablo* [*A espinha do diabo*] (2002) que se passa na área republicana da Guerra Civil. Cuarón também trabalhou no México e nos Estados Unidos, dirigindo Gwyneth Paltrow e Robert De Niro em *Great Expectations* [*Grandes esperanças*] (1997) e Gael García Bernal em *Y tu Mamá también* [*E sua mãe também*] (2001), bem como um dos filmes do ciclo de Harry Potter. Os filmes mexicanos também aproveitaram-se do mercado internacional popular com *Como água para chocolate* (1991) de Alfonso Arau, baseado no popular romance de Laura Esquivel, que, embora de forma limitada, tem a revolução como foco, mas sem qualquer profundidade de tratamento semelhante aos filmes mais antigos sobre esse tema.

Gael García Bernal continuou subindo dentro da indústria cinematográfica do México a partir do filme *Amores Perros [Amores Brutos]* (2000). Em 2002, a Academia britânica (BAFTA) deu a este filme, dirigido por Alejandro González Iñárritu, o prêmio de melhor filme estrangeiro. García Bernal demonstrou seu verdadeiro caráter em uma série de controversos papéis em *Y tu Mamá también* e *El crimen de Padre Amaro [O crime do padre Amaro]* (2002), uma versão mexicana da novela portuguesa de Eça de Queirós de 1875, em que ele era o jovem padre, e no filme *La Mala Educación [Má educação]* (2004) de Pedro Almodóvar. Neste filme em que também trabalhou Giménez Cacho e cujo tema é o abuso cometido por padres contra crianças, García Bernal atuou em três papéis, um dos quais era um travesti. Depois veio Walter Salles com o filme *The Motorcycle Diaries [Diários de Motocicleta]* (2004), no qual ele retratou um Ernesto "Che" Guevara de 23 anos, um estudante de Medicina de Buenos Aires, cuja viagem de descoberta através da pobreza e sofrimento da América do Sul transformou-o em um revolucionário.

Mesmo que a indústria mexica seja vibrante – e capaz de produzir uma gama impressionante de atores e cineastas talentosos, bem como diretores, compositores e escritores – suas bases ainda permanecem precárias no país de origem.

Comentários finais

Dois períodos do século XIX explicam muito das características do México do século XX. Em primeiro lugar, o período entre 1836 e 1867 alterou o equilíbrio de poder no subcontinente norte-americano a favor dos Estados Unidos e contra o México. O choque da derrota militar, da invasão e da perda territorial na Guerra de 1846-1848 garantiu que as relações com os Estados Unidos seriam a questão predominante das futuras relações exteriores. No entanto, esta preocupação com o poderoso vizinho imperial tendeu a obscurecer o sucesso mexicano supremamente importante na resistência contra a Intervenção francesa de 1862-1867 que impediu a instituição de uma tutela europeia neocolonial. A vitória republicana de 1867 permitiu a continuação do programa de reformas liberais, cuja essência foi a solidificação de um sistema constitucional e a secularização da sociedade.

O segundo período de definição ocorreu entre 1884 e 1911, com a consolidação do governo pessoal de Díaz. Ainda há controvérsia sobre como interpretar este período. A experiência constitucional de 1855 a 1876 – com todas as suas imperfeições – foi, com efeito, abandonada após 1884. O regime, originado por uma rebelião militar em 1876 que, em vez de reformar ou reforçar as instituições estabelecidas de acordo com a Constituição Federal de 1857, começou a enfraquecer. Os acordos pessoais, deplorados por Juárez, mais uma vez tornaram-se a norma política. A prática da autossucessão no cargo presidencial, mantida por trapaças, manipulação e sempre que existissem muitos outros candidatos capazes, explica a seriedade da questão sucessória após 1900. Como previsto relutantemente por Madero, somente a violência poderia livrar o país do regime de Díaz. Assim que a violência chegou durante a década de 1910, a natureza pessoal do regime ficou exposta. Não houve qualquer instituição capaz de resolver as queixas generalizadas ou conter a agitação revolucionária. O colapso do Exército Federal em 1914 abriu o caminho para uma luta pelo poder e riqueza entre os chefes rivais e seus seguidores armados. Não obstante, estes caciques tinham de levar em consideração as demandas sociais e econômicas resultantes da mobilização popular em larga escala. As mudanças econômicas e sociais da segunda metade do século XIX haviam alterado a natureza das pressões políticas sobre o governo e as elites. Os diferentes movimentos sociais e regionais da Revolução Mexicana alinharam-se atrás de vários caciques, de tal forma que a luta pelo poder também adquiriu uma tonalidade ideológica e social-reformista. Após a Revolução surgiu uma nova ordem destas rivalidades entre 1917 e 1940.

Os primeiros presidentes revolucionários – Carranza, Obregón e Calles – tinham maior dívida com o estilo Díaz de governar do que aos princípios de Juárez ou Madero. Apesar dos debates de grande envergadura da Convenção de Querétaro, que deu forma a Constituição de 1917, o exercício do poder em níveis nacionais ou estaduais costumavam ser mais o reflexo da cultura política anterior a 1911 do que das ideologias revolucionárias e aspirações populares. Uma característica muitas vezes ignorada do sistema pós-1917 foi a reconstrução do poder presidencial. A criação de um partido nacional de governo, em 1929, finalmente, resolveu a questão da sucessão, evitando a reeleição do presidente e permitindo a reeleição perene do partido. Nada disso ocorreu de forma automática. Como a Reforma antes disso, a Revolução não teve uniformidade nem em suas políticas, nem em sua aplicação. Muito dependia das condições locais e da capacidade de recepção dentro de estados, distritos e municípios. A estrutura de poder, bem como a etnia e a cultura eram amplamente variadas em muitos desses lugares. Na realidade, a política nacional dependia da resposta dos chefes locais, das autoridades e de grupos organizados. Em última análise, o poder presidencial e o monopólio partidário reduziram gradualmente a autonomia dos estados da federação, mas mesmo assim isso não ocorreu sem que houvessem compromissos e acordos a nível local e nos estados.

Um considerável grau de mobilização das bases, por exemplo, em San Luis Potosí e Guanajuato, modificou o predomínio do PRI nos estados e municípios durante as duas décadas antes de 2000, assim que tornou-se claro que os partidos da oposição tinham chances de ganhar as eleições. As forças locais e centrífugas começaram a florescer fora do contexto do partido monopolista e do sistema político oficial. Em alguns estados, tais como Oaxaca, as exigências da comunidade indígena por um processo político alternativo levaram ao reconhecimento de algo que foi chamado de "práticas e costumes" eleitorais que funcionavam fora do sistema constitucional estabelecido em 1917. A autonomia indígena tornou-se um problema em 1994 com a insurreição de Chiapas. O centralismo e a possibilidade da continuação do governo do partido monopolista contribuíram para a vitória da oposição nas eleições presidenciais de 2000.

As três questões inter-relacionadas da última parte do século XX – o estado da economia, a distribuição da riqueza e a mecânica do sistema político – ainda prevaleciam no início do século XXI. As eleições presidenciais de 2000 confirmaram a abertura do sistema político. Um candidato de oposição assumiu o cargo em uma transferência de poder ordenada. A vitória sobre o PRI, possível pela união de várias forças contraditórias, despertou expectativas populares generalizadas, que se revelaram difíceis de serem cumpridas. A mobilização social e política em resposta a várias questões, desde padrões de vida nas cidades até a autonomia indígena nas províncias, indicava os tipos de problemas que a administração (independentemente de sua ideologia) que assumisse o cargo após as eleições presidenciais de 2006 deveria enfrentar.

A restauração das relações com a Santa Sé, em 1993, rompida desde 1867, deu à hierarquia católica um perfil muito mais forte no país e reabriu as questões das relações entre Igreja e Estado e entre a Igreja e a sociedade. Cinco visitas papais durante o pontificado de João Paulo II tinham como objetivo revigorar a Igreja mexicana e aproximá-la de Roma. A canonização de vários Santos mexicanos a partir do século XVI até o século XX destinava-se a aprofundar a espiritualidade mexicana na corrente principal do catolicismo. A Igreja oficial viu-se como uma instituição incompreendida, perseguida durante a Reforma Liberal e vitimada durante a revolução. No final do século XX, ela passou a ter a missão de recatolizar a sociedade do México e da cultura em oposição ao secularismo e aos costumes sociais liberais. Sob esses aspectos, a Igreja Católica compartilhava uma visão comum com os grupos evangélicos protestantes, que ocuparam os espaços vazios de recrutamento religioso durante as décadas anteriores, tanto no México quanto no restante da América Latina. O aparente conflito entre a visão clerical da sociedade mexicana e sobre como as pessoas comuns levavam suas vidas diárias pode muito bem revelar uma mistura sutil de algo que, na superfície, parecem ser atitudes contraditórias. A flexibilidade e o pragmatismo podem ser a forma com

382 | HISTÓRIA CONCISA DO MÉXICO

que tanto a crença religiosa e a aceitação de valores seculares coexistam nas vidas individuais do México.

A secularização da sociedade, ocorrida a partir da Reforma em diante, levantou a questão da sobrevivência e do florescimento da crença religiosa em suas diversas formas. Para quem viaja por todo o México, o número de santuários, devoções e romarias revela a profundidade destas correntes alternativas da crença. Além da Basílica de Guadalupe, há uma proliferação de outros santuários dedicados aos diferentes aspectos de Cristo, ou da Virgem ou a santos particulares, reconhecidos ou não pela Igreja oficial. As paredes de alguns destes santuários – em, por exemplo, San Juan de los Lagos em Jalisco, ou na Igreja da Criança Sagrada de Atocha, em Zacatecas – são cobertas com desenhos, pinturas ou fotografias, dando graças por algum milagre, revelam a natureza e a extensão dessa fé. Da mesma forma, as peregrinações regulares realizadas por um grande número de pessoas para lugares tão remotos como a Igreja de São Francisco, em Catorce (San Luis Potosí) ou até a antiga missão de São Francisco Xavier, na Baixa Califórnia do Sul mostram uma notável capacidade de mobilização voluntária. Em outros contextos, as práticas religiosas incorporam, conscientemente ou não, elementos de outras religiões, que existiam antes da introdução do cristianismo e que continuaram ao lado dela.

BIBLIOGRAFIA

PERÍODO PRÉ-COLOMBIANO

ADAMS, Richard E. N.; MacLEOD, Murdo J. *The Cambridge History of the Native Peoples of the Americas*: Mesoamerica. v. I e II. Cambridge: Cambridge University Press, 2000.

BERDAN, Frances F. *The Aztecs of Central Mexico*. An Imperial Society. Nova York: Holt, Rinehart and Winston, 1982.

CLENDINNEN, Inga. *The Aztecs*. An Interpretation. Cambridge: Cambridge University Press, 1991.

COE, Michael D.; DIEHL, Richard E.; et al. *The Olmec World*. Ritual and Rulership. Princeton: The Art Museum, 1995.

FLANNERY, Kent V.; MARCUS, Joyce. *The Cloud People*. Divergent Evolution of the Zapotec and Mixtec Civilisations. Nova York: Academic Press, 1983.

FLORESCANO, Enrique. *El mito de Quetzalcóatl*. 2. ed. México: Fondo de Cultura Económica, 1995.

GILLESPIE, Susan D. *The Aztec Kings*. The Construction of Rulership in Mexica History. Tucson: University of Arizona Press, 1989.

HASSIG, Ross. *Trade, Tribute, and Transportation*. The Sixteenth Century Political Economy of the Valley of Mexico. Norman e Londres: University of Oklahoma Press, 1985.

_____. *Aztec Warfare*. Imperial Expansion and Political Control. Norman e Londres: University of Oklahoma Press, 1988.

MARCUS, Joyce; FLANNERY, Kent V. *Zapotec Civilization*. How Urban Society Evolved in Mexico's Oaxaca Valley. Londres: Thames & Hudson, 1996.

PASZTORY, Esther. *Teotihuacan.* An Experiment in Living. Norman e Londres: University of Oklahoma Press, 1997.

SCHELE, Linda; FREIDEL, David. *A Forest of Kings.* The Untold Story of the Ancient Maya. Nova York: William Morrow and Company Inc., 1990.

SPORES, Ronald. *The Mixtec Kings and Their People.* Norman: University of Oklahoma Press, 1967.

_____. *The Mixtecs in Ancient and Colonial Times.* Norman: University of Oklahoma Press, 1984.

WHITECOTTON, Joseph. *The Zapotecs. Princes, Priests, and Peasants.* Norman: University of Oklahoma Press, 1977.

Era colonial espanhola

BAKEWELL, Peter J. *Silver Mining and Society in Colonial Mexico, Zacatecas 1546-1700.* Cambridge: Cambridge University Press, 1971.

BURKE, Marcus. *Pintura y escultura en Nueva España.* El Barroco. México: Azabeche, 1992.

FARRISS, Nancy M. *Maya Society under Colonial Rule.* The Collective Enterprise of Survival. Princeton: Princeton University Press, 1984.

GIBSON, Charles. *Tlaxcala in the Sixteenth Century.* New Haven: Yale University Press, 1952.

_____. *The Aztecs under Spanish Rule.* A History of the Indians of the Valley of Mexico, 1519-1810. Stanford: Stanford University Press, 1964.

GRUZINSKI, Serge. *La colonisation de l'imaginaire.* Sociétés indigènes et occidentalisation dans le Mexique espagnole, XVIᵉ-XVIIIᵉ siècle. Paris: Editions Gallimard, 1988.

HOBERMAN, Louisa Schell. *Mexico's Merchant Elite, 1590-1660.* Silver, State, and Society. Durham, N.C., e Londres: Duke University Press, 1991.

ISRAEL, Jonathan I. *Race, Class and Politics in Colonial Mexico, 1610-1670.* Oxford: Oxford University Press, 1975.

LOCKHART, James. *The Nahuas after the Conquest.* A Social and Cultural History of the Indians of Central Mexico, Sixteenth through Eighteenth Centuries. Stanford: Stanford University Press, 1992.

MARTIN, Cheryl English. *Governance and Society in Colonial Mexico.* Chihuahua in the Eighteenth Century. Stanford: Stanford University Press, 1996.

PAGDEN, A. R. (Ed.). *Hernán Cortés.* Letters from Mexico. Oxford: Oxford University Press, 1972.

PAZ, Octavio. *Sor Juana Inés de la Cruz*. Las trampas de la fe. México: Fondo de Cultura Económica, 1982; versão em inglês: *Sor Juana Inés de la Cruz, or The Traps of Faith*. Trad. Margaret Sayers Peden. Cambridge, Massachusset e Londres: Harvard University Press, 1988.

TAYLOR, William B. *Magistrates of the Sacred*: Parish Priests and Indian Parishioners in Eighteenth Century New Spain. Stanford: Stanford University Press, 1996.

TERESA, Guillermo Tovar de. *Miguel Cabrera*: pintor de cámara de la reina celestial. México: InterMéxico, Grupo Financiero, 1995.

TRABULSE, Elías. *Ciencia y tecnología en el nuevo mundo*. México: El Colegio de México, 1994.

YOUNG, Eric Van. *Hacienda and Market in Eighteenth-Century Mexico*. The Rural Economy of the Guadalajara Region, *1675-1820*. Berkeley, Los Angeles e Londres: University of California Press, 1981.

Final do período colonial e Independência

ANNA, Timothy E. *Forging México, 1821-1835*. Lincoln e Londres: University of Nebraska Press, 1998.

_____. *The Fall of the Royal Government in México City*. Lincoln e Londres: University of Nebraska Press, 1978.

_____. *The Mexican Empire of Iturbide*. Lincoln e Londres: University of Nebraska Press, 1990.

ARCHER, Christon I. (Ed.). *The Birth of Modern México, 1780-1824*. Wilmington: Scholarly Resources, 2003.

BENSON, Nettie Lee (Ed.). *México and the Spanish Cortes, (1810-1822)*. Eight Essays. Austin: University of Texas Press, 1966.

COUTURIER, Edith Boorstein. *The Silver King*. The Remarkable Life of the Count of Regla in Colonial México. Albuquerque: University of New México Press, 2003.

GUEDEA, Virginia. *En busca de un gobierno alterno*: los Guadalupes de México. México: UNAM, 1992.

HAMILL, Hugh M. *The Hidalgo Revolt*. Prelude to Mexican Independence. Gainesville: University of Florida Press, 1966.

HAMNETT, Brian R. *Roots of Insurgency*. Mexican Regions, 1750-1824. Cambridge: Cambridge University Press, 1986.

RODRÍGUEZ, Jaime E. (Ed.). *México in the Age of Democratic Revolutions, 1750-1850*. Boulder e Londres: Lynne Rienner Publishers, 1994.

386 | HISTÓRIA CONCISA DO MÉXICO

TUTINO, John. *From Insurrection to Revolution in México.* Social Bases of Agrarian Violence, 1750-1940. Princeton: Princeton University Press, 1986.

YOUNG, Eric Van. *The Other Rebellion.* Popular Violence, Ideology and the Mexican Struggle for Independence, 1810-1821. Stanford: Stanford University Press, 2001.

QUESTÕES DO SÉCULO XIX

CASTILLO, Robert Griswold del. *The Treaty of Guadalupe Hidalgo.* A Legacy of Conflicts. Norman e Londres: Oklahoma University Press, 1990.

CHASSEN-LÓPEZ, Francie R. *From Liberal to Revolutionary Oaxaca.* The View from the South, 1867-1911. Pensilvânia: Pennsylvania State University Press, 2004.

DePALO Jr., William A. *The Mexican National Army, 1822-1852.* College Station: Texas A. & M. University Press, 1997.

EISENHOWER, John D. *So Far From God.* The U.S. War with México, 1846-1848. Nova York: Random House, 1989.

GARNER, Paul. *Porfirio Díaz.* Londres e Nova York: Longman, 2001.

HALE, Charles A. *Mexican Liberalism in the Age of Mora, 1821-1853.* New Haven: Yale University Press, 1968.

_____. *The Transformation of Liberalism in Late Nineteenth-Century México.* Princeton: Princeton University Press, 1989.

HAMNETT, Brian R. *Juárez.* Londres e Nova York: Longman, 1994.

HANNA, Alfred Jackson; HANNA, Kathryn Abbey. *Napoleon III and México.* American Triumph over Monarchy. Chapel Hill: University of North Carolina Press, 1971.

LECAILLON, Jean-François. *Napoléon III et le Mexique.* Les illusions d'un grand dessein. Paris: Editions L'Harmattan, 1994.

MORA-TORRES, Juan. *The Making of the Mexican Border.* The State, Capitalism and Society in Nuevo León, 1848-1910. Austin: University of Texas, 2001.

OLLIFF, Donathan C. *Reforma México and the United States*: A Search for Alternatives to Annexation, 1854-1861. Tuscaloosa: University of Alabama Press, 1981.

PERRY, Laurens Ballard. *Juárez and Díaz.* Machine Politics in México. DeKalb: Northern Illinois University Press, 1978.

QUIRARTE, Martin. *Historiografía sobre el imperio de Maximiliano.* México: UNAM, 1993.

VANDERWOOD, Paul J. *The Power of God against the Guns of Government.* Religious Upheaval in México at the Turn of the Nineteenth Century. Stanford: Stanford University Press, 1998.

VÁZQUEZ, Josefina Zoraída (Coord.). *México al tiempo de su guerra con Estados Unidos (1846-1848).* México: Fondo de Cultura Económica, 1997.

VILLEGAS, Daniel Cosío. *Historia moderna de México.* México: Editorial Hérmes, 1955-1972. 7 v.

_____. *La constitución de 1857 y sus críticos.* México: Editorial Hérmes, 1957.

VILLEGAS, Silvestre. *Revueltas, Deudo y Diplomacia.* La relación México--Gran Bretaña, 1824-1884. México: UNAM, 2005.

Início do século XX

ALVAREZ, Pablo Serrano. *El movimiento sinarquista en el Bajío (1932-1951).* México: Consejo Nacional para la Cultura y las Artes, 1992. 2 v.

ASHBY, Joe C. *Organized Labor and the Mexican Revolution under Lázaro Cárdenas.* Chapel Hill: University of North Carolina Press, 1963.

BROWN, Jonathan C. *Oil and Revolution in México.* Berkeley e Los Angeles: University of California Press, 1993.

BUTLER, Matthew. *Popular Piety and Political Identity in México's Cristero Rebellion*: Michoacan, 1927-1929. Oxford: Oxford University Press, 2004.

DULLES, John W. F. *Yesterday in México.* A Chronicle of the Revolution, 1919-1936. Austin: University of Texas Press, 1961.

GUERRA, François-Xavier. *Le Mexique.* De l'Ancien Régime à la Révolution. Paris: Editions L'Harmattan, 1985. 2 v.

HABER, Stephen H. *Industry and Underdevelopment.* The Industrialization of México, 1890-1940. Stanford: Stanford University Press, 1989.

KATZ, Friedrich. *The Life and Times of Pancho Villa.* Stanford: Stanford University Press, 1998.

_____. *The Secret War in México.* Europe, the United States, and the Mexican Revolution. Chicago: University of Chicago Press, 1981.

KING, Rosa E. *Tempest over México.* Nova York: Howes Publishing Company, 1944.

KNIGHT, Alan. *The Mexican Revolution.* Cambridge: Cambridge University Press, 1986. 2 v.

MATESANZ, José Antonio. *Las raíces del exilio.* México ante la guerra civil española (1936-1939). Cidade do México: El Colegio de México, 1999.

MEYER, Jean. *El sinarquismo*: ¿un fascismo mexicano? México: Editorial Joaquín Mortiz, 1979.

_____. *The Cristero Rebellion*. The Mexican People between Church and State, 1926-1929. Cambridge: Cambridge University Press, 1976.

PICCATO, Pablo. *City of Suspects*: Crime in México City, 1900-1931. Durham, N.C.: Duke University Press, 2001.

SNODGRASS, Michael. *Deference and Defiance in Monterrey*. Workers, Paternalism, and Revolution in México, 1890-1950. Cambridge: Cambridge University Press, 2003.

VANDERWOOD, Paul J. *Juan Soldado*. Rapist, Murderer, Martyr, Saint. Durham, N.C.: Duke University Press, 2004.

FINAL DO SÉCULO XX

CÁRDENAS, Enrique. *La hacienda pública y la política económica, 1929-1958*. México: Fondo de Cultura Económica, El Colegio de México, 1994.

_____. *La política económica en México, 1950-1994*. México: Fondo de Cultura Económica, El Colegio de México, 1996.

CLARKE, Colin. *Ethnicity and Community in Southern México*. Oaxaca's Peasantries. Oxford: Oxford University Press, 2000.

IZQUIERDO, Rafael. *Política hacendaria del desarrollo estabilizador, 1958-1970*. México: Fondo de Cultura Económica, El Colegio de México, 1995.

KRAUZE, Enrique. *La presidencia imperial*. Ascenso y caída del sistema político mexicano (1940-1996). México: Tusquets Editores, 1997.

SOLÍS, Leopoldo. *Crisis económico-financiera, 1994-1995*. México: Fondo de Cultura Económica, El Colegio Nacional, 1996.

CULTURA MEXICANA

FOSTER, Donald William (Ed.). *Mexican Literature*. A History. Austin: University of Texas, 1994.

GARCÍA, Gustavo; CORIA, José Felipe. *Nuevo cine mexicano*. Cidade do México: Clío, 1997.

IRWIN, Robert McKee. *Mexican Masculinities*. Minneapolis e Londres: University of Minnesota, 2003.

KING, Linda. *Roots of Identity, Language and Literacy in México*. Stanford: Stanford University Press, 1995.

NUTINI, Hugo G. *Todos Santos in Rural Tlaxcala*. A Syncretic, Expressive, and Symbolic Analysis of the Cult of the Dead. Princeton: Princeton University Press, 1988.

MONASTERIO, José Ortiz. *Historia y ficción*: los dramas y novelas de Vicente Riva Palacio. México: Instituto Mora e Universidad Iberoamericana, 1993.

PARANAGUÁ, Paulo Antonio (Ed.). *Mexican Cinema*. Londres: British Film Institute, 1995.

PAYNO, Manuel. *Los bandidos de Río Frío*. Barcelona e México, 1889-1991; 6. ed. México: Editorial Porrúa, 1996.

PAZ, Octavio. *El laberinto de la soledad*. Madri: Ediciones Cátedra, 1995.

REYES, Aurelio de los. *Medio siglo de cine mexicano (1896-1947)*. Cidade do México: Trillas, 1987.

WEISMANN, Elizabeth Wilder. *Art and Time in México*. From Conquest to the Revolution. Nova York: Harper & Row, Publishers, 1985.

Relações entre os Estados Unidos e o México,
imigração e fronteira

COCKCROFT, James D. *Outlaws in the Promised Land*: Mexican Immigrant Workers and America's Future. Nova York: Grove Press, 1986.

FUENTES, Carlos. *La frontera de cristal*: una novela en nueve cuentos. Madri: Alfaguara, 1996; versão em inglês, Londres: Bloomsbury, 1998.

MARTINEZ, Oscar J. *Troublesome Border*. Tucson: University of Arizona Press, 1988.

MEYER, Lorenzo. *México y los Estados Unidos en el conflicto petrolero (1917-1942)*. México: El Colegio de México, 1972.

RODRÍGUEZ, Jaime E.; VINCENT, Kathryn (Eds.). *Myths, Misdeeds, and Misunderstandings*. The Roots of Conflict in US-Mexican Relations. Wilmington, Delaware: Scholarly Resources Inc., 1997.

VÁZQUEZ, Josefina Z.; MEYER, Lorenzo. *México frente a Estados Unidos*: Orígenes de una relación, 1776-1980. México: El Colegio de México, 1982.

O Norte, o Extremo Norte
e o "Sudoeste americano"

CAMARILLO, Albert. *Chicanos in a Changing Society*. From Mexican Pueblos to American Barrios in Santa Barbara and Southern California, 1848-1930. Cambridge, Massachusset: Harvard University Press 1979.

GUTIÉRREZ, David G. *Walls and Mirrors*. Mexican Americans, Mexican Bibliography Immigrants, and the Politics of Ethnicity. Berkeley: University of California Press, 1995.

GUTIÉRREZ, Ramón A. *When Jesus Came, the Corn Mothers Went Away.* Marriage, Sexuality, and Power in New México, 1500-1846. Stanford: Stanford University Press, 1991.

MONTEJANO, David. *Anglos and Mexicans in the Making of Texas, 1836-1986.* Austin: University of Texas Press, 1994.

PITT, Leonard. *The Decline of the Californios.* A Social History of the Spanish-Speaking Californians, 1846-1890. Berkeley: University of California, 1966.

RESÉNDEZ, Andrés. *Changing National Identities at the Frontier.* Texas and New México, 1800-1850. Cambridge: Cambridge University Press, 2005.

SALMÓN, Roberto Mario. *Indian Revolts in Northern New Spain.* A Synthesis of Resistance (1680-1786). Lanham: University Press of America, 1991.

SIMMONS, Marc. *Spanish Government in New México.* Albuquerque: University of New México Press, 1990.

WEBER, David J. *The Mexican Frontier, 1821-1846*: The American Southwest under México. Albuquerque: University of New México Press, 1982.

ÍNDICE REMISSIVO*

Abad y Queipo, Manuel, bispo eleito de Michoacán, 160.
absolutismo, 162 e 168.
Aburto, Mario, 44.
Acapulco (Guerrero), 111 e 189.
Acordo Geral de Tarifas e Comércio [*General Agreement on Tariffs and Trade*] (GATT), 305.
Aculco, Batalha de (1810), 163.
aculturação, 101-2.
Adams, Richard E. N., 68.
Administração colonial espanhola, 33, 99-100, 105-6, 111, 136-8, 149-51 e 153-5.
África, norte da, 93.
Agência Central de Inteligência (CIA), 42 e 335.
Agência Federal de Investigação (FBI) (Estados Unidos), 42.
agricultura, 161, 214 e 286-8.
exportação de algodão, 152.
importação de algodão, 210-1.
importação de gêneros alimentícios, 215 e 303.
preços dos cereais, 147-8 e 281.
produção de algodão, 59-60, 62, 210-1, 241 e 285-6.
produção de cereais, 51, 56, 60, 67, 69-70, 75-7, 116-9, 147-8, 204, 213, 215-6, 261 e 286-8.

proporção da força de trabalho, 204 e 275.
ver também questões de terra *e* crises de subsistência e fracasso das colheitas.
Agua Prieta (Sonora), 38.
Agua Tinta (Chiapas), 317.
Aguascalientes, cidade de, 124 e 308.
Convenção de, (1914), 242 (*i.* 35) e 244-5.
estado de, 214.
Aguayo, marquês de, 118 e 147.
Aguiar y Seijas, Francisco de, arcebispo do México, 129.
Aguirre, Ignácio, 357.
Ahuizotl, governante asteca, 82.
Alamán, Lucas, 168, 178 e 347.
Álamos (Sonora), 135.
Albuquerque (Novo México), 154.
alcabala (imposto de venda), 111, 139 e 149.
ver também tributação e receitas.
alcaldes mayores, 100 e 150.
Alcaraz, condes de, 146.
Alemán, Miguel, presidente do México (1946-1952), 276-7, 280-1, 287, 289 e 298.
Alemanha,
Bethmann-Hollweg, 237.
Casa Bleichröder, 208.
empréstimos, 208.

---

* Os itens presentes neste índice cuja paginação inclui a letra *i* referem-se às indicações de imagens. (N.E.)

imperial, 237.

nazista, 265.

Ocidental, 40 (*i*. 1) e 283.

Paul von Hintze, 237.

República Federal, 40 (*i*. 1) e 283.

alemanismo, 280.

alfabetização, 204 e 206-7.

ver também educação.

Almazán, general Juan Andreu, 271.

Almodóvar, Pedro, 369 e 377.

Almoloya de Juárez, 43-4.

Almonte, general Juan Nepomuceno, 195-6.

Altamirano, Ignácio, 206 e 350.

Altavista (Zacatecas), 32 e 68.

altepetl, 95 e 102.

Altos de Jalisco, 337-8, 355, 361 e 382.

Alvarado, de Pedro, 75, 84 e 106.

Alvarado, Salvador, 244.

Álvarez, Juan, presidente do México (1855), 164, 186 e 189.

Amaro, general Joaquín, 253 e 260.

América Central, 40 e 169.

crise na década de 1980, 304.

Estados, 254.

América portuguesa, 120.

monarquia luso-brasileira, 172.

Anáhuac, República de, 85 e 164.

anarcossindicalismo, 235.

Angeles, general Felipe, 240.

Anistia Internacional, 316.

Anna, Timothy E., historiadora, 166 e 172.

anticlericalismo, 191, 233 e 244.

ver também Igreja Católica Romana.

Antuñano, Estéban de, 153.

apaches, índios, 133-4 e 154-5.

Apartado, marquês de, 146.

ver também Fagoaga.

Apodaca, Juan Ruiz de, conde de Venadito, vice-rei da Nova Espanha (1816-1821), 169.

Apóstolo Tomé, 96.

Arábia Saudita, 304 e 322.

Aragão, 87 e 99.

Império aragonês-catalão, 99.

Argélia, 195-6.

Argentina, 39, 49, 218, 253, 260-1, 282, 307, 334, 354 e 373.

Partido Radical, 218.

Arista, general Mariano, presidente do México (1851-1853), 181.

aristotélico, pensamento, 126.

Arizona (Estados Unidos), 38, 43, 216 e 331.

Armendáriz, Pedro, 370-4.

Armijo, general Manuel, 181.

Arquivo Casasola, 236 (*i*. 32) e 240.

artesãos, 115-6, 152, 207-8 e 210.

Ásia,

comércio asiático, 109-10.

crise financeira (1997-1998), 294 e 320-2.

sudeste da, 309.

Ateneo de la Juventud, 231, 353 e 358.

Atlântico,

comércio, 109-12 e 138.

revoluções, 34.

Atlixco (Puebla), 93.

Atoyac (Oaxaca), Rio, 52.

audiencia, 137 e 154.

de Guadalajara, 146-7 e 154.

do México, 99-100, 110 e 146-7.

em Castela, 99.

Augsburgo, 90.

autonomia,

municipal, 100, 168 e 215.

noção de, 161-2 e 171-2.

Ávila Camacho, Manuel, presidente do México (1940-1946), 259 (*i*. 39), 267, 270-1 e 275-9.

Axayácatl, governante asteca, 80.

Azcapotzalco (Distrito Federal), 124.

Azuela, Mariano, 351, 354-5, 360 e 374.

Bajío (Planalto Centro-Norte), 106, 115-6, 147-8, 152, 160 e 269.

bancos, 176, 214, 253-4, 302-7, 315 e 322.

Banco do México, 253.

ÍNDICE REMISSIVO | 393

Banco Ejidal, 287.

Banco Mundial, 296 e 305.

Banco Nacional do México, 207-8.

nacionalização (1982), 301-2.

banditismo, 145, 204 e 215.

Baranda, Joaquín, 229.

Barcelona (Espanha), 366 e 371.

Baring Bros, 178.

Barreda, Gabino, 207 e 226.

Barroco, cultura e estilo, 120-32, 145 e 157.

Bartlett Díaz, Manuel, 324.

Batalha de Aculco (1810), 163.

Batalha de Celaya (Guanajuato) (1915), 245.

Batalha de Monte de las Cruces (1810), 163.

Batalha de San Jacinto (1836), 177.

"Batalhões vermelhos", 244.

Bazaine, marechal François Achille, 196 e 200.

Bélgica,

Leopoldo I, 196.

voluntários, 200.

Benítez, Justo, 221.

Bernal, Heraclio, 204.

Bernal, Ignácio, 55 e 59.

Blake, William, 358-9.

Blanco (Veracruz), Rio, 230.

Bloco soviético, 307 e 320.

Blom, Frans, 54.

Bolívia, 218.

Bolonha, 90.

Bolsa de Nova York, 37 e 213.

ataque terrorista de 2001, 331-2.

banqueiros, 213 e 253.

empréstimo de 1911, 213.

Quebra da, em 1929, 260.

ver também Recessão de 1907, 252 e 260-1.

Bonampak (Chiapas), 29 e 72.

Borah, Woodrow W., historiador, 92.

Borges, Jorge Luis, 363 e 366-7.

"braceros", 39.

Bracho, Julio, 375.

Branciforte, marquês de, vice-rei da Nova Espanha (1794-1798), 150.

Brasil, 39, 111, 113, 120, 195, 253, 260, 282-3 e 307.

imperatriz Leopoldina, 195.

regime de Vargas (1930-1945), 259.

Bravo del Norte (Rio Grande), Rio, 33, 106, 134, 154, 180, 183, 193, 196, 290 e 331.

Breton, André, 359.

Brownsville (Texas), 38.

Bruxelas, 316.

Bucareli, frei Antonio Maria de, vice-rei da Nova Espanha (1771-1779), 146, 149 e 154.

Buenos Aires, 169, 352, 367 e 377.

Buñuel, Luis, 359 e 374.

Bush, George W., 325 e 331-5.

Bush, George, 309 e 330-1.

Bustamante, Carlos Maria de, 347.

Cabañas, Lucio, 46 e 299.

Cabrera, Daniel, 231.

Cabrera, Luis, 244.

Cabrera, Miguel, 124 e 127 (*i.* 14).

Cacaxtla (Tlaxcala), 70.

caciques, 46 e 100.

caciquismo, 45-6 e 221.

chefes revolucionários, 250.

nobreza indígena, 100 e 103.

partido e, 258.

uso político, 164 e 225.

ver também Cedillo.

Cádiz,

comércio, 115.

Cortes, 166-9, 171-2 e 187.

Cahuantzi, coronel Próspero, 223.

Calderón de la Barca, Pedro, 126 e 128.

Calderón, Felipe, 345.

Calexico (Califórnia, Estados Unidos), 38.

Califórnia, 38, 40 (*i.* 1) e 154-5.

Alta (Estados Unidos), 154-5 e 180-1.

Baixa, 42, 180 e 184.

Baixa Califórnia do Norte, estado da, 208, 292, 308, 312 e 324.

Baixa Califórnia do Sul, estado da, 333, 343, 370 e 382.

394 | HISTÓRIA CONCISA DO MÉXICO

estado da, (Estados Unidos), 38-40 e 275.

Golfo da, 154.

perdida pelo México, 180-1.

Calles, Plutarco Elias, presidente do México (1924-1928), 214, 244, 250-63, 266-7, 355, 358 e 380.

"Jefe Máximo" [Chefe Máximo] (1928-1935), 252 (*i.* 38), 258 e 358.

queda de, 266.

Campeche, 300.

camponeses, 58, 104-5, 160-1, 186, 190 e 214-5.

agraristas, 262 e 267.

distribuição de terras para os, 242-4, 246, 254-5 e 263.

ejidatarios, 270 e 286-7.

mobilização na década de 1910, 205 e 242-4.

rebeliões das décadas de 1840 e 1850, 186-7.

Canadá, 37, 49, 309, 329 e 332.

Canalizo, general Valentín, 183.

Cananea (Sonora), 230 e 233.

Cantínflas, 374.

Cárdenas, Enrique, economista, 282.

Cárdenas, general Lázaro, presidente do México (1934-1940), 252 (*i.* 38), 259 (*i.* 39), 260, 279-80, 286, 289, 308, 328, 357 e 366.

Cárdenas Batel, Lázaro, 341.

Cárdenas Solorzano, Cuauhtémoc, 313, 316, 323, 340 e 343.

Caribe, 35, 87, 98 e 101.

ameaça britânica, 151.

Estados do, 254.

Carlos III (1759-1788), 138 e 154.

Carlos V (Sacro imperador romano, 1519-1556) e Carlos I (Espanha e Índias, 1516-1556), 32, 88-90 e 201.

Carlota (Charlotte), imperatriz do México (1864-1867), 196 e 199.

Carpentier, Alejo, 362.

Carpizo, Jorge, 339.

Carranza, Venustiano, presidente do México (1917-1920), 231, 235, 237 (*i.* 33), 238-52, 269, 355 e 380.

"o primeiro chefe" ["el primer jefe"], 237 (*i.* 33).

relações trabalhistas, 247.

Casa del Obrero Mundial [Casa dos Trabalhadores do Mundo], 235 e 244.

Casasús, Joaquín, 228.

Caso, Alfonso, 55.

Castañeda, Jorge, 330 e 343.

Castela, 87, 92, 99 e 110.

organização municipal, 102-3.

Castro, Casimiro, 349 (*i.* 48).

Castro, Fidel, 333.

Catalunha, 137 e 152.

Catemaco, Lago, (Veracruz), 54.

Catherwood, Frederick, 60 e 64.

caudilhos, 250-8.

ver também Santa Anna.

Cazals, Felipe, 375.

Ce Ácatl Topiltzin, 70-1.

Cedillo, general Saturnino, 266-9.

Celaya (Guanajuato), Batalha de, (1915), 245.

cenotes, 72.

censura, *ver* imprensa.

centralização, 84, 149-51 e 171-2.

governos liberais, 201 e 217.

intervenção do governo federal nos estados-membros, 308-9.

Cernuda, Luis, 359.

Cervantes, Miguel de, 363 e 366.

chalchihuita, cultura, 68-9.

Chalco (México), 79.

Champollion, Jean-François, 60.

Chapala (Jalisco), 43 e 162.

chatinos, 75.

Chaunu, Pierre, 110.

chefes políticos, 225.

Chiapas, 29, 31, 45-6, 49, 53, 60, 62 e 323.

Agua Tinta, 317 (*i.* 43).

Altos de, 319.

conflitos de terras em, 287, 317 (*i.* 43) e 318-20.

índios tseltal e tsotsil, 318.

Las Cañadas, 318.

problemas em, 46, 48 e 318-9.

Rebelião de, (1994), 36, 312, 317 (*i.* 43), 318-20 e 381.

reforma agrária em, 287-8 e 333.

região da Floresta de Lacandona em, 317-9.

Chicago, 40 e 374.

Chichen Itzá (Yucatán), 29, 63 e 72-3.

chichimecas, 68-9 e 73.

fronteira, 106 e 133.

Guerra, 106-7.

Chihuahua, 114, 133, 154-6, 180, 184, 189, 197, 214-5, 228, 233-6, 239-40 e 351.

indústria de mineração, 114.

posição do PRI, 323-4.

Chilapa (Guerrero), 186.

Chile, 49, 169, 282, 309 e 333-5.

China, 37, 111, 330-2 e 333-4.

comércio com a Nova Espanha, 111.

comércio com o México, 330 e 334-5.

Hu Jintao, presidente da, 334.

Império chinês, 34.

Jiang Zemin, presidente da, 37.

trabalho no México, 49.

chinampas, 76-7.

Chirac, Jacques, 333.

Cholula (Puebla), 71, 84, 93 e 116.

chontal, cultura, 70.

Churubusco, estúdios, 368.

Cidade do México, 32-3, 37, 89, 110, 118, 123, 132, 139, 144, 147-9, 153-5, 162, 166, 169, 171, 189, 193-7, 210-1, 227-8, 240, 242-3, 285, 292-5 e 313 (i. 42).

arquidiocese, 124, 129, 157, 189, 256 e 310-1.

Bolsa de Valores, 321.

Catedral da, 85 e 123.

Corte vice-real e governo, 111 e 126.

elite, 162, 166, 173, 187 e 224.

Jogos Olímpicos de 1968, 292-3.

ocupação dos Estados Unidos, 174-6 e 184.

ocupação francesa na, 195-201.

Palácio Nacional (Vice-real), 85 e 123.

Plaza de las Tres Culturas [Praça das Três Culturas] (Tlatelolco), 294-5.

produção têxtil, 284.

revolta de 1692, 123 e 126.

terremoto de 1985, 227 (*i.* 29) e 365.

universidades (UAM, UNAM) e academias, 124, 127, 209, 276 (*i.* 40), 293, 318, 320 e 348.

Zócalo (Praça Central), 123.

Cidade Juarez (Chihuahua), 38, 235 (*i.* 31), 285 e 290.

Câmara Municipal, 324.

cartel, 43 e 336.

El Paso del Norte, 196.

população e economia, 284.

Cidade Serdán (Puebla), 290.

Cidade Victoria (Tamaulipas), 255.

cientificos, 228-31 e 233.

cinema mexicano, 368-77.

Instituto Mexicano de Cinematografia, 369.

Sindicato dos Trabalhadores da Produção Cinematográfica do México (STPC), 375.

Claudel, Paul, 361.

Clavigero, Francisco Xavier, jesuíta, 126.

clero,

regular (ordens religiosas), 59, 93, 95-7, 121-2, 126-9, 133-7, 159-60 e 191-2.

secular (párocos regionais), 97, 132, 156-7 e 159-60.

ver também sobre a respectiva ordem.

Clinton, William Jefferson ("Bill"),

administração, 37 e 40.

pacote de ajuda de 1995, 315.

Coahuila, 107, 118, 135, 142, 147, 154-5, 182, 187, 193, 197, 210, 212 (*i.* 27), 215, 231, 233, 235 (*i.* 31), 237 (*i.* 33) e 241.

Coalizão Operária Camponesa e Estudantil do Istmo [*Coalición de Obreros, Campesinos y Estudiantes del Istmo*] (COCEI), 299.

Coatlicue, 96.

Coatzacoalcos, Rio, 52.

cocaína, 41-5 e 335.

Cocom, família, 73.

códices, 89 (*i.* 10).

Coe, Michael D., 55.

Coixtlahuaca (Oaxaca), 82.

Colima, 152.

Colômbia, 309 e 335.

cartéis, 42-3.

396 | HISTÓRIA CONCISA DO MÉXICO

Colombo, Cristóvão, 48.

Colorado, Rio, 133 e 155.

Colosio, Luis Donaldo, 44 e 312.

comanches, índios, 133 e 154-5.

Comando Geral das Províncias Interiores do Norte, 33 e 153-5.

comércio,

de cacau, 82 e 111-2.

neutro, 153.

Comonfort, coronel Ignácio, presidente do México (1855-1858), 189-90.

Companhia de Caracas, 112.

comunismo, 357, 359 e 365.

Conchos, Rio, 290.

Concílio de Trento, 96.

Concílio Eclesiástico Mexicano, Segundo, 96.

Concordatas, 157 e 197.

condições e relações trabalhistas, 97-106, 115-20, 160-1, 210, 216, 242-4 e 282-3.

Constituição de 1917, 245-7.

indústria de mineração, 146.

partido oficial e trabalho, 258-70, 277, 289 e 296.

posição deteriorada do trabalho na década de 1980, 297-8.

revoluções da década de 1910, 235, 239-47 e 289.

Confederação (1861-1865), 178, 193 e 196.

Confederação de Trabalhadores Mexicanos (CTM), 266-7, 277 e 282.

Confederação Nacional de Organizações Populares (CNOP), 277.

Confederação Nacional dos Camponeses (CNC), 268 e 275.

Confederação Regional Operária Mexicana (CROM), 253 e 266.

confrarias (confrarias religiosas), 96-7.

Congresso, 172, 181, 201, 225, 290-2, 296, 298, 314 e 341-5.

Câmara dos Deputados, 221, 224, 298, 307 e 316.

Congresso (Estados Unidos), 180 e 333.

Congresso de Chilpancingo (Guerrero), 164.

Conselhos Municipais, 99-104, 149, 168 e 270.

Constitucionalismo, 166-75, 191-3, 201, 218-20, 231, 245-7 e 379-81.

Cádiz, 166-72.

erosão por Díaz, 218-20.

liberal, 190-3.

oligárquica, 218-9.

posição de Madero, 231-3.

Revolução Constitucionalista, 237 (*i.* 33) e 252.

Revolução da década de 1910, 232-5, 244-7, 254-6 e 264.

Constituições,

1812 (Cádiz), 166-9 e 171-2.

1814 (Apatzingán), 164.

1824 (Federal), 48, 172 e 182.

1836 (Sete Leis [*Siete Leyes*], centralista), 175.

1843 (Bases Orgânicas, centralista), 175

1857 (Federal), 48, 187, 190-1, 218, 230, 245, 250 e 379.

1917 (Federal), 48, 85, 245-51, 254-5, 257, 264, 341 e 380.

emenda, 48, 202, 225 e 308.

Consulado do México, 110-1.

contrabando, 112-3.

contrarreforma, 34, 96-7, 129 e 224.

Cook, Sherburne F., historiador, 92.

Cooperação Econômica Ásia-Pacífico Asiático (APEC), 333-4.

Copan (Honduras), produção de cobre, 230, 233 e 260.

ver também Cananea (Sonora).

Córdoba, Tratado de, (1821), 171.

Córdoba (Veracruz), 316.

Corona, general Ramón, 226.

Corral, Ramón, 216 e 229-31.

Correa, Juan, 124.

corregidores, 100 e 150.

Corripio Ahumada, Ernesto, cardeal-arcebispo do México, 310.

Cortázar, Julio, 362.

Cortes,

castelhana, 100.

da Espanha Imperial, 155, 166-9, 171-2 e 187.

Deputados mexicanos nas, 147 e 168.

mexicanas, 172.

Cortés, Hernán, 31-2, 75, 81, 84, 88-9, 91, 98 e 101.

Cinco cartas de, 89.

marquês del Valle, 98.

Cosijoeza, 75-6 e 83.

Cosijopii, 76.

Cosío Villegas, Daniel, historiador e comentarista político, 219 e 278.

Costa Rica, 306 e 309.

Cowdray, lorde, *ver* Pearson, Weetman D.

Coyoacán (Distrito Federal), 79.

Creel, Enrique, 228.

Creel, Santiago, 344.

Creelman, James, entrevista de, 231.

crise imperial de 1808, 161-2.

crises de subsistência e fracasso das colheitas, 114, 145, 147-8, 166, 213 e 215.

cristeros, 257, 269 e 337.

Cristo Rei, 256.

Mártires canonizados da Cristiada, 337-9.

Monumento de Cubilete, 255.

Cristianismo, 93-7, 101-2, 104, 106, 120-32 e 381-2.

Croix, Teodoro de, vice-rei de Nova Espanha (1760-1766), 154-5.

Cruz, José de la, 163.

Cuarón, Alfonso, 369 e 376.

Cuauhtémoc, governante asteca, 31.

Cuautitlán (México), 99.

Cuautla (Morelos), 159.

Cuba, 39, 150, 175, 254, 261, 318, 352, 360, 369 e 376.

Revolução, 360 e 365.

Cuernavaca (Morelos), 81 e 298.

Cuicatlán (Oaxaca), região de Cañada, 59 e 83.

Cuicuilco, 52-3.

Cuilapan (Oaxaca), 75 e 83.

Culhuacan, 77.

Culiacán (Sinaloa), 324.

cultura,

chalchihuita, 68-9.

chontal, 70.

e estilo barroco, 120-32, 145 e 157.

na Europa, 120, 122 e 124.

nahua, 65, 70 e 76-84.

olmeca, 52-7.

tolteca, 56, 64, 70 e 72-4.

zapoteca, 31, 56-60, 65, 73-6 e 83.

curandeiros, 106.

Cusco (Peru), 101.

Dainzú (Oaxaca), 59.

Dalí, Salvador, 359.

Daniels, Josephus, 265.

Darío, Rubén, 352.

De Fuentes, Fernando, 351.

De la Garza, Juan José, 222.

De la Huerta, Adolfo, 244, 249, 251 (*i.* 37), 253 e 270.

De la Madrid, Miguel, presidente do México (1982-1988), 297, 302-3, 309 e 324.

De Las Casas, frei Bartolomé, O.P., 104.

Dehesa, Teodoro, 224.

Del Paso, Fernando, 367.

Del Río, Dolores, 370 e 373.

Del Toro, Guillermo, 369 e 376.

Delgado, Rafael, 350.

depósitos de carvão, 212 (*i.* 27).

Deputações Provinciais [*Diputaciones Provinciales*], 169.

desamortização, 176, 189-91 e 197.

ver também Movimento de Reforma (*La Reforma*).

Dia dos Mortos, 206.

Díaz, general Porfirio, presidente do México (1876-1880; 1884-1911), 200, 205, 213-4, 247, 285, 352, 357 e 369.

avaliação do regime, 217-20.

governo pessoal, 220-8.

"*pax* porfiriana", 215 e 222.

práticas políticas, 220-4.

questão da sucessão, 228-32.

rebeliões de La Noria (1871) e Tuxtepec (1876), 220-1 e 225.

regime de, 39, 220-32, 247, 260, 288, 295, 342 e 380.

HISTÓRIA CONCISA DO MÉXICO

Díaz del Castillo, Bernal, 88.

Díaz Mirón, Salvador, 226 e 353.

Díaz Ordaz, Gustavo, presidente do México (1964-1970), 287-8, 290-5 e 361.

crise de 1968, 293-6.

Díaz Serrano, Jorge, 301.

Diego, Juan, 127 (*i.* 14) e 337.

direita, 264, 267 e 275-6.

Distrito Federal, 243 (*i.* 36), 280, 292-3 e 341.

eleição popular do Regente (1997), 313 (*i.* 42) e 316.

indústria metalúrgica, 285.

Lei Orgânica (1970), 298.

o Regente e o governo federal, 292-3, 313 (*i.* 42) e 316.

população, 292.

dívida externa, 33, 175-8, 194, 207-8, 213-4, 253-4, 278, 297, 301 e 303-4.

acionistas britânicos, 193.

conversão da dívida em capital, 306.

crise da dívida da década de 1980, 301-7.

Cúpula de Cartagena (1985), 305.

dívida britânica, 175-8 e 207.

empréstimo de 1942, 278.

Plano Baker (1985), 305.

Plano Brady (1988), 306.

dízimo, 105.

Doblado, Manuel, 189.

Dolores (Guanajuato), 157.

Dominicanos (Ordem dos Pregadores), 97 e 121.

Donoso, José, 364.

Douglas (Arizona, Estados Unidos), 38.

Dublán, Manuel, 208, 212, 219 e 226.

Durango, província e estado de, 33, 68, 118-9, 135, 154, 210, 214, 240-1, 373 e 375.

dzules [brancos intrusos], 95.

Eagle Pass (Texas, Estados Unidos), 38.

Echeverría Álvarez, Luis, presidente do México (1970-1976), 281, 286, 295, 297, 311, 314, 320 e 324.

balança de pagamentos, 282 e 322.

crise de 1976, 300.

crise de 1982 em diante, 301-7.

crise financeira de 1994, 314.

"Desenvolvimento estabilizado", 281-6 e 296.

desvalorizações, 282, 300, 314 e 322.

economia (desde a Reforma), 203-16, 247-50, 260-6, 273-5, 278-88, 296, 300-10, 314-7, 320-2 e 327-30.

inflação, 279, 281, 300, 307 e 315.

investimento, 203, 278-9, 287 e 314.

papel do estado, 279-81 e 302-10.

PIB, 282-3, 314 e 322.

problemas de crescimento e estratégias de desenvolvimento, 279-80 e 286-8.

relacionamento dos setores público e privado, 277-8 e 296-7.

substituição das importações, 279-80, 286-7 e 288.

taxa de câmbio, 314 e 322.

taxas de crescimento, 275, 283, 288, 295, 300, 314 e 322.

ver também Grande Depressão (1929) *e* Recessão de 1907.

educação, 124, 126, 206-7, 226, 244, 255, 269, 285, 348 e 361.

ausência de, para os trabalhadores, 211.

habilidades gerenciais, 285.

liberal condenada, 311.

superior, 276 (*i.* 40).

ver também Cidade do México *e* Universidade Nacional (UNAM).

Egito antigo, 61 e 85.

Eisenstein, Sergei, 364 (*i.* 50) e 372.

ejidatarios, ver camponeses.

ejidos, ver questões de terra.

Ejutla (Oaxaca), 59 e 118.

El Chamizal, 290.

El Escorial, 366.

El Paso (Texas, Estados Unidos), 134, 154 e 355.

El Tajín (Veracruz), 70.

eleições,

de governadores, 312, 322-3 e 343.

do Congresso, 290, 298, 316 e 342.

ÍNDICE REMISSIVO | 399

fraude e engenharia eleitoral, 270-1, 290, 307, 313 (*i.* 42) e 316.

Lei eleitoral de 1918, 252 e 276.

Lei eleitoral de 1962, 290 e 299.

municipais, 292, 316 e 324.

presidenciais, 270, 298 e 312-3.

presidenciais de 2000, 324-5, 337 e 340-1.

presidenciais de 2006, 344-5.

empreendedores, 146, 176, 211-2, 214 e 280-1.

ver também investidores comerciantes.

encomenderos, 98-9.

encomienda, 98-9.

epidemias, 92 e 105.

Equador, 49.

Escandón, família,

Manuel, 177.

Pablo, 153.

Escobedo, general Mariano, 200-1 e 219.

Escola Preparatória Nacional, 207, 266, 293 e 354.

escrita minoica, 60.

Espanha,

artes, 122 e 124-5.

Constitucionalismo (1810-1814; 1820-1823), 166-9.

Convenção Tripartite (1861), 194.

crise de 1808, 147 e 161-3.

declínio, 109 e 111.

indústria, 115.

indústria cinematográfica, 369.

liberais, 167-9 e 232-3.

Primeira Guerra Carlista, 196.

Segunda República, Guerra Civil e Franco, 49, 266-7, 271, 357-8, 365-6 e 369.

ver também Cortes.

Esquerda, 264, 271, 275, 277, 280, 297, 313 (*i.* 42) e 341.

Estado,

e economia, 279-81 e 302-10.

período colonial, 148-51 e 166-70.

reconstrução pós-revolucionária, 245-6, 254-71 e 274-5.

Estados Unidos da América [EUA], 31, 34-45, 49, 143, 208, 211, 215, 224-5, 253-4, 260, 265-6, 274, 293, 304, 327-36 e 365.

Departamento de Estado, 265 e 335-6.

economia, 203, 208, 211, 261, 275 e 304.

Guerra contra o México (1846-1847), 178-85.

Guerra de Independência, 155.

intenções territoriais, 184 e 193.

intervenção em Veracruz, 36 e 238.

percepção do México, 35-7.

pressão dos, pelos direitos de trânsito, 36 e 184.

questão do reconhecimento pelos, 236, 238, 248 e 253.

relações com o México, 35-7, 40-1, 200, 253, 265, 290, 325 e 327-36.

estilo gótico, 121.

estradas de ferro, 209-10, 213 e 280.

política da administração de Cárdenas, 263.

Sindicato dos Ferroviários, 290.

estreito de Bering, 51.

Etla (Oaxaca), 52.

Europa, 29, 49, 88, 92, 94, 101, 109, 121-2, 124, 126, 144-5, 152, 180, 187, 200 e 274.

Central, 120 e 180.

Comunidade Econômica Europeia (CEE) e União Europeia (UE), 309, 317 e 332.

Estados de partido único, 260.

Euro, 317.

guerras de 1740-1763, 155.

Intervenção Tripartite, 194-5.

monarquias, 200-1.

noroeste da, 117, 152 e 211.

norte da, 203.

potências, 155 e 207-8.

recebe o petróleo mexicano, 304.

recessão de meados do século XVII, 110-1.

revoluções de 1848, 178-80.

sul da, 120.

Exército das Três Garantias, 171.

Exército mexicano, 42, 173, 178-84 e 335.

Exército Federal na Revolução de 1910, 233-8 e 380.

400 | HISTÓRIA CONCISA DO MÉXICO

pós-revolucionário, 293-5 e 319.

Rebelião de Chiapas, 319.

Exército Popular Revolucionário [*Ejército Popular Revolucionario*] (EPR), 299.

Exército Zapatista de Libertação Nacional (EZLN), 46 e 317-9.

ver também Zapata.

Extremadura (Espanha), 88.

Fabián y Fuero, Francisco, bispo de Puebla, 157.

Fagoaga, família, 146-7.

fascismo, 267, 271 e 357.

fazendas [*haciendas*], 214, 233, 241 e 329 (*i.* 46).

Federação de Sindicatos de Trabalhadores a Serviço do Estado (FSTSE), 268 e 289.

Federalismo, 31, 48, 172-3, 176-8, 187-93 e 201.

Constituições Federais de 1824, 1857 e 1917, *ver* Constituições.

eleições e o governo federal, 292.

fraqueza do sistema federal, 296.

intervenção do governo federal nos Estados-membros, 297 e 242.

Movimento Federalista de 1823-1824, 172-3.

restauração de 1846, 180-2.

Félix, Maria, 371 e 373-4.

feministas, 311.

Fernández, Emilio, "El indio", 370 e 373.

Fernández de Córdoba, Gonzalo, 87.

Fernández de Lizardi, José, 348-9 e 351.

Fernando VII (1808-1833), 168 e 172.

Figueroa, Gabriel, 368, 370 e 374-5.

Filipe II (1556-1598), 90, 104, 137 e 366.

Filipe IV (1621-1665), 136.

Filipe V (1700-1746), 138.

Filipinas, 111-2 e 148.

Flannery, Kent, 59.

Florescano, Enrique, historiador, 71.

Flórez, Manuel Antonio, vice-rei da Nova Espanha (1787-1789), 150 e 157.

Flórida (Estados Unidos), 155, 175 e 180.

Forças Armadas (Nova Espanha), 149-51, 155-7, 163 e 171.

Forças de Liberação Nacional (FLN), 46.

Forey, marechal Elie Frédéric, 195.

Fort Leavenworth (Kansas, Estados Unidos), 181.

Fox Quesada, Vicente, 323-5, 327-45 e 362.

França,

Guerra Franco-austríaca (1859), 196.

Legião Estrangeira, 195.

liberais, 232-3.

Napoleão I, 151 e 195.

positivismo, 207.

protestos de estudantes e trabalhadores de Paris de 1968, 295.

revolucionária, 150 e 163.

Franciscanos (Ordem dos Frades Menores), 60, 93, 95-6, 101, 121-2 e 134.

Francisco José I, imperador da Áustria (1848-1916), 195.

franco-maçonaria, 201 e 224.

Frente Democrática Nacional (FDN), 307 e 313 (*i.* 42).

Fresnillo (Zacatecas), 146 e 177.

Frías, Heriberto, 351.

fronteira, problemas de, 106-7, 132-6, 153-7 e 193.

Fuentes, Carlos, 38, 360, 362-3 e 366-7.

Fuerte, Rio, 135.

Fundo Monetário Internacional (FMI), 296, 305 e 315.

Gadsden, compra, 135.

ver também Tratado de La Mesilla (1853).

Galeão de Manila, 111.

Galileu Galilei (1565-1642), 124.

Galiza, 129.

Gallegos, Rómulo, 373.

Gálvez, José de, 149 e 154.

Gamboa, Federico, 351-2, 354 e 372.

Gamboa, Francisco de, 146.

Gamio, Manuel, 65 e 67.

García Bernal, Gael, 369 e 376.

García de la Cadena, general Trinidad, 225.

García Márquez, Gabriel, 364 e 375.

Garrido Canabal, Tomás, 266.
Garro, Elena, 366.
Garza, Lázaro de la, arcebispo de México, 189.
Garza Sada, família, 212 e 296.
    Bernardo, 296.
    Grupo Industrial Alfa, 296.
    Isaac Garza, 211.
Gavaldón, Roberto, 368 e 375.
gays, 121 e 311.
    ver também homossexualidade.
General Motors (México), 301.
geração de 1927 (escritores espanhóis), 359.
Gibson, Charles, historiador, 101-2.
Gide, André, 358.
Gila, Rio, 133, 155 e 184.
Gillow y Zavalza, monsenhor Eulogio, (arqui)
    bispo de Oaxaca, 224.
Giménez Cacho, Daniel, 369 e 376.
glifos, 60 e 64-5.
globalização, 29.
Golfo do México,
    produção de algodão no interior, 115-6 e
    151-3.
    receitas aduaneiras, 193 e 207.
Golpe de 1808 na Cidade do México, 161-2.
Gómez Farías, Valentín, 182 e 187.
Góngora, de Luis, 126.
Gonzaga Inclán, Luis, 349.
González, Abraham, 235 e 240.
González, general Manuel, presidente do
    México (1880-1884), 208, 222 e 224.
González, Martín, 224.
González, Pablo, 244.
González Iñárritu, Alejandro, 377.
Gordillo, Elba Esther, 343-4.
governadores de estado, 193, 197, 201, 208,
    224-5 e 258.
Governo metropolitano (Madri), 136-9, 141,
    144, 148-51, 157, 161-2, 166-9 e 171-2.
Grã-Bretanha, 155, 194, 207 e 266.
    opõe-se a nacionalização do petróleo, 265-6.
    relações diplomáticas com o México, 207
    e 266.
    ver também dívida externa.

Granada, 87 e 195.
Grande Depressão (1929), 249, 260-1 e 275.
Grécia antiga, 94 e 353-4.
Green, Rosário, 40 (*i.* 1) e 320.
Grijalva, Rio, 62.
Grupo dos 23, 333.
Gruzinski, Serge, historiador, 94 e 157.
Guadalajara (Jalisco), 32-3, 56, 116, 132, 148,
    152, 156, 159-61, 163 e 210.
    (arqui)diocese, 105, 338-9, 355 e 361.
    audiência, 146-7.
    produção têxtil, 115, 152 e 285.
Guadalupe Hidalgo, Tratado de, (1848), 35,
    180 e 184.
Guadalupes, 166.
Guanajuato, 147, 157, 186, 189, 214, 255-6,
    280, 298, 308 e 323-5.
Guarda Nacional, 222.
Guatemala, 49, 62, 88, 318 e 352.
Guayaquil (Equador), 112.
Guedea, Virginia, historiadora, 166.
Guerra, François-Xavier, historiador, 211 e 233.
Guerra Civil nos Estados Unidos (1861-1865),
    34, 178 e 194-6.
Guerra contra os Estados Unidos (1846-1847),
    34 e 178-85.
Guerra da Coreia (1950-1953), 281.
Guerra da Crimeia, 196.
Guerra da Intervenção Francesa, 31-2, 184,
    194-202, 210 e 221.
Guerra da Reforma, 32, 187-93, 210 e 221.
Guerra da Sucessão Espanhola, 138.
"guerra de castas", 186.
Guerra de Independência [Mexicana], 84,
    161-71, 230 e 366.
Guerra do Mixton, 106.
Guerra Hispano-Americana (1898-1899), 352.
Guerra Peninsular (1808-1814), 148 e 184.
Guerras de 1796-1808, 151.
"Guerras Floridas", 82.
Guerrero, 46, 187, 215, 242 e 343.
Guerrero, Vicente, presidente do México (1829),
    164 e 171.

402 | HISTÓRIA CONCISA DO MÉXICO

Guevara, Ernesto "Che", 294.

Guiengola (Oaxaca), 83.

Guipúzcoa (Espanha), 112.

Gurría, José Ángel, 320.

Gutiérrez Nájera, Manuel, 226 e 353.

Gutiérrez Rebollo, general Jesus, 43.

Guzmán, Martín Luis, 354, 358, 363 e 375.

Habsburgo, dinastia, 32, 88, 121 e 195-201.

haciendas, 103-6, 117-9, 147, 214-7, 233, 244 e 246.

    Constituição de 1917 e a grande proprie-dade, 245-7.

    período de Cárdenas, 262-4.

    trabalhadores residentes, 105.

Hassig, Ross, historiador, 88.

Havana, 193.

Hayek, Salma, 369 e 376.

Henríquez Ureña, Pedro, 353-4.

Hermosillo (Sonora), 292.

Herrera, José Joaquín de, presidente do México (1848-1851), 177 e 180.

Hidalgo, estado de, 186.

Hidalgo y Costilla, Miguel, 156-7, 159 e 162-4.

Hill, Benjamin, 244.

Hispaniola, 88.

historiografia, 82, 93-4, 106-7, 113-4, 143, 166, 171, 182, 217-20 e 379.

    ver também Anna; Cosío Villegas; Flores-cano; Gibson; Guedea; Guerra; Hassig; Katz; Knight; Krauze; Lockhart; Martin; Ricard; Rutherford; Taylor; Thomas; Thomson; Tutino e Van Young.

Holandês, 136.

Hollywood, 368-9 e 375.

homossexualidade, 121, 311 e 375-7.

    ver também gays.

Hondo, Rio, 62.

Houston, Sam, 177.

Huasteca, 215 e 248.

huaves [, povo], 75.

Huaxyacac (Oaxaca), 83.

Huejotzingo (Puebla), 82, 116 e 121.

Huejutla (Hidalgo), 186.

Huerta, general Victoriano, presidente do Méxi-co (1913-1914), 236-8, 240-1, 250 e 255.

Huitzilopochtli, 77 e 96.

Huitzo (Oaxaca), 57 e 83.

Humboldt, barão Alexander von (1769-1859), 142.

Ibarra, José de, 122.

Idade Média, 99.

Iglesias, José Maria, 197.

Igreja Católica Romana, 93-7, 100, 120-32, 157-60, 163, 187, 189-92, 197, 222, 224, 233, 310-1, 337-40 e 381-2.

    conflitos da década de 1920, 255-7.

    conflitos da década de 1930, 257, 266-7 e 269-70.

    crítica do liberalismo do final do século XX, 311 e 337.

    dominância peninsular na era colonial, 160.

    doutrinas, 122 e 130-2.

    e a Constituição de 1917, 245 e 256.

    Liga pela Defesa da Liberdade Religiosa, 256.

    nacionalização da propriedade eclesiástica, 191.

    número de clérigos, 97 e 340.

    período da reforma, 187-92, 197, 200 e 222.

    questão da riqueza da Igreja, 170 e 189-92.

    relacionamento Estado-Igreja, 310-1.

    retorno à influência política, 337-40 e 344-5.

    Revolta de Chiapas, 318.

    ver também clero.

Ilhas Cayman, 43.

Iluminismo, 34, 157 e 358.

    Despotismo Esclarecido espanhol, 150.

    europeu, 145, 187 e 366.

    mexicano, 85.

impacto da conquista espanhola, 91-2 e 101-4.

Império asteca, 31-2, 64-5, 69, 76-84, 87-8, 91-2 e 106.

    cosmologia e religião, 71-2, 77, 96 e 360.

    Grande Templo, 85.

    sistema tributário, 79-80.

Império inca, 101.

Império mexicano,
Primeiro (1822-1823), 33, 85 e 171-3.
Segundo (1864-1867), 143, 194-202, 352 e 367-8.

imprensa,
El Diario del Hogar, 226 e 231.
El Demócrata, 228.
El Hijo del Ahuizote, 226.
El Imparcial, 226.
El Monitor Republicano, 228.
El Mundo, 226.
El Observador, 225.
El Partido Liberal, 225.
El Renacimiento, 206.
El Universal, 355.
Excelsior, 365.
La Cruz, 187.
La Jornada, 319.
La Libertad, 227.
questão da liberdade de, 220, 225-8 e 246.

imunidades eclesiásticas, 160.

Índia, 333 e 360.

índios,
apaches, 133-4 e 154-5.
chiricahua, 133 e 155.
gileños, 155.
Grande Apachería, 133.
lipanes, 133 e 155.
mescaleros, 133.
comanches, 133 e 154-5.
mayos, 135 e 155.
navajos, 154-5.
ópata, 133, 135 e 155.
otomí, 48 e 95.
papago, 133, 136 e 155.
pima, 133, 135-6 e 154.
pueblo, 107 e 133-4.
tarahumara, 133-4, 154 e 215.
yaqui, 132, 136, 155, 216 e 229.
yuma, 155.
zacateca, 32 e 337.

"índios bárbaros" (índios não pacificados), ver sobre grupo específico.

Indochina, 195.

indústria, 80, 208, 210-1 e 278-86.
aço, 210, 261 e 284.
cervejarias, 212.
de fronteira (maquiladoras), 284, 311 e 321.
eletricidade, 280 e 302.
gêneros alimentícios, 286.
produtos químicos, 296.
têxteis, 47 (i. 3), 107, 115-7, 204, 210, 212 (i. 27), 261, 280 e 285.
vidro, 212.

indústria petrolífera, 247-50, 260-7, 300-2, 306 e 322.
Acordos de Bucareli, 249.
"boom" de 1977-1981 e o colapso da, 300-2.
corporações, 247.
leis sobre mineração e petróleo, 247.
nacionalização, 260-7, 275 e 281.
OPEP, 304.
Pemex, 280, 297 e 327-9.
petroquímicas, 280.

Infante, Pedro, 374.

influências,
flamengas, 88.
moçárabes, 88.

Instituto Mexicano de Cinematografia (IMCINE), 369.

Instituto Nacional de Antropologia e História (INAH), 85.

Insurgência da década de 1810, 148, 155-7, 161-8 e 185.

Intervenção Tripartite (1861-1862), 194-5, 197 e 238.

intervenções armadas, 169, 173, 175, 180, 190, 221, 225, 233, 235 e 379.

Intervenções francesas,
na Espanha (1808-1814), 184 e 195.
Primeira (1838), 170 e 177.
Segunda (1862-1867), 31, 143, 194-202, 367 e 379.

investidores comerciantes, 109-12, 115-6, 146-7, 151-3, 203 e 211.

404 | HISTÓRIA CONCISA DO MÉXICO

Iraque, 328 e 334.

irmãos Flores Magón, 230.

irrigação, 76-7.

Isabel, rainha de Castela, Espanha e Índias (1479-1504), 93 e 121.

Islã, 94.

Itália, 88, 90, 260, 265 e 283.

Iturbide, coronel Agustín de, imperador Agustín I (1822-1823), 169-72, 196 e 220.

Iturrigaray, José de, Vice-rei da Nova Espanha (1803-1808), 161-2.

Itzcóatl, rei asteca, 79-80.

Iztapalapa, 79.

Jaguar, temas, 52 e 55.

Jalapa (Veracruz), 54 (i. 4), 138, 183 e 308.

Jalisco, 32, 39-40, 43, 191, 214, 226, 256, 308, 324, 338 (i. 47), 345 e 355.

Jamaica, 153.

Japão, 35, 237, 265, 283, 306, 330 e 333.

Jaramillo, Jaime Humberto, 375.

jesuítas (Companhia de Jesus), 97, 122, 126, 129, 132-7, 146, 159 e 224.

João Paulo II, papa, 311, 337-8 e 381.

jogo de bola, ritual (pré-colombiano), 58-9, 68, 70 e 73 (i. 8).

Joyce, James, 361 e 366.

Juan Diego, 337.

Juana Inés de la Cruz, sóror, 360.

Juárez, Benito, presidente do México (1858-1872), 31-2, 188-202, 206, 215 219, 227 (i. 29), 231, 237 (i. 33), 265, 310, 348, 359, 367, 374 e 379.

Juchitán (Oaxaca), 46, 188 (i. 23), 226 e 299.

judeus, 121.

Kahlo, Frida, 227 (i. 29) e 375.

Katz, Friedrich, historiador, 239.

Kearny, Stephen W., 181.

Kepler, Johann (1571-1630), 124.

Kircher, Athanasius, (1601/1602-1680), 129.

Knight, Alan, historiador, 216.

Kollontai, Alexandra, 372.

Krauze, Enrique, historiador, 37.

La Fage, Oliver, 54.

La Laguna, 210.

"La Malinche" (Malintzin), 89, 91, 132 e 359. "malinchismo", 91

La Mesilla, Tratado de, (1853), 184.

La Quemada (Zacatecas), 32 e 69 (i. 7).

La Venta (Tabasco), 55.

Labastida, Pelagio Antonio, arcebispo do México, 192, 196 e 224.

Labastida Ochoa, Francisco, 320 e 324.

Ladd, Doris M., historiadora, 146.

Lago,
   Catemaco (Veracruz), 54.
   Texcoco, 31 e 77.
   vias do, 79.

Landa, frei Diego de, OFM, 95.

Lara, Agustín, 373.

Laredo (Texas, Estados Unidos), 38 e 226.

lavagem de dinheiro, 43-5.

Lawrence, D. H., 67.

Lei de 25 de janeiro de 1862, 194 e 200.

Lei Juárez, 189.

Lei Lerdo, 189.

Leis das Índias, 137.

León (Guanajuato), 298.

Lerdo de Tejada, Miguel, 189-90 e 192.

Lerdo de Tejada, Sebastián, presidente do México (1872-1876), 197, 202, 219 e 222.

Lerma, Rio, 33 e 69.

Liberalismo, 34, 157, 176, 189-93, 197-201, 206-7, 217-22, 227-8, 232, 244 e 379-80.
   Cádiz, 166-9, 172 e 187-9.
   divisões e facções, 217 e 222.
   primeira administração liberal, 176-7.

Lima (Peru), 101.

Limantour, José Yves, 212-4, 229, 231 e 278.

Lincoln, Abraham, 183.

Lockhart, James, historiador, 103.

Lombardia, 195.

Lombardo Toledano, Vicente, 266-7 e 277.

López de Santa Anna, general Antonio, ver Santa Anna.

López Mateos, Adolfo, presidente do México (1958-1964), 273, 282, 287 e 289.

López Obrador, Andrés Manuel, 341-5.

López Portillo, José, presidente do México (1976-1982), 281, 297, 300-1 e 308.

López Portillo y Rojas, José, 223.

López Velarde, Ramón, 353 e 361.

Lorenzana, Francisco, arcebispo do México, 157.

Loreto, *Nuestra Señora* de, (Baixa Califórnia), 135.

Los Angeles (Califórnia, Estados Unidos), 181.

Los contemporáneos, 358 e 360.

Louisiana, 135 e 150.

Loyola, Santo Inácio de, 97 e 122.

Macedo, Pablo, 228.

MacLeod, Murdo J., 68.

maconha, 42.

Madero, Evaristo, 231.

Madero, Francisco I, presidente do México (1911-1913), 231-6, 238-42, 253, 375 e 379-80.

assassinato, 235-6.

maderismo, 233.

maderistas, 235.

princípios, 231-3.

questão da sucessão presidencial em 1910, 231-2 e 353.

Madrazo, Carlos, 291 e 324.

Madrazo Pintado, Roberto, 324 e 341-5.

Madri (Espanha), 90, 122, 129, 138, 149, 153, 168-71 e 324.

Mafouz, Naguib, 376.

maias, 29, 31, 53, 56, 60-4 e 72-3.

códices, 89 (*i.* 10) e 95.

conquista espanhola, 95-6.

Malraux, André, 366.

Mancera, marquês de, vice-rei da Nova Espanha (1664-1673), 126.

Maquiavel, Nicolau, 88.

Mar Egeu, 85.

"Marcos", subcomandante (Rafael Sebastián Guillén), 317-9.

Marcus, Joyce, 59.

Mariscal, Ignácio, 219 e 222.

Márquez, general Leonardo, 190, 193 e 197.

Martí, José, 227 (*i.* 29).

Martin, Cheryl, historiador, 114.

Martínez, general Ignácio, 226.

Martínez, Mucio, 224.

Mastretta, Angeles, 363.

Mata, Filomeno, 226 e 231.

Matamoros (Tamaulipas), 38, 180, 193, 196 e 222.

Maximiliano, arquiduque da Áustria, imperador do México (1864-1867), 32, 194-202 e 352.

Mayapan (Yucatán), 73.

mayos, índios, 135 e 155.

McAllen (Texas, Estados Unidos), 38.

McCarthy, Cormac, 38.

McLane-Ocampo, Tratado, (1859), 36, 180 e 191-3.

Mediterrâneo, 35 e 88.

Mejía, general Tomás, 189-90, 193-4 e 200.

Méndez, Leopoldo, 357.

Mendoza, Antonio de, vice-rei da Nova Espanha (1535-1550), 99 e 106.

mercúrio, 144.

Mérida (Yucatán), 73 (*i.* 8), 292 e 324.

Mesoamérica, 29, 51-85 e 87.

Mesopotâmia, 51.

Mexicali (Baixa Califórnia do Norte), 38, 250 e 285.

México, província e estado do, 118, 341 e 343-4.

México, Vale do, 51, 64-7, 76-84 e 98-9.

Miahuatlán (Oaxaca), 75.

Michoacán,

diocese de, 105, 160, 163 e 192.

província e estado de, 32, 39, 82, 95, 169, 191, 197, 256, 313 (*i.* 42) e 340.

Mier y Terán, Luis, 221.

migração aos Estados Unidos, 38-41, 261, 331-2 e 333-5.

"Milagre mexicano", 275-88.

milenarismo, 159 e 162.

milícias (período colonial), 149-50 e 162-3.

Minas Gerais (Brasil), 113.

Minatitlán (Veracruz), 54 (*i. 4*).

mineração, indústria de, 68, 112-4, 142-8, 204-5, 211, 216, 224, 233 e 239.
  exportação de prata, 144-81.
  Faculdade de Mineração Colonial, 208.
  leis de mineração, 247.
  minas de prata, 106, 112-4, 134 e 145-7.
  preços da prata, 205, 207, 215 e 261.

Miramar, Tratado de, (1864), 197.

Miramón, general Miguel, presidente do México (1860), 190, 193-4 e 200.

Miranda, Juan de, 128.

missões, 133-4.

Mitla (Oaxaca), 74.

Mixcóatl, 71.

Mixe-Zoqueano, 53.

Mixteca, 73-4, 82-3, 100, 118, 186 e 225.

Moctezuma I, governante asteca, 80.

Moctezuma II, governante asteca, 32 e 83.

Modernistas, 351-2 e 358.
  Revista Azul, 353.
  Revista Moderna, 353.

Modotti, Tina, 361.

Molina Enríquez, Andrés, 348.

monarquia Bourbon (Espanha), 138-9, 141, 148-51, 159-60 e 166-8.
  colapso financeiro, 143 e 151.
  regalismo, 157 e 159-60.
  remoção em 1808, 141 e 161-2.
  ver também sobre monarcas individuais.

monarquia no México, 171-2, 193 e 195-201.

Monclova (Coahuila), 135.

Montanhas Rochosas, 135.

Monte Albán (Oaxaca), 52, 57-60, 73-4 e 89 (*i. 10*).

Monte de las Cruces, Batalha de, (1810), 163.

Montenegro, Roberto, 358.

Monterey (Califórnia, Estados Unidos), 181.

Monterrey (Novo León), 29, 36, 38, 181, 211-2, 271, 281, 296, 322, 330 e 354.
  fundação, 107.

indústrias, 211-2 e 285.

interesses comerciais, 271, 281, 297 e 322.

ver também Garza Sada.

Montes Puuc (Yucatán), 62-3.

Mora, Dr. José Maria Luis, 347.

Morelia (Michoacán), 158 e 293.
  ver também Valladolid de Michoacán.

Morelos, estado de, 80, 214, 242-3 e 318.
  haciendas, 214 e 241-3.
  produção de açúcar, 214, 242, 267 e 287.

Morelos, José María, 164-5, 169 e 195.

Morones, Luis, 252-3 e 266.

Morrow, Dwight, 257.

Moscou, 366 e 372.

Motolinía, frei Toribio de, OFM, 93.

Movimento Chicano, 34.

movimento de guerrilha da década de 1970, 46 e 299.

Movimento de Reforma (*La Reforma*), 47, 132, 187-93, 203, 206-7, 218, 311 e 379-81.
  Leis de Reforma, 187-90, 255 e 337.

movimento estudantil de 1968, 293-5, 360 e 365.

Moya de Contreras, Pedro, arcebispo do México, 104.

Múgica, Francisco, 246, 266 e 270.

Munguía, Clemente de Jesus, bispo de Michoacán, 182.

Munique, 90.

Muñoz Ledo, Porfirio, 324.

muralistas, 81, 156, 365 (*i. 51*) e 372.

Murillo, Bartolomé Estéban, 122 e 124.

Museu Nacional de Antropologia e História, 85, 276 (*i. 40*) e 365 (*i. 51*).

Nacional Financiera, 263 e 279-80.

nacionalismo mexicano, 31-2, 36, 41, 61, 84-5, 133, 238 e 358.
  católico, 269.
  econômico, 237, 249, 253-4, 260-7, 271, 279-81, 296, 302, 307-8 e 320.
  período de Cárdenas, 260-6.
  protonacionalismo, 130.

Nações Unidas, 332.

nahua, cultura, 65, 70 e 76-84.

Napoleão III, imperador francês (1852-1870), 193, 195 e 197.

náuatle, 47 (*i*. 3), 64-5 e 76-84.

Nava, Dr., 343.

navajos, índios, 154-5.

Nayarit, 159.

Nazas, Rio, 210.

Negrete, Jorge, 373-4.

Nejapa (Oaxaca), 59.

neoastecismo, 32, 84-5 e 126.

neoliberalismo, 48, 282 e 307-10.

neoplatonismo, 129.

Neruda, Pablo, 353 e 359-60.

Nervo, Amado, 353.

Nezahualcóyotl, 77.

Nezahualpilli, 77.

Nicarágua, 304 e 318.
    Sandinistas, 304 e 318.

nobreza,
    pós-conquista, 97-100.
    pré-conquista, 57 e 79-80.
    ver também sobre os títulos.

Nochixtlán (Oaxaca), 74.

Nogales (Arizona, Estados Unidos), 38.

Nogales (Sonora), 38.

norte da África, 93 e 195.

Nova Galiza, reino da, 33

Nova Orleans (Louisiana), 184.

Nova Vizcaya, 33, 136 e 154-5.

Novaro, Maria, 376.

Novas leis, 99.

Novo, Salvador, 354.

Novo Laredo (Tamaulipas), 38 e 336.

Novo León, 33, 154, 187, 191, 193, 211-2, 221, 225, 231-2, 271, 284 e 324.
    ver também Monterrey (Novo León).

Novo México, 133-4, 169, 178-85, 193 e 332.
    perdido pelo México, 178-81.

Novo Santander, 142 e 154.

Nueces, Rio, 142 e 180.

Oaxaca,
    cidade de, 115, 121, 124, 131 e 323.
    culturas mixtecas, 73-4 e 83.
    culturas zapotecas, 54, 57-60 e 73-6.
    província e estado de, 31, 82, 115, 121, 152, 184-5, 221, 231, 299, 323 e 342.
    Serra de, 41, 115 e 186.
    Vale de, 47 (*i*. 3), 53, 75 e 118.

obrajes, 115-6 e 153.

Obregón, Álvaro, presidente do México (1920-1924), 243-4, 247-55, 257, 354 e 380.
    assassinato, 257.

Ocampo, Melchor, 36 e 192.

Oceano Pacífico e sua costa, 59, 75, 111, 116, 192 e 306.
    bacia do, 306.
    expansão britânica e russa, 154.
    produção de algodão, 210.
    receitas aduaneiras, 193.
    restrições ao comércio, 98 e 109-13.

ocidentalização, 94.

Ocosingo (Chiapas), 318.

O'Donojú, Juan de, 171.

Ogazón, general Pedro, 221.

O'Gorman, Juan, 156 e 276 (*i*. 40).

O'Higgins, Pablo, 357.

Ojinaga (Chihuahua), 290.

Olivares, conde-duque de, 136.

olmeca, cultura, 52-7.

ópata, índios, 133, 135 e 155.

operação linha dura [*hard-line*], 41.

operadores de mineração, 112-4.

Ordem de São Jerônimo, 127.

Ordem dos Agostinianos, 97.

Ordem dos Carmelitas Descalços, 137.

Organização dos Estados Americanos (OEA), 335.

Organização Mundial do Comércio (OMC), 333.

Organizações Não Governamentais (ONGs), 316.

Órgão de Combate às Drogas (DEA) (Estados Unidos), 42-3 e 335.

408 | HISTÓRIA CONCISA DO MÉXICO

Orizaba (Veracruz), 209, 285 e 316.

Orozco, José Clemente, 81, 156 e 372.

Orozco, Pascual, 235 e 241.

Ortiz, Guillermo, 320.

Ortiz Mena, Antonio, 273, 286, 289 e 296.

Ortiz Rubio, Pascual, presidente do México (1930-1932), 266.

Othón, Manuel José, 353.

otomí, índios, 48 e 95.

Pacheco, general Carlos, 210 e 224.

Pachuca (Hidalgo), 146.

padrão-ouro, 211 e 213.

Palafox y Mendoza, Juan de, bispo de Puebla, vice-rei da Nova Espanha (1642), 136-7.

Palenque (Chiapas), 29 e 64.

Panamá, 153, 183 e 265.

Pani, Alberto, 254 e 374.

papago, índios, 133, 136 e 155.

Papaloapan, Rio, 52.

Papantla (Veracruz), 186.

Paredes (y) Arrillaga, general Mariano, presidente do México (1846), 175.

Parma, 90.

Parral (Chihuahua), 112 e 242 (*i*. 35).

Parras (Coahuila), 231.

Partido Autêntico da Revolucão Mexicana (PARM), 290.

Partido Católico Nacional (PCN), 202, 233 e 252.

Partido Conservador, 36, 186-7, 190, 193, 197, 200 e 202.

    fundação do, 187.

    Intervenção francesa, 197.

    no período da reforma, 187 e 191.

    relacionamento com Maximiliano, 197 e 200.

Partido da Revolução Mexicana (PRM), 267-71.

Partido de Ação Nacional (PAN), 276, 292, 298, 307-8, 311-2, 320, 323-5 e 341-5.

Partido Democrata (Estados Unidos), 238.

Partido Laborista Mexicano (PLM), 253.

Partido Nacional Revolucionário (PNR), 32 e 257-60.

Partido Popular Socialista (PPS), 277.

Partido Republicano (Estados Unidos), 333.

Partido Revolucionário Democrático (PRD), 313 (*i*. 42), 316 e 341-5.

Partido Revolucionário Institucional (PRI), 43-4, 84, 277-8, 289-91, 295, 297-300, 307, 313 (*i*. 42), 316, 323-5, 340-5, 360 e 375.

    relacionamentos com o comércio, 273, 277, 280-1 e 297.

partidos políticos, 252-3, 257-60 e 267-71.

    ver também sobre nomes individuais.

patriotismo crioulo, 126 e 131-2.

patrulha da fronteira (Estados Unidos), 40 (*i*. 1).

Payno, Manuel, 177 e 350.

Paz, Ireneo, 359.

Paz, Octavio, 32, 84, 129, 353, 359-60, 364 (*i*. 50) e 366.

Pearson, Weetman D., visconde Cowdray, 247.

pecuária, 118-9, 147, 214, 241 e 287.

Pedra de Roseta, 60.

Pellicer, Carlos, 358 e 366.

Pérez, Antonio, 159.

Período pré-colombiano, 29-30, 45, 51-84 e 354.

Perote (Veracruz), 183.

Peru, 49, 97, 101, 106, 109, 111-2, 138, 169, 218 e 261.

Petén (Guatemala), 53.

Piedras Negras (Coahuila), 38 e 193.

pima, índios, 133, 135-6 e 154.

Pimentel, Emilio, 228.

Pineda, Rosendo, 226.

pintura, 120-8, 206 e 209.

    Período Barroco, 120-8.

    século XIX, 206 e 209.

    ver também muralistas *e pintores individuais.*

Pio IX, papa, 197 e 224.

pipiltin, 77.

pirâmides, 52-85.

Plano,

    Agua Prieta (1920), 247.

    Ayala (1911), 242-3.

    Ayutla (1854), 186.

de 1920, 247 e 250.

Guadalupe (1913), 235 e 244.

Iguala (1821), 169-71.

Tuxtepec (1876), 225.

pochtecas, 77.

poesia, 129, 226, 352-3 e 358-60.

Polk, James K., 180.

Poniatowska, Elena, 357 e 365.

população, 52, 57-8, 65, 69, 77, 79, 91-3, 98, 101, 105, 144-5, 204, 210, 214, 275, 283 e 287.

população indígena, 45-9, 51-84, 92-3, 97-8 e 102-5.

comunidades (*repúblicas de índios*), 101-4.

crenças e práticas religiosas, 93-6.

declínio, 92, 105 e 113.

impacto da Constituição de 1812, 168.

Lei dos Direitos Indígenas, 342.

liberdade de trabalho, 97-104.

respostas à expansão hispânica, 106-7, 133-4 e 153-5.

sistema de mercado, 47-8, 115 e 151-2.

terra, perda da, 104-6 e 214-6.

porfiristas, 216, 218 e 228-38.

Portes Gil, Emilio, presidente do México (1928-1930), 255, 258 e 266.

Portugal, 118, 121 e 137.

Posada, José Guadalupe, 206, 227 (*i*. 29) e 357.

Posadas, Juan Jesús, cardeal-arcebispo de Guadalajara, 310-1 e 339.

Positivismo, 219-20, 348 e 353.

Presidência, 84, 218, 224-9, 233, 257-9, 278, 280, 288-90 e 340-5.

Constituição de 1917, 245-7.

predomínio na, 288-90 e 308.

presidios, 106, 133-6, 153 e 155.

pressões financeiras e fiscais,

Era colonial, 137-9.

início do período nacional, 175-8.

Prigione, monsenhor Girolamo, 339.

principales, 102.

privatização, 296-7, 303-4 e 307-9.

"problema indígena" (contemporâneo), 45-9.

Procuradoria Geral da República, 43 e 339-40.

produção,

de açúcar, 118.

em Morelos, 242.

em Yucatán, 186.

de café, 49, 209 e 318.

de ouro, 113 e 178.

professores, 275, 343 e 345.

Propriedade corporativa, *ver* desamortização.

Protestantismo, 192 e 381-2.

províncias bascas (Espanha), 110.

bascos, 126 e 146.

comerciantes, 146 e 214.

mineração, atividades de, 146.

Províncias Unidas dos Países Baixos, 136.

Puebla, 75, 80, 93, 115-8, 168, 336 e 375.

batalhas de (1862-1863), 195-6.

Capela do Rosário, 122.

cidade de, 93, 185, 210, 212, 285 e 298.

diocese, 122, 129, 136-7, 157 e 176.

estado de, 46, 185, 189, 249-51 e 323.

produção de cereais, 115-8.

produção têxtil, 116-7, 151-4 e 284.

Vale de, 101, 118 e 164.

pueblo, 102-4.

pueblo, índios, 107 e 133-4.

Puerto Vallarta, 368.

Querétaro,

capital nacional, 174 e 245.

cidade de, 124, 146 e 262.

Colina dos Sinos, 200.

Convenção Constitucional de, 245.

Convento de Santa Rosa de Viterbo, 124.

estado de, 48, 186, 189, 214, 324 e 343.

indústria de lã, 116.

queda de 1867, 200.

questão da reeleição, 217, 220-1, 225-32 e 257.

questão de fronteira, 38-41 e 331-6.

questões de terra, 46, 48, 57, 74, 104-6, 137, 185-6, 220-1, 244, 254, 277 e 286.

distribuição ao campesinato, 205, 242-3 e 245-6.

410 | HISTÓRIA CONCISA DO MÉXICO

ejido, 254, 262-3 e 269.

posição de líderes revolucionários, 233, 241-6 e 262-5.

Quetzalcóatl (Serpente Emplumada), 56, 65-7, 70-2, 77, 93 e 96.

Quintana Roo, 45.

Quiotepec (Oaxaca), 59.

Ramírez, Ignácio, 221 e 227 (*i. 29*).

Ramos, Samuel, 358.

Real del Monte (Pachuca), 146.

Real, patronato, 105 e 159.

rebeliões, 100, 134, 185-7, 190, 215-6, 220-1, 250, 252-3, 256, 266 e 270.

   ver também Rebelião de Chiapas (1994).

Recessão de 1907, 204, 213, 218-9 e 233.

reforma agrária, *ver* questões de terra.

reformas dos Bourbons, 113, 138-9, 141, 148-51 e 159-60.

   liberalização do comércio imperial, 155.

Regência,

   (1821-1822), 171-2.

   (1863), 195.

regionalismo, 164 e 172-5.

   ver também Federalismo.

Registro Civil, 191.

Regla, Pedro Romero de Terreros, conde de, 146.

relação *cabecera-sujeto* [cabeceira-súdito], 103.

Relaciones, 105.

religião, 52-84, 93-7, 120-7, 130-2, 157-60, 187-91, 255-7, 310-1, 337-40 e 381-2.

   ver também Cristianismo *e* Igreja Católica Romana.

Renascimento, 88, 94, 120 e 126.

repartimientos, 120.

República Centralista (1836-1946), 175, 177-8 e 182.

   colapso da, 181.

   Governadores departamentais, 175.

   subprefeitos, 175.

"República de la Sierra Madre", 193.

República Dominicana, 150-1, 254 e 353.

República Restaurada, 144, 202, 220-4 e 232.

Revillagigedo, conde de, (o Jovem), vice-rei da Nova Espanha (1789-1794), 139.

Revillagigedo, conde de, (o Velho), vice-rei da Nova Espanha (1746-1755), 139.

Revolução da década de 1910, 32, 39, 46, 156, 163-4, 168, 185, 205, 216, 219, 232-47, 250-71, 275, 278 e 308.

Revolução de Ayutla, 186-7 e 189.

Revueltas, José, 375.

Revueltas, Silvestre, 361.

Reyes, Alfonso, 354.

Reyes, general Bernardo, 208, 215, 225, 228-30, 237 (*i. 33*) e 354.

Reyes, Rafael, 226.

reyistas, 229.

Reynolds, Clark, economista, 203.

Reynosa (Tamaulipas), 38.

Ricard, Robert, historiador, 93.

Rice, Condoleeza (Secretária de Estado dos Estados Unidos a partir de 2004), 334.

Rio,

   Atoyac (Oaxaca), 52.

   Blanco (Veracruz), 230.

   Bravo del Norte (Rio Grande), 33, 106, 134, 154, 180, 183, 193, 196, 290 e 331.

   Coatzacoalcos, 52.

   Colorado, 133 e 155.

   Conchos, 290.

   Fuerte, 135.

   Gila, 133, 155 e 184.

   Grijalva, 62.

   Hondo, 62.

   Lerma, 33 e 69.

   Nazas, 210.

   Nueces, 142 e 180.

   Papaloapan, 52.

   Santa Cruz, 135.

   Tonalá, 52.

   Usumacinta, 62.

Rio de Janeiro (Brasil), 172.

Riva Palacio, Vicente, 350 e 352.

ÍNDICE REMISSIVO | 411

rivalidades políticas na Mesoamérica, 73-83.

Rivera, brigadeiro Pedro de, 135.

Rivera, Diego, 81, 206, 209, 354 e 372.

Rivera Carrera, Norberto, cardeal-arcebispo do México, 311 e 339-41.

Rodó, José Enrique, 354.

Rodríguez, frei Diego, 124.

Rodríguez, general Abelardo, presidente do México (1932-1934), 259 (i. 39).

Rodríguez Juárez, família, 122.

Roma antiga, 67 e 94.

Romero, Matías, 196, 212-3, 219 e 221.

Romero de Velasco, Flávio, 43.

Romero Rubio, Carmen, 222.

Romero Rubio, Manuel, 219, 222-6 e 229.

Romo, Santo Toribio, 338 (i. 47).

Roosevelt, Franklin D., 265.

Roosevelt, Theodore, 238.

Rubens, Peter Paul, 124-5.

Rubí, marquês de, 153.

Rubio y Salinas, Manuel, arcebispo do México, 124.

Ruiz, Samuel, bispo de San Cristóbal de Las Casas, 319.

Ruiz Cortines, Adolfo, presidente do México (1952-1958), 273, 276 (i. 40), 281 e 291.

Ruiz Massieu, José Francisco, 43 e 312.

Rulfo, Juan, 362, 364 (i. 50) e 375.

Rússia, 154, 245, 332 e 372.

Rutherford, John, historiador, 245.

sacrifício humano, 56, 72 e 82.

Sahagún de Fox, Marta, 341.

Sahagún, frei Bernardino de, OFM, 95.

Salas, general Mariano, presidente do México (1846), 181.

Salinas de Gortari, Carlos, presidente do México (1988-1994), 43-4, 48, 308-9, 312-4, 317 (i. 43), 325, 332, 335-6, 339 e 341-2.

Salinas de Gortari, Raul, 43.

Salles, Walter, 377.

Saltillo (Coahuila), 182.

San Andrés Tuxtla (Veracruz), 54.

San Antonio de Béxar (Texas, Estados Unidos), 38 e 135.

San Bartolo Coyotepec (Oaxaca), 47.

San Blas (Nayarit), 153.

San Cristóbal de Las Casas (Chiapas), 317-9.

San Diego (Califórnia, Estados Unidos), 38, 40 (i. 1), 181 e 336.

San Jacinto, Batalha de, (1836), 177.

San Javier del Bac (Arizona, Estados Unidos), 135.

San José Mogote (Oaxaca), 52 e 74.

San Juan del Río (Querétaro), 32.

San Lorenzo (Veracruz), 55.

San Luis Potosí,
  cidade de, 124, 161, 180, 182, 195, 215 e 353.
  indústrias, 211, 280 e 285.
  Intendência, 142.
  província e estado de, 31, 91, 118, 163, 214, 266-8, 343 e 382.

San Miguel el Grande, atual San Miguel de Allende (Guanajuato), 116.

San Pedro del Álamo, conde de, 119.

Sánchez, Miguel, 130.

Sánchez Navarro, família, 147.

Sandoval Iñiguez, Juan, cardeal-arcebispo de Guadalajara, 339-40.

Santa Anna, general Antonio López de, presidente do México (1833-1835; 1841-1844; 1846-1847; 1853-1855), 170, 175, 177, 182-4, 187-8, 198, 220 e 350.

Santa Cruz, Rio, 135.

Santa Fé (Novo México, Estados Unidos),
  Caminho de Santa Fé, 181.

Santa Maria Tonantzintla (Puebla), 121.

Santa Sé (Papado), 130, 157, 197-8, 310, 339 e 381.
  núncio apostólico, 197 e 310.

Santander (Espanha), 110.

Santiago, condes de, 146.

Santo Ofício da Inquisição, 93, 97, 104, 121 e 124.

São Francisco (Califórnia, Estados Unidos), 181.

Scott, general Winfield, 174 e 183.

412 | HISTÓRIA CONCISA DO MÉXICO

Segunda Guerra Mundial, 275.

Senado, 169, 222, 290, 316 e 328.

serviços sociais, 285.

ISSSTE [Instituto de Seguridade e Serviços Sociais para os Trabalhadores do Estado], 289.

Sevilha (Espanha), 79, 115, 122 e 124-5.

Shakespeare, William, 354.

Sierra Gorda, 186 e 189.

Sierra Madre, 133.

Sierra Méndez, Justo, 227, 348, 352-4 e 361.

Sigüenza y Góngora, Carlos de, 126.

Silva Herzog, Jesus, 301.

Sinaloa, 135, 154, 221, 320, 324, 336 e 343.

sinarquismo [União Nacional Sinarquista] (UNS), 269 e 275-6.

Sindicato Nacional dos Trabalhadores da Educação (SNTE), 343 e 345.

Siqueiros, David Alfaro, 81 e 372.

Síria, 51.

Sistema colonial espanhol, 92-106, 109-20 e 141-53.

conquista e conquistadores, 31, 83-4, 87-9, 91-2 e 358.

subsolo, depósitos do, 246.

Sistema de Intendências, 138 e 149-50.

Sistema Tributário,

Asteca, 79-80.

da Espanha colonial, 99.

Soconusco (Chiapas), 82.

Solana, Fernando, 320.

Sombrerete (Zacatecas), 113 e 146.

Sonora, 134-5, 154-5, 184, 214-7, 229 e 236.

Calles como governador, 361.

Guerras Yaqui, 135-6 e 216.

indústria de mineração, 211.

líderes revolucionários, 244 e 260.

Stalin, Josef, 270 e 372.

Stephens, John Lloyd, 60 e 64.

Stockton, Comodoro Robert F., 181.

Suárez, Pino, 357.

subcontinente norte-americano, 35, 143, 166 e 379.

"Sudoeste americano", 38.

Extremo Norte mexicano, 57-9.

perdido pelo México, 178-85.

sufrágio eficaz, questão do, 220, 232-3, 247, 251, 257, 314 e 381.

Supremo Tribunal, 190, 264 e 342.

Surrealismo, 359 e 364.

Tabasco, 52, 70, 266, 291, 300, 324 e 341.

Taft, William Howard, 238.

Taller de Gráfica Popular, 356-7 e 364 (*i*. 50).

Tamaulipas, 181, 191, 222, 255 e 343.

Tamayo, Rufino, 365 (*i*. 51).

Tampico (Tamaulipas), 176 e 318.

Taos (Novo México), 135 e 181.

tarahumara, índios, 133-4, 154 e 215.

Tarascanos, 32 e 82.

Taxco (Guerrero), 124.

Taylor, A. J. P., historiador, 180.

Taylor, general Zachary, 180 e 182.

Taylor, William B., historiador, 130, 159 e 161.

tecnologia, 204, 211 e 284.

Tehuacán (Puebla), 59.

Tehuantepec (Oaxaca), 46, 59, 75-6 e 83.

istmo de, 91, 183-4, 192, 299 e 306.

Tenochtitlán, 31-2, 76-85, 87-8, 91-2 e 99-100.

Teotihuacan, 56, 59, 64-70 e 77.

Teotitlan del Valle (Oaxaca), 47 (*i*. 3).

tepehuanes, 133.

Tepeyac, 79, 96 e 127 (*i*. 14).

Tepic (Nayarit), 215 e 221.

Teposcolula (Oaxaca), 100.

Tepotzotlán (México), 122 e 124.

Tepoztlán (Morelos), 70.

Terrazas, família, 197, 214 e 228.

Texas, 38-9, 133, 135, 178, 180, 193, 195, 214, 226 e 331.

anexação pelos Estados Unidos, 178 e 180.

Guerra de 1836, 177.

província mexicana, 133, 135 e 176.

República do, 180.

Texcoco, 31, 77 e 79.

Lago, 31 e 77.

ÍNDICE REMISSIVO | 413

Texistepec (Veracruz), 54 (*i. 4*).

Tezcatlipoca, 71.

Thomas, Hugh, historiador, 88.

Thomson, Guy P. C., historiador, 116.

tianguis, 47 (*i. 3*).

Ticiano, 90 e 122.

tierra caliente, 163.

Tierras Largas (Oaxaca), 52.

Tijuana (Baixa Califórnia do Norte), 39, 40 (*i. 1*), 285 e 292.

    cartel, 42, 311, 336 e 339.

    população e indústria, 284-5.

Tikal (Guatemala), 29, 57, 60 e 72.

Tilantongo (Oaxaca), 75.

Tixtla (Guerrero), 206.

Tlacolula (Oaxaca), 47 (*i. 3*) e 58 (*i. 5*).

Tlacopan, 79-80.

Tlaloc, 56, 62 e 77.

tlamemes, 79.

Tlapa (Guerrero), 186.

Tlatelolco, 80, 291, 360 e 365.

tlatoani, 77 e 84.

Tlaxcala, 26, 82, 89 (*i. 10*), 93 e 225.

Toledo, Francisco, 188 (*i. 23*).

Toledo (Espanha), 89.

Tolstoy, conde Leo, 352.

tolteca, cultura, 56, 64, 70 e 72-4.

Toluca (México), 289 e 298.

Tonalá, Rio, 52.

Tonantzin, 96, 122 e 130.

Torre de Cosío, condes de, 146.

Torreón (Coahuila), 210.

Torres Bodet, Jaime, 358.

tradição oral e pictórica, 77, 89 (*i. 10*) e 94-6.

tráfico de drogas, 35, 37, 41-3 e 335-6.

    narcotraficantes, 45 e 336.

Tratado de Córdoba (1821), 171.

Tratado de Guadalupe Hidalgo (1848), 35, 180 e 184.

Tratado de La Mesilla (1853), 184.

    Gadsden, compra, 184.

Tratado de Miramar (1864), 197.

Tratado McLane-Ocampo (1859), 36, 180 e 191-3.

    ver também Estados Unidos da América.

Tratado Norte-Americano de Livre Comércio (NAFTA), 36, 309, 314-5, 317, 321 e 331.

Trento, Concílio de, 96.

Treviño, general Gerónimo, 222.

Tribunal Geral Indígena (*Juzgado General de los Indios*), 104-5.

tributação e receitas, 149-51, 285 e 365.

    capitação, 177 e 186.

    coleta de impostos, 111 e 149.

    questão da reforma fiscal, 237, 273, 285 e 300.

    receitas aduaneiras, 177, 193 e 207.

    renda da Coroa, 113, 138-9, 144-5 e 149-51.

    renda de desamortização, 190.

    venda de cargos, 137.

Tríplice Aliança, 80.

tropeiros, 152.

Trotsky, Leon, 270.

Tucson, San Agustín del, (Arizona), 155.

Tula (Tollan), 65, 70-1, 75-7, 80 e 96.

Tulum, 73.

Tutino, John, historiador, 243.

Tututepec (Oaxaca), 75.

Tuxpan (Veracruz), 80-4.

tzompantil, 73.

Uaxactún (Guatemala), 29.

Ugarte y Loyola, Jacobo, 155.

União Liberal, 227-8.

    Liga de escritores y artistas revolucionários, 357.

    Período da Reforma, 183-93 e 200-2.

    Período Porfiriano, 217-20.

    República Restaurada, 206-7.

União Soviética (URSS), 260, 320, 360, 366 e 372.

Universidade Nacional (UNAM), 37, 276 (*i. 40*), 293 e 362.

urbanização, 203-4, 210, 275, 284, 287-8 e 370.

414 | HISTÓRIA CONCISA DO MÉXICO

Uruchurtu, Ernesto, 292-3.
Uruguai, 39.
Usumacinta, Rio, 62.
Uxmal (Yucatán), 29 e 62.

Vale do Indo, 51.
Valência (Espanha), 366.
Valladolid (Espanha), 104.
Valladolid de Michoacán, 158 e 161.
    ver também Morelia (Michoacán).
Vallarta, Ignácio, 219.
Vallejo, Demetrio, 290.
Van Young, Eric, historiador, 145, 160 e 163.
Vanderwood, Paul J., historiador, 351.
Vargas Llosa, Mario, 364.
Vasconcelos, José, 231, 258, 348, 354
    e 364 (i. 50).
Vaticano,
    ver Santa Sé, 339-40 e 375.
Vázquez de Coronado, Francisco, 106.
Vega, Lope de, 126.
Velasco, José Maria, 206 e 209.
Velasco, Luis de, (o Jovem), vice-rei da Nova
    Espanha (1590-1595), 104.
Velázquez, Fidel, 277, 282 e 302.
Venezuela, 111, 283, 306-7, 309, 322 e 328.
    Antonio Guzmán Blanco, 219.
    Cipriano Castro, 219.
    Juan Vicente Gómez, 219 e 249.
Veracruz,
    administração liberal, 191.
    cidade de, 151, 183, 191, 194, 208, 238,
        244, 316 e 353.
    importadores, 153.
    província e estado de, 46, 82, 170, 183-4,
        215, 221, 224, 260, 264 e 281.
    região costeira, 70, 151-2, 186 e 194.
vice-presidência, 230-2.
Vice-Reino da Nova Espanha, 29, 33, 99-100,
    143, 145, 159, 166, 169 e 203.
    ameaça britânica, 150-1.
    economia, 109-20, 144-8 e 160-1.
Vidaurri, Santiago, 187, 193, 222 e 231.
Villa, Francisco "Pancho", 238-45, 355 e 374.

Villa Alta (Oaxaca), 115.
Villa del Maíz (San Luis Potosí), 266.
Villalba, Juan de, 149.
Villalpando, Cristóbal de, 123-4.
Villanueva Madrid, Mario, 45.
Villaurrutia, família, 146-7.
Villaurrutia, Xavier, 358-9 e 361.
villistas, 241-2.
Virgem de Guadalupe, 127 (i. 14), 130-2, 162,
    337 e 359.
    guadalupanismo, 130-2.
Virgem Maria, 94, 120, 122, 127 (i. 14), 130-2,
    159, 162 e 382.
voluntários austríacos, 200.
vulcões, 53-4 e 209.

Washington, D.C., 40, 196 e 332.
Wilson, Henry Lane, 237.
Wilson, Woodrow, 238.

xamãs, 54-5 e 64.
Xochicalco, 70.
Xochimilco, 79.
Xochiquetzal, 71.
Xólotl, 71.

Yagul (Oaxaca), 74.
Yampolsky, Mariana, 364 (i. 50).
Yáñez, Agustín, 360-1 e 368.
Yanhuitlán (Oaxaca), 75, 100 e 121.
yaqui, índios, 132, 136, 155, 216 e 229.
Yaxchilán (Chiapas), 29 e 62.
Yermo, Gabriel de, 147.
Yucatán, 29, 31, 72 e 186.
Yucuita (Oaxaca), 74.
Yucuñudahui (Oaxaca), 74.
yuma, índios, 155.

Zaachila (Oaxaca), 74-5 e 83.
Zacatecas, 106, 112-4 e 153.
    Batalha dos (1914), 240.
    cidade dos, 124, 161 e 329 (i. 46).

estado, 31-2, 68, 225, 353 e 382.

índios, 32 e 337.

indústria de mineração, 106, 112-4 e 153.

Zapata, Emiliano, 233, 241, 308, 319 e 357.

zapatistas (Chiapas), 317-20.

zapatistas (década de 1910), 241-2 e 256.

zapoteca, cultura, 31, 56-60, 65, 73-6 e 83.

Zavala, Lorenzo de, 168.

Zedillo Ponce de León, Ernesto, presidente do México (1994-2000), 37, 312, 314, 319-25 e 335.

Zola, Émile, 352.

Zuloaga, general Félix de, presidente do México (1858-1860), 189.

Zumárraga, frei Juan de, OFM, bispo do México, 93 e 127 (*i.* 14).

Zurbarán, Francisco de, 125.